乾隆帝（1711 年 9 月 25 日 — 1799 年 2 月 7 日）
大清王朝第四位皇帝，雍正敘齒第四子。

康熙帝朝服全身像（中年）（左上）

康熙帝朝服全身像（右上）

康熙帝戎裝像（左下）

青年康熙帝朝服像（局部）

四十歲的康熙

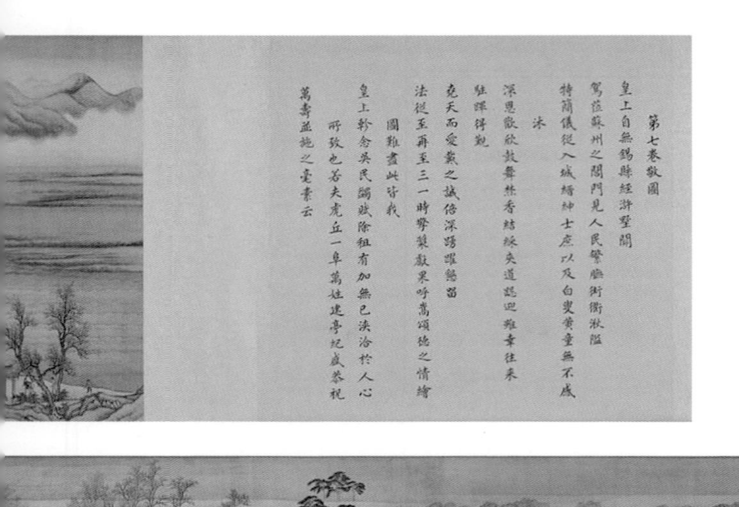

第七卷敬圖

皇上自無錫縣經滸墅關

駕莅蘇州之閶門見人民繁庶街衢湫隘

特簡儀從入城縉紳士庶以及白叟黃童無不感

沐

深恩歡欣鼓舞焚香結綵夾道跪迎雖韋往来

駐蹕得覲

堯天而愛戴之誠倍深踴躍懸留

法從至再至三一時攀襲獻果呼嵩頌德之情繪

圖難盡此皆我

皇上軫念吳民蠲賦除租有加無已浹洽於人心

所致也若夫虎丘一阜萬姓建亭紀歲恭祝

萬壽並施之毫素云

康熙南巡圖第七卷局部

康熙南巡圖（上）
康熙帝南巡歸朝圖（局部）（下）

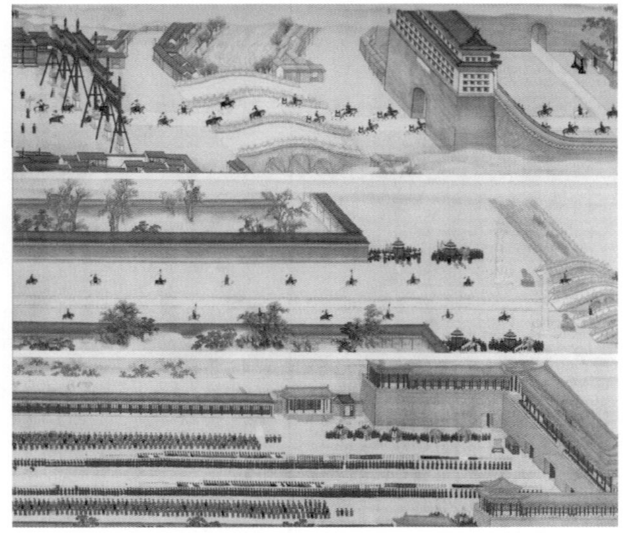

康熙帝南巡圖卷，治黃河（上）
清朝軍隊攻雅克薩城（局部）（下）

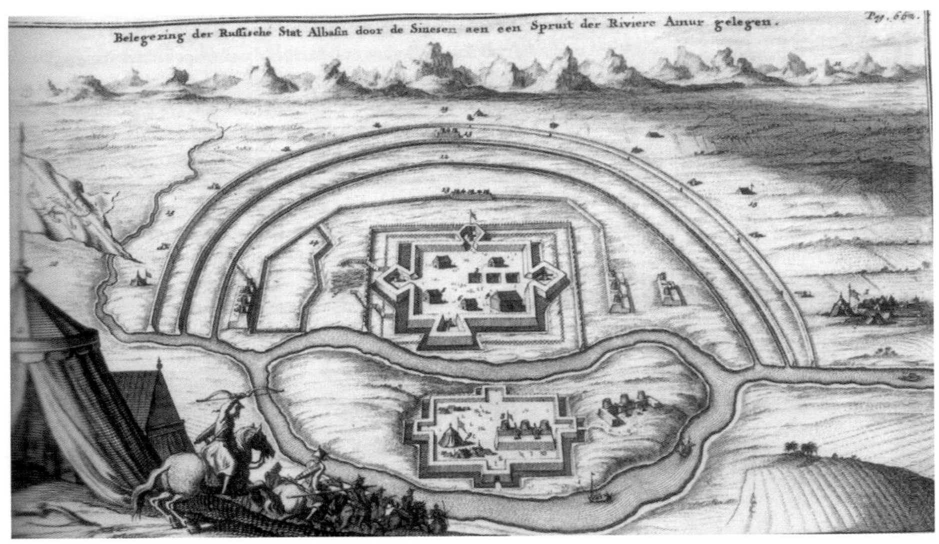

順治帝（1638 年 3 月 15 日 — 1661 年 2 月 5 日）
名福臨，清朝第二位皇帝，清朝自入關以來的首位皇帝，康熙之父。

孝莊文皇后（1613 年 3 月 28 日 — 1688 年 1 月 27 日）
康熙之祖母，對康熙有養育之恩。

孝康章皇后 — 佟佳氏

（1640年12月31日 — 1663年3月20日）康熙之生母。

孝誠仁皇后 — 赫舍里氏
（1654 年 2 月 3 日 — 1674 年 6 月 6 日）
康熙帝玄燁元后結髮妻子，胤礽之母。

蘇麻喇姑
（1615 年— 1705 年）
孝莊文皇后貼身侍女，曾經擔任順治帝、康熙帝兩代皇帝的啟蒙老師。

湯若望
（1591 年 5 月 1 日— 1666 年 8 月 15 日）
德語：Johann Adam Schall von Bell，羅馬天主教耶穌會修士、神父、學者、傳教士。被任命為清朝第一任欽天監監正，誥封一品光祿大夫，為皇帝御用顧問。

西方傳教士所繪的湯若望與順治帝

鰲拜（左上）

（1610 年— 1669 年）

前半生軍功顯赫，後半生因操握權柄、性格殘酷、結黨營私而被囚禁，死於禁所。

吳三桂（右上）

（1608 年 6 月 8 日 — 1678 年 10 月 2 日）1673 年叛清，發動「三藩之亂」，並於 1678 年農曆八月十七夜病死。

施琅（左下）

（1621 年 3 月 7 日— 1696 年 3 月 21 日）明鄭軍的重要將領，降清後助康熙收復臺灣。

蘇克薩哈以為自己用心良苦，其實是幹了一件愚蠢的事。在政治權鬥的領域，必要時缺乏勇氣，不夠堅決果斷，一味想著後路，都是大忌，而這些在蘇克薩哈身上都有著不同程度的體現。

鰲拜為什麼曆事三朝，對皇太極、順治都能做到忠貞不貳，卻唯獨與康熙形成了勢不兩立的緊張關係，有人分析，其中不能排除感情因素：皇太極是鰲拜的故主，鰲拜跟著皇太極南征北戰，出生入死，也見識了皇太極的雄才大略；鰲拜輔佐順治時，皇太極對他的餘威、餘恩猶存，順治又是他力爭所立，為此還遭到了多爾袞的迫害，他對順治自然也能做到忠心耿耿，堅守臣節；可是到康熙就不一樣了。

康熙每天接到的各地奏章達三四百本，經他一個字一個字親自批閱的有四五十本，包括軍務在內，一天手批口諭，可處理五百餘件事務，這使得他雖然足不出京城，但對前方戰況變化以及將士勇怯與否均瞭若指掌。據說吳三桂在得知康熙驛報神速，機謀深遠後也自嘆弗如，唯有仰天長嘆，說：「難以和他爭鋒啊！」

楚漢戰爭時，韓信曾說過「驅市人而戰」，趕著街市上的百姓去打仗，不過那只是打個比方，而由圖海一手組建的這支部隊倒真的符合這一特徵。儘管他們都是挑選出來的勇健之士，平時為了看家護院也會使槍弄棒，但打仗畢竟不同於普通的街頭鬥毆，而且對於這些早已看慣各種世象的八旗家奴而言，突然要求他們像職業軍人一樣在戰場上出生入死，也是一件極難辦到的事，絕不是一個命令或一通激情澎湃的宣傳鼓動就能搞定。

相對於嚴苛地對待參戰皇族，康熙為普通八旗官兵（也包括綠營）制定了較為優厚的恩賞和撫恤制度，從賜恤致祭到為之代償債務，都有明文規定。他還要求將領們在攻城野戰時，只要條件許可，就必須收取官兵骸骨，如果做不到，將官將降二級調用，領戰大臣也要罰俸一年，岳樂後來被罰俸一年，罪名就是在長沙會戰時沒有能夠及時收取陣亡官兵的骸骨。

第一章

什麼叫悲劇

中醫稱天花為「痘瘡」。在西元十六至十七世紀，它曾經肆虐於全世界的各個角落，下自黎民百姓，上至王公貴族，無數人被這個可怕的疾病奪去了生命。西元一六五五年冬，順治帝令兩歲的皇子玄燁與其保姆遷出紫禁城，居住於北京西郊的一座寺廟中，藉以躲避天花的襲擊，同時也防止他萬一中招後再傳染給其他皇室成員。

天花有一個特點，凡是被感染後安然無恙者，就對天花有了免疫力，以後便不會再次被感染，當然也不會將天花傳染給別人，此謂「出痘」。當時民間流傳著一種強行「出痘」的辦法，即從天花病人身上取下膿液，或是將患者的膿痘痂磨成粉末，然後把它們作為疫苗吹進種痘者的鼻孔，使其輕微染上天花症狀。

種痘的成功率全看運氣，運氣好的話，種痘者將在初期發燒，還會伴發輕微的水痘，但之後就可以出痘了。玄燁也接受了種痘，可惜的是他的運氣很不好，僅僅兩年後，便被天花擊中了，而疫苗並沒有生效……。

一條金燦燦的龍

「一個人的一生扮演著好幾個角色」，莎士比亞在他的著名喜劇《皆大歡喜》中寫道，「最初是嬰孩，在保姆的懷中啼哭嘔吐。」

按照清廷制度，皇子一生下來就要被保姆抱走，交給乳母撫養，也就是從那時候起，玄燁便與生母佟佳氏分離，僅僅滿月時見過一面。以後他們每隔累月方得一見，即便這樣難得的相聚機會，佟佳氏都不能任意逗兒子開心。等到玄燁漸漸長大學會說話，母子可以交流了，見面後卻又不允許他們多說話。

在母愛被幾乎被剝奪的同時，玄燁也缺乏父愛。他長大後才知道，皇父順治帝之所以將他遷出紫禁城，防病只是一個理由或者說藉口，最主要的原因其實是父親其實並不怎麼想看到他！

順治是個年輕皇帝，思想敏銳，熱衷新生事物，對漢族文化比較嚮往，反映在愛情和婚姻觀上，就是比較喜歡漢人姑娘或漢化程度高的滿洲姑娘。他的母親、蒙古籍的皇太后博爾濟吉特氏（即孝莊太后，本書統稱孝莊）出於滿蒙聯姻的需要，做主為他遴選了五位蒙古籍后妃，但全都遭到他的冷遇，沒有一個能生下兒女。

順治一面抵制蒙古后妃，一面按照自己的標準收納滿洲和漢軍女子入宮，玄燁的生母佟佳氏就在這個時候被選為了庶妃。

佟佳氏乃漢軍旗人，佟佳氏家族在漢軍中任職者甚多，堪稱漢軍的骨幹和中堅。由於娘家有這樣的背景，佟佳氏受到了孝莊的格外關照，而玄燁的降生也似乎為她的光明處境增添了新的籌碼。

可是就在玄燁出生不久，順治竟愛上了弟弟襄親王的妻子董鄂妃，並且在襄親王死後，將董鄂妃接入了宮中。對於這位弟媳，順治確實可稱得上是「三千寵愛在一身」，等董鄂妃一進宮就將其冊封為賢妃，而他與佟佳氏的關係則日益疏遠。

古代皇宮中母子地位相互關聯，一方面母以子貴，另一方面子亦以母貴，順治對佟佳氏冷淡，對玄燁的關愛也越來越少，有時甚至顯得冷酷無情。就在玄燁被遷出紫禁城的第二年，順治將董鄂妃晉封為皇貴妃，使其地位超越了包括佟佳氏在內的所有庶妃，佟佳氏、玄燁母子被遠遠地拋到了一邊。

又過了一年，董鄂妃生下四皇子。在此之前，順治共有三個兒子，長子兩歲時就死了，次子福全和三子玄燁均為庶妃所生，他們的生母也都不受順治寵愛。四皇子由於母親是董鄂妃的緣故，一出生就身價百倍，被順治認定為「朕之第一子」，並為其告祭天地、太廟，予以隆重慶賀。從此以後，玄燁和二哥福全在父親心目中的位置更被擠至小小的角落，處境可謂冷到極致。

這一年，四歲的玄燁染上了天花，病痛折磨再加上缺少父母的關愛，無疑會讓他比很多同齡孩子「啼哭嘔吐」得更加厲害，不過幸好他還有祖母孝莊，正是後者把玄燁最需要，同時也最為缺失的親情帶給了他。

那還是佟佳氏懷著玄燁的時候，有一天她到慈甯宮請安，孝莊看到她的衣服大襟上仿佛有龍盤旋，感到非常驚異，問了佟佳氏才知道她已有孕在身，不由得喜出望外。原來孝莊在懷順治時，侍奉她的人也曾看到她的衣服大襟上盤著一條金燦燦的龍，後來順治做了皇帝，便被認為是應了這一吉兆。

孝莊認為金龍再次在佟佳氏的大襟上盤旋，預示著佟佳氏會生下兒子，而且這個兒子將繼承帝位。她告訴近侍，說佟佳氏「異日生子，必膺大福。」

大白天見到盤旋的金龍，就和大白天看到鬼一樣，難免讓人覺得不可思議。很有可能，孝莊衣服上的那條「龍」只是左右之人為了恭維她所杜撰的，孝莊偏愛佟佳氏，有意讓佟佳氏之子繼承帝位，便順勢借「祥徵」製造輿論。

孝莊在皇宮乃至朝廷中都擁有很高的權威和聲望，她這麼一說，大家心領神會，全都隨聲附和。及至佟佳氏生下玄燁，在宮人們的演繹下，更多「祥徵」也隨皇子一同降臨人間，比如說玄燁出世時「異香盈室，經日不散，五色光華，與日俱耀。」孝莊聽了更加高興，將玄燁視同心肝，鍾愛無比，為了保證玄燁的健康成長，甚至親自為其挑選乳母和保姆。

以天下為己任

玄燁遷出紫禁城後，孝莊既不能隨同住到城外，又不能每天往返奔波，便讓蘇麻喇姑代其予以照看。蘇麻喇姑是自幼隨侍孝莊的親信侍女，僅比孝莊小五六歲，孝莊出嫁時把她帶到了婆家。蘇麻喇姑聰明伶俐，凡宮中後妃衣冠式樣都由她手制，深得宮人們的推崇和孝莊的信賴。按照孝莊的囑咐，當時已年過四十的蘇麻喇姑每天都要騎馬往返於皇宮和玄燁的住處，風雨無阻地前去看望玄燁。

孝莊、蘇麻喇姑的特殊關照，保姆、乳母以及其他宮人的精心護理，終於幫助玄燁闖過了鬼門關。只是像所有出痘者一樣，他的臉上也留下了麻點——玄燁幼年時就長得五官端正，雙目炯炯有神，臉上那些不太顯眼的痘痕應該算是相貌上唯一的缺憾了。

玄燁從此再也不會感染天花了。正因如此，麻點也被解釋為一種吉相，很多滿人認為，小皇子是天賦神佑，在廟中得到了天花女神或諸如此類的神明護佑，否則沒辦法解釋他為什麼能夠僥倖存活下來。

對於玄燁能夠順利出痘，孝莊自然極為高興。她只有順治這一個兒子，因此從小到大，對順治都有些溺愛，用順治自己的話來說，「皇太后生朕一身，又極嬌養。」可是順治長大親政後，母子關係並不和諧，這讓孝莊認為自己在教子上是失敗的，為免重蹈覆轍，她雖疼愛玄燁，但絕不再予以嬌慣和放縱。

自玄燁逐漸懂事起，孝莊便從飲食、言語、舉止等方面進行嚴格規範，要求他就算是一個人獨處，也不能依著性子想怎樣就怎樣，其間一旦發現玄燁不肯做或做不到，就會立即加以批評和糾正。

以「儼然端坐」為例，孝莊時刻告誡玄燁，說你在行立坐臥時千萬不能回頭看或者斜視，因為這樣不但影響個人形象，而且容易犯忌諱。因此玄燁以後不管是在公開場合與人議事，還是私底下與親屬閒聊家常，也不管當時的情緒狀態如何，都始終能給人一種莊重嚴肅、穩若泰山的感覺。他自己說，這些習慣都是「自幼習成，素日涵養之所致。」

實際上，孝莊是在以未來帝王的標準對玄燁進行培養，諸如「儼然端坐」之類，都是皇帝舉止修行的基本功。除此之外，她還經常結合自己的親身經歷，給玄燁講述祖父皇太極當年披堅執銳，征戰四方，以及順治等父輩進關統一天下的故事。這極大地增強了玄燁的使命感，以天下為己任，做一個祖父輩那樣的英雄豪傑，從此成了他的人生理想和目標。

大清政權出自滿洲，要繼承祖業，首先要學習滿文。玄燁後來告訴別人，他四歲的時候就已經知道怎麼讀書了，實際上就是指他那時候已經學會了讀滿文。

玄燁的輔導老師是蘇麻喇姑，在他避痘期間，蘇麻喇姑一面奉孝莊之命，繼續對他的言行舉止、生活習慣進行規範，一面教他讀寫滿文。蘇麻喇姑和孝莊一樣都是蒙人，本來並不會滿文，孝莊出嫁後開始學習滿文，她陪伴在側，耳濡目染，竟也熟練掌握了滿語和滿文。在蘇麻喇姑的悉心教導下，成年後的玄燁滿文功底深厚。不僅能寫一手漂亮的滿文，而且可以隨時指出臣下滿文奏摺中出現的文辭錯誤。

按照清制，皇子五歲必須入書房讀書，主要通過閱讀童話故事、啟蒙讀物之類書籍來學習漢文。這是玄燁正式入學的開始，莎士比亞把學童時期作為人生第二階段，按照他的描述，這個人成了「背著書包、滿臉紅光的學童」，而且常常都是「像蝸牛一樣拖著慢吞吞的腳步，不情願地嗚咽著去上學。」玄燁與之不同，他不僅對上學不抵觸，而且很愛學習，讀起書來非常認真，經常為此廢寢忘食，以至於保姆不得不經常把他的書藏起來，以便可以讓他稍事休息。

除了依制入學外，皇子們還要練習隨眾上朝，站班當差。由於玄燁個子太小，跨不過門檻，他只能由宦官抱入門內，但他非常懂事，無論言行舉止都很像一個穩重的大孩子。

借助於上朝的機會，玄燁才得以長時間地站在皇父面前並且看到他。此時後宮情形早已發生變化，董鄂妃所生的皇四子僅僅三個月後便不幸去世，而玄燁在皇祖母的極力維護下，處境逐漸好轉，順治終於開始用一個父親應有的態度來對待他和其餘皇子。

六歲時玄燁重新回到宮中。回宮後他和母親佟佳氏的接觸多了起來，雙方感情融洽，這使母子都大感安慰。與此同時，他與父親的距離也拉近了一些，有一次他和哥哥福全、弟弟常甯一道去宮中向順治請安。順治問起每個人的志向，三歲的常甯自然說不出什麼，福全表示願為賢王，只有玄燁果斷地回答：「等我長大了就效法皇父，凡事都要盡力而為。」

顯然，玄燁的志向和抱負就是要繼承皇位。原本四皇子出生時，順治的意圖是要定他為嫡子，讓他繼承帝位，四皇子一死，這個念頭便只好斷掉了。之後，董鄂妃因憂傷過度，身體欠佳，未再生育，順治也沒有心情再考慮皇嗣問題，他與兒子們的問答並無太多深意，所以當場除對福全、玄燁予以口頭嘉勉外，未再有任何其他的舉措。

通玄教師

一六六〇年年底，順治毫無預兆地染上了天花。與玄燁當初尚能化險為夷不同，此番他已無任何被挽救的餘地，而直到這個時候為止，皇位繼承人仍未能夠確定，經孝莊一再敦促，病榻上的他不得不開始緊急斟酌人選。

最初可能是擔心皇子們年幼，難當重任，順治想立自己的堂兄弟、康親王傑書繼位，但這一設想剛提出，就遭到了孝莊和上三旗大臣的一致反對。孝莊反對的原因自然不難想見，上三旗是天子也就是順治所自掌的旗，其地位高於另外五旗，若按照順治的繼任辦法，現有三旗就難免會換成別的旗幟，所以大臣們也都希望皇帝在皇子中選擇繼承者。

於是，順治的擇儲範圍又被縮小到了皇子。他先後一共有八個兒子，四個早夭，玄燁以下的兩個弟弟太小，只有玄燁和福全年齡較大一些，玄燁八歲，福全九歲。

後來的《清帝實錄》中說，玄燁六歲時那次關於志向的對答在順治的選擇中起到了關鍵作用，讓他認準玄燁可繼大統，「世祖皇帝（順治）於是遂屬意焉。」事實或許與此大相徑庭，就像在婚姻問題上一樣，順治對母后往往有一種意見上的逆反心理，即你想要我這樣，我偏不照辦。他明知玄燁的回答都是孝莊教導的結果，也就等於母后在向他舉薦玄燁，但唯其如此，他內心深處反而不會特別傾向於玄燁，況且作為哥哥的福全畢竟大上一歲，同為幼帝，至少可以縮短從輔政到親政的交替期。

如果順治仍然健健康康，他或許就會我行我素地選擇福全為太子了，問題是他現在已經危在旦夕，日後的幼帝必然離不開母后的輔助，豈能將她的意見輕易擲於一旁？

在福全和玄燁之間，順治一時難以決斷，猶豫良久，他決定派人向欽天監監正、德國傳教士湯若望進行徵詢。

湯若望在清初宮廷中是個神一般的存在。當初攝政王多爾袞「代天攝政，賞罰等於朝廷」，被順治母子視為心腹大患，湯若望對這對孤兒寡母預言說：「放心，我觀攝政王來日無多。」果不其然，在不久以後的一次遊獵中，多爾袞射箭時因開弓過猛，傷及內臟而導致猝然死去（也有說是墜馬跌傷）。

又有一次，皇后突然染病，御醫束手無策，孝莊派侍女向湯若望求醫，求醫時特意隱瞞了皇后的身份，只說是某親王的郡主病了。湯若望將一面聖牌交付使者，囑咐只要將聖牌掛在病人胸前，即可除病消災。侍女回去後向孝莊報告，孝莊下令照辦，結果沒用任何藥物，皇后就奇蹟般地痊癒了。

這件事發生後，孝莊大為感激和嘆服，除給予湯若望許多賞賜外，還認他為「義父」。既然母后都尊其為「義父」，順治也就順理成章地成了湯若望的「義孫」，平時也都尊稱他為「瑪法」（滿語，意為尊重的長者、父輩或爺爺）。

細觀湯若望的各種「神跡」，很多其實只是巧合而已，並不說明他真的有什麼過人的神通。比如皇后不治而癒的事例，應該是她的病情本身就不是很嚴重，只是中醫沒有診斷出來，而湯若望卻通過心理療法，歪打正著地把皇后的病給治好了。

當然湯若望也絕非一個欺世盜名之徒，他擁有讓當時的中國人為之瞠目的各種絕技：什麼機械都能製造，從鋼琴到自鳴鐘，從大炮到天文望遠鏡；什麼天象都能預測，不管是星辰變化，還是日食月食。

在朝廷看來，湯若望的所有神跡和技能都來自他那深厚玄妙的「玄學」功底。就在玄燁出生的前一年，湯若望被賜予「通玄教師」的封號，此後順治又親自為湯若望的教堂撰寫碑記，並賜「通玄佳境」匾額。

所謂「通玄教師」，即通達玄學的教師，所謂「通玄佳境」，即玄學最為精深之所在，有人甚至認為順治給玄燁取名時用「玄」字，本身也寄託著想讓玄學在清帝國發揚光大之意。

湯若望除了以自己的知識和技能服務於宮廷外，也在國事方面積極向順治建言獻策。至一六五八年，玄燁五歲的時候，湯若望被誥封為一品光祿大夫，正式成為皇帝的御用顧問。在中國歷史上，一個西方人能進入官階制度森嚴的朝廷為官，還能做到一品大員，是從來沒有過的，實屬傳奇，足以說明順治對他的敬重和信任。

在順治派去的人向湯若望陳述來由後，湯若望分析說玄燁雖然年齡比福全略小，但好在已經出痘，有免疫能力，相比之下，福全卻未曾出痘，也就是說，很可能像眼下順治一樣，盛年即死於天花。

順治曾對大臣們感慨，說湯若望不僅學識淵博，而且品行高潔，其他人都是為了功名利祿而做官，唯有湯若望不為功名利祿，只求能夠幫助到他，「此所謂不愛利祿而愛君親者矣」。自順治染病以來，儘管從後宮嬪妃到文武百官都被天花嚇得瑟瑟發抖，但沒有人敢把天花和立嗣聯繫到一起，因為都怕犯忌諱，只有湯若望選擇了不計得失，斗膽直言，而他的進諫也再次引起了順治的重視。

天人相隔

按照清代官制，每年農曆十二月中旬，欽天監（即湯若望主持的那個被認為通天通神的部門）都要挑選特定日子，讓各衙門封印，不辦公事，等到次年正月再開印重新辦理政務。

一六六一年二月六日，農曆是正月初八，這一天是欽天監選好的開印之日，京官張宸一早洗漱完畢，正準備穿著朝服入署辦公，隨從卻跑來告訴他：「今天衙門的大門開了但馬上又關上了，朝廷只傳中堂（大學士）及禮部三堂上朝，而且他們都摘掉了帽纓。現在百官皆已散去，大人您不用去衙門了！」

張宸一聽大為錯愕。「摘纓」是滿人的喪禮習慣，說明有帝后去世，他雖然知道順治皇帝生了病，可是順治畢竟還那麼年輕，才二十幾歲，不太可能吧？

張宸疑懼重重，吃完早飯後便親自出門探聽，但同僚們都和他一樣茫然，無法得到確鑿消息。此時北京的外城城門已被全部關閉，城防部隊實施戒嚴，大街上寂寥無人，這讓大家更加惶恐不安。

中午宮裡傳詔，讓百官穿朝服到戶部領帛，然後至太和殿待命，眾人這才知道順治已經駕崩。張宸看到同僚魏思齊，忙向他打聽嗣君是誰，回答是：「吾君之子。」

先前順治提出傳位於堂兄弟，廷臣中已有所耳聞，當然也聽說了由此產生的爭執。有爭執，就可能產生政治動盪，包括張宸在內，無不對此感到擔心和疑慮，如今聽魏思齊一說，張宸松了口氣，說：「我的心安定了。」

順治是在前一天，也就是二月五日淩晨去世的。死前他聽從了孝莊和湯若望等人的建議，決定捨去福全，以玄燁為儲君。這其中，湯若望的直抒己見起到了關鍵作用，時人對此倍加稱讚，認為湯氏「最後則直陳萬世之大計，更為舉朝所難言。」

二更天後，朝廷向百官發佈順治遺詔，遺詔中明確宣佈玄燁為皇太子。接著宣詔官又讓百官勿退，等候新天子登基。

整個紫禁城都被籠罩在一片幽暗哀戚，但又讓人有所期待和希冀的氛圍當中，宣詔的時候，還頗有嗚咽失聲者，如今官員們全都擦乾眼淚，集體露坐於午門之外，在漫漫冬夜和凜冽寒風中等待著新君的到來。

除了繼承祖父和父親的基業外，身為新君的玄燁必須同時接受父親去世的現實。按照皇帝喪儀的要求，宮人們剪去他的髮辮，給他穿上全白的縞服，帶著他前往乾清宮。順治的靈柩就停放在那裡，隔著上繡九龍的黃色帳幔，父子已然是天人永隔。

玄燁在順治的靈前行禮受命，剎那間，喪鐘齊鳴，無數低沉的鐘響在冬月的京城上空穿梭來回，彷彿都在做著最後的告別。

在得以返回皇宮前，玄燁沒有多少關於父親的印象，等到回宮，與父親近距離接觸的機會也不多，大多數時候都是站在人群中默默注視，如今連這種默默注視也變得不可能了。從此以後，他只能在童年的零星片斷記憶中竭力搜尋父親的身影，其中也包括那段被迫與父母長期分離的避痘歲月。

直到晚年，玄燁還無限感慨地對身邊人說起：「朕幼年時，未經出痘，令保姆護視於紫禁城外，父母膝下，未得一日承歡，此朕六十年來抱歉之處。」儘管話語中仍不勝淒涼之感，但顯然並沒有對父母親的任何抱怨，有的只是歉疚和遺憾。

懷念父親最好的辦法，莫過於遵其所囑。二月七日寅時（淩晨三至五點），八歲的玄燁登上了俗稱金鑾殿的太和殿，「即皇帝位」。百官向他叩頭行禮，隨後新君頒詔大赦天下，改明年為康熙元年，玄燁成了康熙皇帝。

登基典禮由其祖母孝莊皇太后親自主持。孝莊是個很節約的人，順治遺詔十二款，有兩款都是關於生活浪費的自我批評，「無益之地，靡費甚多」，它們其實都出自孝莊的意思，是孝莊借順治的口氣在責備兒子。不過孝莊為康熙登基所安排的鹵簿儀仗，卻沒有一件是順治用過的舊物，看上去煥然一新，於哀戚中盡顯皇家之富麗。顯然，孝莊一方面要以喜氣來沖淡喪子的悲痛，另一方面也對康熙這個自己最疼愛的孫子寄予厚望，所以在他的登基大典問題上絕不肯草率。

命運

失去父親，讓康熙更加珍視與母親、祖母相聚相處的日子。一六六二年十月，康熙遵祖母孝莊為太皇太后，尊生母佟佳氏為皇太后。佟佳氏從前在宮中受盡丈夫的冷落，如今因為兒子做了皇帝，地位得以大大提高。只可惜她並沒有享福的命，僅僅幾個月後就染上了重病，而且日漸惡化。

佟佳氏生病期間，康熙早晚陪伴在母親身邊，「目不交睫，衣不解帶」，凡是煎製好的湯藥，都要自己先嚐一口，覺得不燙了才用湯匙送到母親嘴邊。一個尚不滿十周歲的孩子反過來服侍大人，未免讓人覺得心疼，但對康熙而言，卻可能是他人生中最幸福的時光之一，因為從小到大，唯有在這段時光中，他才真正找回了失去已久的母愛。

不光是要照料母親，康熙每天還要數次到慈甯宮去向孝莊請安。見自己最疼愛的兒媳病情嚴重，已年過五十的孝莊同樣憂心如焚，為了不讓祖母過分擔心，康熙在她面前總是「強斂戚容」，裝出言行自若的樣子，可是一出慈甯宮，便忍不住淚如雨下。

一六六三年三月二十日，農曆的春分，「春分者，陰陽相半也」，佟佳氏就在這一天撒手人寰，她和順治死的時候都只有二十四歲。

什麼叫悲劇，就是上天假裝把你最珍視的東西還給你，然後又當著你的面把它們通通揉爛撕碎！在佟佳氏的喪禮上，康熙捶胸頓足，哭得肝腸寸斷，根本停不下來，其間連水都不肯喝上一口，近侍見了無不為之感動落淚。

佟佳氏去世後，孝莊將康熙收養在了慈甯宮，她對康熙的保護非常周全，不允許孫兒再出現任何一點閃失。當年夏天，康熙將佟佳氏附葬於順治所在的孝陵，本來他要親自護送母親的靈柩，但孝莊因擔心發生意外，再三加以勸阻，康熙這才沒有出京。

康熙登基時，安徽桐城縣有個叫周南的秀才跑到京城，上條奏提出十款建議，其中一款是按宋代太后臨朝稱制的先例，請孝莊垂簾聽政，但遭到了孝莊的嚴詞拒絕。

孝莊屢經政治變更，具備極高的政治手腕，然而並無政治野心。當初順治也是六歲即位，如果孝莊願意，早就可以垂簾聽政了，歸根結底，做女皇從來都不是她的人生目標。

順治突然病逝，是孝莊難以接受，但又不得不接受的一個結局。青年時代，她失去了丈夫，人到中年，又失去了唯一的兒子，人生之傷心事莫甚於此。順治遺詔中寫道「子道未終，永違太后膝下」，這既可以看作年輕皇帝臨終自道的追悔和遺憾，也可以被視為孝莊的痛心之詞。順治大喪的那天，她穿著黑色素袍，一個人孤零零地走到乾清門的台基上，當「遙聞宮中哭聲，沸天而出」時，這位一向非常善於掩藏自己情感的女人終於再也控制不住，「扶石欄立，哭極哀。」

命運從此把孝莊和康熙這對祖孫牢牢綁在了一起。事實上，從順治病危起，孝莊就已經開始扶持康熙，只是她很少直接發佈諭旨，更多的還是像當年扶持順治那樣，對幼帝進行教誨和訓誡，以幫助他儘快度過輔政期，學會親自執政。

在孝莊乃至蘇麻喇姑的影響下，康熙平時不飲酒、不抽煙、不登牆、不看無聊書籍，可以說沒有任何不良嗜好。一六六三年，某將領率部在外，於某地得一罕見的黃鸚鵡，為討幼帝喜歡，便以黃金作籠，獻給康熙。康熙不但予以拒絕，而且對將領此舉進行了責備。其實以他那樣的年紀，正是喜歡活潑可愛的小動物的時候，之所以「卻其獻，嚴飭之」，就是因為祖母曾經給他講過祖父皇太極拒收進貢鐵雀的事，使他在潛移默化中懂得了玩物喪志的道理。

輔政初期，康熙的主要任務仍是學習。四書五經是中原帝王的必修課，也是滿人入關後學習漢文化的重點，原本漢大臣一再建議為小皇帝配備學問高深的老師甚至是大儒，為他做一系列完整的講授輔導，但因為輔政大臣們都不太支持，遲遲未予實行。

無奈之下，康熙只好拜身邊的宦官為師。當時的宮廷宦官主要收容自前明，明朝自萬曆以後，宦官即有「多學能書」及「宛然有儒風」的傳統，比如教康熙句讀的張姓、林姓兩名宦官就都具備一定的文化素養。這也使得康熙在不影響公事的前提下，與身邊的親近宦官一直保持著比較好的關係，幾百年後清朝覆亡，清宮裡發現了數百封康熙的書信，其中有一些就是他寫給宦官的私人信件。

康熙對自己要求很高，「日所讀書，必使字字成誦，從來不肯自欺。」有一段時間因學習過於刻苦，影響了健康，甚至不得不進行針灸治療，醫生在針灸時，常會用點燃的艾條來溫灼皮膚表面，這導致後來他最怕針灸，一聞到艾味，就會條件反射地感到頭痛。

刻苦學習為康熙打下了扎實的基礎，他晚年提到，「朕七八歲所讀之經書，至今五六十歲猶不遺忘。」有一次，他接見一名總兵，得知這名總兵學過儒家經典《大學》，便讓對方背誦一遍，總兵背了一半就背不下去了，康熙當著他的面從頭背起，且一字不誤地背到結束，把這個總兵佩服得五體投地，連連說：「皇上乃天縱英才，非小臣所能及。」

輔政四大臣

滿人有著尚武的傳統，入關後亦不懈怠，尤其注重騎射技能的訓練。他們認為，騎射必須小時候就練，不然難以成為高手，以騎馬為例，只有十餘歲時學會縱馬馳騁，成年後才能自如地控制坐騎。康熙自入書房讀書起，就一邊讀書一邊向身邊的侍衛學習騎射，並且與讀書一樣認真嚴謹。

康熙起初學習射箭，周圍幾乎每個人都誇他射得好，只有年紀較大的侍衛阿舒默爾根實話實說，認為康熙射得並不好，於是康熙就以他為師。阿舒默爾根在教習時對康熙毫不遷就，動作上稍有一點不正確的地方，就會直言不諱地加以指出，也正是在這種嚴苛的教習下，康熙才擁有了高超的騎射技術，可以做到弓馬嫻熟，箭無虛發。與此同時，長期不間斷的騎射訓練還鍛煉了康熙的體魄，讓他迅速成長為一個強健勇武的少年——縱馬馳騁自然不在話下，他還能拉開只有力士才能拉動的強弓，連續不斷地把十三枝箭全部射完！

依清朝祖制，皇帝年幼，國家政務應由宗室諸王協理，順治幼年即由睿親王多爾袞和鄭親王濟爾哈朗兩位皇叔共同攝政。可也正是在親王攝政期間，逐漸形成了多爾袞大權獨攬的局面，「不遵上命，概稱詔旨，擅作威福」，小皇帝完全成了傀儡。不僅如此，由於按照傳統，宗室成員本身就有爭奪皇嗣的資格，所以順治的帝位亦岌岌可危，朝不保夕。

這些都是順治和孝莊母子的親身經歷，可謂痛入肺腑，刻骨銘心。為此，在順治臨終時，他們決定改變舊制，從直屬天子的上三旗（正黃、鑲黃、正白）中選擇四位親信重臣，令其輔助康熙，佐理政務。

四輔臣都曾披甲上陣，為清帝國開創基業立下過汗馬功勞。在皇太極時期，天子僅直掌兩黃旗，即正黃旗和鑲黃旗，輔臣中的索尼屬正黃旗，遏必隆、鰲拜屬鑲黃旗，在皇太極逝世後，三人因擁立皇子繼位，遭到多爾袞的打壓，不是被降職就是被罷官，鰲拜還差點被處死。那時正白旗尚未直屬天子，旗主是多爾袞，同屬輔臣的蘇克薩哈屬正白旗，為多爾袞的親信。多爾袞死後，蘇克薩哈看清形勢，首先反戈一擊，揭發多爾袞謀篡帝位，因而受到了順治的信任和重用。

攝政諸王皆為近支宗室，既是皇帝的長輩，本身又是一旗之主，他們往往容易藐視幼帝而專權。以多爾袞為例，他是皇太極的弟弟，順治的叔叔，正白旗旗主，連順治見了他都得恭恭敬敬地喊上一聲「皇叔父攝政王」，久而久之，又豈能不發展到淩駕於小皇帝的地步？輔政四大臣則不同，他們是皇帝的臣子，上三旗屬員，與身為上三旗旗主的皇帝之間，是君臣加主奴的關係，這就保證了幼帝的至尊地位，減少了皇位被篡奪的可能性。

自追罪和清算多爾袞起，順治母子就有意識地在皇族和八旗內部進行整頓，目的是加強皇權，削減旗主權勢。至順治逝世前，諸王貝勒已沒有像皇太極和多爾袞攝政時期那樣的實力，這才使得他們能夠一反傳統，在沒有同宗室商量的情況下，就決定讓異姓四大臣輔政。

對於讓誰輔佐幼君，孝莊和輔臣們早有定論，但為了進一步試探諸王貝勒的態度，在宣讀順治遺詔後，四輔臣仍假作惶恐狀，由索尼帶頭跪告諸王貝勒：「現在大行皇帝（順治）留下遺詔，命令我們四人輔佐沖主（幼君）。可是歷來國家政務都是由宗室協理，索尼等人都是異姓臣子，怎麼能夠綜理呢？還是和諸王貝勒等一同負責為好。」

諸王貝勒不傻，自然知道對方這麼說的用意，於是急忙答覆道：「大行皇帝深知你們四大臣之心，所以才委以國家重務，這一點遺詔上已經說得非常清楚明白，誰敢干預？四大臣你們就不要再謙讓了。」

索尼等人聽後，即將諸王貝勒擁護輔政的態度奏知孝莊。在孝莊的授意下，四輔臣和諸王以下大臣先後宣誓，對輔政期間不受諸王貝勒干預，不單獨同諸王貝勒等私相往來等加以特別強調。

由於皇帝年紀尚幼，還沒有能力處理國家事務，孝莊又不垂簾聽政，所以四輔臣名為輔政，實際可以用「輔臣稱旨」（即輔臣傳達皇帝諭旨）的名義代行皇權。一般情況下，對諸王貝勒大臣而言，「輔臣稱旨」就如同皇帝的詔令一樣，不能違抗。

當然，四輔臣充其量也只是皇權的執行者，真正把持政權的仍是孝莊。此外，與四大臣輔佐政務並存的還有議政王大臣會議。後者是清初特設的權力機構，其成員「半皆貴胄世爵」，即多系諸王貝勒組成，它的權力很大，別說「四輔臣」，就算是孝莊本人出面，都不能輕易改變其決定。

以太后為中心，以四異姓大臣為輔佐，以諸王貝勒為監督，這是一個經過精心設計的權力架構，為的是不讓任何一方越出界限，以免侵犯皇權，只是這樣做究竟能不能達到預期效果，還得由現實博弈給出答案。

湯若望案

以往的中原王朝，包括明朝在內，都會使用大量宦官。清初則未建立相應的宦官制度和機構，雖有專門管理皇室事務的內務府，但內務府成員除一些接收的前明宦官外，主要都是上三旗包衣。

包衣為滿語，是家奴之意，在身份上他們屬於皇帝的家僕，而傳統宦官則多數出自社會下層的普通家庭甚至是罪犯，二者自然區別很大。順治親政後，在前明宦官同時也是他的貼身宦官吳良輔的建議下，裁撤內務府，仿照明朝體制，建立了專門的宦官機構，名為十三衙門。

隨著十三衙門的建立，宮中宦官的數量越來越多，權勢也越來越大，至順治末年，已儼然成為京城的一大勢力，宦官干政和犯法事件時有發生。其間，吳良輔仗著順治的寵幸，暗地裡勾結官員，索賄受賄，事發後卻被順治祖護而未受到任何處罰。

在孝莊和輔臣們看來，宦官專權禍亂乃明朝亡國的一個重要原因。在他們所改定的順治遺詔中，借用順治的口氣對任用宦官進行了反省：「祖宗創業，未曾任用中官（宦官），且明朝亡國，亦因委用宦寺（宦官）。朕明知其弊，不以為戒，設立內十三衙門（十三衙門），委用任使，與明朝沒有什麼不同，以致營私作弊，更超過以往。」

四輔臣執政後，即以「變易祖宗制度」之罪將吳良輔處以死刑，同時裁撤十三衙門，重新恢復內務府。原有宦官五千人，淘汰了四千，僅留下一千「執下等役務」。

與順治生前的開放激進不同，四輔臣在一定程度上代表著清廷的守舊勢力，即便像清除宦官這樣的得民心之舉，他們所打的旗號也還是所謂的恢復祖宗舊制，而這樣落後的政治理念，又必然會給他們的執政蒙上陰影。

魯迅曾在他的著作中寫道：「清順治中，時憲書上印有『依西洋新法』五個字，（楊）痛哭流涕地來劾洋人湯若望。」這裡面的「楊」是指清初守舊派官員楊光先，順治朝時他曾上疏反對湯若望所編的新曆書「時憲曆」，當時由於順治尚在，湯若望如日中天，禮部對其奏疏未予受理。

到了輔政時期就不一樣了。四名輔臣與楊光先的政見基本相同，他們也一向都不喜歡西方傳教士，只是在順治面前不敢輕舉妄動罷了，所以順治一死，湯若望及其他傳教士的處境便開始急轉直下。

一六六四年，已年過古稀的湯若望突患腦出血致半身不遂，不能正常行走，連說話也含混不清。楊光先趁此機會再度發難，以「曆法錯誤」、「傳播邪教」、「大逆謀反」等罪名，上疏參劾湯若望，要求將湯若望等人「依律正法」。禮部在收到楊光先奏疏的當天，即上呈四輔臣大臣，輔臣們立即下令，將湯若望、南懷仁等傳教士以及幾名信奉天主教的欽天監官員逮捕審訊，這就是湯若望案，因楊光先把發難重點集中于湯若望的「曆法錯誤」，所以也稱康熙曆獄。

在審訊過程中，雖然湯若望等人想盡辦法為自己辯護，在又一次預測日食時，也證明了他們的無辜和能力，但是由於整個案件被輔臣實際操控，導致對湯若望的判決反而由原來的絞刑改為斬首，後又由斬首改為淩遲。

眼看湯若望在劫難逃，就在這時，北京發生了一場大地震。在中國古代，地震屬於災異的一種，按照傳統解釋，發生地震乃臣下叛異或女主當國之兆。這時並不存在女主當國的問題，於是只能歸結到輔臣身上，輿論認為，這次地震是上天的示警，是對湯若望被處以極刑的憤怒與懲罰。緊接著皇宮中突然起火，也同樣被視為上天在繼續示警。四位輔臣進退維谷，只得一起去面見孝莊，口稱：「湯若望罪案，須奏請太皇太后懿旨定奪。」

儘管孝莊在一些守舊觀念上與輔臣趨同，但她尊湯若望為「義父」，曾經捐資修建天主堂，據說還受過洗，表明她在對待天主教和傳教士的態度上與兒子相接近。看過輔臣們的奏摺後，孝莊當即面露慍色，頗為惱火地嗔怪道：「先帝當初十分信任湯若望，你們難道都忘得一乾二淨？先帝稱湯公為瑪法，你們如此膽大包天，想處湯公死刑。先帝在天之靈能容忍嗎？」

見太皇太后動了怒，四個輔臣嚇得一聲不敢吭，只能連連叩頭稱是。回去後他們就對湯若望下達了一著免死」的決定，將其和南懷仁等其他傳教士陸續予以釋放，但仍將五名信仰天主教的欽天監官員處斬，而原居內地的傳教士則被一律驅至澳門。

選後

孝莊在未垂簾聽政的情況下，猶能起到一言九鼎的作用，毫無疑問，依賴的是她在朝中積累的聲望及其高超的政治手腕。

過去，用聯姻的方式來促進滿蒙聯盟一直是清廷國策，皇太極的正宮皇后和孝莊本人都出自蒙古科爾沁博爾濟吉特氏，而清廷亦以皇室之女下嫁於蒙古王公。至順治時期，孝莊仍然遵循這一傳統，從博爾濟吉特氏家族中為順治選擇皇后。一六六五年，當她準備為康熙舉行大婚時，卻一改習慣做法，決定從輔臣的女兒中冊立皇后——雖然仍是政治聯姻，但要聯姻的對象已經變成了輔臣及其家族。

除了蘇克薩哈，索尼的孫女赫舍里氏（即後來的孝誠仁皇后）和遏必隆、鰲拜的女兒都進入了選后名單。究竟選擇這些女孩中的哪一位，其實並不主要取決於女孩本身或是康熙的態度，關鍵還是她們的家族背景怎樣，以及其家族能否在康熙邁入親政的過程中起到重要作用。

索尼是起自努爾哈赤時代的四朝元老，又是順治、康熙兩朝的顧命大臣，所以在輔臣中被列於首位。他不僅地位高、閱歷深，而且能文能武，足智多謀，朝中「商議大事，無出索尼右者」，平時就連諸王貝勒都對他尊敬有加。

與索尼相比，位列第四的鰲拜和位列第三的遏必隆皆各有缺陷。鰲拜勇謀有餘，戰功卓著，但睚眥必報，專橫擅殺。他與內大臣飛揚古有私怨，飛揚古之子、侍衛倭赫擅騎御馬，用皇上的弓箭射鹿，被他告發，結果問斬。飛揚古此時正在守陵，不免口出怨言，鰲拜又將其問成死罪，導致飛揚古和其子尼侃薩哈薩均被絞死，而房產卻被籍入了鰲拜弟弟莫爾瑪家。

雖然孝莊並不能過多干政，但她對於鰲拜這種飛揚跋扈的勁頭定然難以認同，於是在首輪挑選時，就將鰲拜的女兒從名單中給剔除了。

遏必隆出自名門，性格也不像鰲拜那樣囂張，但庸懦無主見，遇到爭執時通常都是隨風倒，即哪一方強大，他就倒向哪一方。在孝莊看來，遏必隆這種人不能完全依靠，當然拉住了有時也能起到一些作用，最終，她決定將索尼的孫女赫舍里氏冊立為皇后，而遏必隆的女兒則進宮為妃。

誰家的女兒能夠成為皇后，也必然將同時導致皇后所在家族力量的壯大，這是人所共知的事，不過當消息傳出後，首先跳起來的卻不是遏必隆或鰲拜，而是蘇克薩哈。

相比於一般大臣，蘇克薩哈與皇室有著更為密切的裙帶關係。他的父親蘇納早年隨努爾哈赤創業，深得努爾哈赤喜愛，被招為駙馬，這樣算起來，皇太極是蘇克薩哈的舅舅，孝莊是他的舅母，因此雖然遏必隆、鰲拜都以公爵比他先列為內大臣，但蘇克薩哈在輔臣中的班行卻列於遏必隆、鰲拜之前，僅次於索尼。

多爾袞既是蘇克薩哈曾經的上司，也是他的舅舅。多爾袞死後，蘇克薩哈第一個揭發多爾袞，對於順治而言，他自然是功臣，但也因為做了「叛徒」，其人品亦遭到指摘，索尼就很看不起蘇克薩哈。蘇克薩哈對此耿耿於懷，遂力阻冊立赫舍里氏為后，遏必隆、鰲拜各懷心思，便也隨其一同前往慈甯宮面見孝莊。

孝莊雖是蘇克薩哈的舅母，但平時兩人意見並不一致，比如蘇克薩哈對湯若望等傳教士就抱有敵視態度，是一個「基督教仇視者」，在湯若望案中亦對湯若望喊打喊殺，讓孝莊極為不快。這次也一樣，蘇克薩哈先是說赫舍里氏與康熙年庚不對，繼而又在赫舍里氏的父親，也就是索尼的長子噶布喇身上做文章。噶布喇任宮廷侍衛，政治地位不高，蘇克薩哈對孝莊說：「欲立噶布喇之女為皇后，必動刀槍。滿洲下人之女（「下」為滿語，意為侍衛），豈有立為皇后之理？」

儘管蘇克薩哈言辭激烈，幾乎已與孝莊形成正面衝突，但孝莊的意志並非他所能撼動，蘇克薩哈的奏章落了個無果而終的結果。經歷此事，索尼及其家族對皇室更加忠心耿耿，倒是蘇克薩哈自己棋錯一著，引起索尼的反感，直至在輔臣中陷入孤立境地。

圈換土地

按照莎士比亞的說法，情人是人生的第三個階段，這時候他「像爐灶一樣嘆著氣，寫了一首悲哀的詩歌，詠著他戀人的眉毛。」

一六六五年十月十六日，康熙舉行大婚，當年他只有十二歲，被選為皇后的赫舍里氏和他同歲，只是生辰比他大上幾個月。西方的莎翁恐怕不會想到，東方的戀人們會在這麼早的年齡就締結良緣，相攜走入婚姻的殿堂——他們其實都還只是兩個小朋友啊！

與順治在婚姻問題上對孝莊的逆反和抗拒不同，康熙唯孝莊之命是從，而且他也沒有父親那種近乎偏執的擇偶觀，對祖母的安排能夠心甘情願地予以接受。另一方面，赫舍里氏出身書香世家，受過良好教育，有大家閨秀的風範，入宮後她除了對丈夫溫柔體貼，進言「懇摯」外，還能孝敬太皇太后和皇太后，治理後宮也嚴謹謙和，寬容大度，可以說是個無可挑剔的好皇后、好妻子，也因此，她和康熙雖然是包辦婚姻兼政治婚姻，但兩人從一開始就非常恩愛。

包括操辦皇帝大婚在內，孝莊處心積慮地為康熙親政創造著各種條件，但再高明的政治家也不可能事事料及，比如圈換土地事件的出現及其對政局的影響，就是她原先根本設想不到的。

早在皇太極時期，皇帝自將的「兩黃旗」（正黃、鑲黃）與親王分管的「兩白旗」（正白、鑲白）之間就存在著矛盾。皇太極死後，兩黃旗大臣堅決擁立皇太極之子，並以不惜兵戎相見的架勢，迫使多爾袞放棄覬覦帝位的企圖，接受了攝政的折中方案，自此，雙方的矛盾和成見不斷加深。

多爾袞在攝政期間，不僅對反對他的兩黃旗大臣進行肆意報復，而且還在對北京附近圈佔的土地分配時，利用攝政的便利，將本應分給鑲黃旗的肥沃土地給了自己的正白旗，卻把本該屬於白旗的較差土地撥給了鑲黃旗。多爾袞這種明顯歧視和壓制黃旗的做法，曾引起黃旗上下官兵的不滿，只是在當時的形勢下，大家敢怒不敢言，只能低頭認栽。

風水輪流轉，等到多爾袞一死，政局大變，正白旗被皇帝收歸自將，與兩黃旗合為上三旗。到康熙初年為止，旗民均已各安生業，由此引起的不愉快印象也逐漸淡薄，但鑲黃旗中仍有人議論當年分地偏袒不均。聽到這些議論後，輔臣們的態度截然相反：隸鑲黃旗的鰲拜立意將早已分定的黃、白兩旗土地再行調換分配；隸正白旗的蘇克薩哈默不作聲，實際就是表示反對；索尼因為蘇克薩哈反對冊封自己孫女為皇后，對蘇克薩哈有意見，本身就持與「蘇克薩哈反對的，我就贊成」相似的態度，加上正黃、鑲黃一家，於是很自然地投了鰲拜的贊成票；遏必隆與鰲拜同屬鑲黃旗，而且他向來沒什麼主見，既然索尼、鰲拜都說要調換，也就隨聲附和。

得到索、遏的支援，鰲拜便暗中唆使旗人向戶部呈文，要求鑲黃旗與正白旗互換土地，如果所換的土地不足，就再圈佔民地予以補充。

大學士兼戶部尚書蘇納海看完旗人的訴訟後，上疏稱土地分撥已久，況且前兩年朝廷已經有不許再圈民地的諭旨，因此請求將八旗移文駁回，立罷換地之議。

蘇納海的反對意見被鰲拜等人棄之一旁，他們繼續我行我素，打著「凡事俱遵太祖太宗例行」的旗號，以「輔臣稱旨」的名義發佈撥換令，強行讓鑲黃旗與正白旗進行大範圍的土地圈換。

消息一出，無論旗人還是附近的漢民均人心惶惶，正白旗人固然不願把好地換走，就是鑲黃旗人也認為時間過去了這麼久，「今換給新地，未必盡勝於舊」，而漢民面對自家土地即將被圈佔的殘酷現實，更有一種絕望無助之感。撥換令頒佈之日，正值秋耕季節，可是「旗地待換，民地待圈，皆拋棄不耕，荒涼極目。」

轉眼到了隆冬，一方面土地圈換依舊難以推行，另一方面原有家園又不讓居住，各旗官員只能暫時住進廟宇草棚，窮苦百姓則連草棚子都不能住，被迫在冰天雪地中輾轉流離，「號泣之聲，聞於數里。」相關的社會輿論很快流入宮中，康熙聽到後極為不安，於是便藉問安之機向祖母奏報。此時孝莊也從宮中的包衣、宦官以及和她一起在教堂做彌撒的女教民口中，瞭解到了這方面的情況。

自正白旗歸入上三旗後，服務於皇室的正白旗包衣便一律被分配給太后，所以至少在理論上，正白旗包衣都是為孝莊服役的家奴，孝莊對正白旗包衣也更為信任一些，她為康熙挑選的幾個乳母都出自正白旗。站在孝莊的立場，她就算不偏袒正白旗，也不能允許別人故意損害正白旗的利益，更何況圈換土地事件還在社會上引起了這麼大的動盪和不安，於是她當即嚴責四輔臣擾民，要求他們改弦更張。

恰在這時，直隸、山東、河南三省總督朱昌祚和直隸巡撫王登聯相繼上疏，奏請皇上停止圈換土地，朱昌祚更在奏疏中直截了當地指出，撥換令並非出自皇上本意，暗示是鰲拜背主所搞的非法活動。同一時間，蘇納海以撥換令執行困難為由，決定將派出去負責圈換的官員全部撤回。

就像湯若望案中一樣，如果太皇太后表了態，發了話，一般情況下，四輔臣是不敢不接受的，但這次例外，因為鰲拜不幹！

鰲拜巴圖魯

滿族民間藝人有一種特有的表演形式，類似於漢族的說書，名為「滿族說部」。滿族說部擅長記錄本民族英雄的前世今生，但流傳下來的英雄史詩並不多，以鰲拜為主人公的《鰲拜巴圖魯》乃其中之一，足見鰲拜在滿人心目中的影響和地位。

鰲拜自青年時期就馳騁疆場，立大小戰功無數，並在戰場上救過皇太極的命，被皇太極賜號「巴圖魯」（滿語，英雄或勇士之意）。孝莊喜歡回憶往事，曾多次向宮人和康熙講述當年鰲拜身中利箭，被射得像個刺蝟一樣，但仍殺敵如虎，拼死保護丈夫的事蹟。鰲拜的英雄形象也因此給康熙留下了極為深刻的印象，後來當他回顧大清艱辛的立國史時，仍不忘提及鰲拜，說「太皇太后常念其勇耳」。

「國初勳舊，無不知有鰲拜者。」清軍入關後，鰲拜奉命率部追擊農民軍，李自成、張獻忠這兩位明末農民軍的領袖都先後死於其追擊。與此同時，他對繼位的幼帝順治表現得忠心耿耿，為此在多爾袞攝政期間屢遭打擊，不是有功無賞就是無罪受罰，甚至還曾三次被判處死刑。

順治親政後，視鰲拜為心腹重臣，君臣之間極為相得。鰲拜舊傷復發，臥床不起，順治便親臨鰲拜府邸看望慰問。孝莊病重，順治朝夕侍候，鰲拜也沒閒著，晝夜於宮中服侍，連休息和吃飯都顧不上。

在順治朝時，鰲拜深得順治和孝莊的信任，未料到了康熙朝卻判若兩人：平時驕橫跋扈，氣勢奪人，以至於別人看到他都得繞著走；忤己者動輒置之死地，因為私人恩怨，就假公濟私，擅殺飛揚古父子。

變化這麼大，其實也沒什麼特殊原因，就是他自以為戰功顯赫，不知不覺地飄了起來！一開始，鰲拜是不把輔臣外的百官和親王貝勒放在眼裡，後來就盯住了蘇克薩哈。

在輔臣之中，鰲拜最能打仗不假，軍功也最高，但卻不識漢字，或許是因為這個原因，他在輔臣中被排在了末尾。後來鰲拜事敗，有人便說順治臨終前其實根本未召見他，遺詔中也沒有把他列為輔臣，是鰲拜「自稱顧命大臣」，厚著臉皮占了別人的位置。這種說法雖無任何事實根據，但也在某種程度上表明了其處於最末位的尷尬——如果像索尼一樣排在首位，恐怕就沒人會這麼說了吧？

鰲拜可不甘心當「老末」，就算班行上他可以暫排末位，但話語權上卻一定要爭做第一。

索尼的資歷、聲望和議政能力都超出鰲拜遠甚，鰲拜不敢與之明爭，不過索尼年老多病，一者確實精力不濟，二者也存在明哲保身和畏事避禍的想法，在很多事情上都往往疏於過問。遏必隆和鰲拜同屬一旗，且每議軍事大政，常常附和於鰲拜，即便有時覺得鰲拜的意見不對，也不敢說半個不字，等於是鰲拜的應聲蟲，故被評價為：「有一專橫之鰲拜，即有一緘口不語之遏必隆。」

索尼不太管事，遏必隆不敢管事，唯有居於輔臣次席的蘇克薩哈既想管事又敢管事。同為滿臣，四輔臣均有保守和排斥漢文化的傾向，不過蘇克薩哈善於結交，凡有傑出才幹的漢官，他都會虛心結納和收為門下，所結納的漢官被他一一記述於文笥，收藏起來，竟「積之盈箱」。能夠這麼做，說明蘇克薩哈有著與普通滿臣不一樣的眼光，他處理事務也確實頗有主見，平時經常和鰲拜爭吵不休，兩人更因此「積以成仇」。

鰲拜與蘇克薩哈本是姻親，可是在權力爭鬥面前，什麼親情友情都輕如鴻毛。圈換土地事件也絕非偶然，他實際上是鰲拜蓄意製造的一起陰謀，為的就是利用自己在輔臣中所處的絕對優勢，達到扳倒蘇克薩哈的目的——蘇克薩哈出自正白旗，其主要勢力也集中於正白旗，打擊正白旗就等於打擊蘇克薩哈！

孝莊的干涉和蘇納海等人的抵制，猶如把鰲拜逼入了一個十字路口。他深感圈換土地有被迫中斷的危險，中斷尚是小事，最讓他擔心的還是蘇克薩哈與蘇納海等人結黨，然後直通宮掖，令他一敗塗地。

如何才能反敗為勝？鰲拜一咬牙，把心一橫，決定冒著可能得罪太皇太后的風險，向蘇納海等人下手。他認為蘇納海等人不但阻撓圈換，而且其中的蘇納海隸滿洲正白旗，朱昌祚隸漢軍鑲白旗，二者與正白旗的蘇克薩哈「系一體之人」，如果將他倆先行殺掉，就等於壞了蘇克薩哈的一手一足，以後再向蘇克薩哈開刀，則事必有成。

主意一定，鰲拜即以「輔臣稱旨」的名義下令逮捕蘇納海、朱昌祚、王登聯，革職交刑部論罪，其他抗命官員亦分別予以處罰。

大冤案

蘇納海等人都是重臣，康熙聞訊，知道他們並沒有什麼大罪，只不過是惹怒了鰲拜而被妄加罪名而已，於是急忙召集輔臣賜座詢問，意圖出面進行調停。席間，鰲拜堅決要求處死蘇納海等人，索尼、遏必隆附和，蘇克薩哈深知鰲拜挑起圈換事端和嚴懲蘇納海等人，實際矛頭都是指向自己，可他又怕出語反對導致惹禍上身，只好繼續選擇終席沉默不語。

四輔臣中出現了三比一的局面。「索尼、遏必隆、鰲拜三人均奏稱當斬（蘇納海等），逼迫朕殺之」，康熙此時年僅十三歲，雖然平時也經常參加輔臣議政，以從中學習執政經驗，但畢竟還缺乏在這種特定情況下的歷練，鰲拜等三名輔臣的態度令他一籌莫展，一時也找不出適當的言辭來為蘇納海等人緩解困境。

這時鰲拜不斷催促康熙：「臣等所見皆同，請皇上發落！」康熙猶在遲疑，鰲拜乾脆走向御前，拿起御用朱筆，寫下「蘇納海、朱昌祚、王登聯，不遵上命，立即處斬」十七個大字，然後昂首出宮而去。

儘管康熙從始至終「未允所請」，不同意對蘇納海等人重處，只同意了刑部所擬定的處罰，即將三人各鞭一百，沒收家產。可是鰲拜事後仍然倚仗在輔臣中的優勢，矯詔將蘇納海等三人處以了絞刑。矯詔下達時，蘇納海正被關押在刑部，兩名八旗兵突然闖進牢房，兇神惡煞地站到了他的身旁。見對方虎視眈眈地逼視著自己，蘇納海輕蔑地拿眼睛瞟了瞟他們，說：「我是大臣，本有禮儀，快取酒來！」一番痛飲飽餐後，他吩咐家僕把布墊在地上，然後脫衣躺下，蓋上被單，拿起弓弦自勒而死。

蘇納海、朱昌祚、王登聯為國計民生而抗疏力爭，深得民心，直隸百姓認為他們「死非其罪」，在他們死後以地方名宦的身份予以祭祀和悼念。這件事也給年幼的康熙造成了極大的刺激和傷害，直到四十年後提起，仍痛心地說：「至於巴圖魯公鰲拜、遏必隆，為圈地事殺尚書蘇納海、總督朱昌祚、巡撫王登聯，是件大冤案……，朱昌祚等人不但不應該被殺，也不應該被治罪。」

鰲拜將圈換土地的事宜轉交撥地侍郎巴格執行。據巴格奏報，此次圈換共騷擾近京十個州縣，這還不包括剛開始時已經圈換完畢的四縣之地，旗民及漢人深受其害，失業者達數十萬人。

在圈換土地事件中，鰲拜把白黃旗矛盾、輔臣之間的個人恩怨和所謂祖制、「輔臣稱旨」交錯利用起來，既不理睬太皇太后停換土地的旨意，也無視康熙對嚴懲蘇納海等人所持的反對態度，唯以打擊和制裁正白旗為其目的，其處事之專橫，手段之毒辣，皆為時人所瞠目。

康熙開始對鰲拜予以戒備，並在聽理政事過程中，多次對鰲拜及其黨羽進行抵制。蘇納海等人被害的當年，吏部尚書阿思哈、侍郎泰必圖按照鰲拜的意圖，提議每省派兩名大臣設衙於總督、巡撫衙門旁，以對督撫進行稽查和監視。吏部右侍郎馮溥堅決反對，認為督撫皆國家重臣，派人監視是不信任和不尊重的表現。泰必圖聽後大怒，「瞋目起立，張拳向馮」，竟試圖對馮溥動武。馮溥毫不畏懼，從容駁道：「既然是公議，為什麼不容許我再議呢？而且我說得對不對，自有皇上裁斷，豈是你們能夠擅自做主的！」

馮溥冒著得罪鰲拜集團，可能步蘇納海等人後塵的危險，毅然向康熙遞呈奏疏。經過蘇納海案，康熙也提高了觀察和分析問題的能力，他知道在與鰲拜集團打交道時，不但不能模棱兩可，就是稍一猶豫，都會被對方找到空隙，因此看完奏疏後立即對馮溥表示支持。見康熙態度堅決，泰必圖大為沮喪，「反交好於馮」。

孝莊同樣受到很大觸動，而她所受到的觸動，又絕不止於鰲拜不睬其旨意這麼簡單。當初她和順治在決定以輔政體制取代攝政體制時，為了對輔臣進行制約，以避免他們逾矩，曾制定協商一致原則，即要求輔臣個人不得單獨謁見皇帝或太皇太后，亦不得擅自處理政務，凡事必須四人共同協商，一致同意。輔政期間，只要四位輔政大臣恪守協商一致原則，便沒有超出規範，比如在湯若望案中，雖然孝莊對輔臣們的處理方式並不滿意，但她也只是抓住機會保全湯若望等傳教士而已，未對此案作更多干涉。

可是自圈換土地事件起，協商一致原則便在無形中被打破了，輔臣們已默認只要多數同意，就可啟奏並決定重大問題，而再不必一致同意。這意味著輔臣間的權力平衡關係不復存在，而且以後隨著輔臣各自權勢、能量和地位的變動，勢必還會繼續形成相互結合或對立，直至出現個人操縱政局的擅權局面。

孝莊最為擔心的就是這一點。不過她對此早有籌謀，康熙大婚，為什麼獨獨選中赫舍里氏為皇后？就是相信赫舍里氏的爺爺索尼的實力和智慧，相信他可以讓康熙在前進途中得到最大助力，如今輔臣體制出現危機，索尼不會看不出來，也絕不會置若罔聞，無動於衷。

御門聽政

正如孝莊所預料的那樣，作為康熙的岳祖父，索尼雖然因各種原因在蘇納海案中與鰲拜保持了一致，但事後也感到十分憂慮：鰲拜權勢日張，與蘇克薩哈水火不容，而遏必隆又一味附和於鰲拜。自己年老多病，時日無多，如果有一天不在人世，還有誰能遏制鰲拜的勢力？輔政機制豈不成了鰲拜的一言堂？

一六六七年，康熙十四歲，索尼策動「三輔臣」與他共同上書康熙，請其按照順治十四歲親政的先例實行親政。歸政雖不是鰲拜的本意，但迫於輿論和索尼的壓力，卻不能公開表示反對，只能跟著一道上書，至於蘇克薩哈、遏必隆，則更無理由不參與奏請了。

康熙收到奏疏後，擔心時機還不成熟，怕自己「年尚幼衝，天下事務殷繁，未能料理」，同時考慮索尼在輔臣中尚能起到牽制鰲拜的作用，因此提出要「四大臣」繼續輔政數年。此後儘管索尼等人仍屢行陳奏，但康熙只將奏疏「留中不發」。

索尼確實可以牽制鰲拜，有他在，鰲拜再囂張也很難跳到天上去。可惜的是僅僅幾個月後，索尼就不幸病逝了，索尼一死，鰲拜更加張狂，他甚至自我提升，以首席輔臣自詡。內弘文院侍讀熊賜履遵旨上條奏，指出有人急功近利，「趨目前尺寸之利以便其私，而不知無窮之弊已潛倚暗伏於其中」。鰲拜見疏後像被打到七寸的蛇一樣跳起來，大叫著說：「這是在參劾我！」他要求對熊賜履予以治罪，同時讓康熙下旨禁止言官上書。康熙立即毫不客氣地駁斥道：「他（指熊賜履）自陳國家事，與你何干？」

眼看輔臣機制的負面作用越來越大，康熙遂以輔臣多次奏請為由，率輔臣一同去向孝莊請示親政事宜。

實事求是地說，在輔政期內，包括鰲拜在內的幾位輔臣作用還是很大的，沒有他們，在幼帝登基的情況下，政局不可能保持基本的穩定。孝莊很清楚這一點，所以她既希望康熙能夠早日親政，但又覺得康熙終究還是太小，怕欲速而不達，於是對三位輔臣說：「皇帝尚年幼，如果你們都謝政，把天下事交給皇帝，皇帝恐怕不能獨自料理，是否緩一兩年再說？」

鰲拜並不肯輕易放棄既得權力，只是康熙親政已是大勢所趨，他無法逆潮流而動罷了，現在發現孝莊對康熙親政不大放心，就趕緊抓住機會表態：「皇上躬親萬機，臣等仍行佐理。」也就是請求在康熙親政後，繼續保留輔政體制。

一方面是感到康熙年幼，仍需鰲拜等人輔佐，另一方面，鰲拜以往所為，也尚在孝莊可以寬恕和容忍的限度之內，其貌似誠懇的態度更給孝莊製造出一種假像，讓她認為鰲拜在康熙親政後會改弦更張，不至於再像輔政期內那樣肆意妄為。在這種情況下，她表示鰲拜提出的方案兩全其美，作為過渡未嘗不可，於是當即表示贊成，命禮部擇吉日為康熙舉行親政大典。

一六六七年八月二十五日，農曆七月初七，親政大典如期舉行。這一天，康熙頭戴皇冠，身著龍袍，至太和殿接受王以下的慶賀禮，同時「佈告天下，咸使聞知」。

當年順治在親政時，定於初五、十五、二十五日三天在太和殿視朝，平時則不定期到乾清門（乾清宮的正門，離皇帝所居內廷最近的正門）聽理政務。大典一結束，康熙便立即前往乾清門聽政，直接與政府官員見面，嗣後他打破父親上朝的規矩，「每日聽政，必御正門」，且寒暑無間，風雨無阻，這就是「御門聽政」。

輔政時期，奏章總要拖到次日才能處理，漢大學士又均不入值，只有輔臣等少數幾個人在內廷議定朝政。康熙如此熱衷於御門聽政，就是要改變這些弊病，以便盡可能及時發現和制止鰲拜等人的專權越軌行為。

親政後的康熙經過前期的磨煉，在觀察問題或處理政務方面，都有了一定的主見和能力。盛京缺一個兵部侍郎，朝廷一再更換人選，不到十天已奉旨三易其人。馮溥上疏稱：「朝廷處理國事，在沒有正式下旨前就應當慎重，不應該在下旨之後再隨便改動。」鰲拜黨羽、大學士班布林善把馮溥的奏章壓下不發，康熙知道後專門把馮溥的奏疏要過去仔細閱讀，看後認為他說得很對，遂命相關部門予以採納。

對於鰲拜本人，康熙在加以戒備的同時也毫不遷就。鰲拜企圖主持起草皇帝親政大赦詔書，藉以撈取政治資本，康熙未予理睬，而是另用他人，密擬赦詔，「臨期頒行」。又有一次，朝廷明令馮溥調任左都御史，內閣已有康熙批示的紅本，調令的檔也已抄發，可是鰲拜仍力圖取回改批。馮溥不同意，理直氣壯地阻止說：「本章既批發，不便更改。」鰲拜大怒，欲加罪於馮溥，康熙連忙出面對馮溥表示支持，並且嚴肅地告誡鰲拜：「輔臣待人處事，理應詳盡慎重。」

教導主子

親政就意味著要收回輔臣代理國政之權，輔臣的政治地位則應由主導降至附從，康熙親政後的一系列施政舉動，也表明輔臣的權勢確實已經出現動搖和下降。不過由於輔臣「仍行佐理」，所以他們的朝班班次仍然排在親王之上，更重要的是，鰲拜並不想如孝莊所期待的那樣，逐步向康熙交權以及體面退出。

在現實生活中，權力像是一根毀人不倦的魔杖，很少有人能在它的蠱惑下獨善其身，如果一個人已被權力欲沖昏頭腦，你要他馬上停下來，幾乎就等於要他的命。與此同時，依附於鰲拜的黨羽都不願失去自己的靠山，一直在旁邊不停地煽風點火，這些因素都促使鰲拜不但不願交權，反而擅權野心進一步膨脹。

康熙親政之初，各地頻頻發生自然災害。自然災害就是所謂的災異，湯若望案時北京發生大地震，尚可以怪到輔臣頭上，如今皇帝已經親政，便會被解釋成是皇帝可能德行有失，所以上天才會給予懲罰。康熙為此憂心忡忡，左右之人盡知，鰲拜在宮中的耳目眾多，探聽到這一情況後，便以「商議啟奏應行事宜」為名，直接對康熙進行施壓。

索尼死後，蘇克薩哈依次遞補，排名第一。鰲拜為了利用他，假惺惺地對他進行拉攏，鼓動對方在自己的奏疏上署名，並且聳人聽聞地說：「恐御前有奸惡之人暗害忠良，我等應將太祖、太宗所行事例敷陳。」

鰲蘇之爭早非一日，蘇克薩哈知道鰲拜突然拉他「教導主子」絕非善意，所以不願署名，即便鰲拜、遏必隆數次相邀，仍遭到他的堅決拒絕：「教導主子之處，誰有意見，各行陳奏，何必會同列名？」

在蘇克薩哈死活不肯署名的情況下，鰲拜只好與遏必隆單獨上疏。在奏疏中，他用強硬而又驕橫的口吻，「教導」康熙應像太宗（皇太極）那樣，凡有諭旨，不只給一人，而且必須讓眾臣同奏，不能允許某人單獨秘密入奏。因為擔心蘇克薩哈密行啟奏，他還特地提醒康熙，說若蘇克薩哈真有此舉，應指出查明，予以根絕。

輔政時期，輔臣固然可以自行決策，但皇帝親政後，就必須變成輔助決策，也就是說，遇到任何事，輔臣都只能是奉召商議，最後決定權掌握在皇帝手中，鰲拜自己也知道，「皇上若召在何處，（我等）遵旨就在何處」。據此而言，康熙把諭旨交給誰，以及大臣是同奏還是單獨秘奏，都是皇帝該考慮的事，豈是他們輔臣所能干預的？

鰲拜對康熙的「教導」，表明他根本不願改變原有輔政方式，不肯交出代行皇權的權力。實際情況也是這樣，本來康熙親政後，輔臣不應再有批閱奏疏之權，但平日裡鰲拜仍與遏必隆商議：「皇上親政後，所奏事件在何處批理？」

除了不願交權，鰲拜還「教導」康熙要聽得進勸諫之言，近善遠惡。當然，他所說的勸諫之言絕不是熊賜履、馮溥等的言官之詞，說穿了，其實就是要給康熙設置各種框架，以便進行控制。所謂「近善遠惡」更是企圖限制康熙與朝官們的廣泛接觸，把他變成沒有獨立思想的傀儡，以便達到其干預朝政、架空小皇帝的目的。

看完鰲拜、遏必隆共同署名的這份奏疏後，康熙未在上面加任何朱批，這表明他對鰲拜的言辭不僅不以為然，而且產生了厭惡和反感的情緒，之所以未加申斥，只是為了保證親政初期的政局穩定罷了。

鰲拜碰了一鼻子灰，又羞又惱，便將一肚子邪火都集中到了蘇克薩哈身上。在他看來，蘇克薩哈拒絕在奏疏上署名，無異於將他們的矛盾暴露在了康熙面前，使他陷於被動，否則的話，康熙的態度也不至於如此強硬。

「教導主子」未遂事件成為鰲蘇關係進一步惡化的顯著標誌，此後鰲拜便聯合遏必隆和其餘同黨，不斷對蘇克薩哈進行排斥和打擊。蘇克薩哈的力量本來就不強，蘇納海案後，鑲黃旗被鰲拜完全控制，正黃旗對鰲拜隨聲附和，而正白旗則遭到了嚴重削弱，在這種情況下，蘇克薩哈根本無法與鰲拜進行正面抗衡，即便他在輔臣中的排名上升到第一，亦無濟於事。

蘇克薩哈的四個兒子都是內大臣，據說有相士看到他們，曾私下告訴別人：「蘇公的這些兒子沒有一個能夠善終，蘇公恐怕會有不測之禍啊！」其實就算不當面聽相士這麼說，蘇克薩哈也已經有了朝不保夕之感，為免像蘇納海等人那樣死於非命，他逐漸產生了隱退的想法，早在康熙親政前便多次啟奏孝莊，表示「夕歸政於皇上，朝即具疏」辭去輔臣之職。

就在康熙親政的第六天，蘇克薩哈以身染重病為由，正式上疏懇請解職，並請求去遵化為順治守陵。在給康熙的辭呈中，他一吐心中積鬱，說如果能夠如願解職守陵，則「如線餘生，得以生全」，暗示正是因為鰲拜過於專橫，自己才不得不隱退，以避風險。

蘇克薩哈辭職的更深一層用意，是試圖以退為進，迫使鰲拜、遏必隆也相應辭職和交權，從而歸政於康熙。這顯然是爭權失敗後的一種「同歸於盡」，因為索尼已死，如果蘇克薩哈再隱退，四大臣只剩兩大臣，輔政體制勢必也需要取消。

一不做，二不休

蘇克薩哈以為自己用心良苦，其實是幹了一件愚蠢的事。

在政治權鬥的領域，必要時缺乏勇氣，不夠堅決果斷，一味想著後路，都是大忌，而這些在蘇克薩哈身上都有著不同程度的體現。比如在蘇納海案中，他明明支持蘇納海等人，卻因害怕引火焚身而只以沉默了事，倘若當康熙為蘇納海等人調解時，他能夠勇敢地站出來，與鰲拜等人進行據理力爭的辯論，則康熙就不致那麼困窘，而蘇納海等人的結局也可能要好得多。

如今的「以退為進」也一樣。康熙親政後，孝莊讓輔臣「仍行佐理」，自然是不希望輔臣們馬上辭職不幹，如果你蘇克薩哈真的感到自己瀕臨絕境，想保護自己或是要倒逼鰲拜、遏必隆歸政，就完全沒必要把話說得那麼隱晦，或者至少也應該在私底下跟孝莊和康熙提前交個底，通個氣，讓對方心裡有數才行。

冒冒失失地弄個啞謎出來，效果往往只會適得其反。果然，康熙對蘇克薩哈的處境及其用心並不十分清楚，見他突然奏請守陵，頓有措手不及之感，既不理解也很不滿意，於是不但沒有批準，還派了禮部侍郎米斯翰等人前去責問。

感到措手不及的還有鰲拜。蘇克薩哈的辭呈觸動了他的痛處，使其極為憤怒，而康熙對蘇克薩哈的誤會正好給他創造了機會，他立刻以「輔臣稱旨」的名義，用皇帝的口氣斥問蘇克薩哈：「你奏請守陵，還說『如線餘生，得以生全』，不知道朕有什麼地方逼迫了你？你在什麼地方不得安生？為什麼守陵就能得以安生呢？朕十分不解！」

鰲拜素來痛恨蘇克薩哈不買他的賬，早有陷害報復之心，他一不做，二不休，借康熙的權威，宣佈捉拿蘇克薩哈及其家屬，交議政王大臣會議審理，同時被逮捕的還有蘇克薩哈的族人、前鋒統領白爾赫圖以及侍衛額爾等。本來還有更多的人可能被牽連，幸虧蘇克薩哈的妻子不像她丈夫，做事非常果斷，一聽到即將大難臨頭的消息，首先想到的就是「無遺禍舉朝也」，將蘇克薩哈平時與別人來往的書信全部焚之一炬。

緊接著，鰲拜又召集遏必隆及大學士班布林善、圖海等人，連夜在遏必隆家的馬圈內進行密謀，給蘇克薩哈拼湊編造了二十四款大罪，顛倒黑白地說他辭職是「不念先帝遺詔，終其所守」，「不願皇上親政」，甚至蘇克薩哈閱讀過《洪武實錄》，也被定為「欲效法洪武之罪」。

根據捏造的罪名，鰲拜向議政王大臣會議提議，擬將蘇克薩哈一家及白爾赫圖、額爾等全部予以處決，這一提議很快便在會議上得以順利通過。後來有人認為天道好還，蘇克薩哈被害乃是他背叛多爾袞的報應，雖是無稽之談，但蘇克薩哈當年的這一舉動確實讓他在宗室中名聲掃地，以至於關鍵時候無人肯站出來替他說話。

通過決議後，眾人前去向康熙奏報。康熙這才清醒過來，認識到鰲拜與蘇克薩哈有私怨，他與同黨借機對蘇克薩哈羅織罪名，是要置其於死地。

議政王大臣會議也稱「國議」，它決定的事，通常連親政的皇帝都不能不予以正視，所謂「諸王會議既定，雖至尊無如之何」。這對康熙造成了非常大的壓力，他一邊派近臣前去寬慰蘇克薩哈，一邊前往慈甯宮，將此事經過以及自己有意保護蘇克薩哈的想法向孝莊進行報告，徵求她的意見。

蘇克薩哈在輔臣中多少能對鰲拜起到牽制作用，孝莊既不希望他辭職，當然也不願意他被鰲拜殺掉，因此贊同康熙對蘇克薩哈予以保護。在祖母的支持下，當鰲拜和諸王大臣集體上奏蘇克薩哈案及其判斷書時，康熙便「堅執不允所請」。

康熙到底還是年紀太小，經驗不足，由於事發突然，情況緊急，他又再次犯下了與蘇納海案時一樣的錯誤，即只是「未允所請」，不同意對蘇克薩哈的擬罪，卻沒有堅決、明確地表示不應對其治罪。

康熙模棱兩可的回答，助長了鰲拜的氣焰，他竟然不顧君臣禮儀，捋起袖子，露出胳膊，氣勢洶洶地衝到康熙面前與之進行辯論，而且一連數日不肯甘休。

鰲拜的猛攻強逼使得事態急轉直下。鰲拜黨羽、安親王岳樂跟著領銜啟奏，繼續把蘇克薩哈往死裡整，並當場揭發蘇克薩哈曾對康熙有輕蔑之語。在他的推波助瀾下，畏懼鰲拜的諸王大臣全都脫下帽子，「免冠叩頭」，意思是寧冒著被摘烏紗帽之險，也堅決奏請殺掉蘇克薩哈全家。

面對諸臣的跪請，少年天子驚慌失措，他從來沒有見到過這麼大的陣勢，毫無心理準備，一時之間，整個人都變得恍惚起來。萬不得已，他被迫做出讓步，同意按原議處置，只將蘇克薩哈的淩遲改為處斬。

相士的預言不幸得到了印證，蘇克薩哈終於還是沒能逃脫被殺身滅族的噩運。除他自己被害外，共被誅四子十二孫，他的兒媳因懷孕免死而被繫於獄中，爾後分娩生下一個嬰兒，可憐就連這個嬰兒都未能倖免，仍舊被斬首於市！

隱忍

蘇克薩哈案是繼蘇納海案後，康熙朝的第二個大冤案，也是康熙親政後的首個大冤案，被害人身份之高、人員受株連之廣、結果之悲慘均令人震驚。

康熙即便一開始對蘇克薩哈的請辭有誤解，但也從不認為他該殺，問題就在於他作為皇帝，卻根本無力保護蘇克薩哈及其家族，即便他已經親政。更讓康熙感到痛心和難過的是，儘管他極不情願，可還是被逼著下達了處決令，也就是說鰲拜實際是借他的手殺了蘇克薩哈。此後，蘇納海案、蘇克薩哈案便成了康熙的一塊心病，雖逾數十載，但依然對此難以釋懷，他在多個場合談話時，都對「殺皇考章皇帝所遺一大臣全家」，表示「後悔莫及，殊甚憤恨。」

毫無疑問，康熙在蘇克薩哈案中所受到的打擊之大，刺激與傷害之深，還要遠遠超過蘇納海案，但這也成為他人生的一個重要分水嶺。他開始明白，要做成一件事或者保護一個人，光憑良好願望是不行的，還得更多地依賴自己的能力。

如果能力不夠怎麼辦？祖母告訴他：隱忍！

孝莊在輔佐兩代幼君的過程中，一共經歷過三次大的危機。第一次是攝政期間的多爾袞隨著其權勢和地位的不斷擴大提高，漸漸對攝政失去耐心，那時的情形看上去就算他不篡位，也會擁兵割據，從而引起清廷內部的大亂。第二次是董鄂妃去世後，順治因傷心過度而看破紅塵，打算傳位於康親王傑書。如果順治當時真的這麼做的話，也極可能引發內亂，甚而造成南方抗清力量與三藩的聯合。

在這兩次危機中，孝莊都採取了隱忍不發的態度：當她發現多爾袞的思想有所異動後，仍然只是限於扼制他的篡位或割據企圖，此外不管多爾袞自稱「叔父攝政王」還是「皇父攝政王」，都睜一隻眼閉一隻眼；對於一心想剃髮出家的順治，她雖然也恨鐵不成鋼，但未採取任何過激措施，除了對順治嚴厲訓斥，就是把順治所信賴的高僧都發動起來，百般設法對其進行阻攔。

隱忍最終都換來了報償，前者以多爾袞猝死而告終，後者以順治放棄出家念頭而結束。孝莊長袖善舞，弭大患於無形，不能不讓人佩服她的老謀深算，應變得法。

鰲拜的專擅是第三次大危機。與蘇納海案後的形勢相似，蘇克薩哈案後，鰲拜再度成為最大的勝利者和獲利者。在索尼已故，蘇克薩哈被殺的情況下，四大輔臣中只剩下一個無足輕重、唯唯諾諾的遏必隆。遏必隆在輔臣中的排名本在鰲拜之前，為討鰲拜歡心，遏必隆某日上朝時故意後退數步，俯首對鰲拜說：「我怎好上座。」鰲拜聞言微笑，隨即大搖大擺地昂首走到了他的前面。鰲拜的黨羽在列名啟奏時，也索性將鰲拜的名字放到了遏必隆之前。

遏必隆畏懼鰲拜，甘居其後，事事聽其擺佈，其他王公大臣也大多不敢得罪鰲拜，凡事皆附和其意。鰲拜趁勢在朝廷內外廣植黨羽，「文武百官，盡出伊門」，其中僅分據軍政要職，把持要津的鰲拜集團成員即不下二十餘人，連敬謹親王蘭布、安親王岳樂、鎮國公哈布薩等王公都唯其馬首是瞻。

鰲拜的個人勢力達到頂峰，基本上把持了朝政，「一切政事先於私家議定，然後施行，又將部院啟奏官員帶往私門商酌」，甚至「紅本已發科抄，輔政大臣鰲拜取回改批。」法國傳教士白晉記載道，「在他（康熙）十五六歲時，四位攝政王中最有勢力的宰相（鰲拜），把持了議政王大臣會議和六部的實權，任意行使康熙皇帝的權威，因此任何人都沒有勇氣對他提出異議。」後來的史學家們往往將這一時期稱為「鰲拜輔政時期」，究其原因，就是鰲拜已實質性獨掌朝中大權。

當初孝莊和順治用鰲拜等異姓大臣輔政，本意是要吸取順治幼年時期多爾袞專權的教訓，用來幫助和保護康熙，但誰也沒有料到，「親王多爾袞」雖然沒有了，鰲拜卻成了「權臣多爾袞」。解決這一危機最便捷的辦法是讓輔臣歸政，然而蘇克薩哈已以他全家人的鮮血表明，鰲拜短期內根本不可能自覺自願地歸政，而倘若在條件不允可的情況下強行這麼做，輕者功敗垂成，重者將「激生事端」，打蛇不成反被蛇咬，危及康熙的帝位乃至人身安全。

隱忍，只有繼續隱忍，才能像在遭遇前兩次危機時那樣渡過難關。孝莊自己這麼做，也同時把她的經驗和策略傳授給了小皇帝。蘇克薩哈被害後，儘管康熙內心極度憤懣，但卻授鰲拜為一等公，原有的二等公由其子那摩佛襲替。當年康熙只有十四歲，很難設想他一開始就能夠擁有如此度量和政治智慧，清史研究者認為，這種做法必出自孝莊的授意。

第二章

歷史性的時刻

小時候，康熙很少能夠見到父親，即便出痘重返皇宮，有了與順治不多的幾次見面機會，雙方的談話內容和範疇也僅止於「談人生談理想。」除了皇父這個身份外，順治在康熙心目中一直都比較陌生，直到後來隨著年歲漸長，他才得以瞭解到關於父親的較完整的資訊。

原來順治的形象並不完美。他脾氣暴躁，火氣十足，動輒鞭打左右，連他所信任的一位高僧都對人說：「聖上脾氣暴烈，左右近侍常遭鞭笞。」順治在處理政事時也經常縱情任性，不按常理出牌，「章皇帝（順治）每大怒，必笑，每大笑不止，則必有大處分」，據說他有一次大發雷霆，竟然當場拔出寶劍，劈開了御座！

即便對於孝莊本人，順治也談不上恭順。就在他剛剛親政的那年秋天，孝莊為他舉行大婚，所選皇后乃孝莊的侄女，結果順治在兩年中一直將皇后「隱嫡冷宮」。到了第三年又擅自提出廢后，廢后是朝中大事，滿朝文武都被驚動了，十四五個大臣出來勸諫，可是順治充耳不聞，誰的話都聽不進去。

後來孝莊又把自己的侄孫女聘給順治做皇后，但順治對新皇后依舊疏遠，與此同時，他卻愛上了自己的弟媳董鄂妃。董鄂妃的丈夫博穆博果爾親王是順治最年幼的一個弟弟，由於不堪忍受羞辱，不久就憤而自殺了。順治依舊顯得沒羞沒臊，博穆博果爾死了不到一個月，他就把董鄂妃接進了皇宮……。

小巫見大巫

滿人舊風俗中雖可納弟媳為妻，但也應該是在弟弟死後，才可以把未亡人娶進家門。在弟弟健在的情況下就愛戀其配偶，並因此置弟弟於死地，毫無疑問屬於違背人倫之舉，也不符合滿人的風俗習慣，可想而知，孝莊作為母親心裡會有多麼彆扭和難堪。更不用說順治還「不愛江山愛美人」，因為董鄂妃辭世，竟然置江山社稷於不顧，要削髮受戒。

孝莊曾經非常愛他的兒子，即便母子一次次形成尖銳衝突，她仍盡可能給予包容，只有在實在看不下去的時候才會進行指斥。不過自從在順治喪禮的那天大哭後，她似乎就忘記了自己曾經有過這麼一個兒子，既往所有對順治的關切和感情投入，也都被她一股腦兒地轉移給了康熙。據說在順治死後的十年時間裡，孝莊從沒有去順治的陵園看過一眼，誰勸都不聽，幾乎和順治當年廢后時一樣固執決絕。或許，她是真的被順治傷透了心，所謂「愛之深，痛之切。」

康熙受孝莊撫育長大，一言一行都按照孝莊的要求和標準進行塑造，不管是性格、人品還是對事業、愛情的看法，都與順治大相徑庭，但隱忍期間的個人經歷，卻讓他對父親有了更深一層的理解。

鰲拜不但專擅，而且桀驁不馴、目無君上，對康熙相當不尊重。他常常在朝堂上對康熙進行頂撞，與康熙說話總是扯著嗓門「高聲喝問」，而且稍不如意，就當著康熙的面對部院大臣進行喝斥。朝賀新年時，他也不顧忌諱，身著黃袍，僅帽結與康熙不同而已。

有一次，康熙要外出狩獵，命鰲拜報知孝莊，他竟然說：「皇上自己去吧！」康熙未經輔臣傳旨意，命人選鷹，鰲拜、遏必隆又對此不滿，厲聲斥責近侍說：「這成何朝廷？」言辭間儼然已以朝廷自居。三等侍衛飛瑤色在康熙身邊辦事，親眼看到鰲拜等人對康熙的傲慢態度，常常銜恨於心，後來僅他就揭發了鰲拜三條罪狀。

康熙對此自然積怒在胸，然而在看過關於順治的經歷後，他才知道，自己所遭遇的這一切只不過是「小巫見大巫」。

康熙是由異姓大臣輔政，順治當初則是由多爾袞攝政。攝政和輔政有著本質的區別，輔政尚需向皇帝請示，攝政根本不需要，攝政王一人就能自主處理國家大事。多爾袞攝政時期，朝廷上下，包括百姓，「唯知有攝政王，不知有皇帝」，順治被完全冷落在一邊，只能聽人擺佈，參加一些儀式活動。他自己回憶：「睿王（多爾袞）攝政，朕只有拱手承接祭祀的份，凡天下國家之事，朕既無法參與，也沒有人向朕詳細陳述。」

不光多爾袞，其他有權勢的親王也不把順治放在眼裡，多爾袞的胞兄、親王阿濟格甚至把順治當成幼兒，私下稱呼他為「孺子」。就連多爾袞的手下都敢於公然捉弄順治，他們在陪順治狩獵時，故意把順治帶上艱險陡峭的小路。順治沒辦法，只得下馬步行，他們又冷言冷語地加以挖苦，說：「年少不習騎射，像這樣的路徑，也需要下馬步行嗎？」

如果僅僅只是這些，順治恐怕還不會變成後來的順治。「太后下嫁」是發生在多爾袞攝政時的一樁著名疑案，即傳說孝莊曾下嫁給多爾袞。其實就算孝莊下嫁多爾袞是事實，也並無過多可指摘之處，一者，當時清室受漢文化影響還不深，滿人習俗允許「兄死妻嫂，父死妻後母」；二者，在孤兒寡母，力量薄弱的情況下，孝莊的初衷必然是要用這種方式來制約多爾袞，以穩固兒子時時受到威脅的皇位。

只是這種聯姻註定會給順治幼小的心靈帶來莫大傷害，因為這樣他就成了地地道道的「兒皇帝」，多爾袞強加給他的所有侮辱都得到了倫理制度的某種承認。退一步說，就算「太后下嫁」不存在，孝莊為了應付多爾袞，兩人之間也可能存在一些不可為外人道的關係。乾隆年間的史書《東華錄》上記載：「多爾袞自稱皇父攝政王，又親到皇宮內院。」這句話的後半句很值得斟酌，皇宮內院指皇宮內妃嬪所住的宮室，當時無人敢隨便涉足，多爾袞動不動就在那裡現身，他想幹什麼？他能幹什麼？

就像孝莊無法理解順治一樣，孝莊忍辱負重的一片苦心也難以被順治所接受。順治不僅對所謂的「皇叔父攝政王」恨之入骨，對自己的母親同樣多有怨恨，可是他又沒辦法向別人排解這種憤恨和痛苦的情緒，於是只能深藏於心中，任其發酵。

自一六六七年十月起，康熙下令編纂《世祖實錄》，世祖就是順治，《世祖實錄》相當於順治朝的史料彙編。在這過程中，康熙當然也能接觸到與順治相關的各種文字資料，一段段看過去，一個與自己年紀相仿，但神色悲苦、內心憂鬱的少年躍然紙上。順治親政後暴躁的脾氣、與孝莊的隔閡、對於愛情的依賴，乃至失去愛人後萬念俱灰的悲觀頹喪，種種看起來讓人無法理解的舉動，如今也都有了可以一一對照的源頭。

成功之道

在公佈的順治遺詔中，他痛自苛責，歷數當政期間的十四條錯誤（「十四罪」），其中對紀綱法度、用人行政等均有涉及，一眼看過去，順治幾如昏君，而順治朝似乎也乏善可陳。墓前立碑，中國自古有之，明清帝陵前的石碑一般稱為神功聖德碑，照例都是為大行皇帝歌功頌德的廟堂之作，但直到順治已死去七年後，他的陵園內仍未建碑，顯然這與順治遺詔中的自責不無關係。

問題是，順治施政真有這麼糟糕嗎？

順治是滿人入主中原，定鼎京師後的第一位皇帝，雖非第一代君主，但也相當於開國之君。一般來說，開國之君都是成年人中的卓越者，然而順治與康熙一樣，十四歲就親政，尚未成年就開始獨立治國。正如清史學家蕭一山所言：「開創之主，類皆英明權變，豁達大度，故能崛起一方，手定大業。獨滿朝之順治，乃以童稚得之……。」

順治親政前，基本處於失學狀態，他自述「無人教訓，坐此失學」，直到親政後，才發現送上來的奏疏尤其是漢文奏疏，自己根本看不懂，「閱諸臣章奏，茫然不解」，他深以為恥，從此發奮讀書。

古人讀書，多為先苦讀背誦以穩其根基，順治亦取此法，每讀一本書都要求自己能夠背誦。順治不是那種過目不忘的神童，一般情況下，即便一篇五百字的文章，也需要讀上六七遍才能予以強記，然而十天半個月後又都忘記了，於是又要再讀再背。他涉獵極廣，所看的書既有四書五經、《貞觀治要》、《資治通鑒》，也有「左史莊騷先秦兩漢唐宋八大家以及元明撰著」，甚至還包括明朝時的科舉範文集，其中僅科舉文集裡就包括幾百篇文章，要把它們統統背下來，談何容易。因為學習過於刻苦，順治曾經嘔血，但從未放棄，他每天五更起讀，一天中除了吃飯和料理軍事大事外，會一直讀到深夜，而且天天如此，月月如此，年年如此。

順治的全部學識和理政能力，都是通過邊做邊學，在親政後慢慢積累所至，僅此一點，即非常人所能及。他在實際理政中也表現稱奇，在他親政的那些年，國事紛繁，政局很不安穩，他通過「親宗萬幾，孜孜求治」，最終使新朝基業得到了初步鞏固。蕭一山評價順治「年少有為，能粗立開國規模」，史學大家陳垣對湯若望和順治的關係有一個比喻，說他們「猶魏徵之於唐太宗」，換言之，順治亦如「清代的唐太宗」。

康熙親政，很自然地會想到向父親尋求經驗，在感佩於父親之偉大的同時，他也發現了父親真正的成功之道，那就是「好華語，慕華制。」

和康熙學漢文時一樣，由於身邊充斥著鰲拜等對漢文化持排斥態度的大臣，一時難以找到合適的大儒求教，順治也只能以近侍為師。教他讀書的是前明宦官曹化淳，曹化淳原籍河北武清，屬京畿里八府。清初民間把山東、北京的漢人稱為「侉子」，說他們經常講「侉話」（指方言），順治跟著曹化淳讀書，時間長了，連說話都染上了曹化淳的鄉音，他於是便戲稱自己跟著曹化淳學會了「侉話」。

曹化淳不僅在經史、詩文及書法等方面均造詣不俗，而且督學有方。順治能夠長年如一日地刻苦攻讀，以天子那種養尊處優的生活環境來說，恐怕初期並非他所自願，或者就是剛開始發發狠，後期也不一定能夠堅持下來，在這方面，曹化淳功不可沒。順治後來直言不諱地告訴別人：「朕向來讀底書，多虧了曹化淳。」

事實上，曹化淳並非一個普通的前明宦官，他在崇禎朝任司禮監頭目，司禮監乃明朝內府十二監（即十二個宦官衙門）之首，可見曹化淳當年在內府中地位之高、權力之大。由於深得崇禎皇帝的寵信，曹化淳在崇禎朝除負責批閱外廷諸臣所上章奏，以備皇帝御覽外，甚至有資格代皇帝複審案件。這樣一來，他能夠教授和傳遞給順治的，就不會僅僅只是書面知識，必然還包括處理政事的經驗、辦法以及與明朝有關的漢人政治制度、理念等。順治之所以對漢文化情有獨鍾，固然與他長期閱讀漢文典籍，接受漢文化的薰陶有關，但亦不能忽視曹化淳對他的影響。

大文章

滿族並不是第一個在北京建立政權的少數民族，在他們之前，蒙古人早就建立過元朝。滿族與蒙古族一樣，其原先的經濟文化發展水準都遠遠落後於漢族，滿族的人口亦極少，一份資料表明，清初的滿族人口僅占中國總人口的百分之二，但清朝比元朝顯然要成功得多、穩固得多。歷史學家們認為，一個重要的原因是蒙古人不修政治，拒絕接受在當時來說更為先進的漢文化，而滿人則非常注重承襲漢人的道德標準、政治觀念以及機構體制，並在政府中大量起用了漢臣。

當然這並不是一蹴而就的過程。儘管皇太極當政時，已初步移植了漢民族政治制度的某些成分，但真正在政治領域內實施漢化政策的還是順治，他在親政期間「斟酌往制」，下令除去皇太極時的內三院，仿明制改稱內閣，又另設了翰林院，同時對漢臣亦加以重用。

康熙攻讀漢文典籍的勤勉程度和受其影響之深，絕不讓於乃父，甚至他的漢文老師也以前明宦官為主，再加上政治理念的接近，使得父子倆在對待漢文化的態度上達到了高度契合，只是他們的這種思想卻很難得到輔臣們的認同。

輔臣們的意志最早就顯示在順治的遺詔之中。想想看，既然順治並非一個渾渾噩噩、無所作為的國君，為什麼非要在遺詔中把自己描得一團黑？最值得懷疑之處在於，順治臨終前已經是一個處於彌留之際，危在旦夕的重病人，僅能用斷斷續續的口述方式，對遺詔的書寫提出指導性意見，即便偶有反省，其精神狀態也不會允許他把一生政治得失清清楚楚，一條一條地都交代出來。

清史學家孟森推斷，「此遺詔頗由世祖、太后主持，以輔政大臣同意發佈」。遺詔雖然帶著孝莊的烙印，同時孝莊對順治推行漢化政策也不是很贊同，但她絕不可能對順治的各項施政都事無巨細地一一加以指斥。遺詔實際體現的是輔臣們的施政綱領，他們用「十四罪」對順治的政策和業績進行徹底否定，把順治的遺詔變成「罪己詔」乃至「問罪檄」，為的是給他們的守舊路線規範道路。

從輔政時期開始，一直到鰲拜專擅，包括鰲拜在內的輔臣們以遺詔中的「十四罪」為由，將順治朝實行的開明政策完全拋在了一邊，他們罷除內閣、翰林院，重新恢復內三院，同時又廢止順治重用漢臣的舉措，降低漢官職級。在輔政體制下，滿官完全把持了各職司大權，許多滿洲貴族在上朝時都對漢族的文人學士愛搭不理，嗤之以鼻，包括湯若望案也是這一時期開歷史倒車的一個標誌，因為從那以後，順治朝所採用的「時憲曆」便被明初的「大統曆」所替代，儘管後者錯誤百出。

康熙看透了這一點，一六六八年二月，親政僅僅五個月後，他就下令為順治建「孝陵神功聖德碑」。此碑碑文以康熙的口氣，對順治進行了高度評價，稱「我皇考無一日自遐逸」、「以精明理政務，以仁厚結人心」，褒揚順治「雖堯舜之德，湯武之功，何以尚茲」、「中國有聖主出焉」。

引人注目之處還在於，「孝陵神功聖德碑」並非像一般「神功聖德碑」那樣泛泛頌揚，或只停留於頌揚，而是針對順治遺詔中的「十四罪」進行了逐一駁斥。比如「十四罪」中說順治信任漢官，以致滿官無心任事，有違「首崇滿洲」的國策，碑文則強調，清王朝是大一統的全國政權，清帝是「天下人民之主」，自然應該「視滿漢如一體，遇文武無輕重」，所以順治如此為政，不但不違背「首崇滿洲」，而且還是「大清受命」的正確施政。

既然是對順治的重新評價和褒揚，孝莊事先不可能不知道。應該指出的是，孝莊和康熙的關係不同於她和順治，祖孫間已形成一種良性循環，即在思想上不光是孝莊影響康熙，康熙反過來也影響孝莊。從康熙親政後孝莊的言行來看，她實際已沒有順治朝時那麼保守，已逐漸能夠理解和接受「首崇滿洲」原則下的「滿漢一體」。最重要的是，她很清楚康熙立碑是項莊舞劍，意在沛公，矛頭是沖著遲遲不肯歸政的鰲拜、遏必隆去的。

相比於當年順治還未親政之時，康熙的處境要有利得多，畢竟他已經親政，鰲拜等人不過「仍行佐理」，當隱忍到一定時候，就可以利用手中的皇權來做一做文章，而建「孝陵神功聖德碑」，正是康熙親政後所做的第一篇大文章。

看到康熙在政治態度上與鰲拜等人劃清了界限，支持者們迅速向他聚攏了過來。這裡面，漢臣占了很大一部分，包括戶部尚書王弘祚、兵部左侍郎黃錫袞、左都御史馮溥、侍讀學士熊賜履等，其中除王弘祚原為前明官吏外，其餘三人均直接入仕於清廷，他們的共同特點是受到鰲拜及其同黨的排斥和打壓，對鰲拜非常不滿。

旁敲側擊

與漢臣相比，站在康熙一邊的滿臣要少得多。一個很重要的原因是，八旗內部爭鬥激烈，蘇納海案、蘇克薩哈案都帶有這種背景，此後敢於反對鰲拜的人已經很少。馮溥、熊賜履等皆為漢臣，漢臣沒有資格參與八旗爭鬥，也觸犯不到鰲拜在八旗裡面的切身利益，所以儘管鰲拜對他們很不爽，但並沒有像對蘇納海、蘇克薩哈那樣趕盡殺絕，他們也才有可能倖存下來。

在康熙最需要的時候，又是索尼家族向他伸出了援手。索額圖，索尼的第三子，初為一等御前侍衛，後任吏部右侍郎。由於赫舍里氏的關係，索額圖成了康熙的叔岳父，對於鰲拜的專擅，他也十分不滿。

由於索額圖是皇親國戚，鰲拜若想予以加害，必須多出不少忌諱，同時康熙找他密謀也比較方便，所以被康熙引為心腹和奧援，作為主要謀臣和策士使用。

常在權鬥場中廝殺，鰲拜的政治嗅覺不可能不靈敏。儘管康熙在建碑的當月，即封他為太師，其子那摩佛被封為太子少師，但不論是建碑這件事本身還是康熙的言行，都可能會讓他感覺到有哪裡已經不太對勁。

清代筆記中記載，有一次鰲拜前去上奏，見康熙正在閱讀儒家經典，便很不高興地對康熙說：「我盛清自有制度，皇上應該讀喇嘛經（佛經），而不應該讀儒生的歪理邪說。先帝不嫌臣不才，讓臣訓誨皇上，臣愚以為，皇上應該體察先帝聖意，屏儒進釋（即屏棄儒學，信仰佛教），這樣才不致辱沒祖先的功業。」

鰲拜口口聲聲地把「先帝」放在嘴邊，其實是掛羊頭賣狗肉，根本就不理解也不願執行順治的政治理念。康熙笑道：「彼一時，此一時，如今我盛清已據有中原，卻還說不讀孔子書，沒有這個道理。據朕想來，三教九流都可不分高低，卿為什麼見解如此狹隘呢？」

康熙的話把鰲拜給惹怒了，他氣呼呼地說：「皇上初政，就不接受微臣的忠諫，臣以後再不過問國事了！」說完拂袖欲退，康熙趕緊叫住他，耐心勸導：「卿傅（對鰲拜的尊稱）不要這樣，朕不是一個聽不進勸諫的君主，但讀儒書確實不是什麼壞事，卿傅您冷靜地推敲一下，想想我這麼說是不是有道理？」

鰲拜聽了面有慚色，但卻心有不甘，本來都要轉身離開了，又回過頭對康熙說：「皇上請將臣的話拿去讓大臣們共同討論，如果他們都認為臣說的是錯的，臣甘願受刑，以謝皇上。」康熙聽了僅一笑置之，儘管鰲拜仍擺出一副糾纏不休的樣子，但見康熙已閉口不言，只得悻悻然退了出去。

相對於處理蘇納海案時的一籌莫展，處理蘇克薩哈案時的矛盾糾結，以及面對諸王大臣集體免冠跪請時的精神恍惚，這一階段的康熙開始顯得穩健而老練。御門聽政時，有人提出恩詔中誤赦一人，大學士李霨認為「既已誤赦，那就算了」，康熙不同意，說：「不小心把人放掉可以說算就算，那麼如果殺了人，還可以說算就算嗎？」

康熙與輔臣共聽讀本，鰲拜卻私下閒談，心不在焉，康熙立即斥責道：「這裡面關係到民命，不能不慎重。你們都曾經在軍隊效力，披甲打仗，所以對殺人不在乎，朕則一定會倍加慎重。」

康熙兩次談到「殺人」的問題，實際是在對鰲拜旁敲側擊，表明他對於鰲拜抗旨冤殺蘇克薩哈等人的事絕不會善罷甘休。這也是康熙自親政以來，首次對鰲拜進行針鋒相對的直接批駁。朝中正直之士為此大受鼓舞，李霨雖然挨了康熙的批評，但知道皇上是意有所指，所以仍非常高興地稱讚說：「皇上此諭，誠可昭垂萬世。」

一六六八年九月，侍讀學士熊賜履上疏稱「朝廷積習未除，國計隱憂可慮」，並引用宋朝大儒程頤「天下治亂系宰相」一語，點明關鍵在於鰲拜。顯然這是在康熙的鼓舞下，支持者們所發出的共同心聲。康熙看完奏疏後暗中高興，但為了不打草驚蛇，同時也為了保護熊賜履等人，他故意對熊賜履加以申斥，說他「妄行冒奏，以沽虛名」，還故弄玄虛地聲稱要給以處分，但過後就不了了之了。

康熙的敲打和熊賜履等人的明嘲暗諷，毫無疑問給鰲拜帶來了很大的精神壓力。鰲拜不是多爾袞，無論從其所處地位還是擁有的實力來說，都缺乏策劃政變乃至篡奪皇位的主觀願望及其可能性，他折騰來折騰去，目的還是僅限於以相權排斥君權，以便做一個「真正的宰相」。

至於鰲拜為什麼曆事三朝，對皇太極、順治都能做到忠貞不貳，卻唯獨與康熙形成了勢不兩立的緊張關係，有人分析，其中不能排除感情因素：皇太極是鰲拜的故主，鰲拜跟著皇太極南征北戰，出生入死，也見識了皇太極的雄才大略，自然對他忠心耿耿，一片赤誠；鰲拜輔佐順治時，皇太極對他的餘威、餘恩猶存，順治又是他力爭所立，為此還遭到了多爾袞的迫害，他對順治自然也能做到忠心耿耿，堅守臣節；可是到康熙就不一樣了，此時鰲拜已是三朝老臣，且掌握輔政大權，對年幼的小皇帝就左看右看，無論怎麼看都不順眼了。

別無選擇

不過無論有多麼看不順眼，鰲拜也明白，隨著小皇帝年歲漸長，被逐漸證明能夠獨立處理政事，他作為輔臣的價值已大打折扣。古人云「鳥盡弓藏，功成身退」，這種時候請辭歸政或許是最好的選擇，只是他哪裡捨得自動放棄已到手的權力呢！

一天，鰲拜請求康熙封授其族人中的一位長者。這位長者曾奉皇太極之命征戰朝鮮，並立下過戰功，但在康熙登基前，朝廷早就按最高規格對他進行了表彰，鰲拜只是將他的事蹟和戰功加以誇大，重新申請一次而已。康熙當然不能同意，給鰲拜解釋一番後對他說：「朕不敢打破祖宗朝的定例，望卿自愛。」

不料鰲拜卻不接受，還大肆申辯，說什麼我受顧命重托，可是卻不能替長輩拿到一個本該屬於他們的榮譽，太丟臉了，如果今天皇上真的不答應我的要求，那麼我就將痛哭於文帝之陵（文帝指皇太極），不能再在皇上你的左右侍奉了。

康熙心裡倒真希望鰲拜馬上辭職去守陵，那樣他做夢都可能笑醒，但鰲拜明擺著只是嘴上說說，目的是藉以要脅，他對此既厭惡又無奈，只好說：「朕另外有旨，卿傅（指鰲拜）不用著急。」

康熙不過是敷衍之詞，鰲拜卻以為康熙已經批準對鰲拜的族人進行封賞，當即謝恩，顯得十分受用。

這是清代掌故中關於鰲拜的一則逸事，細節尚待考證，讓人感興趣的是，鰲拜為什麼明知他的族人不合要求，還硬要替他向康熙討要封賞？要知道，就算最後討到這個所謂的封賞，於鰲拜而言也沒有太大的實際利益。

或許，這則逸事所透露出的，正是鰲拜那個時期的一種微妙心理，即也對於自己所處的「相立」既惴惴不安，但又心存幻想，不肯捨棄。替族人討要封賞看似胡攪蠻纏，實際是鰲拜減輕自己精神壓力的一種方式，因為大家都知道這件事不合規矩，但經過爭取還是通過了，說明小皇帝仍然離不開他，他對小皇帝也仍具有控制力，這樣一想，豈不是覺得安全多了？

鰲拜也不是沒寫過辭呈。他總共寫了四次，前兩次都自己改變主意，把已經寫好的辭呈給收了起來。第三次寫辭呈的時候，他將草稿送給遏必隆看，遏必隆向來都是鰲拜幹什麼，他跟著幹什麼，遂也寫了一個辭呈交給鰲拜，好讓鰲拜一併上呈。

就要交上去了，鰲拜卻又說不行不行，這次辭呈裡的有些話，在前兩次辭呈中也有，好像不太妥當，還是刪掉為好，於是他把辭呈做了刪節，重新送給遏必隆看。遏必隆見狀，只好依樣畫葫蘆地也對自己的辭呈進行修改，然後再送給鰲拜。

鰲拜平日裡粗獷不拘，他不識漢文，即便對於滿文，也很少字斟句酌，像這樣為辭呈內容大費心思，與遏必隆反復琢磨修改的例子甚為少見，從中不難想見其在歸政壓力下猶豫瞻顧的矛盾心理。

最終，鰲拜還是沒有把反復修改的辭呈送上去，因為貪戀權位，不願邁此一步，他失去了體面下臺和讓皇帝予以寬恕的最後機會。

康熙別無選擇，只能加快清除鰲拜的步伐。如果說在此前的宮廷權鬥中，孝莊一直是幕後編劇和導演，而康熙一直是主要演員的話，從這時候起，就輪到他獨立展示自己的政治才華了。

自古擒賊先擒王，如果能首先將鰲拜拿下，不僅可以對其集團起到瓦解作用，而且可以把驚動面降到最小範圍，但要捉拿鰲拜絕非易事。鰲拜武藝精湛，年輕時孔武有力，久經戰陣，號稱「滿洲第一巴圖魯」，當時儘管已經七十歲，然而依舊精力旺盛，行動敏捷。更重要的是，鰲拜集團的勢力已深入負責皇帝安全的侍衛處內部。侍衛處共設領侍衛大臣六人，內大臣六人，鰲拜家族占了三分之一，其中鰲拜及其子那摩佛是領侍衛大臣，其弟巴哈、侄子塞本得是內大臣。清宮侍衛主要由上三旗的子弟充任，不少侍衛見鰲拜位高權重，且已在上三旗中居於絕對優勢，都對他懼怕幾分，一等侍衛阿南達因此淪為鰲拜黨羽，每次進奏時為吹捧主子，都稱鰲拜為「神人」，對之讚不絕口。

既然侍衛不能被普遍信任和依賴，康熙決定從侍衛和拜唐阿（滿語，皇宮無品級的管事人員）中挑選忠實可靠、強壯有力者，以「撲擊之戲」為名，另外組織一支親信衛隊，用以完成擒拿鰲拜的使命。

第一場大仗

一六六九年春暖花開之季，在紫禁城太和門內的廣場上，出現了一群與康熙同齡的少年（康熙當年十六歲），這些少年就是康熙精心挑選出的衛隊成員，他們還有著另外一個聽上去頗為親切的名字——「小布庫」！

布庫即所謂的「撲擊之戲」，也稱撩腳。這是滿人的一種角力遊戲，方式是兩人徒手相搏，以角力決勝負，直至將對方摔倒為止。清王室提倡布庫向有傳統，究其緣由，首先是為了訓練士兵，所謂「布庫諸戲，以習武事」，其次，因為蒙古人也很喜歡布庫，所以它又成為清廷與蒙古諸王團結交好的工具，滿、蒙跤手經常相互進行切磋和聯歡。

康熙將新成立的衛隊命名為善撲營，天天將小布庫集合在一起練習摔跤技術，有時甚至他自己也會參加進去。鰲拜是八旗老軍人，八旗軍中經常開展布庫比賽，軍中「分左右翼，令其角勝負，負者罰牛羊」。鰲拜以前在軍中見多了，他只以為康熙年少幼稚，新近愛上了這種新遊戲，所以絲毫不覺得奇怪，即便上朝奏事時看到，也從不加以戒備。

清人筆記中記載，某次鰲拜託病不上朝，康熙親自到其府邸問候。當康熙走進鰲拜寢室時，御前侍衛和托見鰲拜神色可疑，於是急步上前，揭開床榻上的席子，赫然發現席子底下竟藏著一把刀！場面立刻變得極度尷尬和緊張，所幸康熙從容鎮靜，不僅不慌不怒，反而笑著說：「刀不離身乃滿洲故俗，沒什麼可大驚小怪的。」說完便起駕回宮了，回宮後即以下棋為名，急召索額圖商量對策，同時派親信控制了京師的衛戍權。

有人認為此事表明鰲拜欲對皇帝圖謀不軌。其實這是一種誇大附會的說法，正如康熙所言，刀不離身乃滿人的傳統習俗，鰲拜並不是帶刀進宮，在他自己的寢室內，就算身邊有刀，亦不足以證明他有行刺康熙的企圖。不過在這則故事中，鰲拜的跋扈、康熙的機智應變以及兩人之間外鬆內緊的關係卻被表現得淋漓盡致，而康熙召索額圖入謀也被史實所佐證——一六六九年五月，索額圖自請解除吏部右侍郎之職，重新擔任一等御前侍衛，效力於康熙左右。

索額圖過去一直擔任侍衛，其威望足以懾服上三旗的許多其他侍衛，他自願從二品的侍郎降至三品的御前侍衛，顯然負有雙重職責，即保護康熙和就近統率善撲營，這也意味著剪除鰲拜的時機已經成熟。

這是康熙生平的第一場大仗，只能勝不能敗。實施行動前，他將鰲拜的重要黨羽以各種名義先後派出，以削其勢，如將鰲拜胞弟巴哈派往察哈爾審理案件，將鰲拜侄子、侍衛蘇爾馬派往科爾沁，將鰲拜黨羽、工部尚書濟世差往福建「巡海」。

根據專家考證，康熙下令擒拿鰲拜及其主要同黨的準確時間，是一六六九年的六月八日。當天，康熙親自對善撲營及部分宮廷侍衛作動員部署，他面向眾人，嚴肅地發問：「你們都是朕得力的老部下，現在到了需要你們效力的時候，你們是害怕朕呢？還是害怕鰲拜？」眾人齊聲回答：「只畏懼皇上一人。」於是康熙當眾宣佈鰲拜的罪行，同時召鰲拜進宮，「立命擒之」。

南書房位於乾清門內西側，乃康熙平時讀書學習的場所。當鰲拜入內覲見時，宦官將一把椅子端來給他坐，鰲拜也就像往常一樣大模大樣地坐了上去，他不知道，這把椅子的後腿事先已被弄折，是重新安上去的。

接著，康熙命人給鰲拜獻茶，這只茶碗事先用開水煮過，很燙，鰲拜拿不住，茶碗一下子便掉在了地上。摔碗即是信號，侍立在鰲拜身邊的宦官趁機拉了一把椅子，椅子腿再次折斷，鰲拜猝不及防，當即摔倒在地。還沒等他爬起來，康熙就大聲喝斥道：「鰲拜你好大膽子，敢對朕無理！」早已埋伏在書房周圍的小布庫們應聲而出，一擁而上，將鰲拜擒住。

「南書房擒鰲」主要見於清人筆記。按正史所載，鰲拜在跨進宮殿門檻的一剎那間，就遭到了小布庫的突然圍攻。鰲拜武功高強，尤其是體力驚人，據說他曾一箭射在正陽門上，十來個侍衛一起拔都拔不出來。不過那說的應該是鰲拜正值壯年的時候，此時的他已是古稀之年，不可能還有那麼大的力量。小布庫相比鰲拜雖然人小力微，但他們都經過訓練，可以用布庫特有的靈活步法和多變攻法減少自身劣勢，加上人多勢眾，鰲拜自然只能束手就擒。

布庫小兒擒拿鰲拜，是清代最具戲劇性和傳奇色彩的故事之一，它被編成劇碼，以後每年宮中過年過節，都要上演，以紀念這一歷史性的時刻。善撲營則一舉成名，發展成為具有正規建制，且只聽命於皇帝的宮廷內衛部隊，其保留技能「北平跤」（也稱「滿人摔跤」）即源於布庫。

善撲營奉命擒拿鰲拜成功的同時，還逮捕了遏必隆和一等侍衛阿南達，隨即，鰲拜死黨、兵部尚書噶褚哈和大學士班布林善也應聲落網。在拔掉這些釘子後，考慮到兵部勢位重要而滿漢尚書均已出缺，康熙任命支持王弘祚為兵部尚書，用以穩定大局。王弘祚本已被鰲拜集團罷免官職，排擠出朝廷，但由於鰲拜、班布林善等人已經就擒，此項任命未遇任何阻滯，當天即發科抄，成為康熙清除鰲拜集團後的首次人事任命。

一敗塗地

鰲拜雖已就擒，然而在其多年經營下，同黨早已遍及宮禁及中樞要津，因此智擒鰲拜之初的首要工作，尚非頒佈諭旨，向臣民公佈其罪狀，而是捕拿鰲拜同黨。

經過整整兩天的緊急抓捕，鰲拜在京任職的不下二三十名同黨被緝拿歸案。鰲拜集團一度勢力驚人，但自康熙下令擒拿鰲拜及其同黨的那天起，抓捕行動未曾遇到任何武裝抵抗，更沒有發生流血事件，說明準備工作確實非常周密細緻。作為組織者和指揮者，年僅十六歲的康熙「聲色不動而除巨忒」，盡顯其冷靜沉著、敢作敢為的一面，在有清一代受到高度稱頌：「非神武天授，其孰能與於斯？」

鰲拜案中的涉案人員皆為滿洲世家，社會關係廣泛，為了防止他們之間互相串聯，生出不虞之變，康熙做出了將人犯宗族家屬「盡行監禁」的決定。與此同時，他親自擬就了鰲拜罪狀初稿，交議政王大臣及索額圖等人討論修改，準備作為正式諭旨予以公佈。誰料由於事變突然，議政王大臣們被嚇得噤若寒蟬，當著康熙的面全都囁嚅不言。康熙見狀，只得和索額圖等親近人員對罪狀初稿進行修改。初稿中原定鰲拜十二款罪，經過反復推敲，多方斟酌，其中的六款罪被刪除，主要包括：強令黃、白兩旗換地；圈佔民地；誅殺蘇納海、朱昌祚、王登聯以及蘇克薩哈全家。

不是因為這些內容不重要，恰恰相反，它們正是鰲拜的主要罪狀，之所以予以刪除，乃是它們牽涉面過廣，過早宣佈易引起八旗內部乃至京畿一帶的激烈動盪，不利於政局穩定。

一六六九年六月十四日，康熙向議政王大臣正式公佈了鰲拜罪狀，包括初稿所定罪行在內，一共有七款，講的都是鰲拜如何結黨擅權以及眼裡沒有皇上，沒有提到圈換土地和蘇納海案、蘇克薩哈案等重大事件。

這時議政諸王都已清醒過來，康熙的伯父、康親王傑書帶頭表示支持康熙拿問鰲拜，並與其他親王貝勒一起遵旨勘問，列鰲拜三十大罪，康熙已經刪去的那些罪狀也被重新羅列了進去。

議政王大臣會議認為，鰲拜及其主要骨幹情罪重大，皆應正法。決議上奏康熙，康熙又奏報孝莊，祖孫共同商量出了一個仁至義盡、合情合理的處分決定。

在宣佈處分決定前，康熙再召鰲拜親自審問。鰲拜在一敗塗地的情況下，早已沒了往日那種囂張跋扈的氣焰，他承認情罪俱實，無可抵賴，只求康熙能念在往日功勳的份上免其一死。

為了能夠打動皇帝，當康熙問他還有什麼話說時，鰲拜突然揭開自己的衣服，露出了當年為救皇太極而留下的累累傷痕。鰲拜曾是康熙年幼時心目中的英雄，孝莊給他講的鰲拜捨身搭救祖父的故事，更給予了他難以磨滅的印象。如今看到這些祖露出來的傷痕，康熙不由大為動容，遂下令赦免鰲拜死罪，改為終身監禁（後死在了獄中）。

當然，康熙赦鰲不會真的只是他的臨時決定，而更可能是事先與孝莊共商的結果。輔政期間，鰲拜於政治、經濟諸方面並不是全然沒有作為，除此之外，他既無嚴重的違法亂紀情況，也沒有惡性的貪污受賄，更無圖謀不軌的篡逆野心，據此以功抵過，所以尚可以保住性命。

六月二十三日，康熙在歷數鰲拜「結黨專權、紊亂朝政」等諸般罪行之後，當廷宣佈處分決定。除圈禁鰲拜及其一兄、一子，處死班布林善等九名死黨外，其他概予從寬，或減罪、或免職留任、或免於查處，就連遏必隆也被「免其重罪」，得到寬宥。

在鰲拜擅權期間，凡受其迫害致死、革職、降級者，均分別情況一一予以平反昭雪。康熙親自批示：恢復蘇克薩哈世職，由其唯一倖存下來的小兒子蘇常淑承襲；蘇克薩哈族人白爾赫圖在冤案中一同被害，亦恢復世職，由其子白爾肯承襲；為蘇納海、朱昌祚、王登聯追賜謚號，按法定禮儀祭葬，又送三大臣的兒子入監讀書，並分別給以官缺。

對鰲拜集團的處理，涉及權力更迭，人事關係甚為複雜，但康熙僅用十天時間就乾淨俐落地處理完畢，而且法外施仁，頗得民心，這些都表明年輕的皇帝確實已日趨成熟。

康熙時代

對於十六歲的康熙來說，一六六九年這一年具有特殊的意義，隨著輔政體制的徹底終結，屬於他的、真正意義上的「康熙時代」開始了。

在清除鰲拜集團前，康熙建「孝陵神功聖德碑」，即預示他下定了與以輔臣為代表的守舊勢力分道揚鑣，重新恢復順治朝開明政治的決心。一六六九年八月，南懷仁等三名傳教士為湯若望等人鳴冤叫屈，禮部接到訴訟後予以駁回，康熙對禮部的這種做法很不滿意，於是命議政王大臣會議進行重審，並要求將「是非議明」。

湯若望案本來就是欲加之罪，何患無辭，就連首告楊光先都從未能夠提供任何確鑿證據。最為可笑的是，楊光先並不懂治曆，當朝廷要他去欽天監任職時，這位老兄只能以「但知推步之理，不知推步之數」加以推託。朝廷不準，硬讓他當上了欽天監監正，結果他在推算時錯誤百出，連閏月都能算錯。楊光先曾經大言不慚地狂言「寧可使中夏（中國）無好曆法，不可使中夏有西洋人」，魯迅幽默地評論道：「他大約以為好曆法專屬西洋人，中夏人自己是學不得的，也學不好的。」

「湯案」以前碰不得，系因它為鰲拜等人所定，如今鰲拜已經倒臺，皇帝又下達了要求將「是非議明」的旨意，自然不難查清。康親王傑書很快就領銜奏複，報告湯若望案確屬冤案，湯若望等人「並無結黨亂行之處」，乃楊光先依附鰲拜，「捏詞誣告。」

湯案終於得以昭雪，案中的所有受害者都「照原官恩恤，其流徙子弟取回，有職者各復原職。」議政王大臣會議原擬將楊光先即行處斬，康熙念其年老，才加以寬免，此人後來也病死於被遣回籍的途中。

此時湯若望已經去世，康熙下旨恢復其原官銜，重賜「通微教師」稱號（原為「通玄教師」，因避康熙御諱而改）。十二月八日，他賜地厚葬湯若望並為之撰寫祭文，下葬之日，還親自隨同孝莊蒞臨墓前致祭。

一六七〇年十月，康熙「命改三院為內閣」，接著又重新設立了翰林院，至此，由順治朝開始的內閣和翰林院都成了定制。與此同時，對於父親的施政，康熙也不是無條件地予以認同和繼承。順治生前對太監過於放任，康熙則始終對宦官干政保持著足夠警惕，康熙一朝，宮中太監不僅數量少，而且管理十分嚴格。太監們平時不允許隨意出宮，如果有事請假出宮，白天出去，晚上一定要回來。

在康熙看來，太監不過是宮中的奴婢僕從，和灑灑水掃掃地的傭人無異，根本沒有資格也不能讓他們干預政事。他和身邊的一些御前近侍太監關係很好，但也只會讓他們幹些跑腿打雜的事務，平常大家說的都是「家常閒談笑語」，而從不涉及國家政事。

太監會干政，其他近侍也會。輔政期間，輔臣們借順治遺詔對太監勢力進行清除，上三旗包衣趁勢而起，特別是鰲拜擅權時，不少官員往往勾結宮中包衣，形成了「或潛為援引，或畏威趨奉」的歪風。康熙嚴禁近侍干政，並鄭重宣佈以後如果誰再不遵禁例，「定行從重治罪，絕不饒恕」，這裡面當然也包括了孝莊身邊的近侍——儘管康熙十分尊重祖母，但他絕不允許別人通過這一特殊管道來干預政務。

鰲拜擅權給康熙留下了深刻的啟示，讓他知道，權力只有抓在自己手裡，才能做到指揮如意，得心應手。一等到擒拿鰲拜，康熙就立即收回了輔臣原有的代為批紅權，此後，各處奏摺所批朱筆諭旨全都出自他一人之手，從無代書之人，直至晚年，在右手因患病不能寫字的情況下，他寧可用左手執筆批旨，亦「不假手於人」。

康熙從鰲拜事件中吸取的另一個經驗教訓，是不能坐視大臣們懷挾私仇，互相陷害。自鰲拜倒台後的三四十年間，再沒有發生過大臣相互攻訐的事，更不用說蘇納海案、蘇克薩哈案那樣的慘劇了，康熙後來很是欣慰地說：「此一端，朕心頗以為善！」

宦官、近侍不能干政，又無大臣互訐，這就讓內閣大學士的職能得到了正常發揮。康熙廢除輔政體制後，首先對內閣中的滿人大學士進行了調整，索額圖因功由一等侍衛遷升內三院大學士，恢復內閣後，他被授予保和殿大學士，像其父索尼生前一樣，成為了內閣直至朝廷中最有權勢和聲望的大臣。

順治時期的內三院大學士已逐漸形成「三滿三漢」對等制度。一般來說，漢人比滿人的學問要好，而在漢人中，南方人比北方人的學問又要更好一些。康熙比較重視推動南人入閣參政，他的辦法是先從翰林院中選拔南人擔任日講起居注官，後者主要幫助皇帝學習漢文化，也用來諮詢時政，雖然官職並不顯要，但升遷較快。以熊賜履為例，他是湖北孝感人，首任翰林院漢掌院學士，在康熙親政初期，他因一再上言針砭鰲拜而受到康熙的器重。鰲拜倒台後，熊賜履充日講官，每日在殿上為康熙「上陳道德，下達民隱」，康熙也「每虛己以聽」，幾年後，終被超授為武英殿大學士。

至康熙朝中期，內閣共有大學士六人，其中兩名滿人，四名漢人，四名漢人中，南北漢人各半。這是康熙精心設計和安排的結果，體現的是滿漢聯合，南北漢人共同參政的政治理念。在全新的體制下，大學士們以不致重蹈輔臣覆轍，侵犯皇權為前提，應皇帝要求積極贊襄機務，使內閣真正起到了中樞機構的作用。

三藩

滿人在入主中原之前，整個民族只有數萬人口，加上蒙古、漢軍也不過十幾萬，而明朝卻擁有億萬人口和上百萬軍隊。退一步來說，就算八旗軍能夠以寡敵眾，取得軍事上的徹底順利，面對明朝總計一千多個縣的廣大地域以及滿漢完全不同的語言習俗，他們也無力施以統治。明乎於此，皇太極在以大清皇帝的身份登基時，便打破「本朝罕有以異姓封王者」的慣例，按照「招徠漢人、以漢治漢」的國策，將三名明朝降將孔有德、耿仲明、尚可喜全部封王，時稱「三順王」。

史載，清朝「開國時，明之降將，封王者四。」除三順王外，第四個降清並被封王的明朝將領就是大名鼎鼎的吳三桂。吳三桂降清最晚，但實力最強，加上有獻關之功，清廷不僅封他為平西王，而且讓他淩駕於其餘降將之上，「位望出諸降將孔有德、耿仲明、尚可喜輩右。」

「三順王」名義上隸屬八旗，但實際上是獨立部隊，平西王吳三桂也是獨自成軍。清軍在清初時主要還是靠自己人打天下，征戰主力為宗室王，異姓王不過是起了一個嚮導和幫手的作用，凡有征戰，「四漢王」皆隸屬宗室王之下。等到清軍大舉南下，向南明政權和農民軍發起進攻，正如皇太極當初所預計的那樣，八旗軍本身的兵力終於不敷分配，同時八旗主要是騎兵，也不習慣在南方的山林沼澤地區作戰，於是四漢王便成了朝廷所必須依賴的武力。

順治末年，「世祖（順治）令三桂及定南王孔有德、平南王尚可喜、嗣靖南王耿繼茂（耿仲明之子）統兵南下，以清宇內。」南方的戰爭打得相當激烈殘酷，孔有德首先陣亡，其子也被殺，由於無子襲爵，漢人「四王」變成了「三王」。順治十六年即一六五九年，吳三桂等統兵攻佔雲南省城昆明，從此，兩廣、雲貴大致平定，中原大部得到統一。

朝廷要的自然是「四方平靜干戈息」，可對於靠沙場征戰來獲取勳績的開國功臣而言，這卻未必是件好事。別說三王終究是漢人，滿漢之間的鴻溝實難逾越，就是在過去的中原王朝內部，「飛鳥盡，良弓藏，狡兔死，走狗烹」也幾乎是個普遍現象。「三漢王」中，吳三桂最早有「藏弓烹狗」式的焦慮，攻克昆明後，經略西南的洪承疇將北還回京覆命，他特地向洪承疇請教「自固之策」。洪承疇老謀深算，是一個張良式的智囊人物，同時也是降臣，和吳三桂等人可謂同病相憐，當吳三桂傾心向他就教時，他當即告之，若想永固，便一不可使滇中一日無事」，吳三桂聽罷幡然領悟，「頓首謝」。

洪承疇回到北京，即以南方邊陲難以平定為由，建議朝廷援引明朝封黔國公沐英世世代代鎮守雲南的先例，移封藩王到雲南長久坐鎮。當時全國雖然已經大致統一，但所攻佔地區尚未穩定，從西南的雲貴邊陲到東南沿海的福建廣東，都有抗清武裝在活動和待機反攻，「三漢王」也已實際擔負起當地的藩衛任務，順治認為洪承疇言之有理，遂接受他的建議，命吳三桂駐鎮雲南，尚可喜駐鎮廣東，耿繼茂駐鎮四川（次年改駐福建），由此形成了「三藩」分鎮南疆的局面。

借助於統一戰爭，三藩獲得了擴張和壯大自己實力的機會。一直到統一戰爭結束的次年，即一六六〇年，三藩軍隊仍在不斷擴充，增兵必然添餉，朝廷建議吳三桂裁撤駐雲南的軍兵，吳三桂不幹，他按照洪承疇的點撥，主動找「事」做，請求發兵入緬甸擒拿南明永曆皇帝，如此一來，不僅不用再裁兵減餉，還從朝廷額外要到了一筆入緬所需的餉銀。

吳三桂心狠手辣，如果說擒拿永曆只是為了免於裁軍，在永曆被俘後，為了進一步取得清廷的信任，達到自固自保的目的，他又決定將永曆就地斬首於昆明。反倒是隨征的兩名滿洲大臣看不過去，說：「永曆也是一個國君，保他全屍為好。」在他們的堅持下，吳三桂才下令縊殺永曆，好歹給這位南明最後一個皇帝留了個全屍。

因剿滅南明和擒殺永曆之功，吳三桂被晉封為平西親王。過去親王的爵位只有滿洲皇室親貴才能受封，這是清廷於冊封漢王之後的再一次破例，在清朝歷史中稱得上是絕無僅有、空前絕後。接著，他又得以在雲南之外兼管貴州，後經其疏請，更獲準在雲貴兩省總督、巡撫的敕書中撰入「聽王節制」四字。

至此，吳三桂真正成了雲貴兩省的主宰，一個名副其實的西南王。當時雲南盛傳一句俗諺，「滇中有三好，吳三桂好為人主，士大夫好為人奴，胡國柱好為人師」，乍聽起來，頗讓人覺得既疑惑又好笑，實際卻是吳三桂結黨營私，培植地方集團勢力的最形象比喻——雲貴凡知縣以上官員上任，循例必定要拜謁平西王府，吳三桂只要看到才望素著及儀表偉岸者，就會讓他的女婿胡國柱出面，誘其簽字畫押，賣身至藩下，並視其才能給以身價銀，多者數萬，少者亦有百餘兩。

不僅如此，吳三桂還委任部下親信到他省任職，凡有官缺之地，他所選官員往往先吏部所選之官上任，朝廷也只能任其自由，莫可奈何，外界稱之為「西選」。在吳三桂權勢達到頂峰時，這種「西選」的官越來越多，雲貴川黔的武將盡為吳三桂所選派，他一度還想遙控陝甘，將勢力伸展到全國各地，因此又有「西選之官半天下」一說。

不可不撤

清代用兵，輒授王公大臣為大將軍，讓他們作為一方主帥出征，因大將軍權勢頗重，所以僅系臨時性派遣，事畢即須解除職務，將印交還。吳三桂於順治末年掛大將軍印出征雲貴，攻打南明永曆政權，可是在佔領雲貴，擒殺永曆後，他卻沒有照規矩歸還大將軍印。

康熙二年即一六六三年，主持朝政的輔臣們商量一定得把印收繳回來。吳三桂長子吳應熊先前已被順治召為額駙，娶順治的堂妹建甯長公主為妻，其時正陪伴公主住在紫禁城內，於是他們便派內大臣對吳應熊說：「以前永曆在緬甸，邊疆多事，所以朝廷才把大將軍印交給你父親，為的是重其事權。如今天下大定，你父親仍據大將軍印不還，這是為什麼？」

吳應熊心裡明白內大臣說的這番話並非其私見，而是代表著朝廷的意圖，同時看似規勸，其實話裡話外已帶著明顯的警告意味，這無疑比收印本身更讓人感到不安。他立刻向吳三桂進行轉達，吳三桂也從中意識到自己非但已失寵於朝廷，而且已見疑於朝廷，如果再頂著壓力置若罔聞，絕不會有好果子吃，至此他才怏怏不樂地奏還大將軍印。

還印事件既是朝廷和吳三桂關係的轉捩點，同時也是雙方鬥法的起點。一六六六年，朝廷開始限制

「西選」，凡吳三桂題補各官，多不準行。吳三桂的親信謀士們據此認為：「朝廷疑王矣，王當為自全之計。」吳三桂自己心裡也驚疑不定，便採取了具疏試探的方法，上疏說：「今天下大定，文官仍聽吏部詮選，臣不敢題請。」殊不料朝廷來了個順水推舟，正好將吳三桂的用人題補之權裁了個乾乾淨淨，之後凡雲貴、廣東、福建文武官吏的升降、調動，一概收歸吏、兵兩部管理。對此吳三桂雖「具疏佯謝，中實怨望」，以致將所有到雲南任職的部選官員都「指為外人」。

一六六七年，康熙親政。在此之前，「三藩問題」就已經給他留下了深刻印象。那還是在順治去世的時候，吳三桂入朝哭臨，隨行人馬浩浩蕩蕩，當他們到達京城附近時，把道路都給堵塞了，沿途居民紛紛躲避。朝廷恐怕發生意外，只好在京城外臨時張幕設奠，讓他完成哭臨儀式。

此情此景都被康熙看在眼裡，他由此認識到三藩久握兵權，早已到了心生驕妄，不知敬畏的程度，若不及時加以扼制，必生事端，他後來回憶道：「朕從小就認為三藩氣焰囂張，不可不撤！」

康熙即位特別是親政後，對於三藩的割據獨立狀態越加注意和警惕。吳三桂以雲貴為獨立王國，與之相比，其餘兩個藩王雖然只能獨領軍職，「官評、民事、訴訟、錢糧仍歸地方官各循職掌料理」，但也都各自擁有重兵，廣東、福建亦等同於他們的私人地盤。

除此以外，三藩為了能夠長期保持割據狀態，在把持駐地財源的同時，還不約而同地借機製造戰亂，使得地方上始終不得安寧，由此又使得龐大的軍費開支居高不下。在軍事最為緊張的時期，三藩一年耗餉曾達到驚人的兩千餘萬兩，而當時清廷全年稅收也只有三千餘萬兩，遂惹得舉朝驚呼：「天下財賦半耗於三藩。」

有人預言，要都像這樣，耗天下財力物力之半來供養三藩，長此以往，國家終將被弄到民窮財盡的地步，因此稱三藩「毒痛天下。」事實上，在康熙初年，這一跡象已有所顯示，其時社會經濟凋敝，百姓生業無著，日陷貧困。明朝遺民呂留良稱：「今日之窮，為羲皇以來所僅見。」另一位清初學者唐甄也說：「數十年以來，富室空虛，中產淪亡，窮民無所為賴。」儘管他們的評論多少都帶有一些個人情緒和主觀傾向，但對當時社會現狀的描述大抵不差。

康熙一詞的漢文意思是安定太平，讓百姓安居樂業。康熙即位不久，有一次孝莊在百官面前問他有何願望，他的答覆也是：「臣沒有別的奢望，只願天下治安，民生樂業，共用太平之福而已。」

三藩割據獨立，加劇了社會的混亂狀況和經濟危勢，已成為康熙實現自己政治理想的一大障礙，勢必要進行處理，為此，他把三藩與河務、漕運並列，作為朝廷首先要解決的三件大事，並將其計畫綱要寫成條幅，懸掛在寢宮的柱子上，以便早晚隨時都能看到。

削藩

在「為政三大事」中，三藩被康熙列為治國安邦的頭等大事。要想解決三藩問題，撤藩似乎是最乾脆和最便捷的，但卻又顯得最不現實。康熙熟讀史籍，他一針見血地指出：「吳三桂等非宋功臣可比，乃唐藩鎮之流。」

吳三桂等人學的是唐朝的藩鎮割據，他們可不像宋朝的開國功臣那麼好打發，很難指望通過「杯酒釋兵權」的方式，讓他們知情識趣地主動把兵權交出來，然後告老還鄉，弄得不好，還可能激而生變，出現各種難以預測的後果。那怎麼辦？首先康熙只能採納大臣們的建議，繼續削減三藩的權勢，限制其不法行為。

吳三桂乃最強之藩，也是康熙削藩的主要目標。一六六七年，康熙令吳三桂與雲貴督撫、提鎮酌情裁兵，共節省額餉百餘萬兩。接著，在繼裁奪「西選」後，又決定收回吳三桂「總管滇黔」的權力，並將此意明示吳三桂。吳三桂在不得已的情況下，只好以「目疾」為名，具疏請求解除其雲貴兩省事務。

他的奏疏中帶有明顯的試探和要脅意味，可是這一伎倆並未奏效，康熙立即降旨，在說著「王久鎮嚴疆，總理兩省，勳勞茂著」之類客氣話的同時，毫不客氣地收回了吳三桂總管滇黔兩省的特權。

雖然一樣是弄巧成拙，但與「西選」之權被裁奪相比，此番給予吳三桂的打擊更加非同一般。吳三桂氣急敗壞，一邊煽動部下在邊境製造事端，一邊讓其同黨出面為之鳴不平。一時間，雲貴總督、雲南提督、貴州提督紛紛上疏，強調吳三桂的功勞如何如何大，而「苗蠻叵測」，固守雲南也非他不可，總之，眾口一詞，都是「請平西王吳三桂仍總管滇黔事務」。在這其中，雲貴總督卞三元的奏疏尤其言辭激烈，甚至以邊疆不靖為由，威脅朝廷「收回成命」。

面對來自西南地方的壓力，康熙毫不退讓，他降旨答覆說，西南地區已經平定，如果讓「王」（指吳三桂）再料理雲貴事務，將使「王」過於操勞，於其身體健康不利，再者，解除雲貴事務本身也是「王」自己提出來的，朝廷只是予以批准罷了。

至於督撫們所擔憂的「苗蠻叵測」、「邊疆不靖」，康熙說你們不要低估了吳三桂的覺悟，「如邊疆地方遇有軍機，王自應料理。」他不但堅決不同意吳三桂留任雲貴總管，隨即還做出了藩王下屬人員不得任督撫的規定。

卞三元等人的集體上疏，讓康熙意識到吳三桂對雲貴督撫的控制和影響力，僅僅幾個月之後，他就將雲貴兩省的巡撫雙雙進行撤換。被撤換的兩名巡撫分別執掌雲貴撫院已達七八年之久，他們的下臺引起了卞三元的不安，次年他便托言歸養老母，請求引退，康熙當即命準，另派漢軍正藍旗人甘文昆任雲貴總督，試圖牽制並逐步取代吳三桂。

雖然康熙以吳三桂為重點，對三藩勢力逐步進行了削弱，但三藩問題的核心即軍權始終沒有受到真正觸動。有一次，康熙給廣西將領馬承蔭下了一份詔書，馬承蔭順從地跪下來接旨，但他的下屬卻驚訝地說：「難道我們的將軍還要對其他人下跪嗎？」

馬承蔭是孔有德舊部、廣西提督馬雄之子，這件事因此給康熙造成了不小的震動：馬承蔭之輩的勢力尚遠不及三藩，其下屬居然也只知統轄之主，而不知國家法度和皇帝，則三藩的實際情形就更不難想見了。

只要三藩仍掌握著軍權，藩區就還是他們的獨立王國，還是會對中央政權構成威脅，在此前提下，什麼裁兵節餉，什麼解除兩省總管，什麼調整督撫，所有絞盡腦汁想出來的削弱措施都不過是小手術和毛毛雨！

康熙認為，「藩鎮久握重兵，恐滋漫生變，非治安之計」，單純削藩見效太慢，又不能治本，要想根本解決三藩，還是得重新回到撤藩這條路上來。一六六九年，在清除鰲拜集團，取消四大臣輔政體制以後，撤除三藩計畫終於被他提上了議事日程。

一方面，三藩皆開國元勳，尤其是在清王朝入主中原、定鼎天下的過程中，他們披肝瀝膽、西征南討，即便說大半個中國都是他們替清廷打下來的也毫不為過，若拿其功績與開國的宗室王相比，亦有過之而無不及。另一方面，清廷分封三藩，也是當初的一種承諾，比如早在吳三桂降清獻關時，多爾袞在給他的信函中就答應：「今伯若率眾來歸，必封以故王，晉為藩王。」

現在要撤藩，如果這句話從朝廷的嘴裡說出來，不免讓人感覺有鳥盡弓藏、卸磨殺驢的意味，同時也等於違背了諾言，所以最好是能夠讓三藩自己提出撤藩，而要達成這個目的，就必須在「誘」和「逼」中做出一個選擇——正如康熙曾經分析過的，三藩「乃唐藩鎮之流」，不是宋朝功臣，對他們使用「杯酒釋兵權」很難行得通，換句話說，光「誘」沒有用，唯有靠「逼」！

挖牆腳

順治年間，江蘇巡撫朱國治殘酷鎮壓當地縉紳士人，蘇州才子金聖嘆即慘死其刀下。康熙元年，朱國治因「丁父憂，不候代，歸」，也就是以奔父喪為名，不等代理人員到達，即匆匆北歸。朱是漢軍正黃旗，旗人當父母之喪時，於服制方面並不如漢人那麼重視，他之所以倉皇而遁，其實是怕遭到三吳士民的報復，但吏部仍然公事公辦，以擅離職守罪將其予以革職。

朱國治在家閒廢了數年，至康熙親政被重新起用，但未能得到實任補缺，一直到一六七一年，才被簡放雲南巡撫。

康熙對於政治講究實用，用人亦是如此。朱國治固然是個人見人厭的酷吏，但他忠於朝廷，在此前提下，對周圍的下級同僚乃至上司都可以嚴苛到無情無義的程度，這樣的人不易被吳三桂所收買和挾制，乃是用來監視吳三桂的最佳人選。

康熙不但往吳三桂身邊「摻沙子」，還「挖牆腳」。王輔臣是吳三桂手下第一人才，綽號「馬鷂子」（鷂是一種類似於鷹的猛禽），因其勇冠三軍，勢不可擋，且與世上流傳的呂布肖像十分相像，所以又得了一個「活呂布」的名號。吳三桂原本對王輔臣極力籠絡，但王輔臣有一次與吳三桂的侄子吳應麒發生了誤會，本來雙方已經和解，可是吳三桂卻有意偏袒吳應麒，王輔臣從中看出了吳三桂外寬內忌的一面，遂派心腹入京，托人打聽能不能將自己調離雲南。這時恰巧平涼提督的位置空缺，康熙早就聽說過王輔臣的大名，便特點王輔臣應缺，並且高興地說：「如果朕有這樣的武臣，以後還怕什麼呢？」

王輔臣進京陛見時，康熙不僅屢加賞賜，而且「無日不詔入，語必移時」，每天召見，一談就要談很久。王輔臣在京城的名頭並不響亮，他的綽號「馬鷂子」還被人誤叫成了「馬兒頭」，所以大臣們都感到很驚訝，不知道為什麼康熙要對他如此禮遇，大家都在穿鑿附會地進行猜測，有人還懷疑是平西王吳三桂有密語要讓王輔臣捎給皇帝。

實際上，康熙與王輔臣密談的內容，很可能都與吳三桂有關。事後來看，吳三桂雖有兒子吳應熊在京城為他充當「坐探」，但其瞭解朝廷之深，遠不如朝廷瞭解他之深，康熙所得到的情報資料，有一部分應該就來源於王輔臣。

康熙對王輔臣很器重。王輔臣在旗人中的地位為「辛者庫」，僅相當於包衣一樣的奴僕，康熙知道後很是吃驚，立即命令將王輔臣由辛者庫遷出，說：「如此人物，怎麼能隸屬身者庫（即辛者庫）呢？」按照康熙的意思，他本來是想將王輔臣留在朝中，以便可以朝夕相處，只是考慮到西北邊陲更需要出色武將前去鎮守，才不得不忍痛割愛，為此，他還專門安排欽天監給王輔臣挑選離京赴任的吉日。

待到歲暮，眼看王輔臣將行，康熙又命欽天監將王輔臣離京的日子選在了上元節（即元宵節）之後，然後對王輔臣說：「行期將近，朕實在捨不得和你分開，這樣，上元節將近，你就先陪朕看完花燈後再走吧。」

康熙的御座前有一對蟠龍豹尾槍，此槍乃順治的遺物，康熙每次外出都要把這對豹尾槍列於馬前，以示不忘先父。當王輔臣起行前去拜見康熙時，鑒於王輔臣曾做過順治的御前侍衛，康熙便將其中一支豹尾槍賜給他，說：「你是先帝之臣，朕是先帝之子，其他物品都不見得有多珍稀，唯有這對槍不同於一般，現在朕分出一支來賜給你。你拿著槍去鎮守平涼，見到它就好像見到朕，而朕看到留下來的這支槍，也就好像見到你一樣。」

康熙年輕時曾自誓，待大臣當如手足，這一點他大致是做到了。王輔臣極為感動，當場拜伏於地，流著眼淚說：「聖恩深重，臣即便肝腦塗地，也不能稍報萬一，今後怎麼敢不竭盡股肱之力，以報答陛下的大恩？」

與三藩開始較量時，康熙年未弱冠（沒到二十歲），但眼光、魄力、手腕，均非常人可及。朱國治到雲南當巡撫，猶如在吳三桂身邊埋下了一顆釘子，朱國治也是歷任雲南巡撫中，最為吳三桂所痛恨和厭惡之人；王輔臣被康熙收為己用，令吳三桂後悔莫及，如失左右手。

康熙當然知道自己做的這些事，會給吳三桂造成多大的刺激，他的目的也正是要使吳三桂寢食難安，最終實在熬不下去，自己舉手要求撤藩。

三藩中果然有人舉起了手，不過首先舉手的不是吳三桂，而是平南王尚可喜。

鷸蚌相爭，漁翁得利

除了吳三桂之子吳應熊外，另外兩漢王也都有子嗣入質北京，其中尚可喜派遣的是長子尚之信。

在後世所傳的尚可喜肖像上，尚可喜「面貌猙獰，兩顴高聳……，叉手而坐，猶覺其殺氣勃勃也」，武夫形象躍然而出。由於是靠武力在馬上得的功名，所以尚可喜自認為讀書受教無用，始終也沒有延師教子，結果導致兒子們多驕縱不法，糜奢成性，尚之信尤為如此。

本來就不知道如何約束自己，長期充當人質的特殊處境又使其心理逐漸趨向扭曲變形，史載，尚之信酗酒嗜殺，「坐則輒飲，飲醉則必殺人」，不是拿刀朝人亂砍，就是把人綁起來以射箭為戲。尚可喜聽說後「慮其觸冒法網」，怕他因此在京城犯法，從而影響整個尚氏家族的利益，遂以年老多病為由，疏請康熙同意，讓尚之信回粵代理軍務。

不料尚之信返回廣東後，不僅沒有改變，反而更加肆無忌憚，愈加驕橫，乾脆連老父也不放在眼裡了。尚可喜的部屬中但凡同他有宿怨的，「小則鞭，大則殺」，每逢須親自向父親彙報重要事務時，他也總是表現出一種很不耐煩甚至討厭的樣子。尚可喜對此一方面惱怒不已，整天憂悶不樂，另一方面因為尚之信是嫡長子，且自幼隨自己征戰沙場，有著一身好功夫，又「不忍有他意」，捨不得拿這個忤逆的兒子怎樣。

尚可喜的幕僚金光見狀，向其獻計，說朝廷正猜忌著各位藩王，在這種情況下，你不如率小兒子及左右親信歸耕遼東，「朝廷必大喜，則君臣父子之好，可兩全無禍」。年邁的尚可喜正處於焦頭爛額、左右為難之際，於是便聽從了金光的建議，上疏說「臣已年七十，精力已衰，願歸老遼東」，同時請求由尚之信襲封王爵，帶官兵家口繼續鎮守廣東。

正所謂「鷸蚌相爭，漁翁得利」，康熙不惜一切代價要撤藩，愁的就是逼來誘去，仍然沒人咬這個餌，尚可喜的奏疏不請自來，令他喜不自勝。雖然尚可喜實際上並沒有撤藩的意圖，話裡話外也沒有流露出一點要主動撤藩的意圖，但只要能拿來做文章就可以，康熙立即批復，先將尚可喜誇了一番，說他「情詞懇切」、「能知大體」，隨後便以廣東已經被尚可喜平定，藩鎮沒有必要繼續存在下去的必要為由，令議政王大臣會同戶、兵兩部進行商議，看究竟應該如何遷移安插藩下的官兵。

康熙的撤藩意圖已經十分明瞭了，與會眾人也都心知肚明，他們經過商議，認為應該同意尚可喜的奏請，準其復歸遼東，但如果讓尚之信仍帶領官兵居住廣東，便會造成父子分離，藩下官兵也一樣，父子兄弟宗族有的去遼東，有的留廣東，將天各一方，為了防止骨肉分離，似應將藩下官兵和家屬全部遷往遼東。

會議結論完全符合康熙的心意，他馬上「詔從之」，借機偷樑換柱，撤除了平南藩鎮。一六七三年六月十七日，全藩撤離的詔書由欽差專程送達廣東。

尚可喜本打算個人引退，將藩地和王爵留給長子，但朝廷的詔書讓他的計畫成了泡影，這是他原先根本未曾想到的。不過，作為一個暮氣沉沉的老者，急流勇退、解甲歸田，以避免長子的不法行為給自己帶來不測之禍，本為尚可喜的真實意願，他也從無與朝廷對著幹的野心和打算，所以對於朝廷的旨意，他並沒有表現出任何驚愕和生氣的神情，反而一直態度恭順，「拜命之後，即繕書稱謝」，並陸續題報「起程日期、家口馬匹數目。」

尚可喜歸老遼東和康熙撤藩的決定甫一傳出，就在朝廷內外引起了極大震動。平西王吳三桂、靖南王耿精忠（耿仲明之孫、耿繼茂的長子）獲悉後，均惶惶不可終日，他們並不願意像尚可喜那樣功成身退，可是若不主動表態的話，又怕過不了關。最終耿精忠硬著頭皮，抱著走一步看一步的想法，首先上疏奏請效仿尚可喜，將其及藩下官兵「撤回安插」。

吳應熊在朝中見耿精忠已自請撤藩，連忙疾書催促吳三桂，說朝廷對「王」（指吳三桂）久存疑慮，如今尚、耿二藩都上了辭職疏，而「王」卻沒有，這只會繼續增加朝廷的疑慮，現在請「王」急速拜疏使人來京，或許可以解除朝廷的懷疑。

吳三桂早已受困於康熙的「摻沙子」、「挖牆腳」，深知朝廷對自己有多麼疑忌，收到吳應熊的書信後，他斟酌再三，認為兒子說得有道理，不妨一試，探探深淺。

過去針對「西選」和「總管滇黔」之權，吳三桂曾兩次通過上疏欲擒故縱，窺探朝旨，結果都事與願違，以慘敗收場，這次會怎麼樣，會不會再次弄假成真？前兩次畢竟是小賭，輸了固然心痛，但還不至於傷筋動骨，此番如果輸了，就意味著權力喪盡，再無後退的餘地，然而也正因如此，吳三桂料定朝廷不敢踏出這一步——他平西王是最強之藩，雲貴邊防的「長城」，非尚可喜之輩可比，朝廷一定會在最後時刻對他進行挽留，「如明沐英世守雲南故事。」

撤藩

打定主意後，吳三桂請幕僚劉玄初為他具疏撤藩。劉玄初勸阻道：「皇上早就預謀將『王』（指吳三桂）調離雲南，只是很難開口而已，王若上奏疏，說不定奏疏早上到京城，晚上就會下令調王了。他們那兩個王要辭就辭，王只管永鎮雲南，幹嘛要去效仿他們呢？」

吳三桂不是要效仿尚、耿，他是要賭自己在朝廷心目中的位置，賭朝廷就算是撤尚、耿二藩，也不會動他，但他對此其實也沒有十足的把握。劉玄初的一番警示，讓他那本已相當複雜的情緒變得更加焦躁不安，當下不但不肯聽從劉玄初的勸告，反而怪對方多事，斥責說：「我可以斷言，我上這份奏疏，皇上必定不敢將我調離雲南，具疏的作用不過是消除皇上的疑慮罷了。」

不顧幕僚們的反對，吳三桂抱著試探和僥倖的心理，給康熙上了一道自請撤藩的奏疏，其主題和耿精忠的奏疏如出一轍，一面「請撤安插」，一面又委婉曲折地透露出疏請撤藩並非自願的隱衷，用心可謂良苦。

吳三桂、耿精忠顯然都不知道康熙撤藩的決心有多大，心情有多麼迫切，他盼了那麼久，豈肯放過這樣一個一籃子解決三藩問題的絕佳契機和途徑？接到吳、耿的奏疏後，康熙照搬對待尚可喜的那一套，首先降諭稱讚二王「恭謹可嘉」，隨即以福建、雲南已被平定為由，同意將兩藩撤除，並令大臣們進行合議。

吳三桂、耿精忠的自請撤藩只是一種姿態，其實並不希望他們的請求被認真對待，這是眾人都知道的。對於撤耿藩，大家意見一致，分歧主要集中在要不要撤吳藩上面，而且爭論一開始就非常激烈。多數大臣對於撤吳藩均持反對態度，強調雲貴「苗蠻」經常造反生事，若遷移吳藩，必然還要再派軍隊前去駐防，與其這樣折騰來折騰去，不如「仍令吳三桂鎮守雲南。」

除了多數派，剩下的是少數派。戶部尚書米思翰首先提出吳藩可撤，兵部尚書明珠、刑部尚書莫洛附議，他們認為「苗蠻」已平，不足為慮，吳三桂不宜仍鎮雲南，應順水推舟，接受他的撤藩請求。

兩派各執一詞，難分高下，於是康熙又命議政王、貝勒與大臣們共議，但與會眾人仍分成對立的兩種意見。少數派以明珠為代表，依舊主張將吳三桂本人及其藩下官兵、家屬「均行遷移，在山海關外酌量安插。」他們一方面修正自己的觀點，聲明雲南「土司苗蠻」的威脅確實應該正視，另一方面又表示，只要做好中間的銜接工作，就能保證沒有問題：雲南移交滿洲八旗官兵戍守，等戍守官兵到達雲南的那一天，吳藩再啟程離開。

多數派逐漸聚攏到大學士索額圖周圍。索額圖肯定吳三桂鎮守雲南以來，「地方平定，總無亂萌」，換句話說，並沒有足夠理由對他進行撤藩，如果換成其他部隊戍守，必然要給沿途驛站和百姓造成很大的負擔，而且這些兵丁都是暫時戍守雲南，沒有長居的打算，很難保證他們不會騷擾地方。

兩派的理由千千萬，然而歸結到一處，不過還是怕不怕吳三桂造反，這也是大家對撤尚、耿兩藩無異議，卻對撤吳藩爭持不下的主要原因所在。多數派擔心吳三桂造反，少數派則說就算吳三桂真的造反，也不用過慮，明珠為此舉出的理由是吳應熊現居京城，等於被朝廷扣在手裡的人質，吳三桂投鼠忌器，不會不顧及兒子的性命安危，同時戶部在尚書米思翰的主持下，政府已設法將各省府積銀運存京城，如果需要的話，足供十年戰爭之用，言外之意，足以鎮壓吳三桂的任何不軌之舉。

爭論多日，廷議仍未統一，議政王只得合併兩議，請求康熙「聖裁」。康熙在撤藩問題上的態度一向鮮明而又強硬，他很清楚，藩鎮割據一向為國家統一的大敵，自唐代中期開始的藩鎮割據延續至五代十國，曾形成前後長達兩百餘年的大分裂局面，直到宋代才得以再度統一。如今的三藩走的還是藩鎮割據的路子，既不利國也不利民，無論是為劃一地方建制，還是為鋤除割據勢力，都必須抓住一切機會，儘快將其撤銷。

這一年，康熙已滿二十歲，正是年輕氣盛，敢作敢為的年齡，做事也頗有一種初生牛犢，一往無前的氣概。當然，對於如此舉足輕重的國家事務，他也不能不持慎重態度，據說為此專門徵詢孝莊的意見，而孝莊支持了明珠一派。

考慮再三，康熙終於做出裁決：「朕以為三藩全都手握兵權，時間長了，恐怕會發生令人料想不到的事情，到時再要予以控制就很困難了，所以朕決意將藩鎮撤回。」

很多朝臣都顧慮吳三桂造反，康熙並沒有排除這種可能性，但他說：「吳三桂、耿精忠等蓄謀已久，若不及早除之，將養癰成患，如何善後？況且，他們勢力已成，現在的情況是，撤亦反，不撤亦反，不如先發制人。」隨即宣佈接受吳、耿的撤藩申請，並於當日頒佈上諭：「吳三桂請撤安插，所奏情詞懇切，著王率領官兵家屬，一起搬移前來。」

賭輸了

換個角度來看，其實大家都在賭，康熙賭吳三桂不敢輕舉妄動，吳三桂賭皇帝不敢動他，結果是吳三桂第一個賭輸了。

撤藩令下，吳三桂傻了眼，「愕然氣阻」，呆若木雞。他原本「自以為功高，朝廷終不奪我滇」，且在雲南經營多年，「益固根蒂為不可拔」，沒想到皇帝根本就不買這個賬，你「自請遷移」，他那邊正好「允王所請」。

就後代所見史料來看，至少在康熙下達撤藩令之前，吳三桂尚無反清叛逆的跡象。史書上所謂「三桂陰懷異志」、「三桂蓄異志久」的記載，都是在吳三桂叛清後，人們的推測甚至是主觀臆斷，不過有一點是肯定的，那就是吳三桂早已視雲南為己土，而撤藩則意味著要在解除其兵權的同時，剝奪他原先在藩地上所擁有的一切，縱使在遷移後，朝廷仍然保證他可以繼續得到錦衣玉食的生活，但想要像昔日那樣稱霸一方是再也不能夠了。

吳三桂追悔莫及，同時又恨恨不已。絕望之中，他只能上疏請求增擴安插之地，實際上是藉故拖延，幻想朝廷能夠一改前旨，所謂「故難前說，以阻其行。」誰知康熙看到奏疏後，眉頭都沒有皺一下：不就是多要一些土地嗎？沒問題，「令有司如數撥給。」

吳三桂終於明白，他寄望於朝廷收回成命的想法只是一廂情願，這使他最初產生的造反念頭變得強烈起來，「異志遂堅。」

清代從努爾哈赤起家建國，一直到入關遷都，八旗軍的主帥多為「開國諸王」，也就是宗室貴族中統兵打仗的王爺，這些人以多爾袞、阿濟格等人為代表，個個能征善戰，連吳三桂都畏懼三分。不過到順治末年為止，這些人或死於疾病，或歿於權力之爭，別說能不能繼續在戰場上稱雄了，就是存活下來的都沒有幾個。這樣一來，吳三桂便自以為已經天下無敵，「諒中朝諸將無足當己者」，至於年輕的康熙皇帝，在他眼中「乳臭未脫」，說得難聽一點，想到「好漢榜」裡擠個位置都沒資格，又豈是他的對手？

真正難住吳三桂的，是長子吳應熊及三個孫子尚在京師為質，吳三桂本人畢竟也已年逾花甲，舐犢之情令他難以驟下決斷，只得「與其黨聚謀。」

吳三桂的屬下及親信同樣難以接受撤藩，他們大多倚仗吳三桂的權勢而顯貴，自然也不甘心因吳三桂的失勢而斷送前程，撤藩令下，「無不愁哭。」知道吳三桂「恨應熊在京」，婿侄們一邊慫恿其舉事，嚷嚷著「去滇則俱就閒，無兵權，圖必反」，一邊圍著他一通分析，說你若乖乖地照朝廷的話南藩北遷，到時沒了軍權，朝廷隨便找個藉口，就能讓你父子人頭落地，反之，「王威望兵勢甲海內，戎衣一舉，天下震動」，才有資本和條件與朝廷討價還價。

當年劉邦、項羽爭奪天下，劉邦的父親劉太公、妻子呂雉被項羽俘作人質。兩軍陣前，項羽將劉太公按在一個高高的砧板上面，威脅劉邦，說你要是不投降的話，我就煮了太公。沒料到劉邦竟嬉皮笑臉地回答他：「我和你一起接受楚懷王的命令，結拜為兄弟，我父親就是你父親，你真的要煮你父親，也分我一碗湯吧！」最終項羽還是沒有烹殺劉太公，而且不久因為形勢不利，他又把太公與呂雉送還劉邦，以換取雙方以鴻溝為界。

劉邦不怕項羽真煮了自己的父親，殺了自己的妻子，是因為手裡掌控著強大的軍隊。吳三桂的婿侄們建議他向漢高祖劉邦學習，憑藉兵威軍勢和朝廷進行談判，「索世子世孫於北，畫地講和，此漢高分羹之計也。」女婿胡國柱為寬其心，還專門派侍衛潛往京城，準備接回吳應熊及其子。

吳三桂心裡有了些底氣，繼而覺得吳應熊娶的是建甯長公主，後者在輩分上為康熙的姑母，康熙再怎麼狠，總還是要手下留情，他應該只會以此為籌碼對自己進行勸降，即「朝廷必不殺，以之為招。」

吳三桂雖聽信婿侄們的話，減少了一些對人質問題的顧慮（「三桂惑於婿侄」），但到了最後臨門一腳的時候，仍有些猶豫不決。胡國柱等人見狀，便勸他再與軍師方光琛商量一下。

方光琛與劉玄初並稱平西王府的兩大智囊，此人自比管仲、諸葛，很有謀略。他自關外便隸吳三桂幕下，而且其父在明朝時為吳三桂的老上司，兩家是世交，他平時也常與吳三桂議文講武，評論時務，因此相比於劉玄初，他更為吳三桂所信任和器重。

從降清開始，吳三桂所行的重大決策便大多出自方光琛的謀劃和定奪，如今受婿侄們啟發，他決定就反清再次向這位第一謀士徵求意見。不過賊人膽虛，當他第一天上門去見方光琛時，只是稍稍透露了一點準備謀反的意思，方光琛何等精明，便也裝聾作啞，完全不理會他的暗示。

次日，吳三桂再次登門，終於明示了謀反的意向，但方光琛依然顧左右而言他。第三天，吳三桂按捺不住，天色朦朧時就去拜訪，其時方光琛尚未起床，吳三桂就坐在他的床沿，低聲細氣而又分外焦慮地向他徵求意見。方光琛確定吳三桂反意已決，這才起身為其縱論形勢，指出「閩、粵、楚、豫、秦、蜀，傳檄可定」，其餘地方「戰勝攻取」，也易如反掌。吳三桂聽後興奮不已，疑慮全消，遂加緊謀反部署，並請方光琛為其運籌帷幄。

第三章

吳三桂反了

一六七三年九月，康熙所委派的撤藩使臣分別奔往雲南、廣東、福建，前往雲南的是折爾肯、傅達禮、王新命三人。康熙深知雲南之行可能存在的風險，因此於折爾肯等人啟程之日，特遣侍衛各賜御用佩刀一口、良馬兩匹，以示關懷，並壯其聲勢。

十月，折爾肯等人到達雲南。在雲南的歸化寺，突然有一群莊園的農民跑出來迎接使臣，並請求皇帝不要撤藩。折爾肯急忙聲明：「吳王（指吳三桂）自請移家，你們這些人誰敢說不讓他走？」隨即下令逮捕了為首者。

這些莊民其實都是吳三桂所唆使，為的是對遷移進行拖延。見使臣不為所動，吳三桂表面裝作聽命於詔旨，表面上一面向折爾肯等人佯示啟程日期，一面令人置辦遷移所需的糧草車馬，暗地裡卻派親信扼守雲南各關口，凡來往車馬行人，一律只許進，不許出，同時「禁遏郵傳」，對消息進行嚴密封鎖。

豈有此理

時間一天天過去，行期在即，可是卻遲遲不見吳三桂搬遷。雲貴總督甘文焜提出：「寒冬將至，恐怕有雨雪，還是要趕快搬才好。」於是，折爾肯和雲南巡撫朱國治等人便依言前去催促，「三日一問，五日一詢」，然而都被吳三桂以「緩商」為由加以推託。大家都是明白人，這使雙方的關係驟然間變得異常緊張，為了防備萬一，朱國治在昆明設「六門城守」，又於四處建立卡柵秘密巡視。

吳三桂在雲南經營多年，可以說整個雲南都在他的掌控之中，朱國治設守一事根本就瞞不了他，聞訊後他惡人先告狀，斥責朱國治：「功成名就，奉命北移本來就是我的志願，你現在居然四處設防，這是想幹什麼？」他還說：「古今由於汝輩激成者正不少也。」言外之意，朱國治等人節外生枝，是在逼迫他鋌而走險。

為了緩和衝突，眾人只得將搬遷事宜予以暫時擱置。一轉眼，啟程日期就要到了，再也沒辦法拖延，朱國治只得偕折爾肯等人拜訪平西王府。當天，吳三桂循例備下酒宴，席間他待客謙和，卻一個字都不肯涉及搬遷。

朱國治一行來王府可不是為了吃飯，朱國治找到機會直言相告：「三大人等候已久，王若無意遷移，三大人自去回旨。」你究竟搬不搬了，不搬的話，就別拿我們消遣，使臣們也好去向朝廷覆命。

此言一出，等於撕下了吳三桂的假面，剛剛還笑容可掬的吳三桂頓時漲紅了臉，他再也掩飾不住滿腔怒火，當場便指著對方厲聲大罵：「朱國治，你欺人太甚！我可以把天下都送予人，但雲南是我用血汗掙來的，現在你這個貪污小奴竟然不容住於此地，真是豈有此理！」

朱國治為政幹練，但一直都有貪污劣跡，到雲南亦是如此，所以吳三桂很看不起他，才以「貪污小奴」相稱。當然，包括折爾肯等人在內，在場的人都能看出，吳三桂遷怒於朱國治只是表像，其實是借機發洩對朝廷撤藩的極端不滿和怨恨。

吳三桂不怕把積鬱已久的心裡話說出來，因為他已經做好了舉兵反清的初步準備。此前，他召集幕僚問計，看究竟應該打什麼旗號才足以號令天下。劉玄初建議：「明亡沒有多久，人心思舊，在這種情況下，如果我們擁立明朝後裔，以他的名義實施東征，那麼老臣宿將，無不願當前驅。」

方光琛不同意，他提醒吳三桂說，以前你因為兵力不足，才獻山海關和引清軍入關，人們對此尚可諒解，也勉強支吾得過去，可是後來南明永曆皇帝逃往緬甸，你還奮力窮追，擒而殺之，這就無法釋疑於天下，讓人原諒了。

方光琛的話擊中了吳三桂的痛處，特別是當他接著說道「篦子坡之事可一行之，又再行之乎」的時候，更是令其無言以對。篦子坡是永曆帝的殉難地，也稱「逼死坡」，方光琛稱吳三桂在篦子坡殺永曆的事，只可做一次，不可能再做一次，意思是你自己不留後路，把明朝的皇帝都殺了，如今又想立明朝的後人，打復明的旗號，怎麼可能取信於人呢？

「三桂聽之悚然」，也許到這個時候，他才後悔當初不該把事情做得太絕，但既是出兵造反，總得師出有名啊。方光琛讓他自立名號，吳三桂接受下來，不過為了應付時局，他暫時還不敢這麼做，「復明」仍是他需要借用的一個重要幌子。

在吳三桂事後發佈的反清檄文中，他先為自己辯解，詭稱當初降清只是「借兵復仇，興復明室」，繼而又編造了一個周田二皇親抱先皇三太子「寄命托孤」的故事，用以證明他三十年來為清效命，不過是為了「養晦待時」、「密圖恢復」。他宣佈，「伐暴救民」的時機到了，除了聲稱要推奉那位子虛烏有的三太子恭登大寶外，他又給自己封了個「天下都招討兵馬大元帥」的頭銜，並派人私鑄印鑑。

負責鑄造印鑑的是一個清軍官員的兒子，他把此事告訴了當時的雲南府同知劉昆，劉昆聞聽後連忙密告朱國治，並且對他說：「大事不好，請你趕快和折爾肯商議，上疏延期撤藩，以緩衝吳藩造反。趁此機會，朝廷可速調重兵，扼守川西、鎮遠、常德等處，將吳兵封鎖於雲貴山區，使其不得出谷。關押猛虎縱可能帶來不測之禍，但也容易將其制服。」

朱國治回去後與撤藩諸臣商議。得知吳三桂居然想要謀反，多數人撤藩的決心都動搖了，紛紛道：「朝廷封疆，關係百萬生靈的安危，應該趕快上疏朝廷，請求暫停搬家。」只有折爾肯認為不能因此卸責：「我們奉旨搬家，難道就這樣向朝廷覆命？」他認為應採納劉昆的建議，一邊應付吳三桂，一邊向朝廷奏報，請求採取相應對策。

最後眾人決定按照折爾肯所說的去辦，由傅達禮先回京師奏明聖上，折爾肯與王新命暫留雲南待命，朱國治負責上疏朝廷。

像折爾肯一樣，朱國治也感覺若是在奏疏上寫延期撤藩，難以向朝廷交代，猶豫了兩天後，終究還是沒有動筆。實際上，就算他動筆，奏疏也送不出去，因為吳三桂已將雲南予以完全封鎖——傅達禮東行未及百里，就被守口藩將給擋了回來。

我還不老

一六七三年十二月二十八日，距離吳三桂答應撤藩啟程的前兩天，天色尚在朦朧之際，吳三桂將藩下官兵集合於大殿，眾人脫掉帽子，剪掉腦後的髮辮，以顯示與清廷的決裂。接著，吳三桂召文武百官到王府開會，接到通知，官員們雖然疑慮重重，忐忑不安，卻又不敢違抗他的命令，只好如約前往，不料剛剛邁進王府的大門，事先埋伏好的刀斧手們便蜂擁而上，將他們抓了起來。

吳三桂本意對官員們留有餘地，即便對於他最痛恨的朱國治，也想留下活口，因此曾讓人飛騎傳令「不得輕殺」。可是朱國治在雲南的官聲很差，人人都恨他，刀斧手們等不及指示，已經三刀將朱國治給砍了，飛騎傳令到達時，只保住了其餘官員的性命。

朱國治實在稱不上是一個好官，他任江蘇巡撫時殺蘇州才子金聖嘆，惹得天怒人怨。當時蘇州有民謠唱道：「天呀天，聖嘆殺頭真是冤！今日聖嘆國治殺，他年國治定被國賊殲！」如今他被吳三桂所殺，恰應了民謠所言，不過一事歸一事，朱國治最後的表現還是恪守了臣節，算是他一生中不多的亮點。

朱國治被殺後，吳三桂脅令諸官從叛，劉昆等抗拒不從者以及使臣折爾肯、傅達禮均被予以囚禁。

在部將的擁戴下，吳三桂舉起了叛旗。為鼓動人心，他在郊外大閱三軍，鼓角齊鳴聲中，已經六十二歲的吳三桂披甲上馬，揚鞭疾馳，其間他連發三箭，三箭皆中靶心！這還不算，閱兵的時候，長槍、大劍、畫戟、雕戈等兵器皆羅列於吳三桂之左右，他騎馬奔馳，每跑一個來回，就在馬上接過一件兵器舞弄一番，好一副「風馳雨驟，英武絕人」之勢。

吳三桂如此賣力地當眾炫耀其武功，毫無疑問是「欲以力詘眾心」，也就是要告訴眾將士，我還不老，我還是那個勇冠三軍，無人能敵的吳三桂！

一六七四年一月七日，吳三桂親率二餘萬人馬自昆明出發，向貴州逼近。雲貴總督甘文焜與朱國治同為康熙安插在雲貴地區的釘子，其時他正在貴陽，聞聽吳三桂反叛，急欲統兵抵禦，可是卻發現無人從命。督標兵丁給他的答覆竟是：「大人若從吳王（吳三桂），唯命是從，若助大清，某等不能。」原來甘文昆有一段時間因母親去世而回京治喪，吳三桂遂借訓練為名，乘虛而入，對督標兵丁進行了收買，兵丁們受到吳三桂的煽惑，都說：「吳王恤我貧乏，賞我功勞，重我才勇，吳王於我輩恩甚厚。」

這時兵部郎中黨務禮等人也在貴陽，他們本來是受朝廷委派，給吳三桂搬遷備辦所需夫役、糧草和船隻的，眼見兵丁不聽調遣，甘文昆便將吳三桂叛亂的消息告訴他們，催促他們速去北京告變。

黨務禮等人趕緊偷偷地離開貴陽，誰知當他們行至鎮遠時，卻發現鎮遠守將已奉吳三桂密令，嚴禁任何人出入，且不提供驛馬。無奈之下，一行人只好化整為零，分頭設法突圍。黨務禮和戶部員外郎薩穆哈率先弄到了兩匹馬，兩人急馳至湖南境內，在脫離吳三桂的控制區後，這才得以乘驛馬急往京師。

一月二十七日，經過十一個晝夜的連續奔馳，黨務禮、薩穆哈終於到達北京。他倆直奔兵部衙門，一到衙門前，便雙雙抱著柱子暈了過去。營吏們急忙上前將他們扶住，有人端來兩大碗水，撥開他們的嘴巴，將水灌了下去，過了好久，兩人才緩緩甦醒，然後便竭盡全力，拼命大喊：「吳三桂反了！」、「吳三桂反了！」

黨務禮等一行原本共有五人，除黨務禮、薩穆哈外，戶部郎中席蘭泰因沒有馬匹，自鎮遠乘小船至常德，後來也得以換乘驛馬到京，但兵部主事辛珠、筆帖式（一種官名）薩爾圖卻因來不及逃脫，不幸被吳軍所殺害。

有人說吳三桂之所以造反，乃是康熙有意刺激所致，理由是康熙認為以吳三桂為首的三藩「毒痛天下」，存在的時間越長，對國家危害越大，不如逼著他們起而造反，再以此為由予以剿滅。類似的說法其實站不住腳，相應理由也很牽強，三藩特別是吳三桂一旦造反，其可能造成的後果有多麼嚴重，只要是頭腦清醒的當國者，都可以想像得出和估計得到。康熙此前誘逼吳三桂，也絕不會是要逼他造反，至多不過是指望他知難而退，自己呈請撤藩罷了。

道咸年間的史家魏源在評論此事時，提出過一個設想：「稍遲數載，或召入朝覲而杯酒釋兵權，未必不更操萬全之策。」沿著魏源的思路拓展一下，或許還可以借用帝王心術：自古以來，帝王們為防止封疆大吏坐大，往往都會採用明升暗降的手段，在高高捧起之中，使之「龍離大澤」、「虎出深山」。

吳三桂時年六十二歲，就政治家來說並不算老，當初索尼擔任首席輔臣時，比他的年紀還要大得多。按照吳三桂的功績以及他身為親王的地位來說，康熙完全可以把他調入京城當議政王大臣。讓一個執掌雲貴兩省大權的西南王，馬上轉變身份成為閉門養老的寓公，確實是不太容易接受，但讓他當議政王大臣，就等於給了他一個大面子，當事人的心理要平衡許多。

可是這樣能不能解決問題？難！

典守者不得辭其責

正如康熙所分析的，「三藩」不是可以杯酒釋兵權的北宋功臣，而是清代版的「唐朝藩鎮」，他們與朝廷之間的猜忌和隔閡已深。對吳三桂而言，無論是突然召之入京還是明升暗降，都很容易令他生疑，他也必然會找出種種藉口拒不從命。

康熙遍覽史書且聰明絕頂，他和謀臣們未嘗不知道魏源的那些點子，之所以棄之不用，是因為根據當時的實際情況和條件，不可能遂其所願。

真正的問題到底出在哪裡？不是不應該削藩乃至撤藩，而是當事人在實際操作中太急於求成。這當然不難理解，彼時的康熙年少，尚無積威足以懾服三藩，相反，「三藩」（主要是吳三桂、耿精忠）則對他存有輕視之心，他對此是能感覺得到的，所以生怕拖延下去，聽其滋蔓，最後會更加難以收拾。

急於求成的最大弊端，是只想著儘快畢其功於一役，卻對困難嚴重估計不足。比如，康熙在撤藩之議時曾稱三藩之反，勢在必行，撤與不撤都改變不了這種局面，不如先發制人。其實他在說這番話的時候，心裡並不認為三藩反叛在即，只不過是為了說服反對撤藩的大臣，才有意對三藩反叛的危勢加以強調而已。他所謂的「先發制人」，也不過是說即便吳三桂、耿精忠心有不滿，但在朝廷已先行裁制，下令撤藩的情況下，他們也只能像尚可喜那樣無可奈何地接受事實。

事實上，從下達撤藩令開始，康熙就沒有接受廷臣的建議，分批撤藩或派遣滿兵換防，也沒有在軍事上就防備三藩反叛制定任何措施，他向兵、吏、戶部下達指令的重點，從頭到尾都是如何做好遷藩的撤遷、安置和善後。或許在他看來，只要朝廷在撤藩過程中對三藩實現憂恤政策，不惜以最大的人力、物力付出，來滿足他們在生活中的要求，就可以消滅他們的怨氣，做到「君臣皆樂，永保無疆之休」了。

吳三桂的反叛打破了康熙的幻想。接到奏報時，他正在南苑行圍（打獵），那種游獵的開心愉快瞬間便被壞消息沖得煙消雲散，過了好一會兒，他才嘆息道：「這就是所謂的『虎兕出於柙，龜玉毀於櫝中』吧！」

春秋時，魯國大夫季氏（季康子）把持朝政，他擔心魯國的附庸國顓臾會幫助魯國國君，便計畫攻打顓臾。孔子對此表示不滿和反對，他將季氏比作老虎與犀牛，將顓臾比作龜甲與玉石，說你季康子攻打顓臾，就好比是老虎與犀牛跑出籠子傷人，而顓臾如被攻滅，就好比是龜甲、玉石被毀於盒中。此時此刻，康熙有感而發，當然是因為在他眼中，吳三桂就是已跑出籠子，隨時要傷人的「虎兕」，他的百姓和江山則隨時面臨著被「毀於櫝中」的危險。

康熙身邊的侍從大多弄不懂康熙這句話的意思，這本來也在康熙的意料之中，但沒有想到他們在竊竊私語一番之後，其中一個侍衛卻突然冒出一句：「佛爺（宮廷裡私下對皇帝的稱呼）說的是『典守者不得辭其責』！」

「典守者不得辭其責」，是朱熹針對孔子「虎兕」的名言，在「四書」所加的批註。康熙聞聽大喜，對這名侍衛說：「你能讀四書批註，真是太好了。」當下便予以重賞。

康熙轉憂為喜，當然不僅僅是出於對御前侍衛的賞識，更主要還是對方在有意無意中為他提供了解決現實問題的答案：吳三桂造反，他作為皇帝，不能推脫自身監管和守衛的責任，現在不管高興還是不高興，都要趕快開始行動，把「虎兕」重新鎖回籠中！

如何平叛

吳三桂反叛的消息早已使得「舉朝震動」。儘管反叛並非一時一事所釀成，但撤藩是導火線，人們也就不可避免地把視線都重新集中在了撤藩之議上。大學士索額圖乘多數大臣情緒激烈之機，竟然提議殺掉當初主張撤藩的大臣明珠等人，「謂因撤藩激變，請誅撤藩之人」。

西漢時期漢景帝接受御史大夫晁錯的建議，著手進行削藩，結果引起吳、楚等七國諸侯的不滿，釀成了「七國之亂」。七國起兵造反，打出來的旗號是「清君側，誅晁錯」，正好大臣喜盎與晁錯不睦，便勸漢景帝答應七國的要求，漢景帝被嚇破了膽，真的下令將晁錯處以了極刑。如今同樣面對由削藩（撤藩）引出來的禍端，康熙似乎也可以採納索額圖之議，向漢景帝學習，一者可以卸掉自己的責任，二者還可以向吳三桂示好，讓對方罷兵。

然而康熙斷然否決了索額圖的意見：「此（撤藩）出自朕意，他們（指明珠等人）有什麼罪呢？」索額圖在皇帝面前碰了個釘子，立刻陷入惶恐不安之中，一時間張口結舌，不知該如何對答。

康熙素來不喜歡大臣們互相攻擊和陷害，認為是明代沿襲下來的官場流習，「此等惡風斷不可長」，以這種視角來看，索額圖借吳三桂叛亂要殺明珠等人，與袁盎借七國之亂除掉晁錯，顯見得並沒有太大區別。與此同時，康熙強調撤藩乃是自己的親定決策，不能因為撤藩誘發出吳三桂叛亂，就諉罪於建議撤藩的大臣，更何況在王大臣會議上，明珠等人只是力主同意吳三桂的遷移請求，而並不知道這樣做就必然會導致吳三桂反叛。

康熙說，索額圖曾反對遷移吳藩不假，不過他當時所舉出的理由也無非是可能影響雲南地方安定，並沒有預料到吳三桂因此必反。不僅是索額圖，為了討論撤藩問題，他還召集了很多人參加王大臣會議，「議事之人至今尚多」，可是試問有誰說過吳三桂必反的話呢？

吳三桂反叛，確實需要有人為之承擔責任，然而和康熙對其他所有政事的看法一樣，「倘有失誤，君臣共之。」他後來回顧說：「朕的一生，曾經有過一事推給臣下負責嗎？此等事朕從來不忍心做。」

漢景帝以為棄車保帥，犧牲一個晁錯就能使七國退兵，沒想到七國以為他軟弱可欺，絲毫沒有放慢進攻的步伐。在這一點上，康熙比漢景帝要有擔當得多，也明智得多，他的及時表態不僅保護了明珠等人，使他們「莫不感激涕零，心悅誠服」，同時也增強了諸臣的勇氣和信心，自此大家全都拋開顧慮，竭盡全力地幫助皇帝運籌劃策。

首先要商量的事就是如何平叛。在廷議時，以御史魏象樞為代表的漢官擔心「軍需浩繁」，不勝負擔，因而建議「就近調兵禦守」，以逸待勞，等叛軍打來時再即行剿滅。與之相反，滿官雖然在撤藩問題有著意見分歧，但卻一致認為應派八旗勁旅出京平叛，魏象樞的建議被笑話為書生之見：「賊（指叛軍）逼城下，到那時候才出兵禦敵，有這樣的道理嗎？」米思翰直言：「賊勢猖獗，已不是綠旗兵（即綠營）所能控制的了，必須派八旗勁旅會剿。」他以戶部尚書的身份保證，只要中央、地方協濟軍餉，足以支持軍隊與吳三桂打上十年。

面對嚴峻的形勢，康熙決定採納滿官們的意見，將八旗勁旅派往南方前線，並將其佈防於臨時構建的防禦體系之中。

按照古代軍事地理學的觀點，荊州位居天下之中，「乃咽喉要地，關係最重」，因此康熙將其作為征剿吳軍的大本營和前哨陣地。一六七四年一月三十日，他任命順承郡王勒爾錦為甯南靖寇大將軍，率諸將及一萬餘軍隊前往荊州，據江固守，以遏制吳軍北進之路。

荊州是中心，川湖（湖廣和四川）是防禦重點，其中四川與雲南接壤，吳軍必然要予以進犯。三天後，都統赫業被任命為安西將軍，率京城所發官兵，同西安將軍瓦爾喀一起由漢中入蜀。康熙的這一戰略意圖也非常明顯，即進可乘機向雲南征討，退可阻抑吳軍由四川向陝西進軍。

康熙一面向前線調兵，一面妥善佈置後方。平叛大軍進征川湖後，自京城出發的援兵難以及時趕到，緩不救急，而且路途遙遠，兵馬也極易疲勞，所謂「千里持糧，士有饑色」，要解決這些問題，勢必還要在京城和川湖之間建立中轉站。

山東兗州地近江南、江西、湖廣，山西太原地近陝西、四川，均屬東西孔道，在這兩個地點發兵駐防，可以源源不斷地支援前線，康熙遂將兗州、太原作為中轉站。譬如從京師、直隸及山東徵調來的軍隊，都是先集中於兗州待命，然後隨時向前方遞進，「無鞭長不及之慮，無遠征勞頓之苦。」

後來發現從兗州支援湖廣還是有些遠，相比之下，「河南乃四達之地，距潼關、鄖（鄖陽）、襄（襄陽）皆近」，於是康熙又在河南府（府治洛陽）設立新的中轉站，「所在有警，俱可策應。」

康熙對出征的八旗勁旅寄予厚望，他力圖通過八旗軍的努力，在平叛之初，就將這場戰事控制在雲南、貴州、湖廣（今湖南、湖北）三省境內，但是很快他的這一願望就落空了。

長驅直入

在將回京告變的黨務禮等人送走後，由於「督標兵皆不為用」，雲貴總督甘文焜前往鎮遠，欲憑鎮遠之兵固守，結果卻被早已投靠吳三桂的鎮遠守將包圍起來。甘文焜走投無路，被迫自刎，貴州旋踵即下。其實即便甘文焜能夠指揮如意，他能不能守住貴州也還是個問題。吳軍由「四鎮」、「十營」組成，基幹為隨吳三桂降清的「關寧鐵騎」以及李自成、張獻忠的農民軍餘部，其中「關寧鐵騎」是明末最精銳的騎兵部隊之一，甚至能與八旗勁旅正面對抗，而那些農民軍餘部也都是身經百戰的勇悍之士。雖然朝廷曾多次裁減吳藩的兵員數量，但吳三桂一邊利用裁兵盡裁老弱，一邊用「按地徵糧、按糧徵兵」的辦法自行募兵，廣收精銳，這使得吳軍在出征時仍保持著相當的規模和頗強的戰鬥力。

相對於吳軍的兵強馬壯，氣勢洶洶，沿途各地卻普遍抵抗乏力。這也並不奇怪，自康熙即位到吳三桂反叛前，大規模的攻戰征伐已停止十餘年之久，所謂「承平日久，民不知兵」，無論官民，都對戰爭缺乏思想準備。即便是京城，也存在武備鬆弛的現象，倒是孝莊對此深有遠見，告誡康熙說，現在雖然天下太平、四方安寧，但安不忘危，閒暇時仍應訓練武備。也因此，康熙才在吳三桂反叛前，親率諸王大臣去南苑行圍，藉以檢閱八旗勁旅，訓練士卒。

京城因為皇帝重視，武備開始得到加強，西南地方的情況就差遠了，以致面對強敵，官員們甚至連招架之力都沒有。貴州巡撫曹申吉自剪髮辮，當了吳三桂的官，但在吳軍未到之前，他曾將吳三桂反叛的情況寫成奏本，派人送給湖廣總督蔡毓榮，請其轉奏，表明其本意並不是要跟著吳三桂造反，只是無力抵禦吳軍而已。

吳三桂佔領貴陽後，兵分兩路，一路由其親率主力東出入湘，一路由他的大將吳屏藩率領北上入蜀。

一六七四年三月，吳軍攻入湖南。此時別說兩路平叛大軍，就是康熙提前派出的八旗應急先遣部隊都尚未能夠到達前線，本地的綠營兵將獨木難支，只能或逃或降，否則別無生路。史載，吳三桂率部長驅直入，「五千里無只騎攔截」，僅僅一個月時間，湖南全境便告淪陷。

四川一路同樣如此，凡吳軍所到之處，清軍幾乎是望風披靡，四川巡撫、提督、總兵等高級將官先後或從叛或投降。四川巡撫羅森素來「有能吏聲」，即便得到吳三桂反訊，還能夠將川省軍情逐一上奏朝廷，但當吳軍大兵壓境，還是走了曹申吉的老路。

湖南、四川淪陷，必然危及陝西、湖北。吳軍前鋒在進入湖北境內後，直抵長江南岸的松滋，與清軍大本營荊州隔江相望，形勢岌岌可危。

前線戰況牽連著後方的敏感神經，京城內風聲鶴唳、人心惶惶。大學士、兵部尚書王熙注意到，「漢官多移妻子回家」，這說明相當一部分的官員已對戰爭失去了信心。與此同時，潛藏在京城內的反清之士則受到激勵，一個叫楊起隆的人自稱「朱三太子」，趁機組織一些漢人和八旗家奴舉火起事，起義者「皆披甲露刃」、「四處縱火」，受到驚嚇的百姓紛紛逃往城外的西山避難。

楊起隆起義組織得不是很成功，「同謀者人數眾多，彼此卻並不相識」，所以很快就被鎮壓了下去，京城秩序也重新趨於平穩，但那種緊張和恐怖的氣氛卻沒有能夠完全散去。有一天晚上，京城內突然再次起火，有人懷疑是吳應熊的黨羽所為，吳應熊因此成為眾矢之的。

吳三桂反叛前，女婿胡國柱為了促其下定反叛決心，曾答應派侍衛入京接回吳應熊及其子，事實上，由雲南出發的入京密使李恕、張鑣確實找到了吳應熊，但吳應熊卻拒絕了他們的安排。

與吳三桂最初輕視康熙，以為康熙年輕，無能力理軍不同，吳應熊長居京城，深知康熙的才能，他對吳三桂反叛的前途一直都持悲觀態度，為保全自己的地位和家庭，一有機會就對父親進行規勸，讓父親不要輕舉妄動，鋌而走險。

「三桂父子異趨，父蓄異謀而應熊則欲守臣節，保全祿位，所以規諫無不止。」可是入京密使帶來的卻是父親決定反叛的消息，這讓吳應熊頓有五雷轟頂之感，他「徘徊不果，日飲泣不止」，最終還是只讓李恕、張鑣帶走了他與側室所生的大兒子吳世璠，自己與另外兩個兒子則仍然留在了京城。

吳應熊的妻子建甯公主是康熙的親姑姑，吳應熊就是康熙的親姑父，建甯比康熙大十三歲，康熙小時候常和她在一起，彼此關係較為親密。人這一生最難割捨的就是親情，即便身為皇帝亦是如此，與吳應熊夫妻的這種親情關係，使得康熙雖然對吳三桂的反叛倍感憤怒和驚愕，但他最初仍對吳應熊及其隨從網開一面，給予了寬宥。

只是局勢的變化和輿論壓力並非皇帝一人所能隨意左右。京城火起以及傳出「熊黨為之」的流言後，議政王大臣等紛紛上疏，指出吳應熊的隨從官員與外官不同，「不便從寬，應請拿問」，康熙難以否決，遂下旨將吳應熊的隨從「暫行拘禁。」

之後就輪到了吳應熊。中國古語道「罪不及父母，禍不及妻兒」，然而在古代社會，涉及謀反等大罪，「罪及父母，禍及妻兒」才是常態，吳應熊儘管反對父親謀反，但一樣要面臨大清律例的追究和懲罰。諸王大臣眾口一詞，認為「吳應熊系反逆子孫，理應誅戮，以彰國法。」康熙猶豫再三，終究下不去手，「未忍加誅」，他答覆諸王大臣說，暫且留吳應熊一命，讓他「束身待罪」，可促使吳三桂有朝一日「悔禍自新」。

女真萬人不可敵

在湖廣戰場，康熙派出的四支先遣部隊終於陸續抵達荊州，不久，大將軍勒爾錦亦率兵到達。康熙的本意是要八旗軍主動出擊，進駐常德、長沙乃至爭取整個湖南，但將領們對情勢的估計過於樂觀，所帶的兵力太少而且全是輕騎兵，同時他們也沒有充分考慮到如果需要渡江擊敵的話，船隻和糧草夠不夠用。

等到各部到達荊州，才發現嚴重缺乏船隻，餵養戰馬的草料不足，武昌、荊州的官府雖然調集附近駐防官兵來援，然而也未預備足額的船隻和草料。此時恰逢連日暴雨，江面水漲，清軍就算手裡有船也沒辦法渡江，好不容易等到大雨停歇，渡江的船隻也備齊了，吳三桂已經佔領長沙等要地，「沿江列戍，壁壘相望」，勒爾錦只能一面隔江與其對峙，一面自荊州分兵襄陽、鄖陽等地，組成荊襄防線。

也就從這時候起，吳軍先前狂飆突進的勢頭突然停頓下來，其進至松滋的部隊一連三個多月都沒有取得任何進展。對於吳軍的頓兵不前，吳三桂的一些將領、謀士深感詫異，他們不明白為什麼已經打到長江邊，舉足即可渡江的時候卻反而變成了軟腳蟹。要知道，儘管八旗軍已抵荊州，但江北已然是風聲鶴唳、人心不固，如果吳軍能迅速渡江，獨佔長江之險，不僅可以將軍事主動權穩操於手，還能在政治上進一步擴大影響，動員江北乃至黃河流域的反清勢力協同作戰，到時朝廷無法收拾局面，勢必還將後退至黃河北岸。

謀士劉玄初特地寫信給吳三桂，催促他「直搗黃龍而痛飲」，不要阻兵不進，坐失機宜。可令劉玄初倍感失望的是，信件並沒有得到滿意的答覆，吳三桂採取了置之不理的態度。

未幾，劉玄初鬱鬱而死。一直到死，他都不知道，吳三桂其實不是不想渡江，而是他過不了江，即所謂「非不欲也，實不能也。」

作為一個靠軍功起家的武將，吳三桂用兵幾十年，老謀深算，豈能不知北渡之重要，但問題是要過得去才行啊！在這三個多月裡，吳軍已經發動了數次進攻，然而均未得逞，比如一六七四年四月初，吳三桂曾派萬餘人，乘七百艘船隻逼犯彝陵，結果卻在滿漢官兵的水陸攔擊下大敗而歸，「遁回宜都。」

從清初的統一之戰起，清廷開始大量使用綠營並依賴於三藩，後人往往想當然地以為八旗軍戰鬥力下滑，不堪使用所致。實際情況並非如此，八旗軍依舊保持著驚人的戰鬥力，之所以不能大規模南下，只是受到了兵力和地形所限，如今與吳軍隔江對峙，儘管並不佔有數量上的優勢，但卻照樣不落下風。

退一步說，即便吳軍不惜代價，拼死拼活打過江去，要想在江北平原上與八旗軍繼續爭勝也相當困難。吳三桂在明末獻關前與八旗交過手，後來又與八旗將官共事，深知八旗軍最大的特長乃是騎射，若與八旗比騎射，關寧鐵騎也好，李自成、張獻忠的起義軍也罷，都非其對手。有的部將不知深淺，躍躍欲試地提出要到江北與八旗決戰，吳三桂把他拉到一邊，壓低聲音告訴他：「你等不知虛實，我與他（指八旗將官）共同用兵多年，其騎射是最不可擋的。如今我們依山阻水還可以自守，若到平原地方，你們如何敵得過他？」

「女真萬人不可敵」，對於八旗的騎射，吳三桂及原關寧鐵騎的部屬的確懷有深深的恐懼，別說過江到平原上去了，就是在湘北的山林沼澤地區，都害怕八旗的騎兵隨時會衝過來。隔江對峙期間，他們在城外大量佈置了鹿角，後者實際是形似鹿角的木頭，也稱鹿角木，埋於地下後，可以阻攔馬足，遏制騎兵衝鋒。

除了渡江北上外，吳軍在進攻方向上當然還可以有別的選擇，劉玄初外的其他謀士、將領獻計獻策，分別提出了「下九江，扼長淮，以絕南北運道」、「出巴蜀，據漢中，塞崤函以自固」等主張。不過康熙對此也早已防範在先，並站在戰略高度提前做出了部署。

明清時的東南向為財富之區、賦稅重地，「軍國之需，盡仰給於江南。」吳軍若要「下九江」，目標就是要在佔領東南後，切斷京城及清軍的物資補給，康熙對此看得非常清楚，他指示「江西水陸皆與楚、閩接壤，尤宜固守」，下令固守江西並加強長江上游各重鎮的防務，以阻止吳軍順流東下。

「出巴蜀，據漢中，塞崤函」，無疑志在西北，而康熙對西北也極為重視，將它和江南擺在同等重要的地位，除以重兵防守四川外，還特別重托陝西總督哈占、甘肅提督張勇、陝西提督王輔臣，讓他們嚴密防守西北邊陲，切勿給敵軍以可乘之機。

吳三桂反叛後，朝廷聞變倉促，最初不及佈防，所謂「京兵未出，諸道兵未集，地方處處無備」，但等到康熙進行全面佈局和調整後，情況就不一樣了。此時吳軍無論是長驅北上，還是順流東下，抑或進兵西北，都無法再一蹴而就，吳三桂本人也有束手無策之感，只是其他人不知內情，才會覺得吳三桂愚蠢固執，橫豎聽不進別人的意見（「三桂皆拒弗從」）。

反叛浪潮

就在八旗勁旅將吳三桂堵在湖廣，使其進退不得的時候，南方突然掀起了一股漢官漢將從叛的浪潮。

打頭陣的是廣西將軍孫延齡。孫延齡原系定南王孔有德藩下標員，地位不高、權力不大而且「無大才略」，他能夠出人頭地乃至成為封疆大吏，靠的是妻子孔四貞。孔四貞系孔有德之女，孔有德死後，全家只有孔四貞逃到京城，孝莊將其收為養女，封和碩格格。孫延齡因妻而貴，被授以「和碩額駙」的稱號，朝廷「命之掌管王旗」，直至出任廣西將軍。

廣西是孔有德生前的南征區域，孫延齡在廣西所節制的部隊即為孔有德舊部，作為其部下的都統王永年、副都統孟一茂等人也都是孔有德的舊將。眾所周知，明末官軍的專橫跋扈，在歷史上是頗為少見的，「進止多不從節制」，三藩勢力就來源於這些人，孔有德的舊部雖有別於三藩，但也有著「素不奉約束」的習氣。孫延齡年輕，缺乏統兵經驗，「不能彈壓官兵」，王永年便不把他放在眼裡，竭力架空他，導致「一軍唯知有都統，不知有將軍。」

孫延齡不甘大權旁落，乃以王永年克扣軍餉為由對其進行參劾，王永年亦與孟一茂等人合疏，參劾孫延齡貪贓枉法及縱容屬下為害百姓。兩邊內訌，互不相讓，弄得桂林「城門晝閉，鄉民不敢入城。」

康熙聞訊派人到廣西進行調查，最終查出孫延齡的罪狀屬實，但因念及他與孔家的關係，康熙特命寬免其罪行，沒有對他進行追究。誰知日漸驕縱的孫延齡不僅不感恩，反而埋怨朝廷沒有治王永年的罪，乃至「恨永年刺骨。」吳三桂叛亂後，康熙特授他為撫蠻將軍，令其統兵固守廣西，然而孫延齡仍糾結於個人私怨，一心只想著如何對王永年等人進行報復。

吳軍佔領湖南後，能否在湖南站住腳跟，既取決於他們和八旗軍的正面攻守，也與湖南相鄰各省尤其廣西的態度息息相關，甚至如果廣西能夠與廣東攜手出擊，就可以直接威脅吳三桂的後方。吳三桂因此致書孫延齡，對他百般拉攏，孫延齡認為這是一個私仇得報的機會，於是便假借議事的名義，將王永年、孟一茂等召至府中殺害，繼而「遣人納款於三桂，蓄髮易衣冠，舉兵反。」

在這股反叛浪潮中，最大牌的漢籍叛將不是孫延齡，而是三藩之一、靖南王耿精忠。耿精忠「鳴劍之心，已非一日」，還在遷藩期間，就已與麾下諸將密謀反叛。獲悉吳三桂叛亂後，康熙立即下令停撤平南、靖南二藩，召回派往廣東、福建履行撤藩任務的使臣，但這依舊沒有能夠挽回耿藩之心。

當時福州街頭巷尾流傳著一句讖語，云：「七星再拜真天子，分明火從耳邊起，殺盡三山牛出血，身騎白馬軍中止。」耿精忠得知後大喜，自己的日夜圖謀已與天意相吻合：省城官方為防止火災，在藩府所在地挖有七井，這就是「七星」，「七星再拜真天子」隱喻著福州要出皇帝；「分明火從耳邊起」，火耳合併是個耿字，暗指皇帝就是耿精忠；福州境內三山鼎立，所以福州別稱三山，「殺盡三山牛出血，身騎白馬軍中止」，當然是說耿精忠將在福州起兵，要殺他個人仰馬翻了。

一六七四年四月二十日，耿精忠詐稱海寇來犯，將福建總督范承謨誘至藩府並加以扣留幽禁。當天，他偽托其祖父耿仲明入山海關時與三桂有約，率部起事，分別派兵襲取浙江、江西，與吳三桂遙相呼應。

在三藩之中，唯有廣東的平南王尚可喜一直堅定地站在朝廷一邊，也因此為朝廷所特別倚重，康熙晉封他為親王，使他成為繼吳三桂之後得此最高爵位的第二個漢人。孫延齡叛變後，康熙又命尚可喜出兵進行招撫和剿滅，同時阻止吳三桂勢力順勢進入廣西，不料尚可喜尚未建功，曾為耿精忠舊部的潮州總兵劉進忠便密通耿藩，擁兵反叛，這使廣東方面亦陷於腹背受敵，舉步維艱的困境。

法國傳教士白晉如此評論吳三桂叛亂：「這一叛亂的危害性是如此之大，因為它為其他的叛亂提供了機會。」乾隆朝史家趙翼分析得更為透徹：「三桂蓄力已久，天下皆震其威……，兵鋒甚銳，是以四方回應。」

吳三桂歷仕二朝，戎馬經年，所將官兵甚多，鎮守雲南期間，更借「西選」網羅黨羽，親信遍及各省，再加上吳軍一開始那種摧城拔寨、氣勢如虹的勁頭，以及相形之下清軍望風披靡、形勢甚危的窘境，都給予外界以強烈刺激和暗示，所以只要吳三桂稍一煽惑，與之有著各種各樣聯繫的漢官漢將便很容易予以回應。在孫延齡、耿精忠反叛期間，他們也先後加入了叛亂陣營，其中僅提督就有六人，總兵及以下將官更是不計其數。

神龜

「東西南北，在在鼎沸」，新一輪反叛潮來勢洶洶，本已有所緩和的局勢又被拖回了波雲詭譎的深水區。趁著朝廷焦頭爛額，忙於四處撲火之際，吳三桂重新發起攻勢，見八旗勁旅緊扼荊楚，他一邊派兵襲擊荊州清軍駐地，「每聲言渡江」，一邊依照謀士、部將們「下九江」、「出巴蜀」的建議，向東西兩翼分兵，「一由長沙窺江西，一由四川窺陝西。」

江西處在湖南、福建的夾攻之中，叛軍尚未殺到，已經是民心不穩，亂象環生。按照康熙的說法，「地方奸徒」（也稱「土寇」）四處搗亂，他們或嘯聚一處抗拒官兵，或給叛軍運送糧草，或散佈傳單製造混亂，或窩藏叛軍奸細和向叛軍提供情報，「所在背叛，忠義全無。」江西如此，受叛軍威脅的其他省份情況也好不了多少，此時雲、貴、湘、川、黔五省被叛軍佔領，又有這麼多周邊省份內部不穩，至此，全國大亂，山河破碎的局面已昭然若揭，實非中央政府發兩份安民告示所能遮掩。

形勢發展增加了吳軍將士對未來的期待。之前謀士劉玄初上書吳三桂，打了弱與強、貧與富的兩種比方。在他看來，吳軍的老根據地只有雲南，雲南一隅之地，論地方經濟實力，尚不足東南一郡，而朝廷卻地域廣大，僅荊、襄、江、漢之間，便能雲集「吳越之財貨，山陝之武勇」，因此吳軍是弱者、貧者，朝廷是強者、富者。弱者的長處是快捷靈活，強者的優勢是力大威猛，弱者與強者鬥，弱者利於速決，強者利於持久。同樣的道理，如果貧者與富者打官司，貧者最好能及早了結官司，因為你耗不過富者。

劉玄初據此極力反對頓兵不進的做法，認為越僵持下去對吳軍越不利，最後只會自取滅亡。其他吳軍將領、謀士的看法也大同小異，無論是「下金陵」還是「出巴蜀」，儘管各有側重，然而從戰略上講都有一個共同點，那就是全力向前推進，絕不能停頓下來。如果說原先吳軍不是不想推，是推不動的話，現在則不同了，他們已經有了這個條件和可能。

讓眾人感到不解和失望的是，他們的統帥吳三桂雖然已重新發動攻勢，但卻始終沒有表現出「直搗黃龍而痛飲」的願望和決心，即便渡江云云也只是停留在口頭上而已。吳三桂的這一態度甚至引起了海外關注，朝鮮國王得到報告稱：「（清國）變異迭出，兵連禍結，而姑無朝夕危急之勢矣。三桂苟有大志，掃清中原，則必已深入，而尚據一隅而不進，其無大志可知也。」

報告對政治局勢的觀察不可謂不深刻犀利。說穿了，吳三桂原本就沒有什麼雄才偉略，他只是一個捨不得丟棄榮華富貴的王爺，所謂「恢復漢家天下」之類的政治理想都離他太遠了，特別是在荊襄防線受挫後，他已幾乎喪失了推翻清廷的信心，剩下來的念頭都是如何才能保住既有果實，爭取與清廷「劃江而國」。

吳三桂是個很迷信的人。當初吳軍殺入湖南，原本氣勢如虹，但當他們到達湘北的澧州時，突然雷電交加，一聲霹靂過後，吳三桂所乘坐的車子竟被閃電擊中，連車夫的鬚眉衣帽都燒焦了。吳三桂作為從生死場中沖出來的武將，當然不會怕什麼雷電暴雨，他所畏懼的是天意——是不是老天給我警示，讓我止步於此，不要再前進啦？

嗣後吳三桂禁止人們談論這件事，但他自己卻對此耿耿於懷。後來他聽說衡山有一座岳神廟，廟裡藏著一隻銅錢大小的白龜，壽命達百年以上，當地人奉為神靈，常向牠占卜吉凶且十分靈驗。言者無心，聽者有意，吳三桂親自前往岳神廟，去了之後他把一張全國地圖鋪放在神座前，將「神龜」置於地圖上，接著便默默祝禱，觀察「神龜」的走向。

只見「神龜」在地圖上蹣跚而行，然而始終沒有越出長沙、岳州、常德的範圍，最後又回轉到雲南停止。吳三桂一連占卜三次，結果都是一樣，這使他終於確信自己以雲貴為根據地，割據長江南端的設想完全符合天意。

動物比人誠實，即便「神龜」，也不會為了騙一點香火錢就故意投人所好，而人卻往往會按照自己的主觀願望，一廂情願地去揣測所謂的「天意。」吳三桂似乎從來沒有設想過，「神龜」的走向會不會寓示著另外一種可能？彼時的他整個腦袋裡都是這種念頭：形勢對我有利，我既有軍事實力，又占半壁江山，兒子還是皇帝懿親，朝廷必肯與我講和！

畫地講和

一六七四年五月初，吳三桂用船隻將被扣留的撤藩使臣折爾肯、傅達禮放還武昌，還讓二人帶去一封給康熙的信件。防守武昌的將軍尼雅翰當即上報朝廷，並將二人及信件送往京城，康熙聞訊大喜，派侍衛迎至黃河，宣旨慰問，又命賞賜折爾肯等人衣帽鞋襪。

在沒有看到吳三桂的信件前，康熙曾以為是乞降信，但他又不相信這種形勢下吳三桂會投降，遂諭令勒爾錦：「朕考慮吳三桂向來狡詐，這裡面（指寫乞降信）可能藏有詭計。如果他服罪請降，王（勒爾錦）及將軍等要商量對其進行招撫，同時要提高警惕，切勿上當。他若真的有心投誠，王等應以禮受降，但對其部屬仍應嚴防，不可分散兵力，急於前進。」

直到折爾肯、傅達禮攜信件抵達北京，康熙才知道吳三桂並不是要乞降，而且對其反叛亦無絲毫悔意。不久，達賴喇嘛五世上疏康熙，說：「若三桂力窮，乞免其死罪。萬一鴟張（囂張之意），莫若裂土罷兵。」吳三桂在反叛前與借與西藏互市之機，「歲遣人至藏熬茶」，雙方關係相當密切，達賴的上疏表面是為康熙獻計獻策，實際是吳三桂的授意，要康熙承認既成事實，「裂土罷兵」，分國土給吳三桂。

吳三桂的信件沒有保留下來，清宮實錄也沒有記載具體內容，但聯繫達賴的上疏以及吳三桂在長江南岸頓兵不進的情況，可知信件的內容很可能涉及吳三桂「劃江而國」的圖謀，以及遣還吳應熊等要求，也就是吳三桂在醞釀舉兵謀反時，其婿侄們所建議的「索世子世孫於北，畫地講和。」

吳三桂及其婿侄還有達賴們，都太不瞭解康熙了。康熙從小接受嚴訓，有著遠大抱負，他連三藩這樣的割據局面都不能接受，又怎麼能夠容忍「裂土罷兵」、「劃江而國」？達賴的建議因此遭到他的嚴詞拒絕：「朕乃天下人民之主，豈容裂土罷兵，但（吳三桂）果悔罪來歸，亦當待以不死。」

吳三桂起初輕視康熙，而康熙則打心眼裡從頭至尾都看不起吳三桂。同是降清的漢官漢將，除吳三桂外的另外兩位藩王都是一開始就為清軍效力，只有吳三桂是中途投誠，走投無路才被迫「搖尾乞降」，這不單是康熙的認識，也是整個清朝皇室對吳三桂的印象。吳三桂從獻關到統一戰爭，為清廷立下汗馬功勞，但到康熙當皇帝時，天下大定，他對此已經沒有什麼太深的感受，倒是吳三桂稱霸西南乃至帶頭起兵反叛的種種行為就發生在眼前。

吳三桂反叛時發佈了一個反清檄文，而清廷也有討吳檄文，檄文痛罵吳三桂為人臣僕，「迭事兩國，而未嘗全忠於一主」，文字間對於吳三桂人格的蔑視可謂一覽無遺。繼討吳檄文之後，康熙又通過與達賴的對話，指出順治封吳三桂為藩王，讓他的兒子娶了公主，自己又加封他為親王，其所受恩典，不但越過所有朝臣，自古以來都少見。「吳三桂負此殊恩，精釁殘民，天人共憤。」

在康熙眼中，吳三桂就是這樣一個不忠不義之徒，根本不配與自己平等對話，更不用說什麼談判平分疆土了。在給刑部、兵部的上諭中，他提道：「近覽吳三桂奏章，語詞乖戾，妄行乞請。」

吳三桂的婿侄們所效仿的是「漢高分羹之計」。這個故事中的項羽雖然優柔寡斷，但並非心慈手軟之人，死在他手上的仇家和無辜者不計其數。其實他在聽了劉邦「也分我一碗湯」的話後，已經勃然大怒，準備殺了劉太公和呂雉，之所以改變主意，還得歸功於那個在鴻門宴上吃裡爬外的項伯，是他的一番迷魂湯，灌得項羽臨時改變了主意。

吳三桂的謀士劉玄初對此心明眼亮，他在勸告信中給吳三桂提了兩個建議：第一，不要放還撤藩使臣並企圖讓他們為你代言，他們被你抓了，已經是「辱國之臣」，回去後自己還害怕朝廷追責，又豈敢替你代言；第二，不要幻想世子（吳應熊）能夠活著回來，因為「朝廷甯失四海，絕不令世子返國也。」

果然，康熙的朝中沒有項伯，多的是對吳三桂及其家族咬牙切齒的大臣。大學士王熙密奏康熙，請求將吳應熊正法，並將其首級傳至湖南、四川，認為這樣做不僅可以打擊吳三桂，徹底粉碎吳三桂及其黨羽的幻想，而且能夠影響作戰雙方的士氣，「以寒老賊之膽，以絕群奸之望，以激勵三軍之心。」諸王大臣也都認為「（吳三桂）怙惡不悛，其子孫即宜棄市，義難寬緩」，勸康熙大義滅親。

康熙原先不殺吳應熊，部分原因是希望牽住吳三桂的心，有一天主動悔過投降，但吳三桂軍事勢力的持續擴張以及吳三桂「劃地講和」的實際舉動，讓他認識到已不可能再把對方拉回頭，至此，剩下來也就只有能否「大義滅親」，與吳應熊徹底決絕了。

大義滅親

春秋時，衛國公子州吁弒君篡位，衛國大夫石碏設計除掉州吁，又派家臣殺掉了與州吁同流合污的兒子石厚。《左傳》在記載這件事時，給予石碏極高褒揚，認為他是一位純粹正直的臣子，尤其因痛恨弒君者而選擇把兒子殺掉的行為，更是了不起，「大義滅親，其是之謂乎」——所謂大義滅親，大概說的就是這種事情吧！

石碏的故事是「大義滅親」一詞的最早起源，從那以後，大義滅親便儼然成了中國古代倫理道德中的一項判斷標準，無論是普通百姓還是貴族大臣甚至皇帝，都必須接受它的檢驗。康熙當然也必須過這一關，因為只有這樣才能證明他是一個好皇帝，而不是相反。

在臣民們的注視下，康熙終於做出了選擇。一六七四年五月十八日，他接受諸王大臣的建議，將吳應熊及其子吳世霖處絞，其餘幼子免死入官（但三藩之亂平息後仍被處死），包括吳應熊的隨從在內的應坐人犯分別正法。諭旨中說：「朕考慮亂臣賊子自己作孽，處罰他們的刑章分明，眾人也都一致贊同進行處罰，朕不能再私下包庇。」

在吳應熊的在京親屬中，唯一沒有受到株連的只有建甯公主。康熙深知她是政治婚姻下的犧牲品，且吳應熊父子皆已為朝廷所殺，雖然從康熙的角度來說，這麼做乃是為祖宗社稷不得已而為之，然於情於理，他對自己的姑母終究不能不抱有歉疚之情。吳應熊獲罪後，康熙仍對這位姑母恩禮備至，多次下諭表示：「公主被反叛所連累，多年來生活過得艱難窘迫，朕每每想到此處，未嘗不感到難過。」

不管康熙如何予以關照，建寧悲慘的命運都早已註定，她的餘生都只能在孤獨和痛苦中慢慢度過了。建甯夫妻曾經共同生活的宅第名為公主府，亦稱額駙府，此宅原來的主人是前明大學士周延儒，周延儒被崇禎賜死，而後吳應熊父子又被誅殺，所以人們都認為它的風水很不好。

公主府歸宗人府所管，建寧死後，無子嗣可以繼承，宅第自然由宗人府收回，另行分配給其他王公，但在很長一段時間內都無人敢住。一直到民國，由於有人自縊於此，凶宅之名遂不脛而走，民間將其列為北京「四大凶宅」之一。

生活從來都不會饒過任何人，失去愛人的魔咒很快也應驗在了康熙自己身上。六月六日，皇后赫舍里氏生下一名皇子（赫舍里氏所生的第二個皇子，第一個皇子已於四歲時夭折），康熙此前雖然已經做過幾次父親，但依然非常高興，他當即給皇子取乳名保成，意為保證成功，平安成長。與此同時，皇后本人卻因難產而昏迷不醒，當天她即拋下丈夫和孩子撒手人寰，死時年僅二十一歲。

康熙和赫舍里氏所經歷的是青梅竹馬一般的愛情，康熙一直對赫舍里氏抱有一種特殊情感，她的暴卒令康熙悲痛不已，喜得嫡子的歡快心情頓時煙消雲散。

赫舍里氏死後，康熙親自執筆，為她撰寫了感情真摯、樸實無華的謚文（康熙後兩任皇后去世，謚文均由大臣撰寫）。清朝皇后的謚號一般都以「孝」字開頭，但康熙別出心裁地給赫舍里氏多加了一個「仁」，使其謚號為「仁孝」，顯示出赫舍里氏在康熙心目中獨一無二的地位。

不僅如此，康熙還下令為赫舍里氏輟朝五日，以示悼念。明清雖然都有因喪輟朝制度，但在為皇室成員輟朝方面，主要限定於大行皇帝和皇太后，皇后嬪妃的例子很少，此時又正值平定三藩之亂的非常時期，康熙能夠這麼做，實為難得。

輟朝五日之後，除了國事不能丟開外，康熙仍舊沉浸在對亡妻的緬懷之中。他先將赫舍里氏的梓宮安放在紫禁城西，由於自己的陵寢尚未興建（皇后照例需入葬皇帝主陵），他又親自將梓宮送往鞏華城（明行宮所在地，也稱沙河店行宮），夜晚方歸，而無論皇后梓宮是在紫禁城西還是在鞏華城，他都經常前去舉哀。海內外觀察家均注意到了康熙這一異乎尋常的舉動，朝鮮使臣回國後向其國王報告：「清皇不恤國事，淫嬉日甚，每往哭沙河宮殯後之所。」

朝鮮人把康熙對皇后的悼念理解成貪圖享樂，荒疏國政，固然有著他們自己的主觀偏見，但也說明，在這個世界上，誰都不能完全代替別人的感受。就好像康熙同情建寧的遭遇一樣，說到底，也僅僅是同情而已，只有當不幸降臨到自己身上的時候，他才會真正感受到那種可能隨時被「大義」滅掉的「親」有多麼可貴，痛失愛妻的康熙正是如此。

更大的虧

距吳應熊父子被處死兩個月後，吳三桂才得到消息，當時他正在吃飯，聞訊立即放下酒杯，流著眼淚說：「今天是真的騎虎難下了！」又說：「皇上不過是個少年，竟可以做到這一步？完了！」說完，他把面前的食物一推，一口也吃不下去了。

康熙的處變不驚和運籌帷幄早已令吳三桂刮目相看，但他仍然低估了這位少年皇帝，他沒有想到康熙平叛的決心如此之大，對於雙方談判的橋樑能夠說斬斷就斬斷，既不給別人留退路，也不給自己留後路。

除了武功足以鶴立雞群外，吳三桂與大多數降清的明末將領沒有什麼不同，即無遠見，無理想，無節操，為人處世「善持兩端」，隨時發生動搖。自舉兵反叛以來，其實他就有些懊悔，覺得自己可能做了一件虧本生意，心裡一直想著的都是如何才能少虧點本錢。

吳應熊父子對吳三桂而言當然是相當重要的，佔領湖南後，他借談判「生得其子」的信心已經大增，然而正所謂「機關算盡，反誤了卿卿性命」，轉眼之間，這一線希望就被無情割斷了。

一邊是如意算盤的被徹底打破，一邊是徒然淪為犧牲品的愛子幼孫，吳三桂百感交集，既憤恨失望，又痛心沮喪，其間因而發病，「竟以似死人」，但為了不致動搖軍心，他又不敢在眾人面前過於表露自己的悔恨情緒，只能暗地裡老淚縱橫，像崇禎臨死前那樣埋怨「諸臣誤我」，說自己「吃這一夥（指他的婿侄、部將）了。」

吳三桂還不知道，他更大的虧吃在哪裡。由於低估了康熙和對談判存有不切實際的幻想，吳軍沒有借反叛潮湧起之機，發動孤注一擲的大舉進攻（不管是往哪個方向），這是他在戰略決策上的一個重大失誤，且未來沒有任何可以挽回和彌補的餘地。吳軍大將吳國貴後來承認，「（吳三桂）從前所為皆大誤也」，他認為吳軍當時最正確的做法應當是「寧進而死，不退而生」。

早在新一輪反叛潮掀起之際，康熙已經在動用他全部的資源，竭力抵消各路叛軍進攻給己方所帶來的壓力。那一時期，受威脅最大的是江西，江西為廣東門戶，水陸皆與楚閩接壤，乃吳、耿兩軍必爭之地，該省一旦有失，必然危及廣東，如此長江以南將悉為叛軍所有。康熙對此極其重視，認為「江右為粵東咽喉，江浙唇舌，所關綦重」，他一接到江西巡撫奏報，得知吳軍「欲犯江西袁州、吉安」，便馬上向袁州、吉安和江西其他地區派出重兵，以防止吳、耿會師江西。

等到吳三桂從夢中驚醒，最佳的出兵時機其實已經錯過。在感覺談判的退路已斷，不得不與清軍殊死一搏的情況下，吳三桂才命令所部向江西急進。儘管如此，夾攻江西的吳、耿兩軍仍保持著迅猛的勢頭，兵鋒所指，「守兵或降或遁」，加上「土寇」的裡應外合，致使江西形勢十分吃緊。康熙急忙調整部署，相繼派出定南將軍希爾根等滿人將領前往江西助剿，同時命增援廣東的部隊調轉方向，先增援江西，原定去荊州的八旗援軍也隨之改赴江西。他還通過手書諭令要求將領們必須死保江西，尤其袁州、吉安、贛州等要地更不容失陷，因為這些地方若有閃失，「廣東聲息必至梗阻，廣東梗阻則勢益危急。」

經過將近一年的鏖戰，清軍終於打破了叛軍對江西的夾攻，江西轉危為安。在此過程中，康熙的反應之快以及調兵遣將的效率之高，均令人驚嘆。事實上，從戰爭開始，他就命令兵部在原有的驛站之外，每四百里設置筆帖式、撥什庫（二者均為辦事官員的官名）各一，從而建立了一個專門的通信機構。這一新機構的差員每一晝夜可行千餘里，由北京到荊州五天便可以往返，由北京到浙江則只需四天，在當時的條件下，可以說已將畜力交通的使用發揮到了極致。

康熙每天接到的各地奏章達三四百本，經他一個字一個字親自批閱的有四五十本，包括軍務在內，一天手批口諭，可處理五百餘件事務，這使得他雖然足不出京城，但對前方戰況變化以及將士勇怯與否均瞭若指掌，從而可以做到「指麾臂使於數千里之外」、「上下暢達，事無稽遲」。據說吳三桂在得知康熙驛報神速，機謀深遠後也自嘆弗如，唯有仰天長嘆，說：「難以和他爭鋒啊！」

正是因為對前線情況洞若觀火，所以康熙對參戰的八旗軍並不滿意。他原先曾抱著樂觀想法，認為只要八旗勁旅一出，叛亂很快就能平定，南下荊州征剿的大將軍勒爾錦也信誓旦旦地向他做出保證，說「進取雲貴之期，不過八月。」實際情況卻是相反，八旗軍行進遲緩，不過六百里的路程，居然走了一個月，致使吳軍乘虛猛進，迅速佔領湖南，將其勢力推進到了長江南岸。

問題到底出在哪裡？康熙分析後得出結論，認為主要還是將領不行，由於將領不行，使得八旗士兵沒能表現出他們應有的戰鬥力和進取心，即俗話說的「兵熊熊一個，將熊熊一窩。」

軍威萬里風雷疾

清初八旗軍的統帥多為開國諸王，至三藩之亂爆發時，不僅開國諸王大多已不在人世，就是順治朝有過戰爭經驗的第二代宗室諸王，很多也早早就在青壯年時期夭折，而從順治末年到康熙初年，國家漸漸安定，少有戰事，宗室子弟難得再有上陣歷練的機會，當然更不用說取得戰功了。在這種情況下，康熙很難挑到高級爵位和顯赫軍功同時兼備的人選，為此只好先顧一頭，將至少爵位能夠威壓眾人的親郡王派去前方壓陣。

被選中的親郡王多為開國諸王的後代，但他們上了戰場之後，不是指揮不當，就是「耽於安樂，膽怯如鼠。」順承郡王勒爾錦就是個典型例子，他是禮親王代善的曾孫，代善被努爾哈赤賜號「古英巴圖魯」，是勇士之最的意思，即便到勒爾錦的爺爺、父親，也是勇不可擋，輪到勒爾錦則全無父輩們的風采。事實上，他在荊州防線之所以缺乏作為，既有天時地利的客觀條件限制，也有主觀因素，清代筆記中就記載了勒爾錦坐鎮荊州期間，聽說吳軍殺到，竟至「踉蹌而歸」。

勒爾錦打仗缺乏勇氣，從地方上攫取財物，「希圖回家為富足之計」倒是不落人後，主帥的行為舉止直接影響到普通官兵的心態，不少人也因而「逍遙河上，殊無鬥志。」康熙對此非常不滿，他嚴厲斥責勒爾錦等人，認為常德、澧州、岳州、長沙等湖南要地本來都是可以保住的，最終陷落，「皆是你等畏懦不前，坐失險要之故。」

三藩之亂初期，無良將可用的現實曾經深深困擾著康熙，也令朝廷在一段時間內陷入了疲於應對的被動局面。朝鮮人在中國收集情報，就從一個漢人口中聽到這樣的話：「皇帝年少性急，近因喪患兵亂，心氣暴發，不能自定。諸王諸將亦無智慮之人，吾輩不知死所。」

既然沒有現成的良將可用，那就只能把更多的人派到戰場上去，比如除親郡王之外的貝勒、貝子，一邊讓他們經受戰爭的磨煉，一邊從中挑選和發掘可造之才，但勒爾錦的教訓讓康熙認識到，不能只派毫無經驗的皇族嫡系上去單打獨鬥，還得為之配備經驗相對豐富的參贊集團。正好此時南方前線只有荊州由大將軍勒爾錦統轄，其餘各地的將軍都互不統屬，康熙認為這樣不便於協調作戰，容易貽誤戰機，於是便決定增派大將軍及其參贊集團。

一六七四年七月二十八日，康熙授康親王傑書、貝勒董額為定西大將軍，命二人分別趕赴浙江、四川（實際僅至陝西），至十月二十三日，在不到三個月的時間裡，他陸續增派了五名大將軍。這些大將軍多數位高權重同時也欠缺軍事經驗，但身邊另有具備軍事經驗的底層宗族子弟作為參贊，以對其進行協助。

征剿陣容由此大為改觀，包括勒爾錦內，已有六名大將軍轉戰於前線，正如康熙自己在詩中所寫：「臨軒重簡輕藩出，軍威萬里風雷疾。」大將軍們不僅在出征時帶去歸其指揮的八旗勁旅，而且到任後可統一指揮、相機調動所在轄區內的部隊，因此大將軍轄區實際就是作戰區。在自己所在的作戰區內，大將軍通常擁有相當大的自主權，不必凡事都奏請皇帝批準，特殊情況下甚至允許改變皇帝的旨意，勒爾錦就曾得到康熙的指示：「勿唯朕諭與議政大臣之議是非」。

康熙這一輪的戰略部署是固守荊襄，對吳三桂佔據的湖南、四川取守勢，但對江西和東南區域取攻勢，包括康親王傑書在內，新派的六名大將軍裡有三名都被投入江浙，而且全是親王。

相對於康熙清晰的作戰思路，吳三桂卻讓謀士和部下們有些捉摸不透。在湖南境內，他命人砍伐樹木，趕造樓船巨艦，做足了要渡江北上的架勢，而已經造好的吳軍戰船也奉命日夜出沒於長江和洞庭湖之上，似乎隨時都會對北岸的清軍駐地發起猛襲。可是數月過去了，吳三桂在渡江方面依然毫無動靜，也無速下荊州之意，每逢部下請戰，他用來推託的藉口還是老一套，即八旗騎射厲害無比，吳軍沒辦法到平原上去和他們決戰。

吳三桂向來都是個滑頭的角色，很少肯幹一根腸子通到底的事情，面對八旗軍這樣的強敵，保存實力，不輕易與之決戰，的確符合他的一貫個性。另外，康熙的江上佈防乃至整個平叛部署都佈置得極其周密，從七月至十月，接連有三位大將軍被派往川湖贛三省，按照各自使命，他們或主攻岳州，或由江西取長沙，或由陝西攻打四川，這也使得吳軍四面受敵，難逞其志。

不過話又說回來，吳三桂如果決意要渡江也沒太大問題：北渡並不是非和八旗軍決戰不可，八旗騎射固然厲害，可既然只能拼到底了，總得在戰鬥中領教和適應，而且越早越好；康熙在湖南、四川採取的是守勢，三位大將軍最初所策動的攻勢均為牽制性質，為什麼用他們進行牽制？就是要阻截吳軍在正面的伸展。

吳三桂不是看不到這些，他之所以裹足不前，其實是因為他根本不想北渡。一個人的格局和抱負決定了他到底能走多遠。吳三桂叛亂的主要動因是抗拒撤藩，在發起叛亂，據有長江以南的數省之後，他便以為劃江為國已成定局，即便吳應熊父子被殺，在他看來也只是與朝廷對等談判已無可能，但他仍可以憑藉軍事實力割據一方，而康熙也莫奈他何。

在康熙加派大將軍出征期間，吳三桂不斷增兵防守湖南，除了派三員得力大將並守岳州外，又在澧陵造設木城，並增設總兵十餘人，士兵七萬，另外還有三千苗彝兵。相比於造艦，這才是吳三桂真正的軍事部署，而造艦云云只是做做樣子的障眼法。無怪乎魏源會以史家的眼光如此評論：「三桂年老更事多，欲出完全，不肯棄滇黔根本，初得湖南，即下令諸將毋得過江，以為事縱不成，可以劃江而國。」

這分明是在出賣我

三藩之亂期間，朝鮮駐華使臣向其國王報告，說：「清人調兵，猶不用漢人，故漢人之於清人無怨無德矣。」其實這是一個帶有主觀臆斷的虛假資訊。當時全國的八旗軍總共只有二十餘萬，不打仗時一半在京，一半散駐各地，雖然在戰爭中康熙已把八旗軍的機動兵力都盡可能派上了前線，但在數量上仍遠不及叛軍。相比之下，由漢人組成的綠營約有六十餘萬，為八旗軍的三倍，這是一個各方都不敢忽視的力量，因為他們在戰爭中支援哪一方，哪一方的力量和聲勢就會大增，即古語所謂的「助楚則楚興，助漢則楚亡」，除非康熙不想贏得戰爭，否則他怎麼可能忽視綠營（也包括八旗漢軍）？

另一方面，綠營對朝廷的忠誠度在總體上不及八旗，卻也是事實，僅在雲、貴、湖廣、四川，附逆從叛的綠營提督和總兵就不在少數，所以自平叛戰爭開始以來，康熙既注意提高綠營兵將的地位，發揮其作用，但也從未放鬆對他們的戒備和防範。

各省綠營中，康熙對陝西最為關注。陝西乃邊陲要地，「素號嚴疆」，該省綠營向以驍勇善戰馳名，而且兵力也超過他省，用康熙的話來說就是：「天下綠旗（即綠營）兵無如陝西強壯，而其數較各省倍重。」陝西的不少綠營將領在歷史上與吳三桂有關係，在西北諸將中頗具威名的甘肅提督張勇、陝西提督王輔臣過去都是吳三桂的老部下，尤其王輔臣與吳三桂的關係更為密切，倘若他們串通一氣，由側面進攻北京，無疑將對清廷造成嚴重威脅。

還在吳三桂出兵湖南、四川，康熙調兵遣將最為繁忙的時候，他就特地降諭陝西總督哈占及張勇、王輔臣等人，讓他們積極舉報吳三桂用於招降的「偽箚、偽書」，並表示：「你們都是朕擢拔的股肱之臣，捍禦邊境、綏輯軍民就全依靠你們了！」

果然，吳三桂派人找到王輔臣的舊屬汪士榮，命他間道潛入平涼，將自己的兩封信和兩道任命箚送交王輔臣，同時托王輔臣將其中一封信和一道任命箚轉交給張勇，企圖策動他倆隨己叛亂。

吳三桂過去雖待王輔臣不薄，即便王輔臣負氣離開雲南，他仍親自為之送行並贈送兩萬兩銀子作為路費，但康熙作為皇帝，對王輔臣更有莫大的知遇之恩，不但授予要職，而且在進京陛見時無微不至，僅僅共賞花燈、賜槍這些，就足以把王輔臣感動到不知說什麼才好。如此一比較，孰輕孰重，一目了然，更何況吳三桂已經成了反叛者，要他走的也是一條叛逆之路，從個人利害得失的角度進行權衡，王輔臣也不可能再投向吳三桂。

按照康熙先前的指令，王輔臣立即拘捕汪士榮，隨後便派義子王繼貞將汪士榮連同「偽箚、偽書」一併解送京城，交給朝廷處理。康熙對此非常高興，嘉其「堅守臣節」，授王輔臣三等精奇尼哈番（清代爵名，意為三等子爵），授王繼貞大理寺少卿，「加恩以彰激勸」。

王輔臣的做法卻把張勇給激怒了。張勇與王輔臣一樣系明末降將，但他的資歷較深，在順治朝時即出任雲南提督，是當時軍職最高的綠營武官，以後出鎮西北的時間也比王輔臣要早。

張勇自認要論對清室的忠心程度，自己絕不亞於王輔臣，最重要的是，既然吳三桂托王輔臣向他轉交「偽劄、偽書」，事情已經涉及他，王輔臣在決定向朝廷檢舉前就理應和他打個招呼，或至少邀他密商一下，結果王輔臣什麼都沒做，使他陷入了尷尬處境。

張勇很擔心因此遭到朝廷的懷疑和猜忌，他憤憤地對王輔臣說：「我倆本來關係很好，不分彼此。你想做忠臣，也應該先讓我知道，然後我倆共同派人向朝廷彙報，可是你卻拋下我，一個人向朝廷表忠心，而令朝廷對我產生懷疑，這分明是在出賣我！哼，我倒要看看，你這個『忠臣』究竟能做到幾時？」

不久，歸附吳三桂的四川總兵吳之茂派人向張勇送勸降書，張勇總算逮著機會，趕緊將來使同勸降書一起解交給康熙處理，康熙也下令「從優議敘」，給予嘉獎。

雖然張勇為自己洗脫了嫌疑，但他也從此和王輔臣翻了臉，兩人私下裡勢同水火。其實王輔臣並不見得有張勇想像的那麼陰險，他是一個比較純粹的武人，斗大的字一個不識，做起事來往往欠缺考慮，同時他又不像吳三桂等人那樣設有幕府，緊要關頭身邊無人能夠及時提醒，以便「得其一言為用」。也正是因為這個缺陷，當面臨下一個人生選擇時，王輔臣終於沒能保持足夠的理智，走向了一條不歸之路。

是要置我於死地

這邊王輔臣、張勇剛剛因檢舉「偽劄、偽書」受到嘉獎，那邊吳三桂已下川湖，陝甘應聲告急。陝甘倘若淪陷，則吳三桂便能將西北、西南連成一氣，足可自保，陝甘一路的軍事也因此變得特別敏感和重要起來，急需派朝中重臣前去主持。

刑部尚書莫洛曾為鰲拜黨羽，鰲拜被擒後，本來要被問罪，但由於他在任山陝總督時素得民心，建有惠政，遂得以免罪。康熙經過斟酌，認為他是主持西北軍事的最佳人選，遂特授莫洛為經略大臣，並加武英殿大學士，命其率滿兵進駐西安。

康熙派重臣經略陝西的另一個目的是監督綠營將領。在吳軍進攻四川的過程中，從四川巡撫、提督、總兵起，漢官漢將紛紛從叛，致使吳三桂幾乎不用吹灰之力就佔領了四川全省，康熙對此無論如何放心不下。按照他的職權設定，莫洛到陝西後，「巡撫提鎮以下悉聽節制」，四川總督、巡撫都是滿人，自然不用監督，莫洛受命監視和節制的對象主要還是王輔臣。

康熙雖然防範綠營將領，但不流露於表面，而且懂得如何通過撫慰和關懷等手段，拉近與這些將領的距離。莫洛卻無此心計，也不能正確理解皇帝派他赴陝的意圖，他時常把對綠營將領的懷疑和戒備直接寫在臉上，結果鑄成了大錯。

當時安西將軍赫業已率八旗軍進抵四川，在克復七盤、朝天等險關後直抵重鎮保寧。吳三桂的大將吳屏藩、從叛的原四川提督鄭蛟麟等力拒固守，同時大量吳軍盤踞於廣元所屬的百丈關諸處，兩軍相持不下。康熙認為，吳軍主力正在荊襄一線與己方相持，不如乘此機會由四川「徑襲其後」，即先克復四川，接著或取貴州或取雲南，於是他詔令各部一面增兵保寧，一面增援漢中、廣元一線，莫洛及其陝西官兵也接到了這一詔令。

王輔臣奉旨「聽莫洛酌遣」，也就是聽從莫洛安排，或者入川跟著赫業的八旗軍打保寧，或繼續留守原駐防區平涼。王輔臣接旨後主動要求進京密陳韜略，康熙考慮軍事征剿任務繁重，來往不便，因而勸諭他不要進京，如有重要建議，可與莫洛面談。王輔臣依令從其駐防地平涼騎馬飛奔西安，向莫洛陳述了有關征剿的幾點想法，誰知莫洛非但聽不進去，反而認為「其意忤謬」。王輔臣個性倔強，為人傲氣（否則當年也不會離吳三桂而去），莫洛的態度嚴重傷害了他的自尊，從此便對莫洛產生了怨恨和嫌猜。

為了擺脫莫洛的轄制，王輔臣再次上奏康熙，表示「願往湖南隨征立功」，因為他當年曾隨洪承疇出師湖南，熟悉當地的風俗民情。可是康熙並不瞭解他的真意，更不知道他與莫洛的關係已經如此緊張，便答覆說無論到湖南還是到四川，都可立功。王輔臣的請求被拒，只得繼續隨莫洛調遣，但內心一直怏怏不樂，保甯之戰打了幾個月仍無結果，陝西作為提供糧餉的後方壓力很大，莫洛擔心時間長了陝西百姓難以承受，便奏請親赴漢中增援，以速下保守。康熙同意了他的請求，同時催促新任命的定西大將軍董額也迅速進兵四川。

鑒於先期奉命入川的四千綠營兵已因缺餉而逃散，莫洛請準康熙，決定增募萬餘綠營兵用於征剿，並檄王輔臣隨征。王輔臣長期統帶綠營，對綠營的情況比莫洛更熟悉，他勸告莫洛說新招募的士兵還不能予以充分信任，帶他們進征四川為時過早，莫洛置之不理，根本不把他的話當回事。

王輔臣應命隨莫洛出征，覺得兵力不夠，就向莫洛請求增兵，莫洛倒是給他添了兩千騎兵，但卻又抽走了王輔臣所部的兩千匹好馬，而易之以疲弱的劣馬。

誰都知道戰馬對騎兵的重要性，勒爾錦在荊州錯過戰機，原因之一就是戰馬不得力，王輔臣怒不可遏，當眾說：「經略（指莫洛）盡調我良馬，而以疲瘠者給我，是要置我於死地！」

王輔臣的部下多與吳三桂有舊，吳軍在數月之間連下川湖的消息傳至西北，令他們動搖不定，私下裡紛紛向王輔臣進言，要求回應吳三桂。王輔臣雖然嘴上說「寧殺我，無負朝廷」，但內心其實也很猶豫，所以清代官書中多責其「懷叛志」。這樣的心理加上王輔臣與吳三桂的特殊關係，以及他本人「信以處友」，頗重友情但又常常喜歡意氣用事的個性和為人，成為王輔臣產生反叛念頭的基礎，而莫洛的懷疑和輕視則像催化劑一樣，使他的念頭很快變成了行動。

得知莫洛僅率新招募的綠營兵出征，康熙也覺得不妥，緊急派人傳諭說：「斷不可輕易率兵前進，進必有變。」莫洛固執己見，依舊率部啟行，並由秦州入川。

說反就反

這時因四川水陸糧道皆為吳軍所阻，清軍糧運不繼，已自保寧撤兵，康熙命莫洛親自殿後接應，同時他又考慮到莫洛所統軍隊都是新招募的綠營兵，戰鬥力薄弱，而巴蜀山路險惡，若不以八旗軍繼之其後，一旦遇上吳軍首尾夾擊，就難以策應，為此專門傳諭董額，要他「兼程而進」，爭取儘快與莫洛會合。

董額接到了指示，但所部仍然行動遲緩，未能及時趕到會合地點，更讓人意想不到的是，前來夾擊莫洛軍的不是吳軍，而是自己人——王輔臣軍！

一六七四年十二月三十日，莫軍行至寧羌州，其駐地與王輔臣的軍營相距僅二里許。王輔臣趁其不備，一面暗地裡截住各處險隘，一面率眾喊著「馬贏餉缺」的口號，向莫軍軍營實施了突襲。

隨王輔臣入川部隊的實力其實並不強，但莫軍更弱，而且還猝不及防，處於完全被動的地位，幸虧莫洛的親隨滿兵臨危不懼，奮起抵抗，才拼力擊退了王軍的第一波攻勢。

開弓沒有回頭箭，王輔臣親自上陣督戰，指揮部屬對莫軍槍炮齊發。莫軍營地在彈雨中被摧毀，莫洛也在被一顆火繩槍流彈擊中後當場身亡，官兵有的逃走，有的死於敵軍之中，餘下的兩千餘綠營士兵全部被王輔臣收降。

被收降的士兵並不願參加叛亂，在王輔臣率部從寧羌州（今陝西省漢中市甯強縣的舊稱）撤至沔縣（今陝西省漢中市勉縣的舊稱）的途中，他們紛紛逃亡，跟著王輔臣自平涼入川的部卒也因思鄉而散去了數百人，這使王軍的力量變得更加薄弱。本來董額的八旗軍已到了沔縣，如果立馬撲上去彈壓，王輔臣很可能吃不了兜著走，但董額和剛到荊州前線時的勒爾錦一樣膽怯懼戰，聽說王輔臣發動兵變，嚇得不敢動彈，不僅未就近對王軍「相機剿定」，而且還以棧道被阻塞，部隊無法前進為由，急速退回了漢中。

通過董額的奏報，康熙得知了寧羌兵變的消息，不過當時還不清楚莫洛的下落和變亂詳情，為了防止事態擴大，他在採取應變措施，四處調兵增援西安的同時，傳諭兵部和陝西總督哈占，要求在查證王輔臣反叛事實之前，不得加害其妻小。

康熙認為自己待王輔臣那麼好，「誼則君臣，情同父子」，王輔臣此前也表示了對朝廷的忠心，怎麼可能說反就反？在他看來，即便事情被證明是真的，王輔臣也極可能只是遭到了部下的挾持和脅迫，身不由己之故，「即王輔臣果反，或出一時脅迫，亦未可定。」

直到莫洛標下的一名軍官自棧道逃回，向陝西方面報告他目睹的情況，哈占再據此上奏，康熙才知道王輔臣真的反叛了，而且並不是受到什麼挾持或脅迫，因為有人看到他親自督陣並打死了莫洛！

康熙「聞之，殊為駭異」，內心受到了很大的震動和衝擊，但仍想不通這究竟是怎麼一回事：王輔臣如果早就想著要反叛，又何苦要將吳三桂招降他的書劄及來人送交朝廷處理？難道是和吳三桂唱雙簧，故意在朝廷面前演一齣苦肉計？

康熙下令召見王輔臣的義子、已被委任為大理寺少卿的王繼貞。王繼貞一進內廷，康熙就似告似問地對他說：「你父親反了！」王繼貞並不知道王輔臣反叛的事，王輔臣事先也沒有和他通氣，一時間被問得丈二金剛摸不著頭腦，只好應聲答道：「我不知道啊！」

康熙見狀便把寧羌兵變的奏疏交給他看，王繼貞不看猶可，看後嚇得渾身戰慄，連話都說不出來了。過了好一會兒，他才把王輔臣與莫洛之間的矛盾告訴康熙，康熙弄清原委後，安慰他說：「你不要害怕，我知道你父親一向忠貞，絕不至於做出謀叛的事。現在看來還是經略（莫洛）不善於調度指揮，所以才會發生平涼兵變（即寧羌兵變），以致逼得你父親不得不從叛。」

康熙重新生出了招撫王輔臣的希望，他讓王繼貞立即前去平涼面見王輔臣，「你把我的命令告訴你父親，就說你父親無罪，殺經略（莫洛），罪在眾人（指王輔臣的部眾）。你父親必須竭力約束部眾，破賊立功，這樣朕連眾人的罪行也將一併赦免，絕不食言。」

王繼貞隨身還帶去了康熙的敕諭。在這份敕諭中，康熙沒有因寧羌兵變責備王輔臣一個字，反而把責任都歸咎於自己，表示如果王輔臣能夠反正，將既往不咎，且官職不變，仍可繼續擔任陝西提督，「朕推心置腹，絕不食言。」

第四章

炮口上的爭奪

因為王輔臣反叛，康熙原定由四川出擊雲南的部署被完全打亂，但這還不是最嚴重的，最嚴重的是如果王輔臣與吳三桂結合起來，勢將引起西北局勢的大動盪，從而給京城造成嚴重威脅。康熙不想出現這種情況，所以他在處理時才可以對王輔臣及其所部給予充分的諒解和寬容，甚至不惜以皇帝之尊發誓自己絕不食言。

清代筆記中載，當王繼貞奉康熙之命回到平涼時，王輔臣尚在秦州。留守平涼的王軍諸將得知寧羌兵變的消息，全都摩拳擦掌，「技癢正不可奈」，看到本以為會被扣作人質或被處死的王繼貞突然歸來，他們喜出望外，高聲歡呼「大總爺來了！」隨後便簇擁著王繼貞進入平涼城，奉其為總兵，並自設官職，分兵把守，而王繼貞亦將康熙交托他的使命置於了腦後。

筆記作者就此認定是王繼貞壞了事，沒能將康熙的資訊及時傳達給其父，這才導致王輔臣最終回不了頭，所謂「自吉貞（王繼貞）歸平涼，而王氏之反勢成」，然而正史所描述的情況卻並非如此。

緩兵之計

事實上，王繼貞不是一個人送敕諭，與其同往的還有原莫洛部屬祝表正，王輔臣也以朝廷大臣的身份跪聽了敕諭，之後，他留下王繼貞，另派祝表正赴京上奏。

康熙在敕諭中從大局出發，宣佈「往事一概不究」並做了具體規定，照理王輔臣要麼拒絕，要麼接受，但他對此卻並無明確表示。他在奏疏中雖然也有悔罪一類的話，然而強調更多的還是莫洛的責任，說兵變系由莫洛「控馭失宜，軍心不服」所致，他自己也是無可奈何，同時否認莫洛之死與己有關，為此還懇請朝廷派使臣前去撫慰。

康熙同意了王輔臣的請求，仍派祝表正持敕往撫並重申自己的寬容政策，可是他也不傻，非但不傻，還有著超越常人的睿智和精明，王輔臣留下王繼貞，又如此矯情，閃爍其詞，讓他一眼就看出了對方的不真誠和不可靠。

「王輔臣雖具疏悔罪，但恐怕是在使緩兵之計」，康熙對董額和哈占下達諭令，「如果王輔臣確實聽命待罪，我軍只需守住疆界，可若他嘴上說投誠，實際卻繼續擾亂為害，你們要相機剿禦，以防止其勢頭蔓延，戰亂擴大。」

康熙顧慮的沒錯，王輔臣就是在使緩兵之計。甯羌兵變根本不是如他在奏疏中所表白的那樣，非其本意，而恰恰就出自他的謀劃和指揮。他心裡非常清楚，對於莫洛之死，他難逃罪責，而僅僅因為雙方有矛盾就發動叛亂，致使一個坐鎮西北戰場的朝廷重臣於死命，乃是一個實實足足的大罪，判什麼刑都不過分。眼下康熙雖然一再自攬責任，赦其無罪，但這其中畢竟有形勢所迫，不得不為之的成分，等到塵埃落定，朝廷的危機感消失，誰能保證皇帝一定能夠如實兌現諾言？說不定皇帝自己都不能保證，因為他也有身不由己的時候！

王輔臣從第一次收到敕諭起，就斷絕了重歸朝廷的想法，留下王繼貞就是不想重蹈吳三桂覆轍，讓自己的義子成為朝廷人質乃至白白犧牲掉。康熙的再次敕諭和往撫也毫無作用，王輔臣扣下祝表正，不再向朝廷奏報。祝表正履行使命，屢屢責備他，他聽煩了，就乾脆把祝表正也給殺了。

王輔臣是吳三桂竭力爭取的對象，但那次王輔臣、張勇先後檢舉「偽劄、偽書」，又將說客送交朝廷處理的事，曾令吳三桂及其部屬大失所望，恨恨地撂下話來：「王輔臣可恨，不必說了，張勇這奴才也甚可惡。」他們萬萬沒有想到王輔臣竟然會自動自發地回應叛亂，吳三桂興奮異常，先前痛失愛子幼孫的悲戚也似乎減輕了許多，他立即封王輔臣為「鎮西大將軍」及「陝西東路總兵」，送犒師銀二十萬兩，又令吳屏藩等由漢中出隴西，三路分進秦隴，與王輔臣會合。

王輔臣曾是吳三桂座下最能打仗的將領，吳屏藩是他現任諸將中最善用兵者，吳三桂依靠二人奪取整個西北的軍事企圖昭然若揭，而王、吳在戰場上也確實能夠起到相得益彰的作用，他們每出偏師斷絕清軍的糧道和驛站，清軍數為其困。

反觀清軍方面的統帥就差遠了。儘管康熙為大將軍配備了相對可靠的參贊集團，但大事畢竟還得大將軍自己拿主意。定西大將軍董額是豫親王多鐸的第七個兒子，想那多鐸就是在開國諸王中也是響噹噹的人物，董額卻怯懦畏戰，毫無勇氣膽量。康熙明確指示他，沔縣、秦州乃通往漢中的要隘，要想保障陝西，就必須固守秦州及其棧道，可他始終按兵不動，置若罔聞，結果導致秦州、漢中在王、吳兩軍的配合進攻下先後失守。

對清廷而言，這是一個極其糟糕的開始，自此，王輔臣便成為吳三桂在西北戰場上的急先鋒，他利用自己對當地地理和人脈的熟悉瞭解，一邊攻城掠地，一邊代吳三桂散佈策反信劄。

就像吳三桂剛剛起兵便席捲西南、囊括川湖一樣，僅數月之間，除甘肅提督張勇等少數人外，陝甘絕大多數地方將吏便都已叛附王輔臣，從陝西北部到甘肅東部，各府、州、縣盡歸王輔臣所有，最後陝西僅剩下包括西安在內的一府兩州，甘肅僅保有河西走廊，但就是這些地方也已處於風雨飄搖之中。

御駕親征

王輔臣的反叛給吳三桂帶來了北上之機。他重新振奮起來，一面派雲南土司率苗彝兵自湖南前往西北，幫助王輔臣防守平涼；一面在湘北組織兵力，準備直接打通湖南與西北叛軍的聯繫，從而擺出了一副先據西北，然後揮師東下，直搗「黃龍府」的氣勢。與此同時，他本人也親至松滋，布船設兵於虎渡口上游，同時聲稱將掘開大堤，水淹荊州，看樣子好像就要親自統兵北渡了。

吳三桂的囂張勁頭令朝野大為震撼，告急塘報如雪片一樣飛向京城。康熙憂心如焚，他一向認為三藩之亂起自吳三桂，吳三桂乃禍亂之源、眾叛之首，問題在於派了這麼多皇親貴胄上去，卻無人能夠戰勝吳三桂，反令吳三桂越來越張狂，進而導致今天的局面。

「前各將軍大臣，不遵指授，互相觀望，遷延不進，以致逆賊得據大江之南。賊渠（吳三桂）未滅，故又有此變。」既然皇親貴胄們都不中用，康熙決定親自出馬，「到荊州相機調遣，速滅賊渠吳三桂」。他告訴大臣們：「若吳三桂既滅，則所在賊黨，不攻自息。」意思是擒賊先擒王，只要他通過親征先殲滅吳三桂，王輔臣等附逆的漢兵漢將自然望風而潰，不攻自破。

康熙話一出口，立即遭到了議政王大臣們的反對：「皇上不宜輕出！」大臣們擔心，康熙御駕親征的消息傳出去後，會引起流言，使得局勢更加不穩，而且皇帝代表著一種無人可以代替的向心力，萬一親征時出了什麼三長兩短，皇子都尚年幼，太皇太后又已年邁，大清的江山社稷該交給誰來掌握？

看到皇帝和大臣都在相互發急，孝莊出面了。康熙執政期間，孝莊並不干政，但康熙遇到大事都會主動向她徵求意見，而她也會給予積極的建議和鼓勵支援。「太皇太后不預政，朝廷有黜陟，上（康熙）多告而後行」，在這方面，孝莊所起到的作用，滿朝文武無人能及。

康熙力排眾議，堅決撤藩，事先曾取得孝莊的同意，三藩之亂爆發後，她又與孫兒共擔時艱，「吳三桂變亂以來，太皇太后心甚憂勞」。老太太在生活中非常節儉，從不講究生活排場和個人享受，終其一生也不曾修造過一處園林，但為支持平叛戰爭，她卻把平時節省的銀兩、緞匹都拿出來，慷慨地賞給八旗出征官兵，「特出宮中撙節銀兩為賞賜之用」。

如今這樣危急的局面和形勢，孝莊並不是第一次遇到。那年鄭成功率軍圍攻南京，整個朝廷為之震恐，順治一時衝動，也是大喊親征，最後被她和湯若望勸止。康熙的性格不似乃父，但人被逼急了，同樣也會生出一種豁出去不顧一切的想法，孝莊出面後，勸說康熙還是應以後方安定為重，留京坐鎮才是最好的選擇。

誰的話都可以不聽，唯祖母的話康熙不能不聽，擬議中的御駕親征只能作罷，他自己也慢慢地清醒過來，認識到平叛戰爭將註定是一場艱苦的持久戰，沒法指望親征荊州便能一勞永逸。

難題還是得耐著心一道道來解。首先要解決的是西北危機，西北的動盪不安直接威脅到京城的安危，正如朝鮮國王得到的一份報告中所說：「王輔臣在陝西，而只隔山西一省，此乃北京切急之憂也。」可是此時京師八旗已經全部遣發各地，沒有多餘兵力可調往西北，最重要的是，負責討伐王輔臣的董額指揮不力，讓他固守秦州和棧道，他躲在西安，結果秦州失陷，棧道斷絕，後來又讓他進駐甘肅省會蘭州，可他還是一動不動，以致蘭州失守，諸城陷落，造成一片混亂。康熙又氣又急，若不是孝莊和大臣們反對，他都恨不得代替董額，親征王輔臣。

就在康熙為「三邊（西北號稱三邊）一搖，勢難猝定」而焦慮不安的時候，甘肅提督張勇開始進入他的視野。先前或許是因為被王輔臣的光芒所遮掩，康熙並沒有過多留意張勇，其實張勇的本事並不在王輔臣之下，順治就曾有「當今良將如張勇者甚少」之語。更為難得的是，他雖與王輔臣同為吳三桂舊部，但始終效忠朝廷，不受煽惑，倒是信誓旦旦的王輔臣反而投靠了吳三桂，正應了張勇當初的憤疾之詞：「我倒要看看，你這個『忠臣』究竟能做到幾時？」

甘肅提督駐鎮甘州，即所謂河西走廊之地，王輔臣反叛後，與吳軍吳之茂部聯合向甘州發起進攻，「西番土回」（清代對西部少數民族的稱呼）亦乘機屢犯，正是賴張勇之力，甘州才得以成為整個甘肅唯一免於淪陷的地區。甘肅巡撫華善疏言：「目前情勢，非提臣（張勇）不能守，非提臣不能戰，非提臣不能破賊恢復。」鑒於張勇事權不重，難免受到掣肘，他建議加大張勇的權力，「請賜敕便宜行事」。

庖丁解牛

清代奉行的國策，歷來是「朝廷兵柄不輕假漢人」，綠營將領多作偏將隨征，這種傳統做法一直延續至三藩之亂，所以先前康熙派到各方面擔任統帥的人選，不是皇族就是旗籍世勳，有人吟詩曰：「大將賜來黃帶子，親王自領綠旗兵。」

打仗立功是滿人用以出人頭地的主要途徑之一。這些皇族貴胄的父祖幾乎都是在馬上發跡的，他們中的不少人在出征前也是躍躍欲試，以為自己一樣可以馬到成功。誰知率軍出征不比於平日家居，有沒有膽量和能力，只有真正上了戰場才知道，同時戰場還放大了他們原來就有的一些缺點錯誤，於是在平叛戰爭中，嚇尿者有之，沒頭蒼蠅者亦有之。康熙在三個月裡先後派出六名大將軍，但他失望地發現，其中只有極個別人「盡心王事，已著勞績」，包括董額在內，絕大多數人都表現不好。這使他不得不接受這樣一個現實，即不能完全依靠新一代的八旗王公來擔負領兵揮戈疆場的重任，要想扭轉戰局，取得平叛戰爭的勝利，還是要打破陳規，大力提拔和重用優秀的綠營漢將，讓他們來領銜掛帥。

華善的建議被迅速採納，康熙授張勇為靖逆將軍，賜侯爵，委以收復甘肅全省的重任，「仍兼管甘肅提督事務，總督不得節制，一切征剿事宜，聽爾便宜行事，鎮將各官悉聽統轄調遣。」

康熙對張勇的拔擢和倚任，令張勇及其部下都深受鼓勵。王輔臣派人帶著吳三桂的「偽箚、偽印」企圖招降張勇，張勇拍案而起，當即將來使斬首，並將「偽箚、偽印」上繳朝廷，康熙加封其為靖逆侯，不久又調他手下的甘肅總兵官孫思克增援秦州。

秦州包圍戰系由大將軍董額發起。按康熙本意，是要將董額解職，讓他滾蛋的，但大敵當前，也只能先將就著用。在康熙的嚴令督促下，董額終於打起精神，率八旗軍向叛軍發起反攻並包圍了秦州。康熙認為圍困秦州一戰對於緩解西北危機關係最為重大，倘不拿下秦州，則西安亦難確保，因此從各方面積極抽調兵力應援。吳三桂、王輔臣也知道秦州的重要性，兩人合遣萬餘人馬，分別從四川、平涼出發，用於救援秦州守軍。

就在雙方殺得難分難解的時候，孫思克拍馬趕到，他一到場，立即成為決定勝負天平的關鍵因素。叛軍驚懼萬分，守將有的出降，有的乘隙逃跑，從四川、平涼來援的吳王聯軍亦紛紛潰逃，清軍遂進佔秦州。

康熙在下令恢復秦州的同時，密檄張勇及屬下的總兵官向陝甘發起全面進攻。張勇親自領兵出南路，他其實是一個殘疾將軍，大腿曾經中箭，箭矢傷到骨頭導致癱瘓，從此便只能坐理軍務。張勇雖然一直乘著車而不是馬指揮作戰，但這並不妨礙他在戰場上威風八面，所部出擊後，連克洮州、河州二城，又迅速對鞏昌實施圍攻。在此期間，王輔臣為援救鞏昌，派兵潛入城內，與城內守軍聯合起來，從四門出擊，欲掀翻張軍大營，不料張軍能戰的程度超乎想像，反過來將他們給殺了個落花流水，只得再次狼狽退入城內。之後，安西將軍赫業和孫思克奉命加入鞏昌會戰，叛軍守將眼見大勢已去，被迫率眾出降。

西路主將是西寧總兵官王進寶，他的任務是收復蘭州。蘭州「外控西垂，內接臨鞏，為秦中要區」，戰略地位極其重要，吳三桂、王輔臣設置重兵進行防守，守軍「沿河盤踞，勢甚猖獗」，張勇在奏報時也認為清軍「欲進兵恢復，其如河水已開。」

王進寶為張勇手下最得力的幹將，此人出身行伍，不僅精於騎射，而且有著豐富的作戰經驗，面對如此艱難困苦的戰役，他指揮起來卻頗有一種庖丁解牛般的俐落和灑脫：用革袋結筏，渡過黃河，在河口擊敗叛軍，再設下埋伏，大破叛軍於新城；揮師深入八十里，從蘭州府首縣皋蘭起，逐一佔領蘭州週邊各州縣，切斷蘭州守軍的外援；用連營環攻的方式對蘭州城進行長圍久困，同時絕其糧運，最終迫使守軍獻城歸降。

蘭州既復，甘肅形勢乃變，實際上這也是西北形勢由危返安的轉捩點。在蘭州戰役中，王進寶身先士卒，經常衝殺在最前沿，叛軍見了紛紛躲避，無人敢當其鋒。吳三桂、王輔臣深感震驚，王輔臣專門派人拿著吳三桂的書劄對他進行勸誘，但王進寶不為所動，將書劄上報朝廷，因此受到康熙嘉勉，特授阿思哈尼哈番（清代爵名，意為男爵）。

過去莫洛等人輕視和淩駕於綠營，作戰時讓他們擔負最艱險的任務，一旦失利即予重懲，到了克捷立功的時候卻常常把他們扔在一邊，有時還隨意徵調綠營將領所屬的士兵、馬匹。從這次西北反擊戰開始，康熙便令綠營官兵自成一軍，或以平等地位與八旗軍聯合作戰，或獨立作戰，綠營官兵不再只充當八旗軍的附庸，這使他們的智慧和力量得到了充分發揮，張勇及其部將更是各展其能。

清代有「將才隨地脈為轉移」的說法。在康熙以前，遼東最出將才，四藩（孔有德、耿仲明、尚可喜、吳三桂）全都是遼東籍，所謂「從龍諸佐，蔚起關外」，而在此戰中，人們發現「漢臣名將，西北為多」，除張勇、王進寶、孫思克外，張勇麾下的另一員大將、寧夏總兵官陳福亦為陝甘籍，他們四人也就此被稱為「河西四漢將」（河西泛指黃河以西之地），西北前線屢戰屢勝，幾乎全都依賴於「四漢將」，滿將僅作配合。

經過前後五個月的征戰，張勇自南路，王進寶自西路，陳福自北路，再加上東路的董額以及負責策應各路的孫思克，清軍奮勇進擊，將陝甘失地大部予以收復，剩下的只有王輔臣所佔據的平涼及其附近的固原，而這兩個地方也已被緊緊包圍。看到西北漸趨穩定，康熙極為欣喜，「甚嘉悅」，他對綠營官兵的表現尤其感到滿意，認為他們「效力過疆，勞績可嘉。」

最艱難的時期

一六七五年春，有五個自稱漢人的中國人流落至圖們江邊，向朝鮮會寧府地方乞討食物。會甯府地方官員乘機向其控聽中國目前局勢，對方語出驚人：「吳王軍與蒙古軍聯合，屢次擊敗清兵，看來今年秋天以前必定能夠恢復漢家天下。」

早在努爾哈赤和皇太極時代，清廷就已通過結盟、聯姻、恩賞封爵等方式，使得蒙古各部相繼歸附，朝鮮官員對此很清楚，因此聽後深感詫異：「蒙古屬清國，怎麼可能與吳三桂聯合呢？」得到的回答是：「蒙古一開始確實追隨清兵，但清軍打敗仗紛紛投降吳王，所以他們蒙古也就背清投吳王了。」

事後證明，朝鮮官員得到的是虛假資訊，蒙古沒有與吳三桂聯合，但蒙古背叛清廷並非空穴來風，只不過背叛清廷的不是整個蒙古，而是一個叫布林尼的蒙古王公。

布林尼系漠南蒙古察哈爾部的親王，布林尼家族乃元太祖成吉思汗的後裔，皇太極時期，布林尼的祖父林丹汗被清軍擊敗，林丹汗的正妃與其子額哲悉眾歸清。清廷為籠絡和穩定察哈爾，封額哲為親王，額哲因病去世後，又讓他的弟弟阿布奈承襲親王之位。不料阿布奈卻並不感恩朝廷，由於對其祖父當初蒙受的恥辱念念不忘，他始終對清廷抱有敵意，「所為多不法」、「不修朝貢者八年」。

理藩院認為阿布奈「無藩臣禮，大不敬」，擬處以死刑。康熙下令從寬免死，革去親王爵，將其囚禁於盛京，事後，出於安撫察哈爾的考慮，他封身為阿布奈長子的布林尼為親王，並安排布林尼娶安親王岳樂的女兒為妻，使其成為額駙。

可是朝廷的厚待在布林尼身上同樣沒能得到回報。布林尼的性情比他父親還要凶頑，他和阿布奈一樣記恨著父輩的仇，而阿布奈的被囚使這種仇恨更加深了一層。雖然鑒於阿布奈的教訓，他曾兩次進京朝賀，但在表面順從的背後，時刻都在尋機報父祖之仇。

吳三桂起兵反叛後，康熙多次諭令布林尼率兵南下協助平叛，布林尼都拒不行動。等到京城八旗被抽調得差不多的時候，他派手下的幾個官吏到北京探聽消息，結果發現城裡已幾乎沒有滿兵，連守衛城門的士兵都換成了少年兵。這使布林尼意識到時機已至，於是便在一些喇嘛和部屬的鼓動下，欲「乘國家有事之際，王師四出，潛構逆謀。」

布林尼的行徑被從嫁公主的長史（官職，相當於秘書）辛柱發覺，後者派其弟奏報了朝廷。康熙獲悉後考慮布林尼的陰謀尚未暴露，朝廷不便立即出兵討伐，先是打算先派人召布林尼兄弟進京，以探其虛實。由於怕布林尼生出疑心，不肯單獨前來，經請示孝莊，他又決定以議事為名，將漠南蒙古的巴林部、翁牛特部首領也一併召來。

不出所料，其他奉召的首領都來了，唯有布林尼兄弟缺席。原來布林尼兄弟心中有鬼，不敢進京，在將前來相召的侍衛塞棱扣留後，已經公開舉兵造反。此前布林尼除「繕治甲兵」，準備好反叛武裝外，曾派人奔赴漠南蒙古各地，對諸部進行聯絡，所以他起事後有一些蒙古貴族從叛，使得叛軍更加氣勢洶洶。一時間，關外各處人心惶惶，一片混亂，長史辛柱見勢不妙，立即率其弟親自進京奏報。

「自古藩鎮之亂未有甚於此時」、「天下事幾不可問矣」，康熙進入了他執政生涯中最艱難的時期，他倒反而平靜下來，不僅生活起居一切照常，而且恢復了平叛期間因軍務繁忙而暫停的「經筵日講」制度，同時還每天到景山皇家御苑去練習騎射。有人不理解，認為皇帝終究太過年輕，外面形勢都這樣了，居然還貪戀山水，難道是虱多不癢，債多不愁？康熙曾在景山路旁看到一張非法張貼的紙條，上面寫道：「今三孽及察哈爾叛亂，諸路征討，當此危殆之時，何必每日出遊景山？」

類似傳言和質疑也流傳到海外，朝鮮人收集到的不少情報都說康熙不問國事，只知享樂。康熙對此既不加以解釋也不因此調整自己的活動日程，等到三藩之亂結束，他才說明自己這麼做的用意：「當時朕如果稍微露出一絲疑懼的神色，則一定會出現人心搖動的後果，甚至還很有可能發生各種意外。」

康熙深知自己作為國君，所面對的局勢越是嚴峻複雜，越要穩重沉著，「持心堅定」，王輔臣反叛後他喊出御駕親征，那是他判斷局勢還沒有惡化到他幾乎將要控制不住的程度。布林尼反叛就不同了，其時南方未平，西北的反擊戰也剛剛開始醞釀，尚未見到任何成效，到處都是天下大亂、人心搖動的景象，而這次新的反叛事件又雪上加霜，使清廷處於腹背受敵的困境。更重要的是，正如布林尼事先派人偵察所得知的那樣，京城裡已沒有足資平叛的兵力，甚至連守城都困難，「時諸禁旅皆南征，宿衛盡空。」

這個時候就像康熙自己所說的，他只能在公開場合佯裝悠閒自得，否則人們將更加慌亂，也將引發更多莫測事件的發生。實際上康熙一直「憂之」，始終都處於極度焦慮之中，心情非常緊張，時時都害怕一著應對不慎，令王朝基業毀於一旦。

一支特殊的平叛大軍

必須派一個人掛帥以挽危局，西北方面已寄望於張勇，察哈爾方面又可託付於誰？當康熙就此向孝莊問計時，孝莊一句話點醒了他：「圖海才略出眾，可當其責，不妨重用。」

圖海原任國史館侍讀，有一次順治去南苑，圖海背著史書隨行，順治觀察其言行舉止，「以為非常人」，認定圖海絕非泛泛之輩，遂擢升他為內秘書院學士。因為順治的賞識，不過數年，圖海就躍升為朝中的股肱大臣，但後來他又因故被連連降職降級，特別是其侍衛與人鬥毆一案牽連到了他，順治下旨予以嚴辦，圖海不僅丟官敗家，還差點喪命。

好在順治臨死時良心發現，覺得自己對圖海處罰過重，同時深感人才難得，於是便在遺詔中囑咐起用圖海。康熙即位後遵從乃父意願，授圖海以正黃旗滿洲都統一職，從而使他重新回到了政壇。

輔政時期，圖海受知於鰲拜，他曾與大學士班布林善一起，應鰲拜之召，議定蘇克薩哈的死罪。當時能夠參與這類密議的，都必須是平時對鰲拜言聽計從的人，說他們是鰲拜的心腹親信也不為過，但鰲拜案發後，班布林善被處死，圖海卻沒有被認定為鰲黨，並因主動揭發鰲拜而得到了豁免，這一方面說明圖海頗有自保之術，另一方面其實也受惠於康熙處理鰲拜一案時的寬大政策。

撤藩之議，圖海屬於多數派，也就是反對撤藩的那一派。不過按照康熙一貫「不拘一格用人才」的風格，在平叛戰爭中，他仍讓圖海以大學士的身份兼攝戶部，負責料理糧運，統籌後勤事宜。

祖母的推薦提醒了康熙，因為圖海不但這段時間後勤方面料理得不錯，而且早在康熙初年，他還被授為定西將軍，在湖廣、四川一帶擊敗過李自成餘部郝搖旗，要知道那可都是實打實的硬仗，足以佐證圖海文武全才，具備帶兵作戰的能力。

孝莊真可謂是一言興邦，康熙立即召見圖海，決定以郡王鄂紮為撫遠大將軍，圖海為副將軍，率師討伐布林尼，其中圖海實際負指揮全責。

統帥雖命，奈何無兵可領，這本是令康熙自己都撓頭苦惱的事，但圖海一個提議，令難題迎刃而解：「請選八旗家奴之驍健者！」

圖海掌管戶部，對於糧餉要到哪裡籌措，兵源要到何方徵集，皆了然於胸。康熙聽後亦眼前為之一亮，對啊，雖然八旗勁旅全都派了出去，不還有八旗王公門下的包衣可用嗎？他隨即降旨，批准圖海徵用親貴包衣中的勇健之士，結果還真徵到了數萬人，從而組成了一支特殊的平叛大軍。

一六七五年四月三十日，部隊啟程。按照明清慣例，凡自京師出兵，不論東西南北，概由德勝門出發，以取「得勝」的彩頭。當天黎明時分，圖海一身戎裝，在德勝門校場對部隊進行檢閱，檢閱完畢，即傳令拔隊急行軍。

由於平叛官兵全部都是非職業軍人，加之組成倉促，缺乏訓練，要確保出征後有所建樹具有相當大的難度，康熙為此提出的策略是乘敵不備，急馳突襲。

草原民族在生活和作戰方面有其季度性規律。一般每年冬末到春季是母畜集中產子的季節，同時剛剛經歷嚴冬、變得瘦弱的牲畜需要吃新草，多數牧民必須在牧場勞作，這時候他們實際無法形成足夠的戰鬥力。只有在秋天以後，產子季節已過，馬匹吃得肥壯有力，青壯年也能從勞作中脫身了，他們才會大規模侵襲中原，正如《漢書》中所說，「秋馬肥，變必起。」

布林尼反叛的時間恰在冬末到春季這段時間，這對他其實是不利的，為什麼仍要舉兵？無外乎兩個原因，一是發現京城兵力空虛，認為有機可乘；二是意識到陰謀暴露，朝廷已經警覺，箭在弦上，不得不發。

滿人在入關前從事遊牧，即便已在中原建立政權，身上也依舊具備草原文化屬性，對草原文化和生活習慣非常熟悉，康熙本人又熟讀史書，當然知道布林尼的軟肋在哪裡。他指示鄂紮、圖海等人，說現在正值蒙古馬瘦，你們要急速前進，「兼程馳赴，乘賊馬未肥，黨羽未合，即行撲滅。」

以利相誘

楚漢戰爭時，韓信曾說過「驅市人而戰」，趕著街市上的百姓去打仗，不過那只是打個比方，而由圖海一手組建的這支部隊倒真的符合這一特徵。儘管他們都是挑選出來的勇健之士，平時為了看家護院也會使槍弄棒，但打仗畢竟不同於普通的街頭鬥毆，而且對於這些早已看慣各種世象的八旗家奴而言，突然要求他們像職業軍人一樣在戰場上出生入死，也是一件極難辦到的事，絕不是一個命令或一通激情澎湃的宣傳鼓動就能搞定。

圖海採用的辦法很簡單，就四個字：以利相誘。大軍出發後，他除遵照康熙旨意，督促部隊快速行軍並規定途中不許夜宿外，其他概不過問。這等於放鬆了軍紀，士兵們如同脫韁野馬，每至州縣村堡，必大肆擄掠，「飽則遠揚」，這使他們就像昔日長驅南下，破邊牆而入的先祖一樣，身上迅速有了一股野蠻剽悍之氣。

布林尼原以為京城八旗已全部抽空，連守城部隊都不足，就算朝廷從外面調兵遣將也得大費周折，他有足夠時間從容布兵，所以對平叛軍猝臨毫無防備。誰知平叛大軍迅疾如風，呼嘯而過，不幾天便抵達了察哈爾，這令布林尼措手不及，既無法湊集自己的全部兵力，更不能與盟軍會合。

平叛大軍到達目的地後的第一件事就是宣示康熙所定的招撫諭旨。康熙在諭旨中表示，只要布林尼肯降，即予接納，其他部眾能擒獻叛軍首領最好，就是自行投降，也會得到好處，「朕賜以官爵，俱加恩養，斷不食言。」招撫諭旨的作用立竿見影，原本就不牢固的反叛聯盟頃刻分化瓦解，從叛者也紛紛離去。

撫遠大將軍鄂紮是董額的侄子，同為多鐸系皇族，他在打仗方面的勇氣比小叔叔要強得多。見布林尼兄弟已陷入孤立，鄂紮立即留下輜重，親自偕同圖海等人輕騎向叛軍發起進攻。布林尼一邊迎戰，一邊設伏於山谷，企圖以逸待勞地打對手一個冷不防，然而鄂紮很警覺，在進攻的同時便派人對周圍山澗進行搜索，叛軍無法繼續隱藏，只得提前發動伏擊。

指揮作戰的圖海這時候開始演講了，他毫不避諱部眾們的沿途擄掠，但是他說：「你們一路上所擄掠的不過都是士庶之家，其實沒什麼可搶的。察哈爾汗（指布林尼家族）就不一樣了，他們本是元朝後裔，數百年基業，所蓄積的珠玉貨寶不可勝計。」

難道朝廷欽賜的蒙古王公也能搶？圖海給出了肯定的答案，他振振有詞地說：「太宗（皇太極）當年征布林尼的祖父林丹汗，意在招降，所以軍紀嚴肅，秋毫無犯。如今情形不同了，你們有本事儘管敞開來動手，保證你們富貴終身，放心，一切由我負責。」

圖海此言一出，官兵們歡呼雀躍，在欲望的驅使下，那眼睛瞪得不是紅，而是血紅！他們排山倒海般地向叛軍猛衝過去，而且「無不一擋百」，簡直比長期訓練的正規軍隊都更瘋狂、更賣命。

銳猛異常的攻勢很快戳破了叛軍的陣形，叛軍兵敗如山倒，察哈爾都統晉津於陣前率軍投降，布林尼兄弟亡命潰逃，被科爾沁親王沙津射殺。

僅僅兩個月時間，差點導致大清王朝崩潰的布林尼叛亂就被平定了。是役，圖海立有大功，但他知道自己故意放縱軍紀的事可能被人抓住把柄，為有所彌補，特地請準康熙將平叛大軍所過之處的租稅予以豁免。康熙聽後，一邊責備他不應該放縱士兵掠擄，一邊出示了大臣彈劾他的奏章，原來康熙早就知道此事，只是一直壓著那些彈劾奏章不說罷了。

圖海知道想瞞也瞞不住了，趕緊請罪，同時也為自己開脫，解釋說他這麼做也實在是沒有辦法，所謂平叛大軍原是一群烏合之眾，卻要用來抵禦「萬強之敵」，如果不以財物相誘，誰肯出死力呢？

皇上明明知道真相，卻壓著不說，講穿了其實也是在縱容。至於他事後會不會追究，其實完全取決於戰役的勝敗：若是敗了，這一板子必定還會敲到圖海身上；若是勝了，皆大歡喜，一頂大局為重的帽子就可以把事情都給蓋住。

圖海多年經歷宦海浮沉，自然深知其中奧妙，在為自己開脫完後他又打了轉，說：「然上待臣奏績而後責之，實上之明瞭。」雖然我做了錯事，但皇上你等我大功告成才責備我，實在是太英明了。

此語雖短，卻既強調了自己的功勞，又拍了皇上馬屁，也給彼此都留了臺階可下。果然，康熙非常高興地接過話，說：「朕也知道卿必定會有所作為。」

實際上，康熙的態度在平叛大軍班師回朝的那一天就表現得很明朗了。當天他親自到南苑大紅門迎接，賞賜了御用衣帽、團龍補服、黃帶、御乘名馬、散馬等一大堆東西給立功將士，而對士兵掠擄一事隻字未提。

攻城戰

平定布林尼叛亂使京城轉危為安，清廷在擺脫南北夾擊的困境後，得以傾全力於西北。此時，西北失地大部都已被清軍收復，唯有平涼、固原仍在王輔臣之手。康熙認為：「秦州、鞏昌、蘭州諸處雖次第恢復，而底定全省，唯在速取平涼。」

為了減少雙方的傷亡，康熙起初仍多次敕諭王輔臣，促其「自新」，王輔臣沒有拒絕，卻藉口敕諭中沒有講清楚招撫的細節，要求康熙再頒明諭。康熙看出他表面奉詔，實際在行緩兵之計，於是立命董額率八旗、綠營會攻平涼。

西北平叛戰爭已經打了很長時間，但董額仍未能完全克服畏戰情緒，而只寄望於通過和談來解決平涼問題，所部也一直無法對平涼形成嚴密包圍，導致平涼遲遲難下。王輔臣抓住董額的心理，一面假意談判，一面伺機出擊，不但使平涼、固原的叛軍形成呼應，還乘隙攻陷了慶陽。與此同時，陝西興安再次發生叛亂，叛軍直指商州，吳三桂也派王屏藩、吳之茂自四川進犯秦、隴，以分散清軍兵力，並力圖與王輔臣軍會合。

本來全面好轉的形勢再次出現逆轉，然而康熙處變不驚，按照他的分析，興安、四川之敵敢於分別進犯，都是因為王輔臣的勢力未被撲滅，如果「平涼破，王輔臣滅」，那麼這兩股敵軍增援的念頭就會斷絕，窺伺商州的計畫亦將受阻，陝西可保無虞。在他的一再督促和嚴責下，董額督兵攻擊，終於一舉克服第一關廂，但隨後因城下溝深地險，難以下壘，攻城戰又進入了僵持狀態。

平涼久攻不下，嚴重影響了西北戰局和三藩之亂的平定。這時尚可喜發來奏報，告知廣東方面岌岌可危，康熙考慮萬一廣東淪陷，勢必加重江西戰場的軍事壓力，因而更加急於儘快解決西北問題，以抽調兵力增援江西、湖廣。

對董額這個扶不起的阿斗，康熙已經徹底失望了。至於接替董額的人選，他首先屬意的是張勇，特向張勇傳諭：「陝西重地，凡平定地方，掃除賊寇，唯爾是賴。」

因董額是西北軍事統帥，康熙很擔心他會發生像莫洛那樣的問題，一再戒諭他要以大局為重，尊重張勇，不得輕視，但董額以滿洲貴族自居，依舊看不起張勇。張勇敏感地意識到這一點，不願與之合攻平涼，他在上疏中還指出，四川的吳軍蠢蠢欲動，隨時謀圖秦州、鞏昌等處和進入陝西，如果他去平涼，吳軍很可能乘虛直犯。

康熙不是一個固執己見的人，也非常尊重前線將領的意見，既然張勇無法抽身，他便決定起用在平定布林尼叛亂中充分展露軍事才能的圖海。

撫遠大將軍的名號就此由鄂紮移授圖海。在三藩之亂中，康熙任命了一批大將軍，但大將軍亦有等級之分，「撫遠」在這裡面的分量最重也最尊貴，因為「遠」則不偏於一方，「撫」則不限於軍事，有文武兼轄，便宜行事之意。康熙一朝，自鄂紮開始，親貴得授撫遠大將軍者，不過三人，異姓得授撫遠大將軍者，也僅兩人，圖海是其中之一。

康熙授命圖海赴陝西統轄西北滿漢軍隊，專討平涼王輔臣，自貝勒董額以下悉須聽其節制，實際也等於取消了董額的大將軍職權，軍事指揮權被完全集中於圖海一人。圖海臨行前，康熙又親登太和殿，賜之以敕印，並贈詩鼓勵，詩中寫道「威名萬里作長城，壁壘旌旗壯遠征」，顯示出對圖海此次掛帥出征的殷切期望。

在平定布林尼叛亂時，圖海雖有不抓軍紀，甚至縱容官兵違紀之舉，但正如他對康熙所解釋的，純粹是因為情況特殊，不得不如此。對於正常情況下的正規軍隊，圖海絕不會這麼做，他一到平涼，即「明賞罰，申約束」，儘管方法不同，然而效果一樣明顯，原在董額統領下相對渙散的軍心被迅速凝聚起來，三軍士氣大振。

西北清軍終於擁有了一個較有威望和能力的統帥，將領們勇氣倍增，都紛紛請求乘勢攻城。圖海不同意，說「仁義之師，先招撫，後攻伐」，因為「城中生靈數十萬，覆巢之下，殺戮必多。」

圖海的說辭其實是康熙最初對於攻取平涼的態度，但在發現王輔臣施緩兵之計後，他已經在實質上改成了「剿撫並用」，不然也不會換圖海上了。圖海這麼說，只是反對正面強攻，並不是要走董額的老路。

破敵之策

康熙用兵，非常重視前線部隊的後勤保障，繼建立中轉站後，又決定「存留錢糧，盡裁充兵餉」。由此及彼，他也很注意觀察敵方的補給情況。在他看來，叛軍之所以能夠久據平涼這樣一座孤城，皆因有糧可恃，若斷其糧餉通道（「餉道」），必然不攻自破。

康熙將「斷賊餉道」作為破敵之策，在圖海出京時交授給他，而圖海遵旨行事，到平涼後首先做的就是攻取虎山墩。

虎山墩是平涼城北的一座山崗，高數十仞，登臨其上，可俯視全城，乃通往西北餉道的咽喉。王輔臣部署萬餘精兵護守，以保障糧餉的安全運送，圖海判斷只要佔領虎山墩，「則餉道絕，城不攻自下。」這場圍繞虎山墩的爭奪戰從早上戰至午時，打得異常激烈，叛軍前為步兵，後為騎兵，布列火器迎戰，圖海則指揮部隊仰攻，用逐層突破對方火力封鎖的方法步步進擊。最後叛軍大敗，清軍成功進據虎山墩。

奪取虎山墩後，平涼全城盡在清軍俯視之中。圖海下令把紅夷大炮運到岡上，居高臨下地轟擊王輔臣軍營，城內軍民頓時一片慌亂，同時由於餉道被切斷，城內的糧食很快就吃完了，王輔臣趨於絕境，只能下令殺馬為食。

要招撫王輔臣，現在才是最佳時機，圖海即命幕僚周培公設法勸降。周培公「好奇計」，善設計謀，他和王輔臣標下總兵黃九疇是同鄉，便通過黃九疇勸導王輔臣說：「城內糧食已經斷絕，為什麼不向敵人借糧呢？」

王輔臣聽後一愣，沒好氣地說：「敵人恨不能馬上消滅我們，豈肯借糧與我？」黃九疇依照周培公所授，答道：「未必，公（指王輔臣）當初陛見時不是認識圖海嗎？倘若能夠與他見上一面，事情一定能成！」

王輔臣與圖海確是舊相識，可他也明白借糧云云只是把話說得好聽些，其實就是通過圖海出面擔保，請求向朝廷歸降。一想到先前康熙曾多次示以誠意，給過種種機會，但都被自己拒之門外，現在山窮水盡才被迫重回「自新」之路，王輔臣就覺得這件事情實在難以啟齒，沉思良久後才說：「那邊要先派個人來才行！」

見王輔臣雖然仍有些舉棋不定，但已經意有所動，黃九疇忙將這些情況寫在紙條上，用蠟丸密封，通過周培公轉呈圖海。

既然王輔臣提出要求，圖海就要考慮遣使入城。明知這趟差使的風險極大，隨時可能面臨生命危險，周培公仍當場表示自願前往，並且說：「如果我前去說服了王輔臣，那是大學士（指圖海）的福分，如果遭到不測，我死而無怨。」

圖海即以許給米糧為條件，派周培公入城勸降。這次勸降果然相當成功，王輔臣終於放下顧慮，同意遣其副將隨周培公至圖海軍前投降。

大功即將告成，圖海十分高興，晝夜趕寫奏本送至京城。康熙馬上頒佈詔令，赦免王輔臣等人的罪行，並加封周培公為參議道台，派他攜帶詔令入城招撫。

周培公奉命入城，除宣讀康熙詔令外，還拿出米糧和饋餉予以救濟，城內軍民倖免於戰亂，「合城歡忻慶更生。」王輔臣也派人向圖海獻上了軍民冊籍和吳三桂所授敕印，但仍未能完全消除疑慮，而圖海則放下勝利者的架子，再派侄兒、侍衛等一起入城，對王輔臣進行開導、撫慰。王輔臣大為感動，決定出城親自向圖海謝恩。

自京師相識，圖海和王輔臣已經很多年沒見了，物是人非事事休，出現在圖海眼前的王輔臣面容消瘦，憔悴不堪，圖海雖已有心理準備，但還是吃了一驚，當場便摟著王輔臣大哭起來，說：「真想不到老朋友會憔悴成這種樣子！」

王輔臣也瞬間淚流滿面，他又愧悔又悲愴地對圖海說：「我已辜負國家到這種地步，朝廷決不會寬恕我的！」圖海聞言，當場與王輔臣「鑽刀設誓，保無其他。」

所謂「鑽刀設誓」，是立誓人要從刀下鑽過，以示一旦背棄誓言，日後必死於刀刃之下。圖海通過發這種毒誓來向王輔臣證明，自己在勸降這件事上對他絕沒有半點欺瞞，讓他盡可放心。

圖海的坦誠以待讓王輔臣徹底放下了心理包袱，回城後就率眾來降，固原、慶陽等地的叛軍亦相繼歸附。康熙不食前言，以寬大為懷，讓王輔臣官復原職，「加太子太保，擢靖寇將軍」，令其隨圖海「立功贖罪。」法國傳教士白晉據此評價康熙，「不僅使一些尚未公開表示支持吳三桂的人服從他的命令，而且還能使大部分曾經背離朝廷的人也重新站到他這邊來。」

在此期間，張勇、王進寶等綠營將領聯合擊潰了北犯的吳軍，主帥吳之茂僅以十餘騎得脫，這是王輔臣內無糧草、外無援兵，只能在平涼坐以待斃的另一個重要原因。至此，陝西全省平定，來自四川的十餘萬吳軍被殲滅殆盡，以後即使平叛大軍不下四川，四川之敵也不敢復出了。

牢牢佔據著第一的位置

王輔臣反叛之初，吳三桂在命王屏藩、吳之茂等由巴蜀北上，襲擊秦隴的同時，曾親至松滋，且屢屢聲稱要渡江與清軍決一死戰。那個時候，吳軍無論軍心士氣都呈高漲之勢，而清廷卻已無兵可以徵發，直至蒙古布林尼發動叛亂，連滿洲家奴中的勇健者都幾乎全被用於北征，若吳三桂果真拼死渡江作戰的話，則後果不堪設想。

幸運的是，吳三桂的真正用意其實還是企圖在西北暗度陳倉，渡江一如既往地只是停留在口頭上，不管他在荊岳一線把動靜折騰得有多大，都不過是虛張聲勢而已。

吳三桂要守住湖南，康熙則要力奪湖南。康熙一向都將湖南視為主戰場，而把岳州、澧州作為戰略進攻的重點，他在平叛戰爭剛剛打響時就指出，岳州、澧州乃荊楚咽喉，水陸要衝之地，平叛戰爭要想取得勝利，必須首取悅、澧，他後來增派五名大將軍上前線，其中安遠靖寇大將軍、貝勒尚善的任務就是進攻岳州。

尚善是舒爾哈齊（努爾哈赤同母弟）之孫，順治初年參加南征，曾與吳三桂共事，兩人是老相識，因此他剛到岳州就寫信對吳三桂進行了招降。招降沒有產生什麼效果，隨後尚善便指揮清軍與吳軍展開激戰，這是清軍自進至湖南以來所進行的第一場大規模戰役，吳軍在戰役中遭受重創，損失超過萬人，其戰艦被擊沉十餘艘，但尚善也沒有能夠如願以償地攻克岳州。

自岳州戰役後，尚善方面便沒有什麼大動靜了。客觀上是因為岳州確實易守難攻，它三面皆臨洞庭湖，水域寬闊，清軍若沒有足夠力量的水師，很難從水路予以攻破。陸路的一面，吳軍挖掘了三重深壕，陷坑、木樁、鹿角木、竹簽、挨牌等各種防禦工事周密環布，使滿洲騎兵無法順利地發起衝擊。

尚善考慮要攻取岳州，水路乃是最大的突破口，但清軍善陸戰而不善水戰，不習水性的滿洲兵占多數，訓練他們能夠在水面上與敵軍對戰需要時間，磨合原有軍隊和新招募的水軍也同樣需要時間。另一方面，水軍的裝備尚不到位，尚善到岳州後才知道前線缺乏船隻，為此只能請求朝廷從江南調船增援，同時從其他地方徵發操控船隻的舵手。

在尚善基本停頓下來以後，另一名大將軍勒爾錦也一直未能從荊州渡江。康熙當時在戰略上對湖南改取守勢，固然是緣於耿精忠等接連反叛，必須在其他戰場投入力量之故，但最主要還是因為勒爾錦、尚善等人所發起的攻勢不夠積極。

實際上，湖南戰場在康熙心目中始終都牢牢佔據著第一的位置，按他的說法，其他戰場即便報捷都不能令他高興，「唯破岳州、澧州，方可喜耳。」為切實有效地起到敦促作用，他派侍衛赴荊州交給勒爾錦一份手諭，上面是他親自制定的三種打法，包括直接攻取岳州、渡江取澧州、令鎮南將軍尼雅翰往江西取長沙。他讓勒爾錦會同尚善及諸將進行商議，看究竟選哪一種為好，但總之都必須趕快發動進攻，而不能長期按兵不動。

勒爾錦等人商量下來，決定仍由尚善直接進攻岳州，但尚善方面仍然是雷聲大雨點小。實際上，在看到己方水戰能力薄弱後，尚善就已經確定了穩紮穩打、徐徐圖之的策略，他分析吳軍老巢遠在雲貴，雖然對深入湖廣事先有所預備，但時間一長，其糧餉、後勤供應必然短缺，相比之下，清軍背後有朝廷源源不斷的供給，因此尚善用不著拿自己的短處與對手硬碰硬，而只用耗時間，時間上他消耗得起，吳軍消耗不起。

尚善懂的道理，康熙豈能不知，問題是尚善只需負責岳州一方戰場，他則需要兼顧全國戰局，攻不破岳州，就無法打開局面，這怎麼行？況且軍隊供給也不可能從天上掉下來，得他去設法籌措，而籌措的難度已是日甚一日。

尚善在奏摺中多是請求派遣船隻和發送軍備援兵，進攻岳州的步伐卻一直被遲延，康熙對此很是不滿，多次予以斥責，之後恰逢王輔臣突然在西北舉兵反叛，康熙一時急火攻心，這才想到了要親征荊州。

放進一條鯰魚

雖然因為孝莊和大臣的勸止，康熙未能親征，但即便在緊急處置西北事變的過程中，他也沒有把湖南戰場置於一旁。先前他給勒爾錦等人參考的那三種打法中，最後一種是「令將軍尼雅翰往江西取長沙。」

這一打法的靈感來自尼雅翰本人，尼雅翰在尚善帳下參贊軍務，他從投誠的吳軍將領處獲悉，吳軍軍營內缺糧，全賴長沙水路運送，同時長沙守兵也並不多。聯繫這一重要情報，康熙感到岳州之所以久攻不下，除了城防堅固外，還在於「恃有長沙、衡州之栗」，也就是在清軍攻城期間，吳軍水師可以將長沙、衡州的糧米由湘水經洞庭湖，源源不斷地運進城來，這就像日後不管怎樣進攻平涼，只要其餉道不絕，就總也攻不進去一樣。

康熙下決心拋棄前兩種打法，取最後一種打法，在他重新擬訂的作戰方案中，「側翼襲擊，迂回包圍，攻佔長沙，斷敵餉道」取代了對岳、澧的正面突破。為此，他專門召集議政王大臣會議討論相關事宜，準備密令尼雅翰由袁州進攻長沙，斷絕吳軍糧餉，夾攻岳州，但計畫尚未正式實施，尼雅翰已死於軍中。

一六七五年二月，康熙再次提出由江西取長沙。正在江西助剿的定遠平寇大將軍、安親王岳樂接到諭令，由他代替尼雅翰擔任湖南戰場的側翼主攻，並親統所部或由袁州，或由吉安進入湖南，攻取長沙。

岳樂乃努爾哈赤之孫，開國郡王阿巴泰之子，鰲拜擅權時期，他與鰲拜沆瀣一氣，當初領銜啟奏，逼著康熙將蘇克薩哈往死裡整的就是這位仁兄。雖然在政治上走過彎路，但康熙仍要重用他，這是因為岳樂在順治初年，曾隨豪格征討張獻忠，在參加平叛戰爭的所有大將軍中，他不僅爵位和輩分最高、資歷最深，而且具備豐富的軍事經驗，堪稱現有皇族中的前輩和軍事領袖。

岳樂久經戰陣，處理兵事極其老練，在收到康熙的諭令後，他表現得頗為猶豫，倒不是不敢向湖南這個吳軍的大本營突擊，而是覺得後方不穩，易被叛軍所乘，自吳三桂、耿精忠相約夾攻江西以來，叛軍已在江西佔據三十餘城，與清軍處於相持狀態，如果岳樂前往湖南，留守江西的清軍兵力將十分單薄。

岳樂一再上疏，建議應先平定江西寇亂，解除後顧之憂，然後再分防險要，進兵湖南。倘若僅僅著眼於江西戰場，這一建議自然符合常理，但康熙更重視的是湖南戰場，在他看來，湖南戰場始終高於江西乃至國內任何一個其他戰場，只有速滅吳三桂，平定湖南，各地叛軍才會聞風自散。

康熙做夢都巴望湖南戰場儘快傳出捷報，可偏偏荊岳一線的八旗軍沒有任何進展，使得湖南戰場猶如死水微瀾，毫無生氣。在這種情況下，若不放進一條鯰魚，就無法攪活一池春水，而岳樂就是康熙理想中的那條「鯰魚」。康熙認為只要岳樂入湖南，取長沙，荊岳大軍即可乘機直進，湖南戰局一定會發生有利於己的重大變化，到時不單可以斷敵餉道，還能分敵兵勢，不單能扼廣西咽喉，還能固江西門戶。

康熙讓岳樂將江西要地「速行整理，稍有就緒，即進取湖南，勿得坐視，致誤機會」，並且斬釘截鐵地說：「在兵進湖南這件事上，朕主意已定，不用再討論了！」

三藩之亂前，康熙從無直接上前線指揮作戰的經歷，但總攬全域的戰略眼光卻已非同一般。法國傳教士白晉常在康熙左右，對他的軍事才能非常欽佩：「這位皇帝雖然年輕，但在治理和決策方面所做的一切，卻已經像一位老練的皇帝了。」

一六七五年十月，湖廣總督蔡毓榮在對康熙攻取長沙計畫並不清楚的前提下，提出了一項類似的作戰方案，認為如果湖廣方面的清軍由荊岳進兵，而江西方面的清軍由袁州會攻，使吳軍「三面受敵，首尾不能相顧」，則湖南戰局可望一舉成功。其實在他上疏京城時，康熙的方案早已下達，而且論證得遠比他具體充分。

就在蔡毓榮上疏的當月，康熙再次促令岳樂停剿江西，乘冬月速取長沙，並且強調說：「吳三桂是賊首，如果不早點消滅他，就算江西、福建的賊軍盡除，又於事何補？」知道岳樂仍擔心自己背後起火，他特地將揚威大將軍、簡親王喇布從江南調出，與定南將軍希爾根等人偕同鎮守江西，同時下達「平定湖南，俱賴安親王」、「悉依安親王所請」的旨意，對於岳樂的其他要求，也一律給予支持和滿足。

岳樂沒有什麼話好說了，終於在兩個月後進征湖南。就在此時，屯駐福建的多名耿藩總兵都向岳樂表示，若清軍從江西入閩，他們願為內應。岳樂覺得這是進攻福建的最佳時機，便向康熙奏請入閩，康熙立即答覆說招撫叛軍和進攻福建的事，他已經交給了喇布、希爾根等人去做，你岳樂不要想別的，就是給我趕快進攻長沙，剿滅吳三桂。

如果說康熙先拒絕的是誘惑，之後他感受到的是威脅：尚可喜奏報廣東危急，要求岳樂暫停進征湖南，調赴廣東。

尚可喜的請求沒有得到同意，康熙分析說岳樂進征湖南本身就牽制了吳三桂的主力，有助於粵東局勢的緩和，要是讓岳樂增援粵東，然後再進兵湖南，則道路迂回，必將稽延時日。作為替補方案，他隨後催促喇布派一名副都統為將軍，儘快統率大軍馳援廣東。

剿撫並用

一六七六年二月，岳樂遣奇兵出間道襲取袁州。鑒於滿洲兵長於騎射，但到了山林和水多的地方，戰鬥力不如土生土長的綠營兵，因此這位沙場老將在大軍出征前，特地向康熙提出「非綠旗兵無以搜其險阻，非紅夷炮不能破其營壘。」按照他的請求，康熙撥出五千江西綠營兵隨征，又將二十門新式紅夷大炮轉運至岳樂軍前，這些都對成功襲取袁州以及隨後的攻城掠地起到了重要作用。

次月，岳樂進抵湘贛交界的重鎮萍鄉。駐守萍鄉的吳軍統帥夏國相是吳三桂的女婿，吳三桂在起兵前後，其軍師方光琛曾忠告他，「夏國相輕浮淺露」、「庸鄙貪縱，必然會壞事」，那時吳三桂對方光琛尚言聽計從，當即表示：「婿侄在我，我立誓不用。」可是時間一長，吳三桂就食言而肥，又重新起用了夏國相。

夏國相正如方光琛所言，清軍已經兵臨城下，他還淫掠酗酒，營中充斥著歌童舞女，軍隊也因而士氣萎靡不振。岳樂將滿漢官兵編成四隊，分道出擊，連續攻破十二寨，斬殺萬餘人，夏國相倉皇之中棄印遁逃。

岳樂一鼓作氣，在迅速進入湖南後，再攻克通往長沙的必經之城醴陵，直逼長沙。湖南戰場上僵持的局面終於被打破，清軍由防守轉向進攻，消息傳出，「湖南諸賊震動」。長沙是吳三桂的前線根據地，聞知長沙告急，他連忙調集十八名將軍、十餘萬兵力據守長沙，他自己也由松滋回長沙佈防。吳軍在長沙周圍掘重壕，打木樁，布鐵蒺藜，列象陣，同時又集兵船於長沙城下，隨時準備與清軍進行水戰，至此，長沙城外成為清、吳兩軍對峙的又一個主戰場。

康熙估計吳三桂集兵守長沙，長沙難以速克，但洞庭湖口的吳軍守備必然空虛，乃是荊岳大軍夾攻湖南的好時機，於是通令荊州的勒爾錦、彝陵的察尼（多鐸系皇族，封貝勒，時任蕩寇將軍，隨勒爾錦南征）以及岳州的尚善，讓將領們迅速發兵配合岳樂進攻長沙，如有機可乘，應趁機攻取岳州、澧州。他還拿勒爾錦示範，發出警告說你駐荊州將近兩年，卻尺寸未進，現在岳樂進攻長沙，如果再不及時發兵夾攻，讓吳三桂察覺出荊岳清軍其實按兵不動，從而下決心死守長沙，那你貽誤軍機的罪就更大了。

在康熙的高壓下，荊岳戰線的將領都行動起來，勒爾錦親統大軍自荊州渡江，將吳軍擊敗於虎渡口，察尼在澧州的太平街取得勝績，尚善所轄的岳州水師亦進入洞庭，攻取君山，吳軍下游兵丁皆望風潰遁。

從當時的形勢來看，如果勒爾錦等人能夠乘勝長驅突進，不但澧州、常德、湘陰等處有望拿下，還可如康熙所期望的那樣，進而配合岳樂夾攻長沙。問題是畏敵思想這東西不是光靠外部壓力就能把它完全驅走的，勒爾錦、尚善在關鍵時候繼續掉鏈子，致使水陸兩軍遷延停滯，無法形成有效配合。

勒爾錦雖然已佔領虎渡口，但控制不力，吳三桂抓住他的這一疏漏，指揮松滋上游水師沿江而下，對清軍發起反擊。勒爾錦害怕損兵折將，立即放棄太平街，以夏季悶熱潮濕，軍隊難以適應為由退回荊州。尚善的岳州水師所占的各處險隘也重新被吳軍所奪，未能完成切斷吳軍餉道的任務。

失去荊岳方面的配合，岳樂即便對長沙形成圍攻之勢，要單獨予以攻取暫時亦可望不可即。勒爾錦回到荊州後即具疏謝罪，康熙本擬對勒爾錦等人分別解職，嚴加治罪，只是考慮到他們身在行間，臨敵對壘，才暫留原任，令其將功贖罪。

至命尚善兵進湖南止，康熙已先後向湖南戰場投入三名大將軍（岳樂、勒爾錦、尚善），決心不可謂不大，動用兵力不可謂不強，然而預想中的迂回包圍計畫卻未能立即奏效，這令他既失望又惋惜，事後他將原因歸結為諸王貝勒（其中也包括岳樂）行動遲緩，極為懊惱地說：「如果大軍數路並進，吳逆（吳三桂）肯定不可能在長沙部署這麼多偽將賊兵，而且也來不及在我們的進軍方向上隨處挖深壕，樹木樁，其滅亡可翹足而待！」

神兵天降

在平叛戰爭伊始，康熙就採取了招撫的策略。這一策略最早施用於王輔臣，但因初期在軍事上不能對敵人造成壓倒性優勢，所以未能奏效。經過總結，康熙將單純的招撫改成了「剿撫並用」，以打促談，恩威並施，最後終於把王輔臣爭取了過來。

王輔臣歸降清廷，令吳三桂失去了一個有力的臂膀，同時也宣告了他的北上之夢完全破滅。自此以後，康熙便將「剿撫並用」策略迅速推廣至各個戰場，明令對於「有悔罪輸誠之心」的「叛變之人」，都應予以容納。

福建是繼陝西之後的第二個剿撫重點。康熙認為與吳三桂系中途投誠不同，耿精忠自祖父耿仲明起，三代人主動效力清廷，已積四十餘年，和清廷的歷史關係較為深厚，而且吳三桂首倡變亂，耿精忠只是附從。基於這一認識，他宣佈只要耿精忠能夠投誠，即「釋免前罪，視之如初」，對耿精忠家屬也網開一面，其在京的幾個弟弟均得到寬容，而沒有如吳三桂的子孫一般被正法。

然而就像王輔臣在風頭正勁的時候，無論怎麼施恩都無濟於事一樣，清廷一開始對耿精忠的招撫也是落花有意，流水無情。康熙派耿精忠的弟弟到耿軍軍營傳達招撫諭旨，耿精忠乾脆連門都不讓他進，反令部屬扼守關隘，肆虐如故。

耿精忠反叛對清廷的威脅確實很大，尤其最初東南一帶的官員對此沒有防備，普遍表現得驚慌失措。據說反叛消息剛剛報至浙江時，浙江將軍圖賴「癱軟不起，時稱抬不動將軍」，巡撫田逢吉「頓足不止，稱跌足巡撫」，總督李之芳「掀髯不已，稱撚髯總督。」未幾，耿精忠不僅得據全閩，而且攻陷了浙南與贛西，與此同時，臺灣的鄭經也應約「猖獗海上」。

針對耿精忠拒絕招降，恣意進攻的態勢，康熙暫時放棄了對他的招撫，提出「海寇（鄭經）宜用撫，耿進忠（耿精忠）宜用剿或用間」，令奉命大將軍、康親王傑書率八旗軍前去征剿。

在閩浙戰場上，浙江官員在度過一段時間的惶恐期後，逐漸開始正常乃至超常發揮。「抬不動將軍」圖賴不再癱軟，「跌足巡撫」田逢吉也不再只知道跺腳，最出色的是「撚髯總督」李之芳，他力主重點守住衢州，說：「衢踞上游，無衢，是無浙也。」——衢州居於錢塘江上游，沒有衢州，就沒有浙江。

確定目標後，李之芳與圖賴率滿漢兵勇進駐衢州，打響了衢州保衛戰。其間他親冒矢石，執刀督陣，部屬請他稍避敵鋒也被拒絕，他向三軍大聲疾呼：「我是全軍司令，我怕死退避，就會為賊軍所乘，所以今天的勝敗就決定著我的生死！」

激戰中，守備程龍臨陣退縮，李之芳毫不猶豫，按軍法將其立斬於軍前。在他的激勵和督促下，所部不僅越壕拔柵，擊退耿軍，還乘勝收復了周圍多處州縣。

衢州乃浙西重鎮和浙閩贛三省要衝，一旦失守後果不堪設想，也正是李之芳、圖賴等人的拼死堅守，才保全了浙西，並為後續趕來增援的八旗軍贏得了時間。李之芳在任浙督前當的是京官，康熙原先有一定瞭解，知道這個文人出身的漢官武藝一般，如今擊退敵軍靠的完全是一腔熱血和犧牲精神，他因此感慨地說：「（李之芳）雖不諳騎射，但執刀立船首，率眾突擊破敵，和他一同出征的人，返回京城沒有人不稱讚他的勇敢。」

除湖南戰場外，在閩浙等其他戰場，康熙大致都遵循步步為營的進兵路線，他指示傑書，應先剿滅浙江溫州等處的叛軍，平定地方，然後再進入福建。隨傑書南征的甯海將軍、貝子傅喇塔對此加以詮釋，認為耿精忠甫叛就進犯浙江，顯然是將浙江作為了藩籬，若先破其「藩籬」，不但耿精忠不敢出閩，就連吳三桂也不敢徑下江南。

在「欲平閩，必先平浙」的基礎上，傅喇塔建議首先平定台州，之後取溫州，則「入閩如破竹」。傑書接受了他的建議，命傅喇塔取台州，自己去金華，而衢州仍由圖賴與李之芳據守。

傅喇塔出擊後按計劃攻下了台州，耿軍大將曾養性被迫退據黃岩。黃岩憑江帶水，耿軍水陸扼險，清軍不能飛渡，於是傅喇塔便坐等寧波水師抵達，結果水師遲遲未至，康熙擔心再等下去勞師糜餉，便傳旨催促傅喇塔儘快進兵。

傅喇塔與岳樂屬於一個類型，他曾在順治初年征戰湖廣，立有軍功，雖謀略方面可能不及岳樂，但在出征的皇族貴冑中也已算是佼佼者。他派人打探，發現有山路可達黃岩，於是組織士兵悄悄地伐木運石，開通棧道，在曾養性渾然不覺的情況下來了個神兵天降，將其部署在黃岩城外的二十五營兵力逐一擊破，並飛速圍困了黃岩城。

曾養性驚慌失措，乘夜突圍，從水路逃往溫州。傅喇塔追至溫州，兩人在溫州城外連番大戰，把看家本領都使了出來，曾養性偷襲清軍營寨，傅喇塔則將計就計，一面故意讓下營燒毀，移居上營，謹守要隘，一面親督大軍從山上往下衝殺。耿軍潰亂大敗，積首填溢，曾養性隻身逃入溫州城，之後便高掛免戰牌，憑城固守。

你以為賊軍會自生自滅嗎

溫州城三面環水，易守難攻，傅喇塔圍城數月不下，與此同時，圖賴、李之芳在衢州面臨著敵人強大壓力，整個浙江戰場一度呈現出僵持局面。

轉機來自叛軍的內訌。原來耿精忠初叛時，怕力量不夠，於是積極拉攏臺灣的鄭經，約他水陸並進，誰知起兵後不到一個月，聯軍即已席捲東南，這時候耿精忠便有些後悔邀請鄭經了，覺得自己單幹也能搞定的事，為什麼要白白分一杯羹給別人？他的手下添油加醋，說鄭經其實兵力很弱，「海上船不滿百，兵不滿萬」，耿精忠聽後更加不把鄭經放在眼裡，直接斷絕了與鄭經的來往，並按照清廷原來的禁令，「寸板不許入海」。

鄭經聞訊大怒，發兵攻打耿精忠且連下漳州、泉州等地，耿精忠這才害怕起來，在吳三桂的居中調停下與鄭經暫時講和，但雙方嫌隙已深，再不可能形成聯盟。倒是吳三桂還存有不切實際的幻想，一六七六年四月，他約鄭經、耿精忠共同進兵江南。這回耿精忠遵守了約定，翻臉背約的是鄭經，後者趁機打福建的主意，又佔據重鎮汀州。耿精忠暴跳如雷，為集結與鄭經兵戎相見的足夠兵力，決定將原在贛西的部隊撤回福建。

當年七月，進據江西的耿軍突然焚毀營盤，越關宵遁。康熙根據前線的報告做出判斷：「其為海寇（鄭經）所逼無疑。」他命令奉命大將軍傑書等人立即撤除溫州之圍，直取福建，而且這次是大家全都要去福建，一個不能少，包括傑書。

浙江作戰期間，雖然傑書捷報頻頻，但在外征戰的均為傅喇塔、圖賴、李之芳等人，他本人一直坐守金華。康熙明察秋毫，對此很不滿意，責備傑書說：「王（指傑書）守金華已經兩年了，僅僅是靠文書往來進行指揮，卻不親自統兵征剿，你以為賊軍會自生自滅嗎？」

傑書被皇帝數落得無地自容，急忙親自率部南下。當初傅喇塔曾認為只有在攻取溫州後才能入福建，李之芳與之主張不同，他認為：「入閩之路不在溫州、處州，而在衢州。」由於溫州難以速取，這一建議很快便被傑書所接受。

此時耿軍大將馬九玉正死守衢州河西，但其南面的江山和西面的常山，都可以從小路實施襲擊，李之芳預計一旦清軍從江山、常山發起進攻，耿軍將首尾受敵，河西軍營一定難以獨立支撐。

傑書依計而行，組織部隊抄小路夜襲耿軍軍營，巧的是，馬九玉也正好派兵要劫清軍的寨，兩軍相遇後，清軍連發大炮攻擊，耿軍倉皇潰退。耿軍軍營紮於山頂，山下密佈用來阻擋清軍前進的梅花樁，正常情況下，梅花樁陣只開一個口子，讓出擊的士兵魚貫而出，等到兵一出，隨即閉關。見清軍攻上前來，馬九玉連忙下令閉關，結果卻越忙越亂，敗兵散處山下，進不能攻，退不能歸，最後被清軍全部殲滅。次日，清軍乘勝而進，火燒耿軍營壘，馬九玉僅帶三十騎逃遁，之後，「賊失其險，大兵得以長驅入閩。」

一六七六年九月，清軍攻取福建浦城。浦城不僅是由浙入閩的要塞，而且還是閩省財賦要地，浦城既拔，建寧、延平等府旦夕可下，平閩大局已定。康熙抓住時機，通過傑書敦促耿精忠投降。

耿精忠面臨著前有清軍進攻，後有鄭經攘奪的困境，已是誠惶誠恐，手足無措，但仍猶豫不決，回書說自己願意投降，但就怕部下不從，所以要請康熙再賜一道準許赦罪立功的明詔。他的這一伎倆與王輔臣可以說如出一轍，都是想行緩兵之計，藉以觀望和拖延。

康熙當然不會給他這個機會，傑書遵旨繼續發動進攻，連克建甯、延平，耿精忠無力再戰，遂率文武官員歸降，康熙仍保留其靖南王的王爵，命他隨清軍征剿，「圖功贖罪」，包括溫州在內的各地耿軍也紛紛投誠，福建、浙江相繼平定。

福建的形勢直接影響廣東。駐守廣東的尚可喜一直忠於朝廷，無論最早的吳三桂反叛，還是後來的孫延齡、耿精忠反叛，都未能使其動搖，但他的長子尚之信的態度卻與之迥然。

三藩之亂前，尚可喜疏請歸遼，留尚之信嗣封，正遂了他的心願，不料朝廷未準，反而下令撤藩，尚之信落了個一場空，遂對朝廷心生不滿，因此常向乃翁「進邪說」，尚可喜聽後大光其火，痛罵道：「癡兒，我吃的鹽都比你吃的白米飯多！你不要再多說了，我老頭子早已把天時人事都預定好了。」

尚可喜的幕僚金光與尚之信不睦，懼怕他日後掌握藩旗大權後將對自身不利，出於對自身利益的維護，便趁機向尚可喜進言：「俺答公（順治對尚之信的封號，意為皇帝的朋友）剛而多虐，勇而寡仁，若以嗣位，必不利於社稷，請廢而立次子固山（尚之孝）。」

尚可喜對尚之信平日裡酗酒嗜殺等行為也很厭惡，又考慮到他「擁兵速禍」的問題，於是按其建議上疏朝廷，讓尚之孝襲封其王爵。康熙依奏恩準，並命尚之孝赴潮州征討叛將劉進忠。

勝利的曙光

繼撤藩之後，尚之信再次與襲封王爵擦肩而過，同時還喪失了軍權，這使他對父親、弟弟、金光和朝廷都極為怨恨，背叛朝廷進而報復的心理也愈加強烈。

尚之孝征討劉進忠原來勝券在握，沒想到劉進忠引鄭經入據潮州，致使尚軍在潮州城外遭受重創，尚之孝不得不退守惠州，實施被動防禦。接著，廣西叛將馬雄也攻入廣東的高州，尚可喜接連向朝廷告急，康熙在已將岳樂調往湖南征剿的情況下，屢催揚威大將軍喇布派兵由江西進援廣東，但那時江西通往廣東的通路已被耿、吳聯軍截斷，清軍無法進粵。

在極短的時間內，廣東戰局急劇惡化，廣州城內「人情洶洶，無有固志。」已經七十多歲的尚可喜急得老病加重，臥床不起，無力再統籌全域，而此時尚之孝又正在惠州與敵軍僵持，分身乏術，於是他不得不仍讓尚之信代理軍事。

尚可喜平時為人吝嗇，尚之孝貌似儒雅，實質「貪吝過於老王」，父子二人有了錢都放在自己兜裡，從不捨得犒賞軍士。反倒是尚之信雖然酷虐，但出手大方，因此能得眾心，再加上個人能力和長子身份的加持，使得他在代理軍事後很快就控制了整個廣州城。

廣東內部政局的變化都被吳三桂看在眼裡，在不斷加強軍事打擊力度的同時，他抓住尚氏父子之間的矛盾，派人至廣州，對尚之信進行策反，許諾事成之後封其為王，世守廣東。

假吳三桂之手除去阻礙自己承襲王爵的父親和弟弟，這一政治上的誘惑對於尚之信來說可謂正中下懷，他先逼迫尚可喜反叛，見父親仍不為所動，又私自與吳三桂暗通款曲，並自稱是吳三桂政權屬下的「暫管輔德將軍」。

一六七六年四月三日，尚之信召集眾將與尚可喜議事，實際是再次強迫老父向吳三桂投降，尚可喜不同意，但尚之信已暗中指使其母親拿剪刀剪去了尚可喜的髮辮，將領們亦齊聲高呼：「老王爺已剪辮投降！」尚可喜大驚失色，委頓於地，而尚之信則將他的印綬奪過去，正式向吳三桂納降。

當天，尚之信下令所部「易服改旗幟」，並用大炮向駐守廣州、肇慶等地的清軍進行轟擊，迫使清軍突圍而去。隨之而來，整個廣東都被叛軍控制，以致兩廣總督金光祖、廣東巡撫佟養鉅等一些行政官員也被裹挾從叛。

發動兵變後，尚之信為報私仇，殺死了與自己針鋒相對的幕僚金光，又剝奪尚之孝兵權，使之閒居廣州陪伴尚可喜。尚可喜痛心疾首，欲投環（上吊）自盡，被左右發現得以急救過來，但自此病勢日重，不久即憂憤而死。

在尚之信投降吳三桂之前，所謂三藩之亂實質是兩藩之亂，之後才「諸藩之毒盡發」，真正形成了三藩並叛的局面。不過它對康熙造成的壓力遠不如其他兩藩的叛亂，一者康熙已有一定的心理準備，二者他認為吳三桂不會信任尚之信，而且其內部矛盾重重，實力也不強，只要順利解決福建問題，尚之信不難招降。

果不其然，鑒於尚之信「凶忍」的名聲，吳三桂對他並無好感，雖在最初誘降時曾許諾封他為王，但當尚之信反叛清廷後，卻僅僅封之為輔德公。等到發現尚之信憤憤不平，為防廣東有變，進而直接影響湖南戰局，吳三桂才封之為輔德親王，然而也不過是草草了事，匆匆應付一下，所謂「封拜皆草草」。

吳三桂什麼時候能夠主動想到尚之信？需要他出錢出力的時候。岳樂率軍圍攻長沙，吳三桂屢次催促尚之信親率所部越過大庾嶺突擊贛南，以達到牽制清軍主力的目的。尚之信不願出兵犯險，但又怕得罪吳三桂，只得掏出十萬兩白銀用於「助餉」。

尚之信名義上降附吳三桂，實際仍堅持與吳三桂平等的地位，他既不聽吳三桂調動，也不讓吳軍進入廣州，更不願意吳三桂過多地干涉粵地軍政事務。吳三桂則完全把尚之信當作藩屬對待，兩廣總督、廣東巡撫等要職均被其派親信取代，在軍政佈局上隱然有取尚之信代領粵地之意，這勢必引起尚之信的強烈不滿。尤其吳三桂的董重民被委任為兩廣總督後，狐假虎威，「欲奪尚鹽利」，鹽利是平南王府的經濟命脈，奪取鹽利等於斷了尚氏的經濟來源，此舉使得本就緊張的吳、尚關係更加劍拔弩張。

此外，臺灣的鄭經已經強佔廣東惠州及沿海一帶，尚之信無意放棄，而吳三桂為了維繫自身和鄭經的聯盟，則不惜犧牲尚之信一方的利益，強迫尚之信讓出了惠州。這樣一來，廣東被分成了幾塊，尚之信實際控制的地盤變得極其有限。

簡單來說，尚之信在起兵後，不但沒有得到任何好處，反而為來自各方面的勢力所鉗制，其處境相比從前還有某種程度的不濟。面對如此形勢，尚之信大為悔恨，「頹然氣沮」，開始另尋出路。

恰在這個時候，康熙詔命揚威大將軍喇布由江西入粵，對廣東進行征剿，耿精忠在反正後亦隨大將軍傑書進駐潮州，對喇布軍予以配合。面對清軍強大的軍事威懾，本來已與吳三桂矛盾極深的尚之信很自然地生出效仿耿精忠，向清廷投誠的念頭，遂派人攜密疏至喇布軍前乞降。康熙聞訊，為了孤立吳三桂，特降旨尚之信：「將爾以往之罪，並爾屬下官兵，概行赦免。」

一六七七年六月三日，尚之信率省城文武官員歸降清廷。康熙遵守前諾，命尚之信襲封平南親王，部將各復其職，這樣廣東繼福建之後也被全部平定。

尚之信初叛廣州時，包括他自己在內的官員均戴上了明朝樣式的大帽，但身上的清朝官袍來不及換，還照舊穿在身上，當時就傳出一首民謠：「明朝頭，清朝尾，過了三周年，依舊歸康熙。」從一六七六年四月反叛到一六七七年六月投誠，實際不過一年，這一年也是康熙使用「剿撫並用」政策取得重大勝利的一年，隨著陝西、福建、廣東問題的相繼順利解決，雖然平叛戰爭依然是困難重重，但勝利的曙光已經出現在了眼前。

到對手碗裡搶食吃

一六七七年，平叛戰爭的第五個年頭，康熙年滿二十四歲。按照古代中國的觀念，一個人到了這個年齡，不僅身體發育已至頂峰狀態，心智上也已趨於穩定成熟。西方的莎士比亞則用騎士形象對這一人生階段進行了描述：「滿口發著古怪的誓，鬍鬚長得像豹一樣，愛惜著名譽，動不動就要打架，在炮口上尋求著泡沫一樣的榮名。」

對康熙和他的對手而言，平叛戰爭也就是炮口上的爭奪，誰都沒有後退的餘地。自定遠平寇大將軍、安親王岳樂奉康熙之命入湘，直逼長沙城下後，震驚不已的吳三桂便使出渾身解數，拼死力進行反擊。除了四處抽調軍隊增援固守長沙，他又派遣大將高得捷、韓大任進佔吉安府，以斷岳樂在江西的後路。

指揮江西戰局的大將軍、簡親王喇布此時正在南昌，康熙屢催他和定南將軍希爾根親統大軍，迅速收復吉安，但喇布顧慮手下機動兵力全都分守江西各處，而南昌為江西省會，關係重大，如果將南昌部隊全部調去吉安，恐南昌不保，因此僅派將軍哈爾哈齊、額楚等收復吉安，同時請求朝廷增援江西。

吳軍大將高得捷常年用兵，是一名有著「驍果善戰」之名的勇將，所率四千兵卒為其親選鋒銳，打仗常能以少勝多，出奇制勝。哈爾哈齊、額楚包圍吉安數月，僅得以攻克外城，而後便無法再前進一步，不但如此，清軍還被高得捷乘隙攻佔了醴陵。

在此期間，應喇布的請求，康熙不斷從各地抽調精銳部隊前往江西，他自信「以此破敵，定有成功。」之後果然減輕了江西方面所受的壓力，失地亦依次恢復，然而吉安一役的失敗令這些捷報都大為失色，尤其醴陵「前通長沙，系江楚門戶」，乃岳樂大軍的必經後路，「關係非輕」。康熙為此痛斥喇布：「簡親王喇布自至江西，無尺寸之功，深居會城，虛糜稟餉。」

由於「恢復長沙，平定湖南，全賴吉安大軍接應」，所以速下吉安便成了保衛江西的關鍵一戰。康熙命令喇布立即派兵克取醴陵，而收復吉安的事這次則不能再交給別人，必須喇布親自去擺平，他以十分嚴厲的口吻告誡喇布等人說：「如果你們還像先前那樣遷移觀望，一旦安親王大軍有什麼閃失，朕將對你們從重治罪，絕不寬貸。」

見皇帝撂下狠話，喇布忙親自率部圍攻吉安。其時福建已定，江西不再需要承受來自耿精忠方面的壓力，喇布得以將盡可能多的機動兵力都調來參加吉安會戰，一時間，十萬之眾環城紮營，吉安城外到處都是旌旗林立的景象。

清軍的重圍很快就使吉安叛軍的糧餉出現危機。高得捷情急之下決定派兵突襲清軍大覺寺軍營，同時以此作為掩護，直沖清軍位於螺子山的大營，到對手碗裡搶食吃。

這是一個險招，用來對付喇布卻正好。喇布與尚善同為舒爾哈齊系皇族，但他在出任大將軍之前從未上過戰場，缺乏軍事經驗的積累。在當時的情況下，破城或是迫使吉安叛軍投降似乎已是早晚的事，這使得喇布對吳軍出城偷襲估計不足，也沒有預先佈置兵力進行防範，結果此戰就成了高得捷的個人秀。在大覺寺，僅百餘名吳軍騎兵就得以斬將搴旗；在螺子山，毫無防備的清軍倉皇逃命，喇布、希爾根亦只得棄營而走。

饑腸轆轆的吳軍闖入螺子山大營後，立即吃飽喝足，「縱酒大醉」，之後還將搜出的戰利品「捆載而返」，但他們沒想到逃走的清軍並沒有走遠，而且也未潰散，一等鎮定下來，即向其尾追過來。等到吳軍將要入城時才發現清軍就在自己背後，於是拼命向城內倉皇逃竄，乃至互相踐踏，無數人因墮壕而死。

自此以後，吳軍再也不敢出城偷襲，不過高得捷勇冠三軍的名頭也因螺子山一戰而變得更為響亮。另一名吳軍將領韓大任對其心生妒意，便在吳軍主帥胡國柱面前挑撥離間，說高得捷的壞話，高得捷因而受到壓抑，怏怏不樂，不久即憂憤而死。韓大任取代了高得捷的位置，但卻沒有前任的能耐，從此深居城中，「日以詩酒自娛，口不言兵」，根本不敢與清軍接仗。

吉安城內的糧食越加匱乏，韓大任無奈之下，只得寫血書向吳三桂求救。吳三桂估計荊州的勒爾錦尚不敢進兵，決定從長江南岸的駐軍中抽調援兵，命大將馬寶為統帥，率部前往救急。

吳三桂反叛時，身邊有一大批征戰多年的武將追隨，在外人看來可謂猛將如雲，然而其中多有不堪大用者，馬寶就是如此。吳三桂的軍師方光琛曾告訴吳三桂，馬寶是呂布一類反復無常的人物，以後一定會背叛吳三桂，他怕到時受其連累，所以不願與之共事。

馬寶是不是真的朝三暮四暫且不說他，但起碼沒有呂布的武功和膽略，對於為吉安解圍，他在受命時就缺乏信心，懷有很深的畏懼情緒。前軍將領王緒建議，救兵如救火，吳軍應急趨萍鄉，萍鄉與吉安距離較近，援兵一到萍鄉，清軍聽到風聲，吉安之圍可以立解。馬寶不同意，理由是清軍既圍吉安，肯定會在萍鄉一帶設埋伏，吳軍若誤入伏擊圈，將覆滅無疑。他傾向於由衡州渡江，認為這條路線既不會有清軍埋伏，也不會遭到阻擋，萬無一失。

馬寶是統帥，一言九鼎，王緒等人只得勉強服從。結果，衡州路線如馬寶所言，起初倒真是安全，但其實是繞了個大圈子，吳軍經過半個月的行軍，才得以進入吉安境內。

第五章

漫長征程

當吳軍援兵抵達吉安時，他們距離吉安府城尚有四十里，而且中間還隔著一條江。部隊欲渡無舟，馬寶倒顯得很鎮定，也沒有讓人四處找船，他說沒關係，反正我們援兵到此，清軍必定要過江前來阻擊，等他們半渡時，我們就發動攻擊。

不久，清軍果然前來渡江，王緒連忙讓馬寶指揮半渡而擊，誰知馬寶卻來了個悶聲不響，經再三催促，他又改了主意，說還是等清軍渡過江再打吧，那時他們尚未立足紮營，王將軍你擊其前，我抄其後，打他個猝不及防，然後再乘勢搶奪清軍的船隻。

按照馬寶的說法，此乃一箭雙雕的必勝之計，又消滅了渡江的清軍，又能靠搶來的船隻迅速渡江，同城中守軍相呼應，內外夾擊清軍。聽起來似乎也挺有道理，王緒只能默默無言。

等到清軍渡畢登岸，王緒立即率自己的前軍直撲過去，與之展開廝殺，清軍立足不穩，「矢盡兵傷，又不取勝」。可就在這個時候，由馬寶直接指揮的後軍卻按兵不動，戰鬥變成了一部分吳軍與清軍的單打獨鬥。

一退起來就沒個完

王緒肺都氣炸了，他隻身趕往大營找馬寶，發現馬寶不在，問士兵，士兵告訴他，馬寶在地坎裡。王緒奔向地坎，一眼便看到了這位三軍統帥果真正蜷縮著躲在地坎之中！

王緒上前催馬寶起身督戰，馬寶居然顫抖著說：「火炮厲害，暫且躲藏。」王緒又急又氣，當下不管三七二十一，飛身跳下地坎，愣是把馬寶從裡面給強拖了出來。

馬寶回到大營時，天色已晚，兩軍各自鳴金收兵。馬寶又找王緒商量說，敵我兩營相通，晚上恐有不測，不如趁月明途清，讓部隊退五里下寨。

王緒白天看夠了馬寶的窩囊樣，知道他其實還是怕死膽怯，自己有心留下來，但馬寶的後軍一走，前軍就變成了孤軍，於是只得附和。

馬寶下令後軍變前驅，往後急退。讓王緒始料不及的是，說好只退五里，後軍卻一退起來就沒個完，五里變成了十里、二十里、三十里，仍然不停步。王緒急忙大呼不要再退，就地停止紮營，馬寶不予理睬，又一口氣退了十里，才停退安營。

退得這麼遠，顯然已沒有與過江清軍一決雌雄的打算。次日，王緒催促馬寶出戰，馬寶繼續推說官兵長途跋涉，身倦體乏，須休息兩天再戰。王緒不甘心，隔了一天又去促戰，馬寶仍不肯動彈，給出的解釋是待清軍過來，以逸待勞……。

本來吳軍援兵的抵達曾讓清軍感到緊張，喇布不惜分出圍城的一半部隊，由將軍額楚率領渡江迎擊，但渡江後依舊失利。就在額楚惴惴不安，擔心吳軍會乘勝一鼓作氣將他的部隊趕下江的時候，卻發現吳軍已經悄然後退紮營，而且數日不戰，這不僅為他提供了喘息之機，也讓他看出了對手的消極怯懦，於是十天後便主動發起了攻勢。

在額楚的指揮下，清軍出動萬人直搗王緒位於大路的前軍軍營，另外兩支部隊則用於抵禦屯於左右坡的其餘吳軍。面對清軍的進攻，王緒軍眾寡懸殊，被殺傷過半，危急之中，王緒再三向馬寶求援，馬寶只是按兵不動，急得其屬下總兵攘臂大呼：「王將軍被逼如此，怎能坐視？請率兵救援。」馬寶見狀，才令所部做出援救的姿態，把王緒軍從幾乎全軍覆滅的噩運中拉了上來。

這一仗，王緒軍傷亡慘重，但就因為其餘部隊沒有損失，馬寶就認為是打了大勝仗，並以此為由決定打道回府。他對王緒說：「我等乘此一捷正好班師。吉安阻江，哪能飛渡？待以後再整大軍來援吧。」

從馬寶率部到達吉安，一直到其不攻自退，其間喇布只有一半的兵力可以用來圍城，城外漏洞到處都是，然而吉安城內卻始終一片寂然，守將韓大任開始是不知援軍到來，後來馬寶也派人去通報了，可他又聽說馬寶已經降清，懷疑馬寶是來詐城的，所以既無一人一炮接應，也沒有乘此機會突圍。

及至馬寶回師湖南，吉安已被圍困達兩百餘日，但清軍仍然沒有能夠攻下吉安。朝中上下坐立不安，議政王大臣鑒於「今吉安事勢如此」，集體向康熙遞交奏本，提出江西綠營及炮銃等火器不便急於發往湖南，還應用於收復吉安。

其實這時的吉安守軍也已糧盡援絕，韓大任再也支持不下去了，遂用幕客兼好友孫旭之計，率部趁夜半偷偷出南門，從江中的白鷺州步行穿過，隨即遠遁而去。由於他們出城時又是發炮又是擂鼓，把聲勢造得挺大，清軍以為是劫營，驚擾終夜，不敢輕易出戰。直到第二天天亮，察知守軍已經逃遁，清軍才進據空城。

韓大任從吉安逃走後轉襲江西各地，然已如喪家之犬，惶惶不可終日。其時，清軍雖然尚未最終收復福建、廣東，但在閩粵數路都已告捷，局勢也越來越明朗。一天，韓大任與孫旭登上山峰，縱論天下形勢，孫旭對他說，如果現在還是平涼犄角漢中，廣東相連福建，天下局勢或尚不能確定，但聽說王輔臣已經倒戈，耿精忠、尚之信亦將相繼投誠，這就不一樣了：無平涼，則漢中搖動，四川坐以待斃；無廣東，則湖南腹背受敵。

「安危存亡的危機，不可不明察啊！」孫旭的一番分析讓韓大任醍醐灌頂，於是拔營至福建的傑書軍前投誠。在此前後，清軍按照康熙「剿撫並用」的政策，將江西境內的其餘大小反清武裝也一一予以解決，一度幾乎被吳、耿聯軍完全攻陷的贛省終被平定。

孕育已久的大戰

康熙每次對戰爭進行部署，都主張集中兵力，形成力量對比上的優勢，所謂「滿兵之勢貴聚，聚則處處攻戰，始克有力。」在陝西、福建、廣東及江西被逐次平定的前後，他得以騰出越來越多的兵力，將其調集於湖南戰場，用以對付吳三桂，但效果卻還不能令人滿意：岳樂圍攻長沙逾年不下，勒爾錦、尚善踟躕不前，既不能攻克岳州、澧州，在牽制吳軍，支援長沙方面也不夠得力。

戰場堪稱軍人的試金石，武將們平日裡不管包裝得有多神氣，進入戰場之後，是騾子是馬終究會現出原形。平叛戰場已經持續多年，這種暴露就更加充分明顯，吳三桂一方的將領固然有許多不堪大用，康熙一方良將湧現的速度其實也不令皇帝滿意。在湖南戰場上，以康熙的眼光來看，僅岳樂、尚善尚能出謀劃策、執行軍務，其餘如勒爾錦等皆庸碌無能，只知裝腔作勢之輩。即便岳樂、尚善，康熙對他們也有不滿意的地方，認為岳樂智謀有餘，但顯得過於謹慎，尚善則膽略不夠，兩人都無法推動戰局取得突破性進展。

王室貴胄不再是任命大將的唯一標準，勇悍善戰才是，康熙逐漸認識到，在岳州會戰這樣牽動全域的硬仗中，己方只有擁有像吳軍大將高得捷那樣的角色，才足以鼓舞士氣和軍心，於是他斷然決定起用穆占。

穆占是在西北平叛戰爭中湧現出的滿洲驍將，他每戰必身先士卒，勇往直前，並在多次重要戰役中率先擊敗敵軍，戰功卓著。康熙破例任命他為實授都統，佩征南將軍印出征湖南，同時從陝西、彝陵、荊州等地抽調八旗精銳歸其統轄，使其兵額數與岳樂軍相近。穆占在出征前，康熙又將其特召進京，面授機宜，足見期望之深，他後來說：「穆占所領陝西、荊岳諸處將士，皆經簡擇，平定湖南，唯此精兵是賴。」

一六七七年初，在康熙的統一部署下，尚善做水陸夾攻岳州之勢，勒爾錦提兵臨江，圖海扼守漢中要路，下檄進兵四川。所有這些動作除了相機進剿外，都是為了一個目的，即迫使吳三桂從岳州分兵，「以分賊勢」，然而吳三桂到底戎馬一生，老奸巨猾，他識破了康熙的用意，輕易不肯分兵，一直都集中力量要先解長沙之圍，以固其根本。

一場孕育已久的大戰終究難以避免，三月六日，穆占奉命率精兵抵達長沙，兩軍隨即在長沙城外擺開了陣勢。是時，清軍在岳樂的指揮下，佈陣於長沙東南的官山之後，吳三桂則陳兵於長沙西南的瀏陽門外，與岳麓山連營。兩軍亙延數十里，對峙而陣。

四月二日，激戰首先在官山一帶展開，岳樂兵發十九路，自城北鐵佛寺後佈陣，綿延至城西南，長達數十里。吳三桂見狀也發十九路應之，吳軍最先出陣的是在吉安會戰中本有上佳表現，卻被馬寶拖了後腿的王緒，沒想到剛剛交鋒，王緒便陷入清軍重圍，一時間，王軍「旗幟盡偃，金鼓無聲。」

戰場向來瞬息萬變，成敗與否，往往就在電光石火之間。就在城上觀戰的吳軍盡皆失色，以為王軍定當全沒的時候，忽聽火繩槍連發，聲如急鼓，槍響處，清軍騎兵紛紛從馬上墜落。眾人正在詫異，王緒已率軍從清軍的重圍中殺出，「衝突無前，莫有攖其鋒者。」

王軍有驚無險，最終全勝而返，但吳應貴（吳三桂的侄子）、夏國相的運氣就沒這麼好了，他們這一路遭遇的正是穆占及其八旗精銳。

吳三桂對八旗軍的畏懼，其實來自明末雙方在野戰中的交鋒。那個時候，八旗軍的騎兵攻擊技術就已經發展得十分純熟，他們的騎兵分為兩種，一種從頭到腳包著重甲，甚至連戰馬都披著甲，稱為重甲騎兵，還有一種僅著鎖子甲，相對輕便靈活，稱為輕騎兵。衝鋒時，重甲騎兵持長矛及長柄大刀突前，居後的輕騎兵則手持弓箭，用箭雨迫使敵軍陣腳散亂。除此之外，還有一支挑選出來的頂尖精兵，稱為擺牙喇，他們起先並不直接參戰，而只是騎馬觀陣，看到戰局有利，便包抄敵陣追殺潰散之敵，戰局不利，即立即相機助戰。

與八旗軍相比，明軍「騎射、膽略素不精銳」，即便是吳三桂的關寧鐵騎也不占上風，所以當時明軍將領也包括吳三桂在內，都力避野戰而更多地利用火力優勢憑城堅守。

到了康熙朝，八旗軍的基本戰鬥力仍在，缺的就是一個能把精銳騎兵重新捏合在一起，同時又能協調指揮，身先示範的勇悍之將。穆占做到了這一點，吳軍根本就擋不住他所發起的騎兵衝鋒，搏戰中，吳應貴為流矢射中臉腮，墮馬落地，差點當場為清軍所殺，在夏國相的力戰下才得以脫險。

吳三桂之所以敢破例與清軍在城外展開野戰，對類似狀況的出現自然早已有備。在穆占乘勝率兵逼近長沙城池後，吳軍火器部隊立即出城列陣，他們以鹿角、挨牌在前阻遏戰馬，以持火繩槍的鳥銃手在後進行射擊，但騎兵的速度實在太快，來如風雨，火器陣地轉眼就被穆軍前鋒衝垮了，後者直抵城下，其他護軍驍騎也緊緊跟進。

吳三桂準備的另一個秘密武器是象陣。經營雲南期間，他特別馴養了四五十頭戰象，以往逢戰必排為前隊。大象主要產自中國的雲南、緬甸等熱帶國家和地區，生長於中國東北部的滿洲兵及其戰馬沒有見過這種動物，見之輒戰慄而退。

這次因為作戰規模大且事關緊要，大象們被預先埋伏於岡下，待到火器阻擊失效才驅之而出。吳三桂預計象陣一出，準保能把清軍沖得稀裡嘩啦，大敗虧輸，但讓人意想不到的是，大象進入戰場後，見到穆軍反而驚慌失措，爭相退走。

馬嚇退了象

吳三桂的秘密武器全部失靈，倒是岳樂軍幫了他的忙。見穆軍取勝，岳軍也上前助陣，但這些官兵大多未穿戰甲，而且秩序混亂，往往十個或二十個人在一起，不成佇列地穿插在穆軍作戰區域，對穆軍攻城形成了嚴重干擾，加上象陣的突然出現，穆軍陣腳大亂，皆「披靡而走」。

官山之戰，清吳雙方各出十九路兵馬，實際交鋒的是作為雙方主力軍的三路，即王緒、穆占、馬寶三路。兩軍呼聲震天動地，由早上殺到中午，殺得血漿飛濺，難解難分，至中午時分，天色忽然大變，暴雨傾盆，才各自斂軍收兵。

當天交鋒的三路，吳軍方面王緒、馬寶雙雙取勝，清軍僅穆占一路得手，但「殺傷略相當」，總的傷亡都差不多，可以說是打了個平手。對這一結果，兩邊都不太滿意，清軍以八旗精銳參戰，將領差不多也是最好的，其中岳樂在清軍統帥中最懂兵事，穆占則是最驍勇的滿將，然而仍不能戰勝吳軍，免不了讓將領們感到沮喪不已。

吳軍一方其實也高興不起來。一直以來，吳三桂都不願意主動與清軍展開大規模野戰，無外乎緣於他深知野戰是對方所長，尤其八旗軍騎射技術精湛，貿然與之開戰，勝率不高。可既然如此，為什麼還非要在官山打呢？皆因此時吳軍外援盡失，已陷於孤立，只有取得一次公認的大捷，才能抑制軍隊中已經逐漸低落的士氣。

對吳三桂而言，官山一戰實有鋌而走險、背水一戰的意味，戰前他憋足了勁，「初意氣吞官山」，甚至「欲自與安親王決戰」，看到連花甲之年的老王都恨不得親自上陣搏殺，其麾下將士自然也都被鼓動起來，吳軍的參戰部隊系關寧鐵騎和起義軍餘部的基幹，他們久經戰陣，又被多年蓄養，情緒被調動起來後確實能發揮最大潛力，此次與八旗精銳展開野戰，非但未被壓制，還取得了兩勝一負的戰績，即為明證。

可是即便如此，吳三桂也未能得到他所要的那個結果，畢竟像這樣眾志成城的主動決戰，他只能偶爾為之，若「一鼓作氣」不成，再搞下去很可能「再而衰，三而竭。」尤其在穆占那一路，八旗發動騎兵衝鋒時那種摧枯拉朽般的氣勢太令人震撼了，當看到吳應貴中箭受傷，接著又下起大雨，吳三桂已經大為洩氣，一邊說著「天意不可測」，一邊傳令各部退守城中，不再與清軍接戰。

吳三桂一貫迷信，他不但覺得大雨不吉利，而且事後認為象陣也非常蹊蹺。你想，以往都是象嚇退馬，這回怎麼會變成馬嚇退了象呢？

其實若仔細分析，很可能是穆軍騎兵沖得太猛，戰象過去沒有見過這種陣勢，所以才臨陣而逃，然而吳三桂不這麼想，他斷定這是不祥之兆，預示著自己將日薄西山，從此憂心忡忡，再也沒有了與清軍在長沙城下決一死戰，必平之而後已的信心和勇氣。

吳三桂的直覺其實也並沒有錯，儘管清軍攻取長沙未果，但由於耿精忠、尚之信相繼投降，福建、廣東悉定，清軍事實上已完成了對湖南的戰略包圍。吳三桂自度前景不妙，自己先由長沙退往湘潭，後又退往衡州，其間為擺脫吳軍在湖南三面被圍的困境，他派遣胡國柱、馬寶等七名將軍，率三萬人馬，對江粵咽喉之地廣東韶州發起進攻。

吳軍的這次出擊既有圖謀廣東的念頭，更有牽制湖南清軍的打算，康熙對此了然於心，他指示已經入湘的諸將專注於湖南，無令不得分兵，「據今時勢，剿滅吳三桂甚為緊要，大兵進取，務貴神速」，同時命江甯將軍額楚赴援。

在額楚率兵到達之前，堅守韶州的重任落在了鎮南將軍莽依圖身上。莽依圖系子襲父職，和傅喇塔一樣，他在順治朝的征戰中就積累了一定的軍事經驗，尤其值得一提的是，康熙初年，莽依圖曾參與以圖海為督師的茅麓山戰役並立下戰功。茅麓山當時由號稱「小闖王」的李來亨固守，此山山高林密，易守難攻，加上起義軍非常頑強，所以令清軍損失慘重，大吃苦頭，後來京城中的滿人只要提到茅麓山就害怕，乃至於形成了一句諺語「又上茅麓山」，意思是接到了一件難於登天的險重苦活。

「上過茅麓山」的莽依圖勇不可擋，部屬也多為打仗的好手。軍官巴爾堪的父親系開國諸王之一濟爾哈朗，由於他是庶子，未能得授親王貝勒等爵位，也因此無資格獨自統領一軍，但像當時的其他許多底層皇族一樣，他們都有一種身為宗室的榮譽感和責任感，在戰場上敢拼能拼。此前巴爾堪已經多次負傷，這次守城又負重傷，然而他拒絕後撤，將傷口包紮後依然在前線奮力搏擊。

在莽軍的死守下，胡國柱等人雖日夜攻城，志在必得，但卻屢屢失利。吳軍急切之下又是截斷水運，又是占山發炮，此時額楚率軍趕到，莽依圖趁勢自城內殺出，兩相夾擊，吳軍死傷累累，被迫退出了廣東。

分崩離析

爭鋒廣東未能得逞，吳三桂便悉銳轉攻廣西，以確保湖南後方。廣西的孫延齡在反叛初期由於很快控制了廣西全境，所以甚為囂張，與吳軍也呼應得不錯，但他和耿精忠、尚之信等人一樣，都不把吳三桂放在眼裡，與吳三桂書信往來，稱名不稱臣，也不用其印劄，自己「鑄印設官，變置州縣」，吳三桂對此很是反感，嫌隙由此而生。

孫延齡不僅為吳三桂及其左右之人所厭惡，就是他自己的屬下對他也多有不服之處。此人一向貪贓索賄，起兵後失去約束，更加肆無忌憚，他在自置州縣中封拜文官，都是看誰給的賄賂多就把肥缺好缺給誰，在自己撈得盆滿缽滿的同時，廣西官兵卻不能按時從孫延齡那裡得到軍餉，於是軍心思亂，士兵鼓噪嘩變，嚇得孫延齡夫婦被迫逃匿於小民之家。雖然變亂很快就被平息，但孫延齡已經威望大損，權力也受到了削弱。

更有甚者，孫延齡平日與另一位廣西叛將馬雄不睦。孫延齡以廣西首領自居，想要馬雄服從他，但馬雄根本就不買他的賬。有一次，孫延齡派人拿著高腳牌去召馬雄來見，高腳牌是一種用以張貼告諭的長方形木牌，因下支柱腳，供人肩扛手舉而得名，馬雄認為這是對他的不尊重，大怒道：「豎子無禮！」當即將木牌砸得粉碎。

孫延齡在與人打交道方面從來不知變通，聽說馬雄砸他木牌，第一反應就是提兵來攻。馬雄號稱悍將，當然也不是吃素的，交手之後，孫延齡反被馬雄擊敗，不過馬雄也被流矢射中面頰。兩人自此勢同水火，吳三桂本來就疑忌孫延齡，在這場紛爭中，他採取了輕孫重馬的策略，這使孫延齡大失所望，於是逐漸萌發了反正之意。

在尚之信乞降後，康熙加緊了對廣西叛軍的招撫。當得知孫延齡之妻孔四貞「無刻不以太皇太后為念」，有歸降之意時，他特派督捕理事官麻勒吉至大將軍喇布軍中，對孔四貞進行招撫，並讓她勸丈夫反正。除此之外，原任慶陽知府傅弘烈正在孫延齡處，傅弘烈雖為形勢所迫，不得不佯附吳三桂，但身在曹營心在漢，也極力勸孫延齡斬斷與吳三桂的關係。

在孔四貞、傅弘烈的不斷勸說下，孫延齡下決心反正歸清。不料此事被馬雄所偵知，馬雄密告吳三桂，主張孫延齡既有異志，就應趕快殺掉以絕後患。一六七七年十月，吳三桂派其侄孫吳世琮、大將馬寶至桂林，以勸和孫馬兩家、進攻廣東為名駐師城外。孫延齡不知道馬雄去吳三桂那裡打了他的小報告，稀裡糊塗地跑到城外迎接吳世琮，結果被當場斬首。

天道好還，孫延齡被殺十多天後，告密的馬雄也病故了，吳世琮、馬寶遂以吳三桂的名義接管廣西。然而他們太心急了，沒有顧及廣西的人心向背，孫延齡的部將們怨恨吳軍跋扈，不願讓吳軍待在廣西，而孫延齡雖死，其妻尚在，孔四貞自小在軍營長大，並不是個普通女子，她當即穿上戎衣，擊鼓升堂，代夫理軍，率部與吳軍作戰。

康熙得報，命麻勒吉、喇布曉諭招撫廣西叛軍，「以朕赦罪論功之意概行曉示」。孫延齡部將在擒斬吳軍桂林守將後，即向朝廷投誠，孔四貞隨即還京，清吳兩軍在廣西呈現出膠著狀態，這也意味著吳三桂將廣西打造成為後方基地的計畫化為泡影。

吳三桂起兵之初，勢如鼎沸，咄咄逼人，似有取代清王朝之勢，然而僅僅幾年之後便形勢日絀，不僅在軍事上喪失了主動權，內部也是矛盾重重，分崩離析，其中最為突出的事件便是方光琛的被黜。

作為吳三桂帳下的第一謀士，吳三桂原本對方光琛言聽計從，寵信有加，親近程度甚至有過於婿侄。

初起雲南時，方光琛曾忠告吳三桂，認為吳應麒、夏國相不能大用，馬寶應予提防，吳三桂都一一聽從，對吳應麒、夏國相不予重用，對馬寶則不予信任。可是自兵抵湖南，旗開得勝後，吳三桂一方面自我感覺良好，另一方面吳應麒、夏國相、馬寶恨方光琛切齒，不斷在其面前挑唆，攻擊方光琛「為人不端」，把他比作春秋時吳國的大奸臣伯嚭，直接稱方光琛是「吳太宰」（太宰為伯嚭的官職）。吳三桂經不住他們的挑唆，久而久之，對方光琛心生芥蒂，漸漸疏遠，直至令方光琛出為巡撫，後又將其罷官解職。

方光琛為人狡詐，僅從其先後勸吳三桂降清又反清來看，政治品格和私德就上不了檯面，但他畢竟足智多謀，尤其是在另一個謀士劉玄初死後，更已成為吳三桂身邊中唯一的智囊，吳三桂罷黜方光琛，等於是自斷臂膀，使其在軍事上更顯被動。

稱帝

隨著疆域的縮小，吳三桂在經濟上也陷入了空前的絕境。滇黔是邊地窮省，糧餉歷來仰諸江南財富重地，而自吳三桂反叛以來，從未能夠據有江南各省，川湖賦稅又不足以供軍餉，於是僅一年有餘，吳軍便出現了軍餉告匱的情況。次年年底，在吳軍控制區內，連官員的官俸、衙役的工食都被拿出來充作軍餉，但仍舊不夠用，前線催征急如星火，無奈之下，被迫提前徵收第二年的錢糧，「官民俱困」。

後勤匱乏的問題日益對前線形成嚴重困擾。一六七六年，吳軍屯聚湖南與清軍作戰，各部「饋餉不給，軍士胥怨，民多遠避」，據從彝陵附近逃出的吳軍士兵說，那裡的吳軍整整三個月都沒能得到一點錢糧。至一六七八年，三藩之亂的第六個年頭，吳軍已經只能靠「打糧」，也就是搶掠民間糧食來維持生計了。

吳三桂以垂暮之年重出江湖，枕戈執矛，征戰沙場，本指望能打到清廷服氣，至少實現劃江而治的目標，然而五年過去了，吳軍竟是越打越頹，「逼洞庭而不即渡，得劍南而不能守，僅徘徊衡湘間。」

吳三桂自然極不甘心，他當年已經六十七歲，餘生無幾，不知不覺便動起了稱帝的念頭。

吳三桂想過皇帝癮並不偶然。雖然他在起兵時以反清復明號召天下，還聲稱要立明太子，其實都不過是出於宣傳的需要，他內心根本就沒有這些信念，要有的話，當初又何必降清和殘殺永曆？

既然如此，在已無可能流芳百世的情況下，坐一坐龍椅，讓自己風光一把，也就成了吳三桂必然會做出的選擇。除此之外，稱帝也是他借此蠱惑人心，以做最後掙扎的一個手段。

當年李自成在山海關兵敗後，匆匆跑回北京城稱帝，然後僅僅做了一天皇帝就離京退回了陝西。闖王這可不是在過家家，以做皇帝為無聊遊戲，他是在做激勵士氣，重振雄風，捲土再來之想。同樣，吳三桂雖戰事不利，但尚未到自感末路，心灰意懶的時候，他對前途還沒有完全失去信心，稱帝對他而言，與起兵時公佈反清檄文並無二致，都可以起到以皇威號令天下，重新振作，以圖大舉的作用。

在吳三桂的授意下，眾人相率勸進，為了方便他可以順理成章地當皇帝，又特地找人寫了一篇辭藻華麗的勸進表。經過百官的「擁戴」，吳三桂決定正式稱帝，在把自己及其政權提升到與清廷同等地位的同時，也借此為其叛清行為正名和塗彩：如果你清廷還把我稱為「賊」，那麼你們的老祖宗努爾哈赤也是「賊」，明朝的叛賊！自古成者為王敗者為寇，如今我也是一國之君了，大家都是過來人，誰也沒資格埋汰誰！

一六七八年三月二十三日，是吳三桂命人卜定的吉日。登基之前，照例要先在衡山的雁峰寺旁築壇設祭，時逢雨季，就在前一天半夜裡，突然大雨傾盆，鹵簿儀仗被淋得污穢不堪，眾人用松葉鋪地才得以走到大壇。這當然不是一個好兆頭，不過當日淩晨即雨過天晴，彩虹當空，吳三桂聞之大喜，認為老天已應許他稱帝，當即頭戴皇冠，身著朱衣，以帝王裝束乘馬出宮，來到衡山祭天。祭天完畢，他乘輦返回宮中，在一片山呼萬歲聲中，宣佈即皇帝位，國號為周。

吳三桂是把稱帝當作正經大事來辦的，他不僅大封文武，給大小頭目加官晉爵，還建立了龐大的後廷機構，設有職掌不同的各級太監。不過在當時的局勢下，他所能擁有的物質條件已非常有限，只能暫以衡州府署為行宮，殿瓦也來不及更換為黃色，只能塗上赤黑色的漆暫代，另外又臨時搭了萬間席棚以作朝賀。

就在吳三桂接受百官朝賀之際，天色陡變，狂風大作，竟把朝賀席棚捲入空中。俄頃驟雨如注，在大雨的沖刷下，剛剛塗上漆的殿瓦也露出了本色，現場一片狼藉，吳三桂只好草草結束了登基儀式。

儘管風雨來得讓人掃興，但吳三桂稱帝仍然給其政權和軍隊打了一劑強心針。此前吳軍在湖南前線再遭重創，定遠平寇大將軍、安親王岳樂收復瀏陽、平江，招降吳軍水師於湘潭，征南將軍穆占更是連下永興等十三城，不僅徹底粉碎了吳三桂進犯廣東的企圖，而且已進逼衡州，致使吳三桂剛剛稱帝就必須面對清軍兵臨城下的危險。

在無路可退的情況下，吳三桂挾稱帝所短暫造成的人心士氣，將雲貴軍隊盡數調至湖南，擺出了傾巢而出，誓與清軍決一死戰的架勢。隨之而來，一場比官山之戰更為艱險的戰役開始了。

血流成河

一六七八年七月，吳三桂集結馬寶、王緒、胡國柱等所統的精銳部隊，率先對永興發起強攻。

永興乃衡州門戶，距衡州僅百餘里，乃吳軍必爭之地，而且如果吳軍能夠重奪永興，也能順勢緩解清軍在岳州方面的攻勢，因此吳軍把剛剛蓄積起來的士氣幾乎全都傾注於此役，官兵「有必死之形」，相比之下，穆占軍雖連戰連捷，但因新收復之地增多，不得不分兵防守，穆占本人駐屯於郴州，守永興的是都統宜裡布，無論守將還是兵力都處於劣勢。

永興攻守戰的激烈程度前所罕有，真可謂屍積如山，血流成河。清軍打到了兵竭力窮的地步，宜理布及護軍統領哈克三都相繼戰死沙場，幸虧前鋒統領碩岱率兵來援，才得以奪路殺入城中繼續死守。

碩岱是侍衛出身的將領，曾因救護順治而在宮中贏得英雄的聲名，以後又參加過順治朝的南征，同時他也是平叛戰爭開始時，康熙向荊州所派出的八旗先遣部隊指揮官之一。儘管碩岱能打敢打也有經驗，但在這種兵微將寡、獨守孤城的情況下，顯然很難堅持多久。眼見永興危急，康熙忙命正駐屯於茶陵的揚威大將軍、簡親王喇布派兵增援。

在吉安會戰中，喇布率重兵圍城，卻被吳軍乘隙沖入螺子山大營，吃了拿了不說，還搶去了作為令旗的蜈蚣旗。之前清軍中從未發生過這種事，康熙盛怒之下，將隨喇布出征的參贊大臣全部解任，代之以一批新任命的官員。喇布身為坐鎮指揮，調度一方的大將軍，不能未雨綢繆，提前預防，自然更負有不可推卸的領導責任，加上吉安守將韓大任逃走時，他又沒有親自率兵追擊，更被康熙認為罪責難逃，只是大敵當前，才讓他在軍中繼續戴罪立功。

如果光看康熙的諭旨批示，很多人可能會想當然地以為喇布就是一個貪生怕死、庸碌無能的皇族紈絝子弟。實際情況遠非如此簡單，要知道，喇布在擔任大將軍時才不過二十一歲，而且從沒有上過戰場，但他的對手卻是吳三桂藩下眾多已擁有數十年征戰史，或老謀深算或勇猛善戰的強兵悍將。

自掛帥出征起，喇布等人就註定要承受常人難以想像的困苦和責難。在這一過程中，挫折和失敗自然是難免的，但他們也在失敗中得以迅速成長，以喇布為例，他已經漸漸熟諳軍事，能夠克服自己在戰術指揮上的弊病和不足，在應急處置上也變得更為老練——接到康熙的旨意後，不僅遵照命令，立即派一名前鋒統領馳援永興，而且向定遠平寇大將軍、安親王岳樂以及征南將軍穆占告急，請他們派軍前人員一同往援。

喇布之所以要向各方友軍請援，是因為他根據所偵察到的情報，判斷出吳軍將包圍永興，僅靠自己一方難以解除永興危機，只有發起會戰才能扭轉戰局。首先回應這一請求的是岳樂，官山之戰後，岳樂與吳軍主力在長沙前線相持，兵員也很緊缺，然而仍在第一時間抽調人馬馳往永興。

讓人想不到的是穆占。穆占是喇布的岳丈，女婿請兵，岳丈似乎沒有坐而觀之的道理，而且他所駐屯的郴州離永興又特別近，可偏偏穆占不但沒有應喇布所請，馬上出兵永興，反過來還推諉說增援永興是喇布的責任，自己得集中兵力守郴州，沒辦法顧及永興。

客觀上當時郴州的確正受到吳軍威脅，不過最主要的原因還是穆占、喇布翁婿不和，換句話說，是穆占瞧這個女婿不爽，你讓我派兵，我就不派！

穆占乃清軍中難得的悍勇之將，但其大局觀著實有些問題。喇布對此毫無辦法，同時他自己也不敢離開所駐屯的茶陵去增援永興，就怕兵力抽得過多，被吳軍乘虛而入。

喇布身為大將軍，卻無法協調與前方將領的關係，這讓康熙感到很是頭疼，他一面下詔調和，讓喇布、穆占一體商議，而非各行其是，一面調整部署，除從廣東調兵協助穆占擊退敵軍，鞏固郴州外，另外委任和碩額附華善為安南將軍，令華善直接援救永興。

在平叛戰爭中，掌軍的皇室貴胄由於對軍情不熟等原因，一開始大多行軍緩慢，華善也沒能逃脫這一規律，他原本可以成為永興城的及時雨，但卻遲遲不能現身，其間喇布多次傳檄催促，康熙也數次下詔探問，皆未得到任何消息。

永興之戰的嚴峻性正如喇布所料，可以說是艱險至極。喇布、岳樂所派援兵根本不足以為永興城解圍，吳軍從三面對永興進行了晝夜不息的環攻，在二十多天的激烈廝殺中，永興城牆曾被火炮擊毀，守軍用竹簍布囊盛土填補，且築且戰，「瀕危者數矣」。

猛藥

康熙與前線的資訊溝通向來都非常及時緊密，但在那些天裡突然就失去了與永興方面的聯繫。這讓康熙變得十分緊張，乃至於連平時強裝的鎮定都維持不住了，「憂慮現於詞色」。

永興得失固然關係匪淺，可若論嚴重性，總也超不過此前王輔臣在西北的反叛，那時康熙尚且能夠做到閒庭信步，如今怎麼就亂了方寸呢？說來說去，還是與康熙對未來形勢的預判有關，他懂軍事，知道打敗仗不怕，怕的就是遇到這種前方消息不通，後方無能為力的情況，因為它意味著自己已經失去了對戰局的把控能力，弄得不好，永興失守只是一個起點，接下來清軍在湖南戰場上極可能出現雪崩一樣的失敗，那就全完了。

老臣、平逆將軍畢力克圖注意到了康熙的情緒變化。一天議政王大臣進宮商議軍事，眾人進奏完後全都退下了，只有畢力克圖單獨留下來，對康熙說：「為臣觀察陛下近日的臉色，稍露憂慮之狀。不過臣認為皇上不用著急，您不妨試想一下，我朝滿洲兵將就算是一個五百人組成的編隊，衝鋒陷陣，誰能擋得住？相信過不了幾天，永興方面必定會送來捷報。」

畢力克圖為四朝元老，開國諸王打過的仗他都打過，在他所處的那個時代，說五百人的滿洲騎兵就可以縱橫疆場，所向無敵，其實並不算吹牛。康熙本人對滿洲兵當然也充滿了自豪，可現實問題終究難以用完全理想化的方式解決，要知道時移世易，當年的五百滿洲騎兵和現在的五百滿洲騎兵早已不是一個概念，穆占算是膽識過人的勇士了吧，在需要他赴援永興的時候還不是推三阻四？

畢力克圖體貌魁梧，雖然已經年近古稀，但豪邁依舊，見康熙尚有些將信將疑，乾脆下起了猛藥：「難道陛下不瞭解太祖、太宗征戰的往事嗎？為臣從未見他們皺過一次眉頭。皇上您如果這樣怯懦心虛，就比不上祖宗了！」

畢力克圖的話很不中聽，然而良藥苦口，一下子就把康熙給點醒了。他承認畢立克圖說得對，眼下最重要的是要像父輩那樣拿出勇氣解決問題，而不是坐在家裡愁眉苦臉，自亂陣腳。

在湖南戰場上，穆占已成為解永興之圍的關鍵先生，要保住永興，「蓋倚穆占實甚」，康熙隨即密諭穆占，將以往關於防守江西全省及湖南茶陵、永興諸處的敕旨歷數一遍，強調在這些敕旨中，總是將穆占的名字署於前，喇布的名字署於後，顯見得朝廷對穆占是非常倚重的。說到這裡，他話鋒一轉，指出穆占身負朝廷重托，卻不但不以朝廷大事為念，反而徒為身計，獨留精兵自護，乃至坐失馳援的良機，致使永興深陷重圍，實在是很不應該。

康熙給穆占的最新指示是「親赴永興，撲滅賊眾」，在他的極力催促和誘導下，穆占終於放下與喇布不和的心結，先派精兵攜火炮赴永興解圍，繼而又親自趕往永興督戰。

在派穆占火速馳援永興的同時，康熙還決定乘虛進攻岳州。他認定岳州乃湖南咽喉要地，只有收復岳州，長沙、荊州方面才能取得進展。

岳州攻守的關鍵在於水師，負責進攻岳州的安遠靖寇大將軍尚善主張穩紮穩打，徐徐圖之，原因之一就是清軍水師較弱，短時間內難以在湖中與吳軍水師抗衡。康熙也知道清軍不習水戰，船隻匱乏，多次下令讓尚善「增船破敵」，「倍造鳥船沙船」，他不能接受和滿足的只是這種長久僵持對峙的狀況。

直到吳軍水師將領林興珠投誠，才終於讓康熙眼前為之一亮。林興珠是福建人，諳熟水性，所督造的鳥船「出入洪波大浪如平地，大小銃炮布列左右」，以往作戰時往往令清軍水師「寸板不得入」，吳三桂稱帝後，封侄子吳應麒為楚王，在岳州轄制各軍。吳應麒為人驕橫無禮，與林興珠產生了矛盾，他卻惡人先告狀，到吳三桂面前進讒言，說林興珠有反吳投清的念頭。吳三桂聽後二話不說就將林興珠調往湘潭，林興珠氣憤不過，一咬牙一跺腳就真的降了清。

康熙對林興珠十分重視，優封他為侯爵，授建義將軍，將其留在岳樂帳下效力。林興珠降清時不僅帶走了一批戰船，使吳軍水師實力蒙受很大損失，而且他熟悉洞庭湖水道，掌握吳軍水師機密，有他提供情報和幫助策劃，清軍在水戰中不再表現得縮手縮腳。

在總兵萬正色的率領下，清軍水師乘夜潛入洞庭湖中，利用蘆葦為掩護，拔掉吳軍在湖中設置的大批木樁，打開了航道，隨後又一鼓作氣沖入洞庭湖，擊敗了吳軍水師。

吳軍不甘失敗，組織兩百艘戰船進行反擊，但在激戰中，其戰船多被清軍水師發射的火器焚毀，殘部退回岳州，守城待援。清軍水師乘勝前進，直逼岳州城下。

林興珠降清後，吳三桂進行報復，將他的兩個兒子全都殺了。林興珠憤恨不已，天天都想著要報此血海深仇，為此特獻「水陸聯營困破岳州策」，康熙欣然採納，命尚善撥出一半戰船駐防君山，伺機截擊常德方向駛來的吳軍船隻，另一半戰船進至香爐峽、扁山、布袋口等處襲擊吳軍糧船，並派陸師屯兵九貴山，用以切斷長沙、衡州與岳州的聯繫。

圍困岳州需要投入大量兵力，康熙深信「擊破逆賊，規定湖南，在此一舉」，於是不惜從荊州、安慶，陝西、河南等地大批大批地抽調軍隊參加圍攻岳州的戰役，其中勒爾錦所得到的詔令是，除酌量留兵以守荊州、彝陵等地外，其餘兵卒要全部發往岳州。

吳宮曲

吳三桂重新發起攻勢後，偏重於永興、郴州，而忽略了岳州。發現清軍對岳州進行有效圍困，且各地兵力不斷向岳州會集時，他已來不及做出相應調整，這在心理上對他造成了很大衝擊，令其心力交瘁，苦不堪言。

吳三桂稱帝固然短期內有些作用，但並沒有得到百姓和知識份子階層的認可。他以「昭武」為年號，

「昭」字橫豎皆由兩筆編成，衡州民間因此傳出民謠：「橫也是二年，豎也是二年。」意思就是他的新王朝時日無多，維持不了多久。還有人把「昭」字的「日」解為「斜日」，「召」解為「刀口」，說日已過午，不可久照，而「斜日」又在「刀口」之側，主凶兆，吳三桂恐怕不久必死。另一個「武」字，則被解為「止戈」，也就是這場由吳三桂本人發起的戰爭也將很快被平息。

看到軍事不利，民心也不向著自己，吳三桂極為沮喪，每每自嘆自怨，說：「何苦！何苦！」在極度的憂慮惶恐之中，他染上了中風之症，「形容憔悴」。

一天，一隻狗突然跳上坐案，朝著他狂吠起來，吳三桂素來迷信，受驚之後疑為不祥之兆，病情由是加劇，遂致口不能張，食不下嚥。俗話說禍不單行，不久他又得了赤痢，終於一病不起，於一六七八年十月二日病死。

明末清初詩人吳偉業因不忿於吳三桂降清，曾以吳三桂及其妾陳圓圓的故事為題材，創作了一首長篇敘事詩《圓圓曲》。《圓圓曲》最末一句是「為君別唱吳宮曲，漢水東南日夜流」，所謂「吳宮曲」，乃春秋時吳國宮中的古曲，專用以詠嘆盛衰興亡，詩人實際在借此暗喻吳三桂的最終結局。

吳偉業並無未卜先知的能力，《圓圓曲》詩成於順治朝，那時又正是吳三桂稱心如意、氣焰熏天的時候，而到吳三桂反叛的前一年，連吳偉業本人都已經去世，《圓圓曲》也就被人們想當然地認為只是一篇詩人發洩不滿的感懷之作了。誰都沒能料到，吳三桂的最終結局竟與詩人所預言的分毫不差，「吳宮」建成之日，就是他兵敗身亡之時，籠統算來，他一共只做了五個月的「周朝」皇帝。

吳三桂的猝死令其臣下措手不及。為防止軍心渙散，留守衡州的夏國相等人秘不發喪，仍像平時一樣向吳三桂進衣進食，同時關閉衡州城門，並潛令正在永興、郴州作戰的吳軍立即撤回，以爭取時間、商討對策。

十月六日，胡國柱、馬寶等奉命焚毀營壘，率部悄然退回衡州。隨著吳軍撤兵，永興之圍自解，緊閉的城門終於再次打開。

消息傳來，康熙長長地鬆了一口氣，儘管他做通了穆占的思想工作，穆占也已親自馳援永興，但若不是老天幫忙，永興能不能解圍也仍然是一個未知數，他後來回憶道：「吳三桂兵圍永興城，破在旦夕。吳三桂一死，其兵皆退。此亦天意也。」

康熙即席賦詩：「遙天今日捷書來，萬里歡聲動地開，從此黎民皆樂業，軍威應振凱歌回。」隨詩還有一個序，說明了他這麼開心的原因：「大將軍報吳逆暴死，其下賊眾潰散無餘。大兵指日進取，恢復封疆。」

事實上，從整個平叛戰爭的進程來看，永興之役和吳三桂之死確實是一個重要的轉捩點，特別是後者，對吳氏政權造成了致命一擊。吳軍士氣一落千丈，已成樹倒猢猻散之勢，衡州諸將在慌亂中一致推舉吳國貴總理軍務，同時繼續匿喪不發，而派胡國柱入滇迎吳三桂的孫子吳世璠奔喪。

在吳三桂的侄婿中，吳國貴素以勇武著稱，連眼高於頂，對馬寶、吳應麒、夏國相等一干武將都嗤之以鼻的軍師方光琛也對其另眼相看，曾忠告吳三桂：「吳國貴雖倔強，然勇略過人，至死不變。」吳國貴認為吳三桂生前最大的戰略錯誤是沒有深入中原腹心和切斷東南漕運，他提出「勿畏難，勿惜身，寧進死，勿退生」，號召眾人拼死北上決戰，「即令不能混一，黃河以南，我當有之。」

吳國貴的倡議雖然已經遲了，但若堅決實施，仍然能夠給清軍造成很大麻煩。可惜的是吳三桂一死，吳氏政權便失去了足夠的凝聚力，諸將各揣心事，皆無進取之意，馬寶更是首先反對，其他人隨聲附和，致使吳國貴的倡議泡湯，能拖多久拖多久成為吳軍在前線的主導思想。

速取岳州

這邊軍事上毫無頭緒，那邊入滇的胡國柱也碰了壁。胡國柱原指望通過迎吳世璠奔喪重振軍心，但吳世璠的岳丈郭壯圖卻以雲南是根本重地為由，力阻吳世璠出滇。胡國柱在東郊大哭數日，然而無濟於事，只得返回衡州，和其他人一起將吳三桂屍體偷運至常德，又由方光琛送殯至雲南安葬。

吳世璠出不出滇，其背後實際是權力之爭，不久郭壯圖便自挾立吳世璠在雲南即位，改元「洪化」。胡國柱聞知再至雲南，想請吳世璠出滇坐鎮湖南，但遭到郭壯圖的阻撓：「以棄湖南守險隘，猶可以作夜郎王。」

吳政權內部的鉤心鬥角，人心渙散是康熙早就預料到的，吳三桂死訊一傳開，他就立即抓住這一有利時機，指令諸路大將軍、將軍「各統大兵，分路進剿」，同時詔令「水陸夾擊，速取岳州。」

由於原岳州主帥尚善已經病故於軍營，康熙命貝勒察尼代尚善為安遠靖寇大將軍，轄制岳州各部。察尼乃多鐸系皇族，雖然也是平叛戰爭開始後才接觸軍事，但他此前在勒爾錦軍前任參贊，後又佩靖寇將軍印參戰，在荊州前線多有戰績。儘管如此，考慮到統帥剛剛易人，康熙仍不放心，於是又一次提出要御駕親征，他對議政王大臣們說：「今日之事，以岳州最為緊要，不可不速行攻取。乘此民心所向，朕欲親統六師，躬行伐罪。」

與先前一樣，在議政王大臣們的反對下，康熙親征的願望依舊沒能變成現實，但他速取岳州的決心未變。一六七八年十月，朝中就如何突破吳軍在荊岳方面的防線，令湖南戰場的各位大將軍進行合議。岳樂、勒爾錦、察尼各自上疏，岳樂願意親赴岳州指揮，調大炮急攻吳軍陸營，勒爾錦建議將防守兵力全部投入一線，增加鳥銃手，「五路渡江，齊力大舉」，但他們的提議都沒有能夠讓康熙滿意：「安親王、順承郡王所奏俱不必行。」

只有察尼所奏得到了康熙的認可，察尼主張待洞庭湖水乾涸後破敵，並請以大隊清軍陸路立營。前者仍然來自林興珠之策，康熙為之拍案叫絕：湖水乾涸後，吳軍水師難以出湖，破敵必能取得最大成效。洞庭湖水乾涸必須等待天時，在此之前，繼續圍困岳州，令其「不戰而斃」仍是關鍵。雖然清軍已經採取了水陸聯營困破岳州的策略，但仍無法完全切斷岳州的水上補給線。

林興珠投清後，原效力於臺灣鄭氏家族的杜輝繼任岳州水師主將。杜輝善於水戰，他所督造的飛船有別於清軍的鳥船、沙船，後者的船型當時都較小，而飛船船型龐大，且分上中下三層，上中兩層左右各安大小銃炮三十六門，遇敵遠則射擊，近則可將敵船撞沉。

依靠強勁的飛船水師，吳軍不斷從衡州、湘陰等處運來糧米、器械，以供岳州駐兵所需。有一次，杜輝等人駕駛二十多艘飛船，自岳州赴湘陰運取糧米火藥，清軍出動一百三十多艘船隻在扁山進行攔截，杜輝急命水兵兩面放炮，趁清軍躲避之際，飛船衝出重圍，繼續駛往湘陰。之後等杜輝一行載著軍糧火藥，從湘陰返回再次經過扁山時，還是邊開船邊向兩面放炮，而清軍水師不敢邀戰，只能眼睜睜地目送吳軍船隊進入岳州。

隨著冬季到來，湖水變淺，有的地方甚至已逐漸乾涸，吳船出岳州就沒原來那麼容易了。當然清軍大戰船也很難進湖，但清軍有辦法，他們將在湖北的新堤決堤，引江水通船，把這個難題給解決了。在清軍水師的各種戰船中，有一種叫作艨艟的船隻，這種船隻形狀狹長，航速快，專用以突擊敵方船隻，清軍把數十艘艨艟集中起來，上排鐵釘，船外密佈漁網，用以與飛船抗衡。當飛船疾駛過來時，一旦劃槳被漁網纏住，船隻即無法轉動，整個飛船也就成了甕中之鱉。

這時岳州已雲集諸路清軍共三萬有餘，鳥船百艘、沙船四百三十八艘，實力超過吳軍，加上飛船被擊破，吳軍水師再無能力隨意在湖面行動，岳州遂成孤城一座。吳應麒自出守岳州起，曾按方光琛之計，預備三年軍糧，且平時不允許擅動，如果他一直堅持這麼做，即便岳州的供給線被切斷，也能勉強維持。

只是後來荊岳長期對峙，兩軍不僅很少大動干戈，還互通貿易，各自設關抽稅，以佐軍需。由於湖北荊州糧貴鹽賤，湖南這邊反之，鹽貴糧賤，吳應麒便下令停發軍糧，將應發軍糧折價縮值成銀兩發給官兵，軍糧則被他拿去倒賣換鹽。

吳應麒的愚蠢和貪鄙成性使得城內所貯備的糧食很快為之一空，待到岳州陷入重圍，不再能從外地運進糧米時，城內立即陷入了糧荒，就算出高價都買不到米。吳應麒這才慌了神，他四處告急，結果卻發現清軍「水陸聯營，綿亙百里，赴援者皆不敢進。」

一戰定乾坤

在求援不得的情況下，吳應麒只得轉守為攻，組織兵力向清軍扼守的各處水陸要隘發起主動攻擊。一六七九年一月，他命令杜輝等人駕駛兩百五十艘大船，乘風進犯清軍駐地柳林嘴，企圖打開缺口，疏通糧道，但遭到清軍的火炮猛擊。清軍陣地上本來就配備有威力很強的紅夷大炮，統帥察尼又從江南調來一千門子母炮，炮火中，半數吳船被擊毀，許多吳軍溺死於湖中。

水師突破不成，吳應麒再遣五千吳軍急速渡江，對陸石口發起進攻，但也因清軍防守嚴密而告失敗。康熙得到報告後做出判斷，認為在湖水漸涸，敵船難出的情況下，岳州城內一定已缺乏糧餉，不然不會在陸路上這樣冒死進行突破。他指示察尼，吳軍越窮迫，對岳州的圍逼越不能鬆懈。

察尼謹奉聖旨，一面命令鎮守諸要路的將軍大臣，嚴緝奸細，務求做到風雨不透，徹底切斷岳州的外援及其內外音信；一面派人混入岳州散發勸降書，對吳軍施行心理戰。

清軍雙管齊下的措施以及糧米的斷絕，使得城內人心沸然，有民謠云：「吳應麒！吳應麒！殺了你獻康熙。」杜輝首先發生動搖，派人向清軍請降，不料事機不密，被吳應麒察覺，除其部將陳華、李超等得以潛逃投誠外，杜輝本人及多名同謀者皆人頭落地。

到了這個地步，杜輝是死是活其實已不重要，重要的是吳軍已經亂了，特別是陳華、李超等投誠後，康熙俱授以官職，把他們留在察尼軍前招撫吳軍，致使吳軍內部進一步分化。一六七九年二月，吳軍總兵王度沖、將軍陳珀等率舟師歸降，吳應麒在內外交困中被迫棄城而逃，清軍收復岳州。

消息傳至京城，康熙喜不自勝，特賦詩慶祝。他在詩序中展望前景，認為在收復岳州後，吳軍在湖南的其餘勢力已不足懼，將被清軍迅速掃除，「解吾民之倒懸，行有日矣。」

在接下來的兩個月內，湖南戰場上出現了諸路並進的大好形勢。順承郡王勒爾錦率大隊渡江，駐守太平街、虎渡口的吳軍不戰而潰，清軍進踞常德。安親王岳樂也從水陸兩面夾攻長沙，吳應麒、胡國柱等焚毀船艦後棄城潛逃，接著，康熙命簡親王喇布、貝勒察尼前往長沙，歸岳樂調遣。在岳樂的指揮下，清軍水陸並進，猛攻衡州，衡州內的吳國貴、馬寶、夏國相棄城遁逃，衡州連同湘陰、湘潭等城都先後被清軍收入囊中。

吳應麒、胡國柱等從長沙出逃後，在辰州集結潰軍達一萬三千人，他們用木石堵塞辰龍關等隘道，以對追擊而來的清軍進行阻截。辰龍關為辰州門戶，又是「通雲貴的孔道」，清軍勢所必爭，但這一帶山勢險峻、林木茂密，在特別狹窄的地方，只能容一匹馬通過。勒爾錦、察尼先後奉命攻取辰龍關，然而看到地形如此不利，都不敢驟行攻擊。

除了辰龍關，當時由湖南入黔還有一條險道，這就是武崗的風木嶺。在辰龍關暫時難以攻取的情況下，康熙預計如果能夠拿下武崗、風木嶺，就可以截斷辰州、辰龍關的後路，令吳軍無法踞守，因此決定派岳樂、喇布會攻武崗、風木嶺。

在風木嶺，清吳兩軍爆發激戰，結果一戰定乾坤，吳軍大敗，吳國貴中炮陣亡。正如康熙所料，清軍只要拿下武崗、風木嶺，辰州、辰龍關便不足慮。察尼率軍從小路抄襲，一舉攻破辰龍關，辰州吳軍情知抵抗無益，立刻選擇了獻城歸降。

令人哭笑不得的是，到了這種時候，有人居然還在夢中。吳應麒退至沅州，稍稍緩了口氣，就準備營造他的楚王宮（吳應麒被吳三桂封為楚王），手下官兵憤懣不已，說：「刀都架在脖子上了，還造什麼大殿？」說完一哄而散。未幾，征南將軍穆占進兵沅州，吳應麒、胡國柱倉皇出奔貴州，湖南全境宣告克復。

與此同時，廣西平叛戰爭也接近尾聲。廣西巡撫傅弘烈、鎮南將軍莽依圖在多次受挫後，越挫越勇，終於得以大敗吳軍，吳軍統帥吳世琮負重傷逃亡，廣西隨之平定。

眼看南方形勢漸定，康熙陸續將安親王岳樂、順承郡王勒爾錦、貝勒察尼、康親王傑書等人的大將軍、將軍職務予以解除，命他們解印歸京，並對其功過分別給予獎懲。

這批皇族貴胄久勞於外，按說沒有功勞也有苦勞，但康熙在戰爭中遵循的原則卻是「罰先行於親貴」，也就是要處罰首先處罰諸王貝勒。據此，勒爾錦、察尼以屢誤軍機罪，被分別削去郡王、貝勒及其餘一切職務，前者遭到羈禁，後者即沒家產後降為閒散宗室。貝勒尚善「屯兵岳州城下，八年不戰」，雖已病死於軍中，但仍被革去貝勒。

相比其他高級武職官員，康熙當然更信任自己的皇族，但唯其如此，他才更要近乎嚴苛地對皇族進行要求。岳樂在平叛戰爭中戰功最為卓著，然而他所能得到的獎勵，不過是傳諭盛讚，說上幾句好話而已，甚至康熙吸取鰲拜事件的教訓，為了防止親王坐大，進而對皇權造成威脅，後來還以類似於「雞蛋裡挑骨頭」的方式，削去了岳樂、傑書的軍功，並各罰俸一年。

入川

康熙決計進取的下一個目標是四川，該省通聯雲南、西藏，且吳世璠已有與西藏方面暗通款曲的跡象，所以勢在必奪。此時陝西的漢中、興安尚未收復，一六七九年五月，寧夏提督趙良棟上疏主張：「今湖南既定，宜取漢中、興安，以圖四川。」他還毛遂自薦，主動請戰。

趙良棟原任天津總兵官，平叛戰爭開始後經甘肅提督張勇推薦，出任寧夏提督。因趙良棟曾為吳三桂部屬，人皆言不可重用，趙良棟便請以家眷留京為質，隻身赴任，此次為了向朝廷顯示自己的忠心，更是欲以平川「竭盡自效。」康熙看完奏疏後深為嘉許，即命撫遠大將軍圖海統率滿漢大軍進取漢中、興安。

圖海在平定布林尼、王輔臣之役中曾屢建奇功，是康熙心目中入川清軍統帥的第一人選，但這次受命出兵時卻頗為猶豫躊躇。原因是安西將軍赫業曾率八旗軍進兵四川，一度打到保寧，可是一直沒能打下保寧，後來還又因被吳軍抄後路、斷餉道，導致所帶去的八旗精銳部隊傷亡殆盡。圖海等人對此心有餘悸，於是在再次入川上的積極性上便遠不如趙良棟等漢將。

康熙未嘗沒有與圖海等人相似的擔心和憂慮。不管他在戰爭中如何重用綠營，但八旗軍始終都是他和王室所必須依賴的核心力量，而滿洲人口又較少，能徵集到的適齡兵卒數量非常有限，可以說八旗軍在平叛戰爭中每出現一次大的傷亡，都足以讓康熙心跳不已。

相對於嚴苛地對待參戰皇族，康熙為普通八旗官兵（也包括綠營）制定了較為優厚的恩賞和撫恤制度，從賜恤致祭到為之代償債務，都有明文規定。他還要求將領們在攻城野戰時，只要條件許可，就必須收取官兵骸骨，如果做不到，將官將降二級調用，領戰大臣也要罰俸一年，岳樂後來被罰俸一年，罪名就是在長沙會戰時沒有能夠及時收取陣亡官兵的骸骨。

康熙曾經神情悵然地說：「我花二十年時間，才能培養一個能夠征戰的滿洲士兵，如今效死疆場，怎麼能不厚恤呢？」雖然愛惜滿洲士卒，但他更希望及早取得戰爭的勝利，圖海的態度讓他很不高興，斥責道：「懦怯易退，何時乃得破賊？」

圖海等人激情不夠，同時又考慮到四川山陵起伏，溝谷縱橫，滿洲騎兵的威勢確實容易受到限制，康熙決定像平定王輔臣戰役中那樣，倚任漢兵漢將完成平川任務，為此他下令將來自北方和東北地區的大部分八旗兵陸續從前線撤回，並指示議政王大臣：「進取四川，以滿洲大兵為後，應最為緊要。」

一六七九年十一月，康熙派使前往陝西，傳諭趙良棟及位列「河西四漢將」的張勇、王進寶、孫思克，讓他們就入川事宜進行共同商討。在進兵四川問題上，漢將的意見其實也並不一致。王進寶、趙良棟非常踴躍，主張迅速發兵入川，且都爭著承擔軍事任務，而張勇、孫思克卻與圖海等滿將的想法接近，認為入川的時機未到，對康熙的部署表現得不以為然。張勇奏稱，眼下即將進入寒冬時節，堅冰截路，運餉困難，不如等明年春天再出兵。孫思克顧慮更多，說吳軍多步行，逾嶺登山，如履平地，對一些小路曲徑也非常熟悉，如果清軍大舉入川，就怕他們由小路曲徑包抄後路，斷絕餉道，「為害滋甚」。

康熙之所以要倚重綠營，不是認為八旗不如綠營，而是覺得綠營的作戰特點更適合西南山地，他因此指責說，陝西綠營兵很多，其中步兵不少，且在各省綠營中，陝西綠營的精銳程度向來稱第一，吳軍固然能夠跋涉山嶺，但你們陝西綠營也以步戰和山地戰見長，又受朝廷恩養多年，怎麼就做不到呢？

在既往的西北平叛戰爭中，綠營雖自成一軍，有時還獨立作戰，然而整個戰場上都還有數量不在少數的八旗軍。這次卻是例外，在決定倚重綠營後，首先入川的將會是幾乎清一色的漢兵漢將，康熙知道張勇等人對此難免有所疑慮，因此特諭張勇，說自古漢人造反，朝廷也都是以漢兵予以剿平，那個時候滿人還沒有入關呢，又到哪裡找滿兵助戰？

眼看康熙的決心難以改變，圖海不得已，只好表示：「如有進取之機，酌量分道而行。」當月，他便與王進寶、趙良棟、孫思克等人分四路出發，向漢中挺進。

四路入川兵馬中，時任奮威將軍兼平涼提督的王進寶率先傳出捷報，他在收復漢中後，直抵位於川陝邊界的青石關，迫使吳軍大將王屏藩退守保寧。趙良棟繼之而起，擊敗了另一名吳軍將領吳之茂，乘勝克復進川要道陽平關。

康熙聞訊大喜，立即部署配合王、趙入川事宜。當初清軍在保寧戰役中虎頭蛇尾，功虧一簣，主要原因還是糧餉不繼，康熙吸取教訓，分析認為如今吳軍人心渙散，從軍事上予以削平應該不難，難的是如何確保糧餉不會斷絕，「唯蜀路運糧最為重要。」於是他將二線部隊一分為二，其中的一半由圖海統率，駐屯於鳳翔，以防守陝西通省，另一半由建威將軍吳丹統率，繼王進寶、趙良棟之後，與陝西總督哈占一起負責協餉，以確保「轉餉源源不斷，相隨而進。」

一六七九年十二月，王進寶與趙良棟會師，疏請進兵，這時兩人在究竟合路進還是分路進上又發生了分歧，王進寶主張合路同進，趙良棟主張分川西川東兩路。康熙支持了趙良棟的意見，決定分兩路進兵，即由趙良棟取成都，由王進寶取保寧，理由是取成都和取保寧缺一不可：若不拿下成都，就不容易克復保寧；若不拿下保寧，即便已取成都，也難以固守，勢必還要重蹈保寧戰役時的覆轍，仍舊會被敵軍逼出四川。

除批準王進寶、趙良棟分兵兩路入川外，康熙還下達諭令，授王進寶為奮武將軍，趙良棟為勇略將軍，並規定只要王、趙需要，圖海必須盡速調兵至指定地點，不得有誤。

勇略將軍的封號要高於奮武將軍，取成都的戰功也實際大於取保寧，顯見得康熙對趙良棟更為倚重一些，這是因為他認為趙良棟有勇有謀，「雖系武員，通曉文義」，而王進寶勇敢有餘，策略較差。

王進寶對這樣的安排自然很不高興，也因此與趙良棟產生了嫌隙，兩人都想通過建立戰功來壓倒對方一頭。一六八〇年一月二十七日，王、趙在遵旨各湊足萬餘人後，連年也顧不上過，就分頭向四川挺進。首先出拳的仍是王進寶，他通過擊敗朝天關守敵，迅速佔領了廣元，接著便兵分三路急趨保寧。保寧與漢中連境，為川陝間之要衝，如同第一次保寧戰役一樣，王屏藩仍以重兵扼守，兩軍隨即展開激戰，吳軍大敗，被逼退至城外翠屏山。

王進寶及其子王用予繼續率部猛衝，連破四座敵營，並奪取了保寧城的浮橋。當他們攻至城下時，守兵欲張弓搭箭，王進寶忽然敞開衣襟朝城上大喊：「你們為什麼不朝我射？」

吳軍見過膽大勇猛的敵將，卻還沒見過如此不要命的，一時驚愕不已，全都愣在當場。王用予趁機砍開城門，指揮官兵沖入城內。王屏藩本是吳三桂帳下數一數二的驍將，但他自王輔臣兵敗降清後就已對前途失去信心，見保寧城陷，遂與另一名吳將陳君極一同自縊而死，剩下的吳之茂等十七員戰將束手就擒。

王進寶勇悍過人，即便在滿將中，也只有穆占可與之相比，其餘皆莫能及。不過這名勇將並不野蠻嗜血，佔領保寧後，他一再命令諸軍不得驚擾鄉里，被百姓稱為「仁義將軍」。

趙良棟同樣一往無前，所部晝夜兼行，很快兵抵位於川江上游的白水壩。白水壩號稱「鐵門檻」，吳軍在此扣留舟船，夾江而陣，設炮以待，防禦十分嚴密，缺乏舟船的清軍只能望江興嘆。

趙良棟見狀大怒，喝令道：「元旦（古代指正月初一）渡江，大吉大利，到時看我的馬鞭指向哪裡，你們就要衝向哪裡，敢退者斬！」次日黎明，趙良棟身先士卒，親自帶著五十名官兵下江試水，結果發現江水很淺，於是便指揮官兵涉水衝鋒。

跑動中，趙良棟所騎戰馬突然失足，他離鞍落馬，跌進湍急的江水中，但在被親兵扶起後，又立即跨上戰馬，繼續向對岸沖去。將士們看到主帥在前面捨生忘死，誰也不敢怠慢，紛紛策馬搶渡，江面上出現了呼聲震天、萬馬奔騰的壯闊景象。

對岸吳軍連連發炮，清軍死傷數十人，但無一人敢回顧遲延。吳軍大驚失色，說：「這位老將軍軍令如山，沒法抵抗。」當下無人再敢戀戰，紛紛抱頭鼠竄，恰巧這時又刮起了大風，吹馬如吹船，清軍轉眼之間便沖上對岸，佔領了白水壩。

二月十日，趙良棟所指揮的陝甘綠營攻至成都近郊，吳軍獻城歸降。成都乃四川省會，一經攻克，全川傾服，這使得清軍僅用三個月時間就收復了四川的絕大部分地區。

大決戰

在成都、保寧克復之前，紫禁城太和殿發生了一場火災。當時每當中國發生重大事件，康熙都要遣使向朝鮮進行通報，這場火災也不例外。值得注意的是，火災還被與前線尚處於膠著的戰況聯繫起來，康熙在相關詔文中稱：「太和殿災，朕心惶懼，也弄不清究竟是什麼原因導致了火災，是朕德行不夠，還是用人不當？」

繼永興之戰後，康熙的情緒再次出現了大的波動。這個時候前線的捷報比什麼靈丹妙藥都強，平川戰役的成功令他大喜過望，也不再糾結於火災的來頭，當即給予趙良棟重賞，同時破格特授其為雲貴總督（仍領將軍銜）。

一六八〇年三月一日，康熙認為「速定雲貴」的時機已到，遂命滿將吳丹、鄂克濟哈從勒爾錦軍中挑選精銳兵馬，按照以往滿漢聯合作戰的方法，與趙良棟等組成西路四川大軍，一同出兵雲貴。

除了四川大軍，康熙還以彰泰、穆占領銜組成中路湖廣大軍，以喇布、莽依圖領銜組成東路廣西大軍，讓他們結束休整，「分道進取雲貴」。

平叛戰爭終於進入了最後的戰略大決戰階段，正如趙良棟在密奏中所言：「吳三桂、吳國貴已死，所餘之吳應麒、吳世璠、胡國柱、馬寶等皆已成驚弓之鳥，系無能鼠輩！當此已取四川之際，倘分兵進取雲貴，則一舉可定。」

當年吳三桂用「神龜」預卜吉凶，那神奇的小白龜總是在地圖上繞那麼一圈，即從長沙、岳州、常德爬回雲南。那時吳三桂還以為這是預示自己可以割據江南了，如今真相大白，原來是吳軍終究要被趕回雲南，等著人家來征剿的徵兆！

在清軍入川後，貴州垂危，郭壯圖忙攔吳世璠東行貴陽，以圖重振，吳應麒、胡國柱、夏國相、馬寶、王緒等也都退至貴陽，奉命侍衛，然而仍是各懷異志，也均有惶惶不可終日之感。吳應麒在上朝時大罵方光琛，認為吳三桂若不是聽了他的話，也不至於鋌而走險，淪落到如今這個地步。看到吳應麒一副把腸子都悔青的樣子，夏國相等人被觸動心思，當場大哭起來。吳世璠沒有參與雲南起兵，只能一言不發地任由文臣武將在朝上罵的罵，哭的哭，亂成一團。

世上終究沒有後悔藥可買，吳世璠等人鬧騰過一番後，還是選擇繼續垂死掙扎。就在清軍兵分三路，部署就緒之際，經吳世璠唆使，本已投誠的馬承蔭突然在柳州復叛。廣西巡撫傅弘烈猝不及防，被解住貴州遇害，吳世璠則乘機派吳軍從雲南分路進攻廣西，廣西大軍受到牽制，鎮南將軍莽依圖等人不得不以全力應付這一突發事件。

六月九日，馬承蔭的叛軍與雲南吳軍迫近清軍陣營，在五里之外占山為營，莽依圖命八旗軍與綠營共守營牆，官兵著甲堅守。僅隔兩天，雙方便在陶登展開大戰。是時吳軍排列鹿角、藤牌、火繩槍、大象四隊，對清軍進行輪番衝擊。莽依圖則按照滿漢聯合作戰時的通用戰術，置綠營兵於前，八旗殿後，並將第一佇列於戰場右翼，第二佇列於戰場正面。

戰鬥打響後，吳軍方面的槍聲如同爆豆一般，綠營兵雖亦以鹿角居前，以避敵排槍，但仍力不能支。由於綠營兵被火器壓制，致使背後的正黃、正紅二旗間隔率先出現缺口，吳軍乘機蜂擁突進，加上象陣的衝鋒，清軍在右翼的第一隊為之動搖，官兵紛紛後退，兩面大旗也被吳軍所奪。

象陣衝擊第一隊成功後，又轉向正面的第二隊，這時八旗軍顯示出了他們在箭術上的優勢，一時箭如雨下，把戰象們射得好像刺蝟一般。大象固然皮糙肉厚，但也經不住被人這樣射，於是紛紛向山上逃去。吳軍勢頭大挫，其官兵依靠鹿角樁掩護，忙由平地戰場撤出，分散縮回山上密林之中。

當天白天的作戰最為關鍵，看似打了個平手，實際吳軍已在心理上完全落敗。入夜後，莽依圖親率兩百精兵向吳軍實施突襲，吳軍被打得潰不成軍，一敗塗地。

陶登一戰大致上解除了廣西危機，馬承蔭日暮途窮，不得不再次請降，後俘送京師，被康熙以「背恩復叛，致誤征討大事」論斬。

作為重新勘定廣西的功臣，莽依圖就在這時因病去世。莽依圖不僅勇敢善戰，而且堅持戰時不殺降、不掠民，與王進寶一樣被稱為「仁義將軍」。他死後，無論八旗還是綠營抑或是當地平民，均哀痛不已，在他出殯時，人如雲集，自願前來的老百姓為之焚燒紙錢，道士、和尚也都哭泣不止，念經祈禱。

莽依圖曾於行軍之際斬殺過一條大蟒，有人說：「蟒者莽也，殺之於將軍不利。」他認為莽依圖生病致死就是錯殺了那條大蟒，其實莽依圖就和攻打岳州的尚善一樣，是積勞成疾所致。

在平叛戰爭中，相同的例子還有不少，從韶州保衛戰起就隨莽依圖征戰的巴爾堪就是如此。巴爾堪死前拒絕別人將他以陣亡上報，說：「我身為宗室，不得身死陣前，不幸臥床而死，豈敢再以陣亡冒功？我也絕不希望我的家人因為這個原因得到朝廷的特別照顧。」

若以宗室地位而論，尚善居上，莽依圖居中，巴爾堪居於底層，足以代表參戰的新一代皇族。他們生於安樂，卻死於憂患，其軍事生涯充滿了各種幸運、坎坷、成功、失敗，但最終又都為自己及其家族贏得了尊重和榮譽，沒有他們的助力，很難想像康熙能夠最終完成平定三藩之亂的漫長征程。

那就跳過去

一六八〇年八月二十二日，北京發生地震，「搖撼京城」。與年初的太和殿火災一樣，面對突如其來的自然災害，人們又都惶恐起來，不知道老天究竟要降下什麼樣的不祥預示。

在前線，這樣的預示似乎已經成為現實，因為馬承蔭復叛、糧草轉輸困難等原因，前線三路清軍的行動均較為遲緩，原定四月份就要進兵雲貴，結果到了八月份還沒有任何進展。康熙為此心情不佳，身體抱恙，直至無法進食，太皇太后孝莊非常著急，便催促著皇帝暫時移出紫禁城，到南苑休養。

康熙本來是對所謂災異最不感冒的皇帝，但處於特殊時期，你縱不迷信，也不能不在命運即將給出的裁決面前感到惶恐。大臣們更是如此，御史魏象樞自稱有密本上奏，康熙單獨召見後，他說此次地震乃非常事變，只能重處索額圖、明珠，才能消弭此災。

魏象樞所奏並非個人的異想天開，按古史所載，漢朝有災異發生，即重處一宰相。這時的索額圖任內大臣，明珠任大學士，朝中分別尊稱他們索相、明相，均為宰相級重臣。

康熙熟讀古史，也經常從古史中汲取治國理政的經驗，但他認為漢朝的這種做法乃是大錯特錯。因為宰相只是幫助國君辦事的助手，別說災異並不一定意味著朝政出現失誤，即有失誤，也應君臣共同負責，如果把責任都推給宰相，是非常不合情理的一件事。

聽了魏象樞的密奏，康熙直截了當地對他說：「倘若地震是對政事失誤的懲罰，那也是朕本身的過錯，與他們（指索額圖、明珠）有何相干？朕斷不將自己的錯誤推給他人！」

康熙將「倘有失誤，君臣共之」的理念貫徹於平叛戰爭的始終，哪怕前方戰況再不好，個人心情再鬱悶，他也不隨意遷怒於大臣。這使得大臣們都能放下包袱，積極參與籌謀，索額圖最初極力反對裁撤三藩，吳三桂起兵反叛後又建議將主撤藩者斬首，但等到朝廷平叛大計已定，他就立即成為朝中運籌軍事的骨幹，「料理軍書，調度將帥，皆中肯要」，因此還招來吳三桂的妒恨，不惜派刺客潛入京城，要對他進行暗殺。

就在康熙君臣為如何推動前線進展殫精竭慮的時候，吳世璠出於牽制清軍進兵雲貴的用意，又派胡國柱、夏國相、馬寶等人率吳軍主力，向清軍實力較弱的四川發起進攻。

西路大軍組成後，吳丹實際成為主帥，趙良棟退居第二，王進寶以生病為由請辭，經康熙批準回西北治療，其標下官兵由王進寶之子王用予暫行統領，駐紮於保寧。

吳丹、鄂克濟哈雖直接統率原勒爾錦部的八旗精銳，但兩人在軍事指揮上均非胡國柱、夏國相等人的對手，後者大打突襲戰，忽然繞至清軍身後，先進占瀘州，接著又攻陷了永州、敘州諸處，歸降清軍不久的譚弘父子也隨之據萬縣復叛。

康熙聞報，急忙對四川人事做出調整，將指揮不得力的吳丹、鄂克濟哈予以撤換，代之以佛尼勒、覺羅紀哈里二將，讓他們與趙良棟「會商剿賊」，王進寶也被重新起用，康熙命令他「馳赴保寧，兼守漢中」，以對付譚弘父子的騷擾。

四川戰場出現反復，本來對清軍而言是件雪上加霜的壞事，迷信者甚至可以把它當成對地震預警的又一個回應，但作為善用兵者，康熙卻立即從中看到了戰機：吳軍分兵重新進犯四川，必然要削弱其在雲貴的防守力量，這個時候正好組織東路、中路大軍進擊雲貴。

東路大軍主帥是揚威大將軍、簡親王喇布，他可以稱得上是新一代年輕皇族在軍中實現蛻變的一個典型，儘管他曾在吉安螺子山打過敗仗，但在後來攻佔衡州等地以及進定廣西的過程中，都沒有出現過明顯失誤，其軍事指揮已明顯由青澀走向成熟。不過康熙對喇布的看法，與他對尚善等人的評價相似，就是覺得作戰不夠大膽，「歷戰皆逡巡不前」，他擔心即便自己給喇布下命令，指揮風格已基本固定的喇布在推進速度上也達不到自己的要求。

必須重換一個主帥，康熙經過一番物色，看中了都統賴塔。賴塔雖非宗室子弟，但與莽依圖一樣「上過茅麓山」，平叛戰爭中又隨康親王傑書在福建、廣東征戰，「勞績素著」。

康熙授賴塔為征南大將軍，讓他「調遣滿漢大兵由南寧直進，速定雲南。」賴塔充分領會了皇帝的意圖，在到達南寧後，立即召集眾將，對他們說：「有誰願意為國家奮勇效力，站出來！」將領們熱血沸騰，全都躍躍欲試，當又被問到一旦遇到城池和鹿角擋路，該怎麼辦時，他們異口同聲地答道：「那就跳過去！」

驚天動地

一六八〇年十二月，賴塔率東路廣西大軍自南寧啟行，向西北進發。沿途路狹谷窄，道路泥濘，雨雹交加，行軍非常艱難，連當地土著都說「此處自古即非行軍之路」，但大軍沒有退路，只能咬牙挺進。

次年二月，清軍抵達雲南邊境的安籠所。安籠所前有險關石門檻，此處羊腸石徑，易守難攻，吳將何繼祖早已憑險據守隘口。賴塔沒有一味猛打猛衝，而是令前隊官兵沿大道前進，先向關前發動進攻，自己則與兩廣總督金光祖兵分兩路，自關後履險而上，乘敵不備，從後面突擊，一舉奪取關隘並乘勝收復了安籠所。

何繼祖潰敗後，與吳將詹養等會合，重又聚兵兩萬，退守黃草壩。賴塔率大軍向黃草壩列陣推進，兵卒漫山遍野，給人一副要依靠人多勢眾，對吳軍實施強攻的架勢，其實這不過是賴塔為踏勘敵營，進行陣前偵察所故意製造出來的假象。

根據偵察得到的情況，賴塔判斷吳軍陣地地勢險要，依舊不能從正面強攻，而只能抄襲其後路。發起攻擊的當天，他將守營的一千四百名滿漢兵佈陣於正面，用以誘敵，主力分成翼隊、第一隊、第二隊，這三隊均由綠營兵在前，滿洲兵在後，列四層佇列，執盾持槍，直取敵軍的後山小路。

抄襲後路的清軍走著走著，突然大霧迷漫，咫尺之間無法辨別方向，得虧吳軍在山口處並未嚴加警備，清軍才得以進入山口。到這時，吳軍也發現了清軍，遂設立鹿角，排列大角、盾牌、炮銃、鳥槍四陣，與突前的綠營兵接戰，一時間槍炮聲隆隆，驚天動地。

綠營兵只是起一個開路先鋒的作用，真正重磅的還是後面趕來的滿洲兵。他們吶喊衝鋒，其勢如同山崩地裂，連用於防護自己的盾牌都被扔在了路旁，有人中途負傷倒地，但又馬上掙扎著爬起來繼續前進。吳軍終於被這種一往無前的氣勢所壓倒，防守力量土崩瓦解，突襲戰從淩晨五六點開始打響，至下午兩三點結束，清軍連續摧毀敵營二十三座，俘敵將詹養以下千餘人。

黃草壩之戰打開了廣西大軍的進滇門戶，使他們「獨先諸路」，成為第一支深入雲南的清軍。歷史總是特別具有諷刺性，這條從廣西出發經黃草壩的進滇路線，其實也正是當年吳三桂追殲南明永曆帝所走過的道路。對於賴塔謹奉諭旨的神速行動，康熙表示十分滿意，後來特別加以讚揚說：「平定雲南，賴塔之功最大。」

就在賴塔掛帥出征的前兩天，身為中路湖廣大軍主帥的貝子彰泰也接到指示：「於文到日，速進取貴陽，以圖遵義。」這時湖廣大軍早已進入貴州，康熙傳來的旨意只是加快了他們的推進速度。

吳軍自潰退貴州後，便糧餉皆無，在鎮遠府，只能每人發五兩鹽作為唯一給養，士兵不得不像土匪一樣搶糧充饑，謂之「打糧」。據鎮遠的老百姓說，鎮遠的吳軍不僅每天都有士兵出去「打糧」，而且對每人須完成的打糧定額還有規定。

吳軍的皮盔棉甲在戰爭中丟的丟，壞的壞，後來又得不到補充，仍有盔甲者已不過十之二三，以至於幾乎個個衣衫破爛，赤足無履者也相當普遍。鳥銃攻擊本是吳軍的一個優勢，但十個人裡面也只有四五杆火繩槍，其餘人身上都僅佩一把腰刀，換句話說，他們不光要餓著肚子從軍，往往甚至還要赤手搏戰。這樣的裝備和狀態別說迎戰清軍了，僅僅打糧都要付出沉重代價，有一次吳軍到九古地方打糧，苗民予以反擊，吳軍作為正規軍都打不過對方，一下子就被殺死了四五百人。

吳軍頹喪已極，在吳世璠調兵遣將時，許多士兵一聽要調往貴州，都口出怨言，說：「若是調回雲南就去，若還調往別處，我們各人取方便吧。」有的將領也公然違抗命令，不肯隨馬寶去遵義。

自吳三桂起兵以來，這種將不聽命、兵不從調的局面還從來沒有發生過，士兵們都知道吳家政權已走到末路，私下紛紛議論：「等下回清朝兵馬來，我們大家散去。」

還在清軍到達鎮遠的前一天晚上，吳軍將領就悄悄逃走了，清軍輕易便佔領了鎮遠府城，之後直逼省城貴陽。吳世璠聞訊，除將胡國柱、馬寶繼續留在四川作戰外，急召夏國相等從四川還軍，用以救援貴陽。可是沒等這些援兵到達，清軍已進抵貴陽郊區，吳世璠慌忙偕同吳應麒等乘夜逃奔昆明，其文武百官兩百餘人歸降，清軍順利進據貴陽。

乘吳軍「百官星散」，陷入極度慌亂之中，彰泰乘機揮師奮進，連下遵義、平遠等諸城。然而清軍克復貴州的過程也並非一帆風順，仍在貴州頑抗的夏國相等重新攻佔平遠城，屯兵兩萬餘盤踞於平遠西南山上，又分兵萬餘據守於江西坡。前者還沒費太大事，征南將軍穆占與提督趙賴率滿漢兵發起進攻後，很快就大敗吳軍，收復了平遠城，相比之下，打得最艱苦的是江西坡，在那裡，清軍經歷了一場類似餘「茅麓山」的惡戰。

第六章

最合適的時機

江西坡山勢險峻，道路就像螺紋一樣，曲折盤旋，繞山而上。吳軍借助有利地形，以三四十頭戰象為前驅，突然向山下的清軍發起如同暴風驟雨一般的衝擊。清軍無論人馬都被嚇得驚懼戰慄，湖廣總督、綏遠將軍蔡毓榮急忙派正紅旗兵上前督戰，企圖控制住部隊的潰亂狀態，可是他們攔得住人，卻擋不住狂奔中的戰象，於是也只好跟著紛亂躲避。

戰爭是殘酷的，其基本法則就是殺人與被殺。江西坡初戰持續了兩天兩夜，戰場上清軍死屍山積，其中真正戰死的只有約十分之二三，被戰象踩死、爭著逃命互相踐踏而死者倒占到十之六七。清軍對收斂戰死者屍骨有嚴格要求，但江西坡戰役是個例外，因為死的人太多了，環境又過於雜亂，所以很多並未能夠得到及時收斂，直至康熙末年，農民在坡下鋤犁，尚見白骨成堆。

清軍只能不斷向江西坡注入後續援兵，眼見兵力越來越懸殊，吳軍實在無法堅守，這才棄險西走，湖廣大軍也才得以解除後顧之憂，而在此之前，彰泰已率大軍主力由貴州進入雲南，一六八一年四月初，他們與廣西大軍在雲南曲靖會師，之後合兵西進，直抵省城昆明。

包圍網

彰泰、賴塔抵達昆明後，駐軍於昆明城東十餘里的歸化寺。四月九日，吳世璠聽從郭壯圖的意見，「悉選精甲」馬步兵兩萬餘人，由吳將李設牙、胡國炳等率領，出城過河，列象陣向清軍挑戰。清軍立即分隊迎擊，彰泰軍在左，賴塔軍在右，對吳軍進行左右夾攻。這場戰鬥一開始就分外激烈，清軍固然進擊「甚銳」，但吳軍也很頑強，五退五進，殊死力戰。

賴塔軍在列陣時仍舊分為翼隊、第一隊、第二隊，賴塔觀看戰況後，除安排翼隊殿后，作為後備生力軍外，將第一、第二隊全部投入一線作戰，其中第一隊從吳軍側翼攻擊，第二隊隨後跟上，出擊方向為吳軍正面。

以綠營兵居前，滿洲兵利用騎射的優勢從側後掩殺，也依然是清軍的保留打法，其間槍炮聲不斷，震耳欲聾。第一隊撲上去後，截斷了吳軍尾隊，並伺機攻城，吳軍見狀，有一半人已出現動搖，但仍有數隊不動，依託橋寨拼命死戰。第二隊抓住機會沿正面進攻，對已經動搖之敵予以打擊，另組織鑲紅旗等兩旗的滿洲兵，向尚未動搖的那數隊吳軍發起衝鋒。

能始終死戰的敵軍通常都是最難啃的硬骨頭，在炮銃、火箭、排槍的攔擊下，吶喊衝鋒的滿洲兵抵擋不住，只得在斷垣殘壁中尋找隱蔽掩護之所，兩旗也自然而然地混合為一。正當指揮官傳令，要求兩旗官兵再次進行衝鋒時，吳軍後方突然變得混亂起來。原來受清軍衝擊，吳軍整體退至城下的金汁河，此時象陣驀地大亂，反過來向吳軍猛衝，吳軍猝不及防，不是被戰象踐踏而死，就是失足跌入河中。

抓住吳軍後方潰亂之機，清軍左右勁騎全部猛衝過去，一直追到了城門下。吳軍大敗，胡國炳等將領被斬於陣前，自相踐踏而死者更是不計其數，郭壯圖匆忙下令收兵，並將城門緊閉。

自一六八一年四月二十日起，清軍開始掘壕築牆，對昆明城形成了東西達四十餘里的包圍網。吳世璠將家小移至五華山宮城，命官兵分門死守，同時召胡國柱等將領從四川率師回援，又遣密使前往西藏，割地乞師，向達賴喇嘛求救。

得知吳世璠欲調進犯四川的兵力回援昆明，康熙急令佛尼勒、趙良棟：「於文到之日，即各統官兵，速行躡擊，勿令（吳軍）得援雲南。」除此之外，他還下令加強對雲南各府州縣的招撫，以切斷昆明外援。這一措施收效顯著，吳軍各路將領相繼投誠，還有人揭發了吳世璠派使西藏一事，導致吳世璠所派密使及其信件全部被清軍截獲。

四川方面，康熙雖然任命了佛尼勒等滿將，但趙良棟已實際躍升為主帥，他奉命追剿四川吳軍，經四個月苦戰，陸續收復瀘州、敘州、永州、建昌諸處。待四川後方形勢鞏固之後，他又揮軍前進，渡過金沙江，繼續對犯川吳軍將領實施追擊。胡國柱、馬寶等在逃入雲南時，已經「部卒潰散不成軍」，將領們或自殺，或乞降，力量很快被消滅一空。

在援兵無望的情況下，昆明益顯孤立，但昆明城池堅固，三面都挖有壕溝，北面不僅挖了插有梅花樁的壕溝，而且還有湖水灌入，難以速下。貝子彰泰、湖廣總督蔡毓榮等人均認為，吳軍將帥的家小俱在城內，必定要嬰城死守，所以滇城不可強攻，只宜圍困，以待敵自斃。

此後其他將領數次建議攻城，但都沒有得到彰泰的同意。彰泰執意要待敵自行解體，他說滿洲官兵冒矢石，犯鋒刃，血戰萬里，才終於到達昆明，他不忍心看著他們在即將勝利歸鄉之際，卻又葬身於堅城之下，更何況殘敵已是奄奄一息，只要向城內軍民申明大義，遲早會有人在城內應變，到時就算進攻也可避免較大傷亡。

彰泰系岳樂的侄子，阿巴泰系皇族貴胄，身份和地位比同為大將軍的賴塔還高，他堅持不攻城，兩路大軍也就都停下手來，眼巴巴地等著彰泰所預計的那些情況發生。

令人失望的是，一轉眼，已經五個月過去了，滇城吳軍毫無自斃或應變的跡象。康熙非常焦急，他不認為對昆明長圍久困就有用，道理很簡單，滇城吳軍固然會坐吃山空，但城外的清軍也在大量消耗糧食，況且其中的滿洲兵都是背井離鄉，自北方而來，他們對西南的氣候飲食並不適應，很容易染上疾病。如果不急速攻取昆明，一再遷移時日，說不定到城內斷糧的那一天，清軍的糧食也吃光了，官兵又苦於疾病，最後就只能撤圍，以致功敗垂成。

康熙面諭議政王大臣，讓他們移檄彰泰、賴塔，說如若生力軍實在不夠用，就把受過處分戴罪立功的八旗兵和投誠的綠旗兵組織起來，先行強攻昆明。

檄文發至前線，未被彰泰接受，清軍依舊按兵不動。

漏洞

一六八一年十月，趙良棟率四川大軍趕到昆明，與彰泰、賴塔兩路大軍會師。四川大軍以西北綠營兵為主體，多數步行，到昆明時，幾乎人人臉色憔悴，問他們這一路上的情況如何，回答說：「沒有吃的，又中了瘴氣，人馬病、死者甚多。」

儘管極為疲憊困乏，但趙良棟鬥志不減，他一到昆明，就發現先到的兩位大將軍在佈陣上有問題，主要是清軍駐營地都離昆明城較遠，包圍很不嚴密，而且昆明城倚山臨湖，清軍卻沒有首先設兵斷其水路。

與岳州一樣，除去城內原有的儲藏糧食外，水路運輸是昆明獲得補給的唯一來源。尤其昆明池（即滇池），南北相距百里，湖面廣闊，四周的安寧、晉寧、昆陽、呈貢四縣仍由吳三桂舊部防守，他們雖不是叛軍，但不少親屬、朋友都在昆明城內，只要不被撤換，他們就不可能坐視昆明城被困死，因此吳軍舟楫可以任意來往，無人查問。

雖被長期圍困，然而依賴於水上轉運，仍可確保給養不絕，這正是滇城吳軍能夠繼續與清軍對抗的秘密所在。與此同時，正如康熙所憂慮的，加上四川大軍，昆明城外的清軍已超過十萬，糧餉供應相當困難，負責軍需供應的雲南巡撫和布政使即便借銀買糧，仍無法滿足所需，而染病和病重的官兵數量也在不斷增加。

三路大軍中，彰泰掌握著最高指揮權和兵權，趙良棟遂當著他的面提出，清軍應該「就近速戰」，速戰速決：「我們的大軍連營四布，若不就近速戰，時間長了，米糧接濟不上，滿兵還無妨，綠旗兵怎麼辦？」

趙良棟的意思是，滿洲兵軍紀嚴，相比綠旗兵也更具征戰的榮譽感，倘若米糧不足，或許還能堅持一段時間，綠旗兵可不一樣，大家都是吃糧拿餉的職業兵，沒有餓著肚子替朝廷拼命的道理。

彰泰聽了卻不以為然，他說：「滿兵系皇上所豢養，豈可輕進，讓他們白白犧牲？況且你的兵遠道而來，也應該休息一陣，怎麼可以再出現大的損失？」

見彰泰不想打硬仗，趙良棟又從佈陣角度考慮，針對包圍中出現的漏洞，他建議部隊紮營應挨近城下，包圍面不能離城太遠，對於圍困敵城所建起的壕牆須嚴密防範，不應該讓人有機會尋柴割草，同時在昆明池上要派艦船巡弋，斷其糧草，吳軍困必出降。

自古兵不厭詐，趙良棟提出進圍於城下是一種策略，反其道而行之同樣是一種策略，他提醒彰泰還可以乾脆令各路大軍全部遠撤，吳軍見了必定要出城活動，到時便能相機消滅敵人於城外。

甚至於生力軍不足的問題，趙良棟也想到了，他的辦法是「降者宜分別收養，不宜盡發滿洲為奴」。

莽依圖在率部行軍時，部隊陷入糧荒，一個八旗兵跟役分得了別人所殺的百姓的牛肉，被莽依圖的親兵抓了現行，結果這名跟役被杖一百，其他有關的人包括他的上司也都得到了不同等級的處罰。八旗軍軍紀之嚴明可見一斑，這也是他們在戰場為何始終具有強大戰鬥力的一個重要保證，但是另一方面，八旗軍又有在戰後分配敵人的戰利品，掠賣其人口的習慣。賴塔算是八旗統帥中比較好的，但他也常把俘虜及其家眷折價賣給受傷兵士。趙良棟認為這是一種陋習，特別是投降的吳軍官兵，應收編補充進隊伍，而不應該賞給滿洲兵為奴。

趙良棟的這些意見都不失為真知灼見，可是彰泰橫豎聽不進去，趙良棟收編降卒的建議更是令他不快，於是當下便以滿語反駁。趙良棟不懂滿語，被弄得張口結舌，不知所措。

雖然在彰泰這裡碰了釘子，但趙良棟還有另外一個反映意見的管道，那就是直接上奏康熙。康熙看完趙良棟的奏疏後，對他表示完全支持，隨後立即通過議政王大臣移檄彰泰、賴塔等人，要求「速行攻取雲南省城」。

這回不是商量，是命令，彰泰能夠不理會趙良棟，卻不敢跟皇上唱對臺戲。他趕緊下令各路兵馬進抵城下，對昆明形成數重圍困，又接受趙良棟的建議，於昆明池內橫列巨筏，巨筏上構築了用以偵察、防禦和攻城的高臺，同時湖上還有水軍往來巡邏，以防止城內吳軍潛出城外。

一脈三斷節

昆明與外界的水陸通道遭到嚴密封鎖，城內的糧餉來源也被完全切斷。自一六八一年十一月起，昆明城內糧食便已幾乎斷絕，一酒杯米價高達一兩白銀，平民餓死了很多人，已經開始人吃人。軍民一片慌亂，紛紛借機逃出城外，向清軍投降。彰泰等人乘勢督率各路大軍從四面向昆明城發起猛攻，其中趙良棟軍一軍就將從南壩到城下的吳軍堡壘、橋樑全部掃清，大軍直逼近城。

彰泰擔心趙良棟獨擅其功，不僅不派兵助戰，還強令趙良棟退軍，對他說：「你的兵進攻之後已經很勞累了，應該暫時退下，我會令總督蔡毓榮代你守住陣地。」

趙良棟不是不知道彰泰的用意，但他有著西北人的率直，他所真心佩服的滿將只有賴塔、穆占，如果要他撤退的命令來自那兩名滿將，他或許還會給對方面子。彰泰，從拒絕他的提議起，就被他看扁了，你算哪根蔥，為什麼我要聽你的？

趙良棟憤憤地對彰泰說：「我的兵通過死戰才奪取的陣地，為什麼我要讓其他人來守？」見趙良棟不肯退讓，彰泰只得指揮服從其調遣的其他將領，一齊從原駐防地搶進，把趙軍壓擠於一隅，以免趙良棟獲得全功。

趙良棟對此不屑一顧，他決定再次夜攻昆明。當天晚上，他親率勇士，冒死攻佔玉皇閣，指揮全隊進逼至新橋，而吳軍亦拼死頑抗，致使趙軍受阻於橋外。為此，趙良棟連夜重新制訂了作戰方案，他親持大刀督陣，將騎兵埋伏於南壩兩岸，步兵則分成三隊，在敵壕牆外悄悄集結，於晚上二更時分，一起向新橋發起總攻。吳軍在大將郭北圖的指揮下也誓死搏戰，趙軍三次攻進壕牆，但三次都被打了回來。

根據戰場形勢的即時變化隨時調整部署，是善戰者的本能。在總攻失利的情況下，趙良棟再次巧布迷陣，命官兵高舉火把，放炮攻城，在成功吸引敵方注意力的同時，他另派一支小隊乘船從護城河接近吳軍，一舉攻奪新橋。

吳軍一退再退，人心動搖，這時彰泰令諸軍齊進，又再次大敗吳軍。在此期間，彰泰命人向城內連續射出一封封勸降書，並密派吳三桂舊部持敕潛入城內招撫，也加速了吳軍的瓦解。一六八一年十二月七日夜，吳軍諸將綫域等人聚在一起密謀，意欲擒吳世璠、郭壯圖以獻。吳世璠聞變，穿著龍袍戴著冕冠走進大殿，然後舉刀自刎，因為用力不足，沒能馬上死去，他又拿刀割自己的喉管，這才得以氣絕。

綫域等人見吳世璠已死，便擁兵至郭壯圖府第，郭壯圖知道難逃一死，亦與其子一同自殺。次日，綫域等率眾出城投降，清軍進入昆明，雲南隨之蕩平。

清軍進入昆明後，到處搜尋挖掘吳三桂的墳墓屍骨，有時甚至一天內挖得十三具屍骨，都說是吳三桂的，於是全被下令焚燒成灰，但其實都跟吳三桂無關。當時只有吳世璠、郭壯圖等極少數人知道吳三桂的葬身之處，而吳、郭已死，這個秘密也就被他們帶走了。後來還是吳三桂的一個侄兒出來自首，供認說吳三桂的屍骨已經焚化，骨灰盒藏在一座石橋水底。清軍用戽汲水，果然找到一盒灰匣，於是彰泰等人便將吳世璠的首級和灰匣一併送往京師。

清廷通過議政大臣會議做出決定，將吳世璠首級交刑部懸掛於城門示眾，吳三桂的骨灰分發各省，傳示天下。

當年不遺餘力地追殺南明永曆帝時，吳三桂一定不會想到自己的下場比永曆還要不堪，永曆尚能留下全屍並供人憑弔，他卻連化成灰後都還要被拿去示眾，更慘的是，子孫也都遭到了滅頂之災。據說風水師在為吳家選擇家族墳地時，曾經預言：「此處在地理上貴不可言，所惜者一脈三斷節。」吳三桂自父親吳襄以下，除吳三桂病死外，其餘全都死於非命，而且血脈也至此中斷，有人認為這正是應了「一脈三斷節」之說。

平叛戰爭因撤藩而起，撤除三藩乃是康熙的決心和目標，隨著吳三桂家族及其部將的覆亡，吳藩不復存在，剩下來的便是尚、耿二藩。早在清軍相繼平定四川、湖廣、廣西，即將進兵雲貴時，康熙便趁吳藩局促雲貴，無力外顧之機，開始著手撤除尚藩。

如果尚之信機警一點，看在其父尚可喜始終忠君的分上，康熙或許可能網開一面，但尚之信偏偏認不清時勢。他在歸順朝廷後，仍然心懷叵測，不聽康熙的指揮，而且酗酒嗜殺，惡習不改。康熙在進行周密部署後，下令將尚之信押解來京，以不忠不孝之名賜死，隨後順勢撤銷了尚藩建制。

同樣搞不清狀況的還有耿精忠，不過康熙對他的處理更為小心慎重，也更為老到。

康熙自己總結個人在戰爭前後的變化時說，之前由於經驗不足，把凡事都看得很容易，之後才知道其實要做好每件事都很難，所以不考慮成熟就決不妄動。在耿精忠投誠的次年，就有多名部下派人赴京，告發他企圖蓄謀反叛，康熙選擇了留疏不發。及至吳三桂病死，康親王傑書也疏請誅殺耿精忠，康熙擔心這樣做會導致耿的死黨起而鬧事，還是囑咐傑書「不可輕舉」。

耿藩非撤不可，但必須選擇最合適的時機和方式。康熙最後決定採取調虎離山之計解決耿精忠，遂諭令傑書設法勸耿自動要求赴京。傑書遵旨開導，耿精忠不知是計，果然上疏自請陛見，進京後立即被控制並交法司勘問。不過這個時候康熙仍沒有按部議馬上處死耿精忠，一直到平叛戰爭取得徹底勝利，才以逆黨之罪將其正法。

摧山

至此，三藩盡平，清廷自入關以來已有三十餘年歷史的藩兵制度宣告終結，軍隊編制由此劃一，以後的地方官員均為文武殊職，成互相牽制之勢，很難再對中央形成威脅。清史學家蕭一山評論道：「玄燁當基業未固，六省陷落之時，成此大業，實為清朝最大幸運。」還有人認為，清代兩百多年的歷史，康熙朝平定三藩之亂乃是一個重要轉捩點，標誌著清王朝由亂到治的開始。

在賴塔率廣西大軍進兵雲南的某一個晚上，有人看到西方星空有白氣飄浮，其形狀似一把腰刀，根部還呈現出淡紅色。當時官兵們竊竊私語，都認為這種詭異的白氣恐怕不吉利，但到攻克昆明，大家回頭一看，又推翻了原來的想法，覺得白氣「實則定雲南之兆也」。

克復昆明的捷報送達京城時，已經是半夜。看到捷報，康熙那種激動不已，如釋重負的心情跟前線官兵相比，並無太大不同，他當即揮筆賦《滇平》一詩，詩中寫道：「天末遠收金馬隘，軍中新解鐵衣寒，回思幾載焦勞意，此日方同萬國歡。」

後來乾隆為誇耀其祖父勘定三藩之亂的功績，曾說：「是役也，用兵甫八年，而三逆悉已掃蕩。集動之速，實史冊所罕覯。」其實取得平藩戰爭的勝利絕沒有這麼輕而易舉，康熙自己就深有感觸：「若以為摧枯拉朽，容易成功，則辭過其實。」史家魏源更將此次平叛戰爭比喻為「摧山」。

為了「摧山」，清廷總耗帑銀約在一億至一億五千萬兩之巨，僅在湖北戰場，四年裡就撥軍費達一百四十六餘萬兩。孝莊令「發宮中金帛加犒」出征官兵，固然是老太太體貼皇孫，心憂家國的表現，但同時也是當時政府處於財政拮据困境的一個真實寫照。

緩解困境的辦法只能是廣開財源，所謂「捐粟納官」即為其中的應急措施之一。即便這樣，仍不敷所需，康熙急於取勝，催著將領們進攻進攻再進攻，就是因為只有前線形勢好轉，他才可能儘量少徵集兵馬，甚而讓部分官兵復員，以減輕財政壓力。

相比於財力物力，人力也幾乎被用盡了。據估算，三藩之亂前，中央政府總共掌握八旗二十二萬，綠營六十餘萬，共計八十餘萬，「自康熙征三藩時，用旗、綠兵至四十萬」，也就是動用了占全國二分之一的兵力。最緊張時，守衛京城和宮禁的禁旅八旗全部被調南征，北京「宿衛盡空」，所以當爆發布林尼叛亂時，才不得不派八旗家奴上陣。

平叛戰爭期間，清軍將士轉戰南北，其行軍和作戰條件都極其艱苦複雜，南下的八旗官兵更是普遍經歷了一次肉體和靈魂的雙重苦旅，正如康熙在平亂的善後詔諭中所言：「滿洲、蒙古、漢軍兵丁，處處征戰勞苦。」

滿洲下級軍官曾壽從隨康親王傑書征戰起，從始至終都參加了平定三藩的軍事行動，到最後幾年，因為思鄉，晚上每每蒙被痛哭。直到戰爭勝利返回家園，他一路「哭入家門」，兄弟親戚相見，都已不敢相認，恍惚間，就好像做了場夢一樣。

曾壽還是幸運的，畢竟完好地回家了，更多人已與家園親人永別。因為被康熙臨時撤換，簡親王喇布沒能參加昆明會戰，但也沒能順利地回到京城，而是病死在了回鄉的路上。喇布二十一歲從征，死時年僅二十八歲，可以說他把自己的青春、熱血乃至生命全部付予了疆場。包括曾壽在內，賴塔軍將士多數曾受喇布統轄，眾人也都是在班師回鄉的路上才得到這個噩耗，當下全軍便按滿洲習俗，取下帽纓，志哀三日，每天到了夜半時分，大家都仍沉浸在對這位年輕統帥的追思和緬懷之中。

康熙深知官兵長年征討之苦，說自己每念及此，都感到非常內疚，為此除對死傷官兵加以撫恤外，又額外替所有出征將士代償債務，為此戶部所撥白銀達五百六十餘萬兩。

戰爭結束後，除了封賞立功將士，清廷還對三藩之亂期間死難的大臣范承謨、馬雄鎮等人予以褒獎。范承謨在三藩之亂時任福建總督，耿精忠叛亂後，派兵將他包圍起來，用刀逼著他附叛，范承謨毫不畏懼，挺身大罵。耿精忠只得將他逮捕並投入監獄，但不久又派已經附叛的福建巡撫劉秉政前來遊說，范承謨一腳將劉秉政踢翻在地，大罵道：「逆賊（指耿精忠）註定將死無葬身之地，現在先讓我奪其魂魄！」

耿精忠仍不死心，他聽說范承謨曾與杭州一位叫水月的和尚交往，水月曾為范承謨寫下數語，似乎預言了范的結局，於是就派人問范承謨，說那和尚究竟跟你講了些什麼。

范承謨當即對來人說：「我家世受孔孟之學，恪守忠孝大節，豈生死二字所能奪？即便是個和尚，只要他稍有見識，也一定會以忠孝勸人，怎麼肯隨便亂說別人的禍福？回去告訴你的主子，還是好好地替自己打算一下吧，不要臨了落得個身死族滅的下場！」

模範忠臣

范承謨是被稱為清朝開國首席文臣的范文程之子。范氏家族乃遼陽大族，范文程早年因不受明朝重用而選擇投效努爾哈赤，隸漢軍鑲黃旗，他雖然為清朝開創江山立下了不朽之功，但也有人指責他背叛了明朝和明朝君主，大節有虧。范承謨和他的父親不同，他一生下來就是清朝人，把他從一介書生提拔至封疆大吏的人，也是作為清朝皇帝的順治和康熙兩父子。所謂食君之祿忠君之事，自被捕的那一刻起，范承謨就決心以身殉國，做清朝的模範忠臣。

中國古代有田橫守義不辱和蘇武牧羊的故事，范承謨就用木炭在監獄的牆壁上大書田橫和蘇武之名，還反復誦讀屈原的《離騷》。每月的初一、十五，他都要恭恭敬敬地戴上皇帝賜予的官帽，穿上他最後一次見到母親時所穿的長袍，以示對君主的忠和對父母的孝。他在牆上這樣寫道：「既委身事主，父母之身，即君之身，古云：『君憂臣辱，君辱臣死。』」

及至康親王傑書南下攻克衢州，耿精忠意識到萬不得已只能投降，但他害怕因為范承謨做證而加重他的罪行，為了殺人滅口，決定派人逼范承謨自縊。得知最後時刻終於到來，范承謨便把那身神聖的衣冠都穿戴起來，不料一名劊子手卻輕蔑地從他頭上摘下了御賜官帽，本來神情平和安詳的範承謨勃然大怒，立刻舉起尚戴著枷鎖的雙手，牢牢掐住了對方的咽喉，若不是衛兵及時阻止，那名劊子手差點被掐死。劊子手們想不到一個看似羸弱多病的犯人竟如此凜然不可侵犯，全都被鎮住了。范承謨旁若無人地重新戴好帽子，整理一下衣服，然後不慌不忙地朝北面叩了九個頭，又大聲頌揚了自己的母親及遠在京城的皇帝，接著才挺身受死。

與范承謨一同被害的還有他的幕客、從弟和隸卒等五十三人，他們被全被焚屍荒野。看守獄卒徐鼎因歷來感佩范承謨，便乘著夜深人靜之時，來到荒野，設法從火堆中撿得范承謨一些未被燒盡的剩骨，暗地收藏起來，後來他又潛行萬里，帶著范承謨的遺骨奔赴京師。康熙獲悉，深為震悼，當即用隆重的禮儀祭葬，並親賜范承謨謚號「忠貞」，加贈其為太子太保、兵部尚書。

范承謨死時，吳三桂也還活著，平叛戰爭究竟鹿死誰手，尚難預料，范承謨英勇就義的事蹟對公眾輿論產生了極大影響。范承謨的摯友、著名戲劇家李漁雖對清朝有所不滿，但對范承謨的做法卻推崇備至，在為范承謨撰寫的悼詞中，他稱讚老友是一個可與文天祥齊名的忠臣，還說在范承謨的靈柩下應放置兩個而不是一個人的牌位，其中一個是范本人，另外一個就是文天祥，「蓋先生之臣節，求之千古上下，惟文祥一人，足以媲美。」

與范承謨一樣，馬雄鎮也是漢軍世家，他的父親馬鳴佩在清初時歸降了皇太極，官至兵部尚書兼江南、江西總督。馬雄鎮以世家子被選用，起家工部，三藩之亂時已出任廣西巡撫。孫延齡反叛後，馬雄鎮拒絕附叛，「全家被囚者曆四載」。

到吳世琮誘殺孫延齡，接管廣西，又逼迫馬雄鎮投降，遭到馬雄鎮的怒罵，吳世琮於氣急敗壞之下，命人將馬雄鎮和他的兩個幼子以及九個僕人一同押至鐵匠作坊。在那裡，劊子手把刀架在兩個孩子的脖子上，威脅馬雄鎮說，你如果還是不投降，就殺了他們。馬雄鎮拒絕屈服，但又不忍心目睹自己的兒子慘遭殺戮，便把身體轉向一邊。不一會兒，劊子手便殘忍地動了手，並把兩顆血淋淋的頭顱扔在馬雄鎮腳下，馬雄鎮渾身顫抖，他用雙手抓住兩顆人頭，突然向劊子手們沖去，也被當即刺倒在地。馬雄鎮被害後，九個僕人又被挨個詢問是否願意投降，得到的回答無一例外都是蔑視，於是他們也全部被殺。

馬家殉難的還不光是這十二個人，仍被關在獄中的馬雄鎮之妻李夫人等二十五名女眷聞訊後都一個接一個地自殺了。馬家慘劇令康熙為之動容，他不僅賜馬雄鎮謚號「文毅」，加贈其為太子太傅、兵部尚書，還以「深報朝恩」特賜李夫人為誥命夫人。

范承謨、馬雄鎮兩家前仆後繼的殉國舉動並非偶然。作為漢人，如果說他們的父輩效力於清廷，或多或少仍受到民間非議，但當他們這一代去做清朝忠臣時，得到的已是清一色的讚揚與褒獎，正如一部描寫馬家殉難事蹟的戲劇中所言：「古史忠良有萬千，國史忠良後媲前。」這也同時表明天命開始真正地從一個王朝轉向另一個王朝。清朝不僅依靠軍事征服取代了明朝，而且在臣民的政治歸屬感上也逐漸擺脫過去「偽定」的陰影，變得越來越與其中原帝國的身份相匹配了。

上尊號

平定三藩之後，京城一片歡騰，文武百官齊集乾清門舉行慶賀典禮，康熙本人也到孝陵致告，接著又告祭天地、太廟、社稷，並東巡盛京，拜謁祖陵。

等這些禮儀都做完了，群臣紛紛上疏，認為所有平叛的功勞都應歸功於皇帝，「天下蕩平，皆賴皇上一人功德所致」，他們建議給康熙加至高無上的封號，即上尊號，同時為宣揚康熙的孝順，也給太皇太后、太后加上相應徽號。

康熙同意給兩宮加徽號，但不接受給自己上尊號，「你們說天下蕩平，都是朕一個人的功勞，令朕坐臥不安，此奏無益。」

見康熙推辭不受，大臣們又補充說，我們絕不是故意要拍皇上您的馬屁，吳三桂反叛以來，一切軍事指揮確實都不是臣下意見所能左右的，而都是聽您皇上的意見辦的。

康熙依然不同意。平叛戰爭勝利的這一年，他也只有二十八歲，但這場關係清王朝生死存亡的大規模戰爭，已經把他鍛鍊得足夠成熟和穩重。

回首三藩之亂，最讓康熙無法釋懷的，莫過於人心向背的問題。照理說，吳三桂的形象並不好，歷史上叛明降清，對南明永曆帝趕盡殺絕，臨到頭來卻又再次投機反清，若稱他是朝秦暮楚，反復無常的小人亦不為過。縱觀過去的八年裡，大多數漢人都沒有理會吳三桂的一套，就連不少明遺民都對他嗤之以鼻，如大儒顧炎武就說吳三桂的反叛是「蠕動爾外，豈有它哉」，而以范承謨、馬雄鎮為代表的一批漢臣更是堅定地站在朝廷一邊，至死不悔。

然而一個不能否認的客觀事實是，在吳三桂初叛，「散佈偽箚，煽惑人心」之際，仍然有為數不少的人追隨吳三桂，乃至「偽檄一傳，四方回應」、「天下騷動」。這大大出乎了康熙的意料，令他極為震驚。事後，他沒有意氣用事，而是靜下心來，對此進行了理智分析，最後得出的結論是清軍雖然入關已久，但既往的不少政策還很落後，吏治不彰，老百姓得不到實惠，總之一句話就是王朝的統治尚未深入人心。

基於這些認識，康熙對大臣們說：這幾年水旱頻仍，災荒迭見，軍隊疲於徵調，民間敝於轉運，每當想起這些，我都感到非常遺憾。況且，現在國家面臨的形勢是，官吏中很少有奉公廉潔、辦事認真的人，老百姓生活也尚未達到康樂的程度，我們君臣可以說全無功績可記。在這種情況下，如果還要給我上尊號，給你們加官晉爵升級，就更加徒有其名、問心有愧了，還談得上什麼尊榮？所以「上朕尊號之事，斷不可行。這是朕的真心實意，並不是粉飾之詞。」

儘管康熙堅決不同意，但幾天之後，為滿足群臣的意願，孝莊仍以太皇太后的身份親自出面，對康熙說自吳三桂叛亂以來，至今八年，「皇帝焦心勞思，運奇制勝，故得大盜削平，海內安寧」，她勸康熙「應受尊號，以答臣民之望。」

康熙素來對孝莊百依百順，然而這次卻破例予以婉拒，並且回奏道：「臣雖無尊號，傳示中外，也一樣有榮光。」他進一步解釋說，雖然軍事行動已經停止，疆宇初步安定，然而將士疲勞，生民困苦，戰爭的創傷還未得到恢復，這個時候正應集中精力進行整頓，以培植地方元氣。「臣何敢安然自處，以為太平無事，受納尊號。」

在康熙的堅持下，孝莊只好說：「皇帝既然惓惓懇請，至於再三，我們也不能固執，可照禮儀行。」結果孝莊加上了徽號，而康熙沒有上尊號。

仁政

康熙言出必行，平藩後即推行仁政和廉吏政治，以期「制治於未亂，保邦於未危。」

康熙是清代帝王中系統學習儒家經典的開創者，同時也是儒家學說的信奉者，甚至由於他崇尚理學，還有「理學皇帝」之稱。儒家學說能夠自西漢起就被歷代中原王朝確立為官方學說，自有它的不凡之處，其中一些積極的治世方案，如「輕徭薄賦」、「使民以時」的仁政思想等尤為可貴。不過在具體的政治實踐中，除個別君主在大亂後將這些方案作為臨時措施予以實行外，多數君主都只是摘其枝葉，其基本內容和精神反而遭到忽略，與他們不同，康熙真正把儒術與施政結合，並形成了帶有他個人思想烙印的仁政理念。

滿人原有的社會形態較為落後，活人殉葬、蓄奴等現象大量存在。直至順治朝，殉葬之風仍很盛行，連八旗官員都要家奴陪葬，皇帝王爺更不待言，順治下葬時，就由受他生前寵幸的一等阿達哈哈番（即輕車都尉）、侍衛官傅達理陪葬。與這一滅絕人性的殘忍制度相應，八旗虐待奴僕的情況也非常嚴重，而且忍受不下去的奴僕還無處可逃，清初所行的逃人法極為嚴酷，一旦查出有人窩藏八旗奴僕，無論官民，一律罪當論死。開國藩王耿仲明當年就是因為部屬藏匿逃亡的滿洲鞍匠，遭到順治的嚴責，結果在驚恐不安中自縊而死。

「主僕之分，滿洲尤嚴」，導致的結果就是在康熙初年，每年都有總數不下兩千的八旗奴僕飲恨自盡。康熙認為這些都必須予以糾正，就在吳三桂發動叛亂前，他連發兩道命令，先是禁止八旗佐領下的奴僕隨主人殉葬，繼而禁止主人逼死奴婢。對於後者，他特別強調說，人的本性都是樂死惡生的，旗下奴婢如果受到好的對待，人家怎麼願意輕生呢？他要求把命令下達到每個八旗家庭，讓他們對奴婢一定要注意愛護，以後不允許再出現因逼迫責罵而導致身亡的事情。

除了這兩道禁令外，康熙還發佈了第三道禁令，即禁止遺棄嬰兒。這是因為當時有大臣上疏，報告京城內外，不時有人遺棄嬰兒。康熙在下令制止的同時，指示戶部，凡民間因貧窮而被遺棄的孩子，政府應當全部抱養，使其健康成長。

仁者愛人，三道命令其實都是一個宗旨，即人命關係重大，應當受到充分保障。此後爆發的三藩之亂讓康熙進一步認識到民生多艱，尤其當他瞭解到殉葬之風雖被遏制，但奴僕自殺和嬰兒被遺棄卻屢禁不止時，更是感慨萬端。戰爭一結束，他就在平藩善後詔諭中宣佈放寬逃人法，將「逃人事概準赦免」，稍後又對時任大學士的明珠說：「近見打死奴僕者甚多，如此隨便殺害人命，難道不是殘害生靈嗎？這都是因為處分奴主的條例定得太輕所致，讓刑部再定條例。」

奴僕自殺問題或許可以靠加重對奴主的處罰來逐步解決，但遺棄嬰兒就不一樣了，它的背後其實是破敗不堪的社會現狀，是「民困未蘇，瘡痍未起。」試想一下，若不是被逼得實在沒活路，又有多少人家願意拋棄自己的親生兒女呢？

康熙經常為此憂慮、嘆息，在和身邊大臣反覆研究磋商後，實行了一系列改善民生的措施，其中之一就是獎勵墾荒。

清初有許多原明朝藩王宗室的土地，在藩王宗室或死或逃後，土地已另有人耕種。自順治朝起，朝廷幾次下詔，先將這些土地收歸國有，再賣給耕種者。康熙做出了一個令手下官吏們都瞠目結舌的決定，他明令停止出賣，將土地無償送給原耕種者，並歸他們名下所有，稱為「更名田」。

更名田多屬肥沃好地，可想而知這對原耕種者的激勵有多大。據不完全統計，僅各省開墾的更名田就達到十六萬六千八百多頃，超過了過去八旗圈佔北京周圍土地的面積（康熙在清除鰲拜集團後，已下詔停止圈地）。

除授更名田外，康熙還以授官職的方式對招民墾田進行獎勵，如墾田二十頃以上，通曉文義者可授之以縣丞，即便不通文義者也可授以百總，而墾田一百頃以上，通曉文義者就可以授以知縣，不通文義者則授以守備。過去順治雖然也獎勵墾荒，但被開墾的土地往往尚未達到規定年限，就被勒令起科納賦。康熙通情達理地將待開墾土地分成三等，即新荒、積荒、極荒，並規定新荒者三年起科，積荒者五年起科，極荒者永不起科，這樣便解決了科差太急的弊病。

清官政治

康熙朝是清代招民墾荒的全盛時期，出現了「湖廣民人往四川開墾」、「山東民人到口外種地」等各方面踴躍墾荒的景象。康熙在諭旨裡說：「今河南、山東、直隸之民往邊外開墾者多，大都京城之米自口外來者甚多。……京城亦常賴之。」統計資料也表明此時墾地增長很快：一六六一年，即順治去世的那一年，全國耕地面積為五百多萬頃，到一六八五年，雖然其間發生了長達八年的戰爭，但耕地面積仍增加至六百多萬頃。

田地開墾得再多再快，若遇到大的自然災患亦可能前功盡棄。特別是自明末以來，由於戰亂頻繁，多年失修，至康熙初年，黃河已經氾濫成災，十幾年間，僅大的決口就達到六十多次。周圍大量耕田遭到淹沒，黃河南面「淮陽七州縣田地一片汪洋」，大臣靳輔為此憂心忡忡地說，若聽任其這樣的情況繼續下去，黃河大堤必將崩潰，而河南、山東兩省也終將成為澤國。

河患還嚴重影響到漕運。當時每年有四百萬石漕糧須經運河運至京師，以供官俸和士兵軍餉，漕運一旦受阻，京師便「危急異常」，所以有人說：「國家之大事在漕，漕運之務在河。」康熙對此極其關注，自言十四歲時就開始關注治河技術，親政後即把河務與三藩、漕運並列，作為必須解決的三大要務，日夜思考治理的辦法。

一六七七年，就在平叛戰爭尚處於緊張時刻之際，康熙經過再三考察，下決心將不稱職的原河道總督予以撤換，提升靳輔擔任此職。靳輔做事勤奮負責，而且肯下功夫對治河工程進行鑽研，同時他的幕僚陳潢也是一名治河能手，兩人配合起來相得益彰。他們繼承了明代河道總督、水利專家潘季訓的辦法，「以堤束水，借水攻沙」，再加上一些輔助性工程，如開中河、修坦坡等，僅用一年時間，就做到了運道無阻，海口開闢，淮陽七州縣被淹民田「皆出水可耕」。

獎勵墾荒、治理河患等措施不但改善了民生，也推動了整個社會經濟的全面復蘇。當時有人說：「自康熙二十年（一六八一）以後，海內始有起色。」意思就是從這個時候起，農業生產才顯示出恢復跡象並向前發展。

吏治與民生緊密相連，吳三桂發動叛亂，多省從叛，乃至在全國範圍內捲起一股反叛風潮，究其實，與吏治不清關係甚大。康熙深受震動，在平叛戰爭結束後，對吏治極為關注，並大力提倡廉吏政治。

廉吏即俗稱的清官，所以康熙的廉吏政治也可以被稱為清官政治。一六八一年，康熙曾寫下三個字，作為當官之法賜予京城內外各個衙門，這三個字為「清、慎、勤」，其中「清」被列於首位。

康熙在選任和表彰清官時，對督撫人選尤其注意，這是因為督撫乃各省的最高長官，「統率群僚」，其操守品行如何，直接關係到一省或二三省的吏治。

兩江總督于成龍清廉自守，生活艱苦樸素，幾乎相當於一個清教徒或苦行僧，像他這樣的封疆大吏，又任職於江南繁華之地，每頓菜竟然只吃一碗青菜，「終年不知肉味」，遂有「于青菜」之名。康熙對于成龍最為稱道，于成龍入覲時，他親召其至懋勤殿，當面稱讚于成龍：「爾為今時清官第一」，並鼓勵他繼續努力，「人貴始終一節」，後來他又對大學士明珠說：「居官清廉如于成龍者甚少，世間全才未易得。」

站在清官能臣對立面的，自然是貪官酷吏。清沿明制，每三年要對京官和外官考核一次，分別稱為京察和大計。三藩之亂期間，由於戰爭頻仍，無論京察還是大計，都往往流於形式，平藩以後，康熙加強了考核：一六八三年大計，共有一百零四名貪酷者被革職拿問；一六八三年再行大計，又有七十九人因貪酷而革。

除了京察、大計，康熙平時對貪酷者也會予以打擊，「此類貪官，不加誅戮，眾不知警。」傳教士白晉曾就此記述道：「不管是什麼人，只要因貪污而被告，皇帝就對此毫不留情。皇帝通過刑部對這些人審訊以後，不僅罷了他們的官，而且還予以極其嚴厲的懲處。」湖廣總督蔡毓榮就因侵吞吳三桂家財人口，且收受吳黨殘餘人員重賄，遭到了革職解任，籍沒家產，與其子一同發配黑龍江的嚴厲處分。

醉翁之意不在酒

清王朝以少數民族入主中原，很早就有招徠漢人和以漢治漢的意識，但在很長一段時間內，從清廷到各級八旗（也包括漢軍八旗）出身的官吏，與漢族士大夫階層之間尚存在著嚴重隔閡，朱國治在江蘇藉故興起大獄，殺害蘇州才子金聖嘆，便是其中一個典型例子。另一方面，漢族士大夫出於華夷之辨的傳統觀念，也多以前朝遺民自居，不願與清王朝合作，甚至不少已經仕清者都懷抱著「忍死偷生，罪孽難除」的負疚感。

在古代中國，士被奉為四民之首（「士農工商」），有人更認為「得士心則得民心，得民心則得天下。」對於後者，康熙也許一開始領會並不深刻，但到了三藩之亂，在經歷「各省兵民相率背叛」的可怕現實後，猶如被醍醐灌頂，讓他一下子認識到了爭取漢族士大夫歸心有多麼重要。

一六七八年二月，剛剛從平叛戰爭的危急局面中暫時掙脫出來，康熙就下令在正常的科舉制度之外，特開「博學鴻詞」科。按照康熙的詔諭，他將親自擔任該科目的主考官，「朕親試錄用」，而入試者必須由各級官員舉薦，被舉薦人不管已仕未仕，是官是民，只要「學行兼優，文章卓越」就行。

經過層層推薦，一大批「名儒碩彥」入選，其中未仕者多於已仕者，未仕者又多為遺民，所謂「與其選者，山林隱逸之數，多於縉紳。」不過事情並沒有所想像的那麼順利，「明末三大儒」中的顧炎武、黃宗羲以及同為當時學術界領軍人物的李顒、傅山均在被舉之列，但他們全都堅辭不出，顧炎武、黃宗羲是寧死都不肯出山，李顒、傅山亦借病推辭，官府只好令役夫將李、傅連人帶床一併抬往京師，結果李顒中途絕食，「水漿不入口」，傅山雖到京城，卻又不肯執筆。

康熙深知顧炎武等人的分量，內心不可能一點都不失望，但並未發怒，也沒有對顧炎武等人表現出任何嗔怪之意，甚至對於一個字都沒寫但總算來京的傅山，還以其年高為由，直接繞過考試，授之以中書舍人的官職。

康熙之所以如此，是因為他開博學鴻詞特科本來就是醉翁之意不在酒，最重要的不是在正常科舉制度之外選拔人才，而是要通過這種方式網羅山林遺賢，以期「消海內漢視新朝之意」。換句話說，開特科其實是一種政治姿態，是「定天下之大計」，在這種情況下，顧炎武等人能來京應試固然再好不過，即便不來，也要一概包容，這樣才能最大限度地減少遺民的對抗情緒。

拋去不願參加以及願意參加但因親喪等事來不了的，實際到京參加特科考試的共有一百四十三人，考試後錄取了五十人。康熙在閱卷過程中對遺民特別寬鬆，試題要求寫一詩一賦，有的遺民僅作一詩，卷都沒能答完，但仍被錄取，還有的詩寫得只是一般，就是康熙說了句「斯人固老名士，姑略之」，最後也得以通過。

康熙分別將被錄取者授以翰林、編修、檢討等職，分派給他們的工作是纂修《明史》，此舉再次顯示出康熙在運用政策方面的高明。被錄取者尤其遺民對當清朝職官或許只是時勢所迫，但對前朝大多充滿感情，讓他們修史，既可迎合其孤臣孽子之心，又能人盡其才，確保《明史》的編修品質。

到修《明史》的時候，康熙對「遺賢」們又進行了一輪爭取，顧炎武、黃宗羲以熟知明朝史事及掌故雙雙被推薦進入明史館。不過顧、黃態度如故，一個重申「若必相逼，則以身殉之」，在謝絕聘請後即離開京城，遷居他鄉，另一個也以母病和年老為由加以婉拒。儘管未能如願，但康熙依舊未大動肝火或加以治罪，他改換了一種方式，諭令：「凡黃宗羲有所論著及所見聞，有資明史者，著該地方官抄錄來京，宣付史館。」

在古代，皇帝言行乃是最生動最有效的教育示範。在康熙的身體力行下，包括遺民在內的漢族名士身價倍增，滿朝官員特別是滿洲大員都以尊崇名士為榮。傅山到京後借病躲在京郊，「八旗自王公侯以下及漢大臣在野者，履滿其門」，江甯巡撫湯斌屢屢訪賢和推薦遺民士子入仕，為造訪一名節高望重的遺民，甚至步行兩詣山中。

隨著康熙開特科和修《明史》，漢族士大夫、山林遺隱對清王朝慢慢由敵視轉為親附，即便是顧炎武、黃宗羲，雖然他們死活都不願入仕清王朝，但其實對這個王朝的態度也已悄然發生改變。顧炎武為了「廟堂之上」能為「萬世開太平」，主動向當地官府獻上了自己的意見書，黃宗羲則不僅同意清廷取走並抄錄他的明史著述，而且還派兒子和門人同到北京參與修史，之後凡有所見，也必定要移書史館，有人因此戲說他是以在野明朝遺老的身份遙控史局。

豪俠本色

在康熙整修內政期間，局部地區的戰爭仍在持續，其中鄭氏抗清力量更被清廷視為東南沿海的最大隱患。

鄭成功早在康熙元年即一六六二年就已病死，其子鄭經繼承了他在鄭氏集團中的地位。自三藩戰亂開始，鄭經便出兵福建，鄭軍與清軍的角鬥也幾乎貫穿了平叛戰爭的始終。

在耿精忠、尚之信先後降清後，鄭經成為清軍在東南地區的主攻對象，被迫退遁金門、廈門，但鄭經不甘失敗，旋即又派大將劉國軒統兵數萬，向防守海澄的清軍實施反攻。海澄為漳州、泉州之門戶，附近清軍包括滿洲騎兵都競相前往增援，由此爆發了海澄戰役。

八旗騎射技術精湛，如果打陸戰，鄭軍占不了多大便宜，但海澄三面臨海，只有一端陸路通往漳州，所以海澄戰役主要是海戰。海戰一向都是八旗軍的軟肋，卻是鄭軍的強項，在鄭氏集團中，劉國軒尤為頂尖的海戰名將，他挑選精銳勇兵，駕駛著快船，利用潮水漲落的規律聲東擊西，首先把清軍弄得疲於奔命，接著抓住戰機，出其不意地截斷了海澄通往漳州的陸路，將其重重圍困。

在被圍困八十三天後，海澄城池陷落，滿漢官兵一萬兩千餘人全軍覆滅。這一戰令「閩省震恐」，一時間清軍人人驚懼，「山寇」們則紛紛與之呼應，鄭軍趁勢攻佔數城，並進圍泉州。

對於八旗軍在內陸各戰場的進展，康熙曾屢次表示過不滿，但從他的角度出發，實際是一種高標準、嚴要求，就內心來講，他從不懷疑八旗軍的陸戰能力。海戰則不同，從康熙自己到滿洲官兵，都不熟悉海疆作戰的技戰術，海澄戰役的失利又增強了這種不自信，以至於在海澄被圍期間，康熙一度表現得束手無策。在給福建統帥、康親王傑書的諭旨中，他竟然把希望寄託在滿漢軍營中的閒散或打雜人員身上，許諾說這些人只要有膽量沖進海澄城，救出被困官兵，一律按收復上等府城的條件予以獎勵。

康熙當然不是一個輕易會被困難和失敗所擊倒的人，他很快就意識到，要在短時間內讓滿洲兵勝任海戰是件不現實的事，況且東南沿海不比其他地方，滿洲兵去了以後確實人地生疏，難以應付。相比之下，鄭軍多系沿海土著，熟悉地理人情，也更容易獲得當地人的援助，比如與鄭軍呼應的所謂「山寇」其實就是地方武裝。

要想平定海疆，乃至最後收服臺灣，看來只有一種辦法，那就是重用漢人，特別是重用閩浙人。康熙一面緊急從江浙綠營中抽調兵力增援福建，一面對福建官員進行調整，這其中最為引人注目的就是將福建總督郎廷相予以撤換，由原福建布政司姚啟聖擢升此任。

在三藩徹底平定之前，康熙實際抽不出太多精力來對付鄭氏集團，這方面的戰事多數情況下都須由福建總督直接辦理。作為康熙對鄭策略和戰略的具體執行者，總督的角色至關重要，新任總督姚啟聖也因此受到朝野高度關注。

姚啟聖是浙江紹興人，年少時便長得英武挺拔，據說有一年他到松江的趙知府家做客，中午睡覺的時候鼾聲大作，知府府中的僕人偷眼觀瞧，都以為他像一頭下山的猛虎，其身材之壯碩可見一斑。

姚啟聖不但體壯如虎，而且性格「豪蕩不羈，喜任俠。」順治初年，他以書生的身份遊歷通州，遭當地豪族侮辱，姚啟聖憤慨之下遂投效清軍。那時候清軍南下不久，急需漢族文人幫助他們治理地方，於是姚啟聖很容易就得到了一個通州知府的職位。利用這個職位，他把豪族抓起來並予以杖斃，之後便瀟灑地揮揮手，辭官離開了通州。

這並不是姚啟聖第一次快意恩仇。有一年他郊遊蕭山，遇到兩個士兵強搶民女，民女的老父跟在後面痛哭不止，姚啟聖見狀大怒，當下奪過士兵的佩刀，殺掉這兩個士兵，解救了民女。

因為犯下人命案，姚啟聖只得投奔族人，被列籍於鑲紅旗。在八旗鄉試（專為八旗子弟所舉辦的科舉考試）中，他考了第一名，因而被選授為廣東香山知縣。

不管到哪裡，擔任什麼職務，姚啟聖的豪俠本色依舊。別人做官都是把銀子帶回家，他卻是從家裡往外拿銀子。前任香山知縣虧空（指公共財政負債，並不一定是貪污）了數萬銀兩，被關在大牢之中，姚啟聖很同情他，為了把他放出來，就「悉為代償」，自掏腰包彌補了虧空。

姚啟聖在香山當了六年知縣，六年後因違反海禁之令被撤職罷官，而且「永不敘用」，由於仕途無望，加上他從小生活在浙江海濱，在廣東任職期間又熟悉了海上貿易，所以就自然而然地走上了經商之路。

姚啟聖很有經商頭腦，從他後來捐資的數目來看，其經營獲利頗豐，如果繼續下去，做一個廣東大富豪沒有任何問題，但這終究不是他的理想。他的理想還是入仕，他雖不是官迷，可是從小到大，都「頗有圖王定霸之想」，那種「學成文武藝，貨與帝王家」的抱負也從未能夠離他遠去。

終於，時局的急劇變化，給懷大志者提供了重返仕途的機會。吳三桂起兵反叛的消息傳出後，正在廣東經商的姚啟聖聞訊急忙趕回浙江，與其子姚儀捐資招募數百勇士，一起到康親王傑書帳下效力。朝廷正在用人之時，自然不會將一個熟悉東南情形的革職知縣拒之門外，姚啟聖遂得以權署諸暨縣事。

此時的姚啟聖長髯飄飄，目光如炬，雖已棄官經商多年，但智勇不減當初。他統領著子弟兵，於戰場之上所向披靡，三年之內，便因屢建奇功而連升兩級，成了福建布政使，如果算上這次升為福建總督，已經是第三次超升了。

希望你能做個好官

臨危受命的姚啟聖第一次給康熙呈遞奏摺，談及治閩方略，就讓康熙眼前為之一亮。康熙很少誇人，但他對姚啟聖卻不吝讚揚：「閩督今得人矣，賊定可平！」

在福建沿海，百姓多有子弟參加鄭軍，他們對於鄭氏的同情往往要超過對清廷的好感，原總督因此不僅對福建人疑神疑鬼，普通不予信任，而且還時有挾怨陷害行為，使得福建軍民整日提心吊膽，非常缺乏安全感。

與前任相比，姚啟聖對東南地區特殊民情的理解更為深刻，他上任後即發佈了「禁訟安民」的告示，不許好訟之徒誣陷良民，強調只要本人沒有接濟和私通鄭軍的行為，即便有子弟在鄭軍中也不會加以追究，非但如此，任何人如果能夠招得自己的子弟和親屬投誠，還可以得到賞銀，甚至「題授職銜」。

穩定民眾情緒固然重要，但治本之策，莫過於改善民生、減輕老百姓的經濟負擔。由於鄭清兩軍在福建長期對峙，福建人「一苦於賊（指鄭軍），二苦於兵（指清軍），三苦於貪官污吏」，其中最讓民眾苦不堪言的，則是「民丁盡占民房、米穀發縣采賣、夫徭繁重難當。」

姚啟聖對症下藥，多次上疏請求將滿洲兵撤回及限定在閩官兵的住房數目，實在兵房不夠用，寧可自己捐錢蓋房，以便將官兵占住的房屋清出來還給居民。對於出征夫額，他加以嚴格規定，把不得已必須使用的夫額儘量壓到最少，同時嚴厲懲處擾民者，涉及綠營直接予以處罰，涉及八旗也通過與親王、將軍、都統交涉，務使其有所收斂。

姚啟聖當官不為錢，他除了自己做表率，不收禮、不要錢外，還三令五申，「苦勸文武百官，萬萬不可再害極苦百姓。」有一次他邀請一個姓馬的藩司到府上做客，馬藩司一來，他就命其入座，而且讓兩名力士一左一右夾著對方，不讓他動彈。

馬藩司尚在驚疑之中，姚啟聖已經下堂朝他拜了八拜。馬藩司一時窘迫萬狀，待兩名力士鬆手後，就趕緊向姚啟聖連連叩頭，並問總督大人何故要給自己行此大禮。姚啟聖神色自若，娓娓道來：「沒什麼別的原因，就是希望你能做個好官，幫幫我而已。今後凡是我想做的事，貴司一定要幫我堅決執行下去，盡心盡力，不許有絲毫欺瞞。」

原來馬藩司平時也沒少做侵害百姓利益的事，姚啟聖對此完全掌握，但他採用的是先禮後兵的手法，即先行大禮苦勸，如若發現沒有效果，馬藩司仍「騙害百姓」，那對不起，下一步就是讓你「自取殺身亡家惡報」了。馬藩司深受觸動，又羞又愧，回去後就馬上開始有所行動，將「搜剔害民之事」都盡行除去。

姚啟聖接任署事時，福建形勢已經極為嚴峻，將領們人心惶惶，然而姚啟聖不但不以為意，反而還很高興地說：「賊失策了！」問其緣故，他告訴眾人，鄭軍統帥劉國軒在拿下海澄後，不攻漳州而攻泉州，是因為他認為漳州的清軍多，泉州的清軍少，但泉州距離海澄比漳州更遠，勢必拉長鄭軍的補給線，而且泉州的城防也不差，不是鄭軍說攻就能攻下來的。

姚啟聖認為鄭軍舍近取遠，舍瑕攻堅，很難取勝。他又進一步分析，古代兵法有云「兵多貴分，兵少貴合」，鄭軍總兵力不過三萬，「聚而勢雄」，可是他們自拿下海澄後又攻取數城，這些城池都要分兵把守，分則勢弱，勢弱則易破。

正如姚啟聖所預計的，鄭軍圍泉州久攻不下，在軍需屢屢告急的情況下，只得對民間徵發重稅。與此同時，他們在兵力上也開始捉襟見肘，劉國軒採取的辦法是強拉當地鄉勇充伍，為了防止充伍鄉勇逃跑，又將鄉勇家屬強制遣送到臺灣當作人質，結果弄得安土重遷的當地百姓怨聲四起。

這邊鄭軍惹起民怨，那邊姚啟聖安定民心的各項措施也已奏效，這使得閩人對鄭軍不再予以支持。鄭軍在佔領區內根本站不住腳，清軍一反攻，泉州附近各城就盡被清軍所收復。劉國軒眼看形勢不妙，急令全師從泉州城外撤出，於是泉州危機得以解除。

傾家蕩產幹事業

劉國軒攻泉州不成，又轉而打起了攻漳州的主意。一六七八年十月，鄭軍捲土重來，進兵漳州，其時泉州聚集著兩萬餘綠營兵，但當姚啟聖屢發調令，請他們赴漳會剿時，卻無一回應。打仗最怕的就是調動不了部隊，姚啟聖就此向康熙提出：「若軍隊調動，必俟大將、王令，不免坐失時機。」康熙立即批示回復，允許總督以後可以一面調遣綠營，一面通知各王、將軍，以免遷移誤事。

姚啟聖雖然得到了康熙的支持，但戰機稍縱即逝，坐等泉州援兵已經來不及了，他當機立斷，調漳州城內的靖南王耿精忠、將軍賴塔等率滿漢官兵出漳州城決戰。次日黎明，姚啟聖與耿、賴等親自督戰，分兵七股向鄭軍發起衝擊，鄭軍則以木馬、銃炮、火箭、噴筒迎戰，雙方從淩晨一直打到中午，喊殺聲震天動地。

海澄戰役，鄭軍巧妙地利用了他們在海戰中的長處和優勢，漳州戰役卻是硬碰硬的陸戰。打陸戰，吳三桂的百戰之師尚不是八旗軍的對手，鄭軍就更不用說了，最後清軍衝破了用以阻擋騎兵的木馬，砍開戰陣，連破十六座鄭營。

鄭軍潰敗遁逃，可當逃到河邊時又無舟可渡，結果當場溺死萬餘人，旗幟、盔甲、布幔、輜重棄滿山野，「是役也，乃『海賊』（指鄭軍）二月登犯以來，從未有此大敗。」

漳州戰役後，清軍乘勝而進，陸續收復了漳、泉所屬諸縣，但石碼、海澄尚在鄭軍手中，劉國軒在這一帶深溝固壘，建立了首尾相環的堅固陣地，清軍一時很難攻破。

鄭軍雖然在沿海還能勉強維持，然而其高層已經動搖，特別是鄭經不像乃父鄭成功那樣剛毅果決，整日萎靡不振，導致大權旁落，眾心渙散。康熙在軍事相持不下的情況下，便指示姚啟聖沿著對方的這一缺口集中力量發動進攻，具體措施即進行招撫，用姚啟聖的話來說，就是：「固閩人之心，而後賊（指鄭軍）可退，又必出奇計，使臺人反為吾用，而後賊可亡。」

姚啟聖乃招撫高手，在未做總督之前，不少三藩驍將都是經他勸說附清的，對於扭轉戰局曾起到重大作用，這也是他能夠受到康熙賞識的一個重要原因。不過姚啟聖對於鄭經的招撫並不順利，鄭經希望清廷能夠仿朝鮮例，將臺灣作為大陸的附屬國，具體來說就是「不削髮、不登岸、不稱臣、不納貢，約為兄弟之國」，康熙堅決不同意：「臺灣皆閩人，不得與琉球、高麗（即朝鮮）相比。」朝野多數有見識的大臣如學士李光地等人，也都認為「豈有國家如此盛大，肯與為兄弟之理。」由於雙方的想法和價碼實在相去太遠，姚啟聖兩次派人前往廈門招撫勸諭，但兩次都失敗了。

除了企圖遣使說服鄭經外，姚啟聖還儘量拓寬聯繫面，擴大招撫鄭軍將士，以「高官厚祿，買散人心。」他採納海上投誠人員黃性震的建議，在漳州特設「修來館」，規定凡是從鄭軍那邊來投的文官武將，不問職位大小均一視同仁，且厚禮款待，授予官職。

除了當官的，兵民歸降也予以積極收納，願意入伍參加清軍者，立撥在營，給以軍餉，願意回家務農者，立送回籍，令府縣予以妥善安置，不許豪強欺淩和仇家報復。得知投誠官兵大多不願到外省屯墾，姚啟聖又奏請康熙，將界外無主田地給予投誠官兵屯種。

應該指出的是，招撫鄭經固然系康熙所授權，但公開招撫卻並非康熙公開指示要做的，而是姚啟聖以地方官資格，自行籌劃經費從事的活動。

經過連年戰爭，清廷在財力、物力方面都已相當困難，別說撥付招撫費用，就是地方上組織軍需供應都難以完全滿足需要。為了減輕國家負擔，姚啟聖便把自己通過經商賺得的錢都拿出來，不斷地捐資捐膳，據不完全統計，他一生共捐資四十七萬五千餘兩。按照當時的捐納制度，捐銀五百兩便可加官一級，至一六八〇年，即三藩平定時，姚啟聖已通過捐納累計加級四百餘級，當然這對他的升賞已無任何實際作用。

用傾家蕩產幹事業一語來形容姚啟聖毫不為過，他真的是把家裡的每一個銅板都捐了出去，以致後來死的時候已經家徒四壁，「肅然無儲蓄，諸子賣田以葬，貧如故。」即便這樣，招撫資金還是有缺口，使得姚啟聖不得不挪用司庫銀，京城官員不明了內幕，一名都御史聽到姚啟聖挪用官款的傳言，便提出彈劾，說姚啟聖「借司庫銀十二萬，經營取息，侵佔民利。」康熙那時對貪污虧空追查很嚴，然而在看到這一奏摺後卻只佯示追查，敷衍而過，直到姚啟聖死後，已確證「虧帑金以百萬計」，康熙仍「概予放免。」究其原因，就是姚啟聖這樣做或許不合規範，但基本符合康熙的意旨。

由於姚啟聖在擴大招撫的過程中言而有信，對其政策能夠完全兌現，因此對鄭軍官兵產生了很大的吸引力，一時「至者如歸」。年底還沒到，鄭氏的五鎮（鎮為當時的軍隊建制，相當於軍）大將均率所部投誠，之後也陸續有其他鄭軍官兵來投。這些武裝都是久經戰陣的海上部隊，此前一直在沿海頑強抗清，他們的歸附，不僅削弱了鄭軍部署在海疆地區的武裝力量，使得海疆逐漸趨於平靜，而且為姚啟聖初步改造軍隊創造了條件。

清軍在福建的主力仍為八旗，相比於八旗，福建本地和從江浙地區抽調的綠營本來應該更適應海戰，但綠營積弊太深，腐化現象極其嚴重，其將官「以食餉兵丁充伴當、書記、軍牢等役」，關鍵時候不聽將令，最典型的就是到漳州戰役時，姚啟聖以總督之尊都調動不了他們。姚啟聖痛定思痛，一邊對歸附鄭軍加以整編，一邊整頓綠營，經過重定軍制，嚴格訓練，終於使福建清軍也擁有了一批能夠勝任海戰任務的水兵。

水師提督

清軍在海澄戰役中的慘敗教訓表明，要想戰勝「以水為家，以船為命」的鄭氏集團，就必須建立一支訓練有素、攻守兼備的獨立水師，而要做到這一點，又必須專設水師提督，以便對水兵進行集中操練和指揮。康熙初年，施琅曾專任福建水師提督，並厚集舟師，攻佔過廈門、金門，但在由他擔任主帥的征臺戰役失敗後，他即被調往京師任內大臣，水師提督也隨之撤銷。

儘管福建水師提督的位置空了很長時間，但在康熙的心目中，其實早就有了一個合適人選，此人即岳州水師總兵官萬正色。萬正色系福建泉州人，此人善使大刀，平叛戰爭中經常持大刀帶頭衝殺，人稱「黃大刀」（萬正色在投清後已改姓黃），不過他最具價值之處還是指揮水戰的能力不俗，在湖南前線，正是萬正色率水師大破吳三桂水軍，才使清軍最終得以攻克岳州。

除了「剿寇洞庭，著有勞績」外，萬正色關於福建沿海水陸攻守的方略也深得康熙嘉許。在清軍攻取岳州、長沙諸處後，內陸水師可以騰出來用於沿海，康熙遂調任萬正色為福建水師總兵官，率所部赴閩參戰，不久又正式將其擢升為福建水師提督，統轄全閩水師。

萬正色蒞任水師提督時，鄭軍在沿海的處境已經極為困難，他們雖然有水陸數萬人，但都局促於狹窄地方，因為軍餉不繼，只能強徵於民，老百姓不堪重負，反過來又對他們表示不滿，「道路側目」。在這種情況下，康熙決意收復廈金，以圖澎湖、臺灣，他批復將姚啟聖精選的一萬四千名海戰水兵撥給萬正色統領，又從山東、河南等省徵調大批善用火繩槍的鳥槍手，並集中和添造了許多戰船。

即將到來的廈金戰役不是陸戰，是海戰，雖然福建水師的陣容已經煥然一新，但能否通過這次海戰的考驗仍是一個懸而未決的問題。不少前線將帥對此疑慮重重，覺得僅僅依靠自身新近建立起來的水師難以建功，他們認為必須按照多年前出征廈金成功的經驗，向荷蘭借船。

在整個十七世紀，荷蘭都是名副其實的海洋霸主，向有「海上馬車夫」之稱。荷蘭海軍使用一種名為加利恩帆船的巨型戰艦，因其至少由兩層甲板所構成，所以中國人稱之為夾板船，這種戰艦不僅體積巨大，而且因其艦載炮為紅夷大炮，威力極強。在第一次廈金戰役中，清軍一共向荷蘭借了十七艦夾板船，當時確實對攻取廈金起到了舉足輕重的作用。

康熙徵求大臣們的意見後，便親自寫下借船敕諭，內容是請荷蘭國王派出二十艘夾板船，與清軍協力攻取廈金二島。康親王傑書奉命派信使帶著敕諭前往荷蘭，不料信使在出海途中遇到了海盜，沒能到達荷蘭就又返回了中國。

連音信都不能通，還能指望荷蘭海軍如期而至嗎？康熙指揮調度了整個平叛戰爭，深知兵貴神速的道理，他指示福建方面：「速靖海氛，不必專候荷蘭舟師。」

這時候對於究竟還要不要借助外力，前線將帥也產生了分歧。習慣於陸戰的傑書、姚啟聖等都主張繼續向荷蘭借船，荷蘭船隊什麼時候到達，什麼時候再向廈金進兵，如若荷蘭船隊延期，暫時便只能「內遷邊海人民，堅壁清野，以待其困。」福建巡撫吳興祚、萬正色則力主即時進兵，他們的依據是福建水師已有新舊大小戰艦兩百四十艘（還有大小船隻五十艘即將加入），鄭軍雖有船三百多艘，看起來比清軍稍多一些，但清軍新造鳥船大而堅固，駕駛便利，為鄭軍所不及，換句話說，福建水師即便不借荷蘭船，也一樣可以穩操勝券。吳興祚特地告訴康熙，福建水兵已有兩萬八千餘人，且士氣高昂，他到定海水師駐地檢閱，親眼見到提督萬正色以下官兵人人踴躍求戰，剿「賊」立功心切。

為什麼一定要即時進兵，吳、萬都提到，海上作戰利用風汛極為重要，若坐等荷蘭船隊，最早也要到農曆五六月份，那時風汛轉南，鄭軍處於順風，清軍逆風，勢難取勝，甚至如果鄭軍知道清軍不能逆風作戰，還會先發制人，對定海水師駐地進行襲擊，迫使清軍水師撤回內港，從而加劇沿海的緊張局勢。

看完吳、萬的奏章後，康熙心裡有了底，他當即做出裁斷，命令福建方面即刻向廈金進兵。

進軍令

一六八〇年三月四日，萬正色統率水師由定海出發，不過第一站不是廈金，而是海壇。這是因為此時鄭軍在沿海的水師都集中於海壇，若先行擊破海壇，可令鄭軍軍心先行崩潰。

兩天後，水師到達海壇。萬正色將前鋒分六隊實施衝鋒，自己親率舟艦繼後，同時出動全部輕舟，從左右兩面並力夾攻。福建水師在自己的處女戰中展現了訓練成效，他們炮火齊發，共擊沉鄭船十六艘，海壇手到擒來。

萬正色攻下海壇後，與吳興祚的陸師協同南下，又在崇武海面與鄭軍展開激戰。鄭軍在失去海壇後，果然軍心動搖，雖然鄭將朱天貴等人率三百餘艘艦船傾巢而出，但仍不占上風，被清軍擊沉艦船二十餘艘，只得倉皇遁逃。

在第二次廈金戰役中，清軍採取了多路出擊，水陸夾攻的戰術，傑書、姚啟聖等人各率水陸官兵向鄭軍發起攻擊，打得鄭軍首尾難顧，狼狽不堪。劉國軒本來向石碼、海澄方向奔逃，無奈清軍水師在後面緊緊尾追，甩都甩不掉，逼得他只好轉往廈門。眼見連這位鄭軍統帥都被追得跑來跑去，海澄守將更加無心戀戰，隨即便獻城歸降，使得清軍一舉收復石碼、海澄。

對於鄭軍一方而言，海澄乃廈門、金門之門戶。海澄一失，廈金二島均失去屏依，留守島上的鄭軍已成風聲鶴唳、土崩瓦解之勢，在劉國軒奉命返臺後，他們紛紛降清，清軍沒花太大的力氣，便先後攻佔了廈金。

福建沿海最後一支與清軍對抗的鄭軍武裝，是銅山島的朱天貴部，但在清軍攻佔廈金後不久，朱天貴也接受了姚啟聖的招撫。這樣算起來，前後接受招撫的鄭氏集團及與其有聯繫的官兵總計已達十三萬人以上（被瓦解的尚不計在內），其中的許多人都具備海戰經驗和能力，並且選擇加入了清軍水師，清鄭兩軍的力量由此發生了此消彼長的根本轉變。

在康熙的計畫中，收復廈金是第一步，進兵澎湖、臺灣是第二步，但在清軍克服廈金，澄清沿海之後，兵部所得到的諭令卻是：「臺灣、澎湖，暫停進兵。」

並不是康熙改變了主意，而是要慎重行事。澎臺畢竟不比廈金，那是越洋海戰，先不說登島作戰後如何，就是要越過整整一座海峽也極其不易，其間危險的大海，狂暴的颱風，隨時都可能摧毀清軍水師，況且鄭軍失去廈金，只是失去在大陸的根據地和跳板，澎臺是他們的老巢，你要攻澎臺，他們還不得跟你死磕拚到底？

經過三藩之亂和平叛戰爭的錘煉，康熙已經變得相當成熟老練，他一方面下令裁減在福建的滿漢駐軍兩萬六千人，以減輕當地民眾的負擔和軍需壓力，另一方面又留下話來，說「如有進取機宜，仍令明晰具奏」，也即收復澎臺的目標不變，但眼下最重要的還是觀察情況，等待時機。

一六八一年初，清鄭雙方都發生了歷史性的轉折事件。在清軍一方，三藩之亂被完全徹底地予以平定，這使得康熙能夠把更多的精力轉移到對付鄭氏集團上來，他公開表示：「雲南、貴州的叛亂已經平定，要削平造反的逆賊，只有臺灣一地。」在鄭軍一方，鄭經病故，長子繼位後隨即被絞殺，年僅十二歲的次子鄭克塽繼位，內部越發混亂不安。

當年五月，姚啟聖接連收到臺灣方面內線的密報，稱鄭氏集團「主幼國虛」，他據此上疏請求：「會合水陸官兵，審機乘便，直搗巢穴。」康熙接讀姚啟聖的奏疏後，讓大臣們討論，學士李光地贊成征臺，發表意見說：「鄭經已死，他的兒子鄭克塽年幼，部下爭權奪利，軍民離心離德。這個時候如果出動大軍征伐，一定能夠成功，機不可失！」康熙聽後當即表示：「你說得很對，朕正打算這麼做。」

一六八一年六月二十一日，在確認征臺的時機和條件都已成熟後，康熙發佈了相當於進軍令的諭旨，宣佈：「宜乘機規定澎湖、臺灣。」

進軍令既下，首先需要解決的就是主帥人選。作為克復廈金，掃清海疆的最大功臣，福建水師提督萬正色原本是康熙考慮的第一人選，但萬正色自克復廈金後就竭力主張防守海疆，反對出兵臺灣。他向康熙上《三難六不可疏》，強調劉國軒「頗能用兵」、「智勇不可擋」，得出的結論是「臺灣斷不可取」，其保守畏難的態度，與其剛入閩時毅然與鄭軍決戰時的英姿豪氣已判若兩人。這讓康熙頗為失望和不滿，說：「我仗他（指萬正色）有本事，委之重任，而他卻畏服賊將，不成說話。」

康熙當然可以硬性命令萬正色率部出征，但強扭的瓜不甜，如果讓一個帶有負面情緒的將領去指揮並決勝這樣一場艱巨的海戰，是很難濟事的。

顯然，主帥的問題一天不解決，征臺之事就不可能有所進展，所以當務之急，是必須找到新的合適人選。只是這個人並不好找，他不但要諳熟軍事，而且還要善於海戰，敢當重任。在福建前線的軍政大員，萬正色是個少見的海戰高手，但卻沒膽量征臺，姚啟聖軍政全優，才略優長，且不缺勇氣不缺擔當，可惜似乎並非指揮海戰的將才……。

智勇萬人敵

自出任福建總督起，姚啟聖便以收復臺灣為己任，不過他也明白自己的軟肋在哪裡，而且正如康熙曾看中萬正色一樣，他也有一個心儀的海戰將領，此人就是萬正色的前任施琅。

施琅與萬正色同為福建泉州人，他是個天生的大力士，據說後來投軍時，募兵的將軍在院子裡放了一個鐵鼎，幾千個新兵試過去，沒有誰能舉起來，施琅看了看說：「沒什麼難的」，隨即捲起袖子，一下子就舉起了鐵鼎，而且他還舉著走了十幾步，再將鐵鼎放置原處時，連臉色都未變。

將軍的帳下也有力士，平時沒人能碰他一根寒毛，但這名力士與施琅較量了一下，竟然也完全不是對手，將軍大為驚異，稱讚施琅：「神力也！」

施琅就是一個天生的軍人胚子，而時代也為他提供了從戎創立功業的大好機遇。少年時的施琅正值明末動盪時期，他和弟弟施顯一同就塾讀經，有一天課餘兩人看三國史，看完之後施顯大發感慨地對他說：「大丈夫應當磊磊落落，著勳名於千古。當今四方騷動，正是英雄建功立業、光宗耀祖之時，我們兄弟倆膂力不輸於古人，還用得著埋首在這裡讀經嗎？」

施琅對弟弟的這番言辭深表認同，他父親施大宣希望施琅長大後能當上公侯將相，所以對兄弟倆棄文習武的志向也表示贊成。在父親的支持下，施琅很早就拜師學藝，從劍術到陣法無不精通，加上天生神力，使得他從軍後迅速脫穎而出，年紀輕輕便「智勇萬人敵」。

施琅原來是鄭成功的部下，而且在鄭成功的所有部下中，以年齡最小、最為知兵善戰著稱。他擔任鄭軍前鋒大將，「百戰居先」，因戰功赫赫而深得鄭成功的器重，凡軍機大事，鄭成功必定要先與之磋商。

隨著施琅在鄭軍中的聲譽和影響力越來越大，他的形象逐漸被神化。有人說他打仗迷了路，是一群老虎為他引路，把他帶出了迷徑。還有人說，某次部隊打了敗仗，大家都找不著北了，這時山嶺裡有一位老人為施琅指明了道路方向，施琅欲以物相謝，老人笑而不受，但等施琅走出幾步，再回頭看時，老人突然又不見了。

到後來，施琅的部隊已被民間視為「岳家軍。」他本人少年得志，讀的書不多，性格上也有驕橫好勝的一面，平時不知收斂，得意起來竟會對人狂言：「大將軍（鄭成功）能有今天這塊基地安身，全仗我施琅一人，不然大將軍豈有今天的聲勢。」

自古一山不容二虎，鄭成功靠威信統領鄭氏集團及軍隊，處事極為嚴苛獨斷，聽到這些話自然不會高興，而且他還接到密告，稱施琅自言做夢時夢見自己是北斗七星中的第七星！

鄭施之間的嫌隙由此而生，他們的最終決裂則來自一個偶然事件。有一個親兵犯法應當被判死刑，但找到鄭成功並求得了他的庇護。施琅知道後，直接跑到鄭成功住所，把親兵又給抓了起來。鄭成功下令不要殺，施琅不聽，指責鄭成功「自徇其法」，仍然立即處死了親兵。鄭成功視為抗命，盛怒之下將施琅及其父施大宣、其弟施顯予以逮捕，而且準備全部殺掉。

在一些親信部將和當地居民的幫助下，施琅用計逃出了鄭成功當時所控制的廈門，其間他就像春秋時的伍子胥一樣，為了避開搜捕，歷經艱險，曾經餓著肚子在石洞中躲了兩天兩夜。成功脫逃後，施琅請人出面周旋，期望能夠恢復與鄭成功的舊有關係，但鄭成功拒絕和解，先派人刺殺施琅，刺殺不成，便殺害了施大宣、施顯。

施琅走投無路，只得降清。起初他在清軍中並不受重用，「鬱鬱不得志」，直到順治末年，鄭成功聲勢逼人，清廷發現施琅熟悉海上情形，才把他當作前鋒派上去與鄭軍作戰。施琅抱著為親人報仇的強烈願望拼死作戰，一戰就攻破了鄭軍營壘，因功先後被授副將、總兵。至此，鄭成功才後悔起來，說：「楚國之禍，其在於胥矣。」楚王殺害伍子胥的父親和兄長，伍子胥從楚國逃到吳國，成為吳國重臣，最後協同孫武帶兵攻入楚都，差點令楚國亡國！

鄭成功去世後，施琅被擢升為福建水師提督，第一次廈金戰役正是由他發起和指揮。彼時萬正色尚未顯山露手，論海上作戰的經驗和指揮能力，清軍中沒有誰能超過施琅。後來清廷發動第一次征臺戰役，封施琅為靖海將軍，授其以專征之權，但施琅兩次出征，兩次都遇到颶風，不得不中途返航。由於出征失利，導致清廷內部主張招撫鄭氏的意見占了上風，施琅遂被卸任召回北京，否則的話，福建水師提督的位置未必能夠輪到萬正色。

第七章

奇蹟般的幸運

當姚啟聖還在福建布政使任上時，就以鄭軍「異常猖獗」，亟須恢復水師提督一職為由，向康親王傑書專門舉薦了施琅。可是傑書並不瞭解施琅，對此採取了慎重態度，接著康熙又調楊捷出任水陸提督，這就使得施琅再出任水師提督的可能性變得不大了。

康熙欲以楊捷兼管水陸兩師，但楊捷到任後便叫苦連天，自己提出「福建水陸進兵，勢不能兼顧」，康熙遂下旨命姚啟聖等人保薦專任水師提督的合適人選。姚啟聖喜出望外，他正打算借此機會保薦施琅，不料施琅之子施世澤在海澄戰役中突然被俘，由於情形不明，他到頭來還是沒敢明著保舉施琅，只是在奏疏中含糊其詞地暗示了一下。

康熙讓你們保舉人才，也沒有讓你們給他打啞謎，毫不意外，姚啟聖的這封奏疏如同泥牛入海，再也沒了音信。姚啟聖越想越後悔，當上福建總督後不久，又鼓起勇氣，再次上疏明確請求起用施琅，為了替施琅撇清可能通敵的嫌疑，他還在奏疏中特地指出：「施琅即有一子在海，尚有六子在京。」意思是說就算施世澤叛變投敵，施琅也斷不會為了這一個兒子而捨棄其他六個兒子。

令姚啟聖頗為沮喪的是，這時康熙已經選中萬正色，福建水師提督一職輪不到施琅了。儘管他而後又第三次推薦施琅，並建議讓施琅以將軍的身份（施琅曾被授以靖海將軍）與提督萬正色共同統轄水師，或乾脆將萬正色移調廣東，但依舊未能得到朝廷的同意。

催化劑

所謂山重水復疑無路，柳暗花明又一村，萬正色在征臺前夕的知難而退，重新為施琅出山帶來了希望。另外一件對施琅復出極其有利的情況是，施世澤雖被迫在鄭軍中擔任了官職，但他暗通姚啟聖，謀擒鄭經獻廈門，旋因事情敗露而被殺，此事自然有助於解除朝廷在這方面對施琅的疑慮。

借此良機，姚啟聖第四次保薦施琅，果然皇天不負有心人，這次康熙終於開始考慮施琅了。

此時施琅居京已達十三年之久，而且一直在康熙身邊做內大臣，一朝夕侍御」，又一參預商酌軍機事宜」，可是在此之前，康熙卻從未想過要起用他，哪怕是像萬正色那樣，先讓他擔任內陸水師統領。為什麼？

原因很複雜。儘管施琅與鄭氏父子仇深似海，但朝中仍有一些大臣懷疑施琅與鄭氏集團藕斷絲連，甚至認為施琅兩次出征臺灣受挫，不過是以颶風為藉口，實際並不想真正收復臺灣，後來施世澤的被俘和被迫加入鄭軍無疑又強化了這一印象。再退一步說，即便大家對施琅的忠誠沒有疑問，但他兩度征臺又兩度遇風而返，也會引起人們的看法，進而對其在超大規模海戰中的指揮能力提出疑問，康熙可能或多或少都受到了這方面的影響，導致其無法對施琅予以完全信任。

除此以外，施琅的性格也給他自己加了不少負分。施琅效力鄭軍時就有恃才傲物，難以與人合作的問題，他與鄭成功發生衝突，固然可以歸咎為鄭成功忌才刻薄，「以淫刑失國士」，但也暴露了他作風粗暴，得理不饒人的一面。降清及至入京後，施琅在為人處世上並未有太多改變，李光地在未與他深交之前，「素聞其驕傲」，另一名大臣席桂則說施琅「行事頗覺好勝。」康熙深受儒家思想影響，素來主張一個人即便有十分才能，也應該謙讓收斂五分，施琅為人處世的風格無疑讓他很不舒服，為此，他曾當著大臣們的面，指出施琅「粗魯武夫，未嘗學問，度量偏淺，恃功驕縱。」

與施琅可做一對比的是趙良棟。趙良棟也非常高傲自負，向來淩駕於眾將、滿漢同僚之中，他所佩服的只有賴塔、穆占，其餘從王進寶等西北漢將，再到出征的皇族諸王、貝勒、貝子，沒有一個被他放在眼裡。康熙批評說：「趙良棟是一個驕縱狂妄的人，自許歷練老成，凡事都不肯讓人，以為別人都不及他……，像他這樣目中無人，還得了？」

為了讓趙良棟得到一點教訓，康熙在平叛戰爭結束後將其降職，讓他進京任鑾儀使。從趙良棟這件事上不難看出，康熙把施琅長時間放在身邊，卻不輕易使用，應該也有著打磨其性情的用意和良苦用心。

姚啟聖四薦施琅，起的是催化劑作用，借助於萬正色缺席，征台急需用將這樣一個有利條件，它把康熙對施琅的考察推進到了一個新的階段，即可以起用的階段。當然這並不表明康熙心中已經完全沒有疑慮，比如鄭經為什麼要授施世澤以官職，會不會與施氏父子還有什麼不為人知的默契，又比如施琅的能力究竟能不能勝任征臺戰役，經過這麼多年的磨煉和沉澱，能否改變驕傲自負的性格，以減少在戰役中出錯的概率。

康熙需要找一個人來解惑，並通過他來驗證自己的判斷，而這個人就是內閣學士李光地。

李光地是福建安溪人，三藩之亂期間，他任翰林院編修，請假回鄉省親，正好碰上鄭經派兵進入福建，李光地立即招募鄉間勇士，協助清軍主力擊退了進犯泉州的鄭軍。當時一位同鄉翰林前來相見，讓李光地勸康熙派兵渡海，徹底殲除鄭氏集團，以確保地方安寧。李光地對海戰諱莫如深，只能回答說，鄭軍敗退臺灣後，與大陸遠隔重洋，不是想殺回來就能馬上殺回來的，再者如果要派水師遠征臺灣，等於是把慣於陸戰的官兵驅入大海，不但成敗難以預料，而且也不知道可能要傷亡多少人，對於這種人命關天的大事，他實在不敢隨隨便便向皇上開口。

李光地回京後，康熙予以嘉獎，補授其為內閣學士，從這個時候起，他才與施琅有了交往。一開始李光地對施琅的印象並不好，因為施琅當著面就誇說自己的本事如何如何，只要讓他再次掛帥征臺，保證「海上可平」云云。李光地的第一感覺是此人乃驕狂之輩，嘴上誇誇其談，卻未必能夠成事，所以並沒有太在意。後來有一天，兩人在禮部侍郎富鴻基家見面，在談到順治朝鄭成功圍攻南京之役時，施琅就鄭軍的長短處做了分析，李光地驀然驚覺其見解深刻獨到，頓生欽佩之情，對這位老鄉的印象也完全改觀。

眾裡尋他千百度

經過一次次的促膝深談，李光地發現，原來施琅並不是一個能言善道的人，口辭也完全稱不上伶俐，但是「辛辛苦苦說出一句，便有一句用處」，平時話不多，然而一口唾沫一顆釘，「言必有中」，絕不會無的放矢。

無論是出於鄉梓情懷，還是著眼於國家大計，李光地都不會認為收復臺灣可有可無，他不敢跟康熙提及此事，只是一時找不到一個有能力指揮征臺戰役，又有把握打贏海戰的能人而已。施琅的出現，讓他喜出望外，頗有「眾裡尋他千百度，驀然回首，那人卻在燈火闌珊處」之感。

李光地對施琅極為推崇，評價極高，認定施琅「必非平常」且「大服其智略」，他還說自己多次與施琅交談，每次都覺得施琅就好像是初次與光武帝劉秀見面的鄧禹（東漢開國第一功臣），或者是剛剛見到劉備的諸葛亮，假使能夠讓施琅掛帥征臺，必能取得像岳飛「剿滅」楊么那樣的功績（楊么起義軍是水軍，故李光地有此比方）。

後來有人將施琅與趙良棟並稱，李光地卻認為連趙良棟都比不上施琅：「趙良棟御下有方，臨事機智，但要承攬天下大事，確保其克期成功，未必如施。」自此，他一改以往的審慎態度，積極主張征臺，並抓住一切機會在康熙面前為施琅說話。

李光地態度的改變與康熙對施琅的疑慮之處恰好碰到了一起。當康熙召見李光地，問施世澤被鄭經所殺，是不是真的是因為暗中歸附朝廷。李光地不僅做了肯定的回答，而且告訴康熙，鄭經害怕清廷重用施琅，所以委其子以官職並把風聲放出來，為的是想讓清廷對施琅生疑，後來知道施世澤和其父親一樣心向朝廷，才把他給殺了。

康熙接著又問李光地：「施琅果真有什麼本事？」李光地說：「施琅自幼從軍，經歷得多，對海上路徑及其情況都非常熟悉，海賊（指鄭軍）很怕他。」康熙聽後點了點頭，表示同意李光地的看法。

一六八一年八月，康熙專門留李光地商議平臺之事。李光地奏請盡速出兵收復臺灣，同時針對朝野一些官員反對平臺的言論，痛斥他們「大都是畏難有六分，而養寇以自重亦有四分。」

除了要不要出兵，康熙最關心的當然還是怎麼出兵。李光地分析說，滿洲兵慣於陸戰，但不能適應水戰，上了船別說打仗，光坐上面都暈，所以去不得，而「南兵」（即南方的漢兵）對船隻熟悉，瞭解水戰的打法，完全可以使用他們。

既然說到要使用南兵，則必然得物色統率南兵的南將，這實際上是李光地在有意把話題引到起用施琅上來。不出所料，康熙聽後問李光地：「在你心目中，有認識的人可為將嗎？」

李光地號稱「理學名臣」，極懂侍君之道，雖然他心中認可的人選只有施琅，但為了表明自己的慎重，同時避免受人之托的嫌疑，他並沒有馬上說出施琅，而是先故意加以推託：「命將大事，皇上聖明神武，臣怎麼敢參與？」之後經康熙「敦問再三」，他才奏道：「此非小事，容臣考慮幾天，斟酌妥當後再復旨。」

過了幾天，康熙派大學士明珠前去催問，李光地見時機已到，便讓明珠轉告康熙：「計量起來，還是施琅。」他歸納的理由一共有四條：施琅全家被鄭氏所殺，與其是世仇，其心可保；施琅熟悉鄭氏集團情形，無人能出其右；施琅有謀略，非一勇之夫；鄭氏所害怕的，唯施琅一人，若用施琅，首先在氣勢上就勝了一籌。

聽了明珠的回奏後，康熙又特地召問李光地：「你能保施琅沒有其他問題嗎？」顯然，經過李光地的推薦，康熙對施琅的才幹已經深信不疑，也確信若發動征臺戰役，沒有人能夠替代施琅，然而對於施琅的忠誠，他似乎還有些擔心。

決定施琅命運的關鍵時候到了，只要李光地出現一絲動搖，都可能讓事情發生變化，此時李光地表現出了一個朝廷重臣的擔當，他果斷而又頗有分寸地答道：「倘若說到才略，實在無人能與施琅相提並論，當然功成之後，還是要靠皇上妥善處置。」

李光地對施琅的力保，意味著他必須為此承擔極大的責任，而這也打消了康熙心中所存的最後一絲疑慮。一六八一年九月十日，他下決心對姚啟聖、李光地的建議予以採納，遂任命施琅為福建水師提督，加太子少保，任務是相機攻取澎湖、臺灣，原福建水師提督萬正色則改任陸路提督，配合其行動。

戰則必勝

施琅進京時五十歲尚不到，等他重返福建，已經成了一個花甲老人。在過去的十三年光陰裡，他沒有一天不盼著能披上戰甲，重新跨海出征，當然也會時時進行自我反思，想一想自己當年究竟錯在了哪裡，以及怎樣進行修正。

颶風無疑是造成兩次征臺均無功而返的最直接原因。水師出發不久，海上便朔風呼嘯，浪翻潮湧，一連很多天都是這樣，施琅在無奈之下，只得率船隊返回金門，以暫避風浪。待到天晴後，水師再度出發，不料船隊駛入澎湖口不久，又驟遇狂風大作，一時間，暴雨傾盆，波濤洶湧，白霧茫茫中，根本就看不清登陸點在哪裡。澎湖雖有山巒，但都很矮小，很難辨認，更不用說在能見度這麼低的情況下了。

第二次征臺比第一次更慘，由於來不及撤回，有兩艘船隻當場被打翻，「悲號之聲，猶如從水中發出」，其餘船隻也被吹散各處，就連施琅自己所乘戰船都漂流到了南邊的潮州地界。

施琅從小生長在海邊，軍旅生涯也多是與大海打交道，所謂「生長濱海，總角從戎，風波險阻，素所履歷」，連敵人的面都沒有見到便鎩羽而歸，這種尷尬結果是很多人都料想不到的。究其原因，是施琅在那次征臺之前，從未到達澎湖、臺灣，他所接觸的海只是東南尤其福建沿海，熟悉的風汛僅限於沿海一帶，加上由於朝廷限期出征，使得他當時也沒有充裕的時間去等候適當風汛。

征臺失利後，施琅進行了自我反思，承認：「臺灣乃遠洋絕島，狂風惡浪，四時無常，水性難測，比之沿海，頗為殊異。」他開始著手進行深入細緻的調查研究，每次澎臺有鄭軍投誠而來，或者捉到相關的俘虜，他都要詳細詢問，向對方瞭解和熟悉相關情形。以後雖然離閩赴京，但他仍一邊認真總結兩次征臺未果的教訓，「日夜磨心熟籌」，一邊密切注意福建沿海動向，悉心研究包括風潮信候在內的海洋氣象。

經過長時間的苦心鑽研，施琅對再次征臺變得越來越有把握，三藩之亂結束後，他曾上疏康熙，在用陰陽五行的一套來論證臺灣鄭氏氣數已盡的同時，自告奮勇掛帥征臺，說在他看來，即便是像劉國軒那樣表面桀驁的所謂鄭軍「巨帥」，也不過都是「狐鼠」之輩，絕非他的對手。

施琅當然不會真的認為劉國軒只是「狐鼠」，事實上，他私下一直評價劉國軒為「佳士」、「好漢」，無論智謀還是武功都與自己相當，乃戰場上不可小覷的勁敵。他這麼說，固然是因為急於進征臺灣，但同時也是一種戰則必勝的信心顯示。

還在授命之際，施琅胸中就已經有了一個成熟可行的征臺計畫，他也明白這是自己的最後一次機會，必須牢牢抓住，重蹈覆轍的事別說發生，連可能性也不允許有。當他重返福建時，已是秋冬時節，西北風多，他判斷這種風向對征臺不利，而且經過查驗，征臺戰役所能使用的水兵只有一萬一千餘人，戰船也未齊備，於是經奏請朝廷批準，他決定延期征臺，以便一面等候風汛，一面造船練兵。

在督造適用海船的同時，施琅將選練兵將作為頭等要務，而姚啟聖等人前期所招撫的大量鄭軍降兵，也為他「以鄭治鄭」，放手選人創造了條件。按照「兵在精不在多」的原則，施琅親自挑選並為官兵們安排崗位，其中慣於駕駛海船的做水手，慣於海上作戰的當水兵，為的是讓他們能夠各逞其能，盡施所長。

兵精尚需將銳。施琅對將領的要求是歷經海戰，有戰績在身，而且能夠在戰時身先士卒，「衝風破浪，勇敢克敵」，只要符合要求，不管是鄭軍降將還是下級官兵，都可入選。除此之外，施氏家族成員也是將領中的一個重要組成部分。施家本身就是一個武人大家族，從施琅的四個兒子再到他的侄子、侄孫、堂弟、堂侄等，總計超過三十多人，皆勇敢善戰，此次也全部隨施琅出征。施琅把他們分撥到各個戰船上，有的直接用於衝鋒陷陣，有的作為監軍，對各自船上的官兵進行調度和激勵。

至一六八二年五月，甯海將軍喇哈達、侍郎吳努春專程到廈門閱兵，見福建水師已擁有大小海戰三百艘，精銳水兵兩萬餘，且「船堅兵練，事事全備……，將士摩拳擦掌，人人感奮」，不由得交口稱讚，認為施琅的選練卓有成效。

眼看萬事俱備，然而在此期間，施琅卻與姚啟聖發生了激烈衝突。

針尖對麥芒

康熙在啟用施琅的諭旨中，曾向施琅指出，如果他要進剿臺灣，必須與福建總督姚啟聖、巡撫吳興祚、陸路提督萬正色，再加上甯海將軍喇哈達、侍郎吳努春，共同進行商議。施琅離京之際，他在召見並賜宴瀛台時，又特地進行囑咐：「你到地方後，應與文武百官同心協力，以靖海疆。」

顯然，康熙的意思是要求六人同征，但他並沒有確定誰是主帥。六人小組的成員若論官階和職位，有的在施琅之上，有的與施琅平級，商討時意見很難統一，一旦出現這種情況，六人便各自向皇帝反映，請求定奪。如以進兵時間為例，施琅奏請延期征臺，姚啟聖、吳興祚則進兵心切，又如在風向和主攻方向上，施琅與姚啟聖的觀點也是南轅北轍，施琅主張利用南風，集中船隊力量先打澎湖，「扼其咽喉」，姚啟聖卻認為應利用北風，分船攻擊，同時進兵臺澎兩地。

施琅深感自己受到了掣肘，難以放開手腳備戰，他到福建後不久，便上疏康熙，要求督、撫「居中節制」，征臺的軍事指揮也由六人商討改為他一人獨自決策。

接到施琅移送的疏稿後，姚啟聖大驚失色，「心中如焚如溺，而不能自已。」他當初不惜頂著天大的干係，推薦比自己還大三歲的施琅復出，其最初用意無非是要為自己收復臺灣增加一個有力的幫手，怎麼可能想到施琅會「忘恩負義」，竟然要甩開自己單幹呢？他當即上疏，表示反對施琅專征，堅持至少督、撫、提同征。

對於來自施、姚兩方面的意見，康熙進行了平衡，他同意吳興祚因為刑名、錢糧諸務，「不必進剿」，其餘除姚啟聖外的四人亦不再參加征臺決策，不過仍保留姚啟聖，強調對於征臺戰役，「總督姚啟聖應一同前往。」

六人小組被改為了兩人搭檔，但這樣一來矛盾不僅沒有得到根本解決，還呈現出繼續激化的趨勢。本來姚啟聖為了不與施琅鬧翻，已經打算在風向和出兵日期上做出讓步，全都按照施琅的方案執行，孰料康熙的聖旨一到，他的腰杆變硬，馬上又反悔了。

福州水師上有施琅，下有五鎮總兵官，他們均為經姚啟聖招降過來的原鄭軍將領，當姚啟聖奉旨體察軍情，與其會商時，他們都異口同聲地說北風進兵好。不管這些將領是屈於壓力，還是真實本意，但他們的支持無疑令姚啟聖大受鼓舞：你施琅可以說我在海戰方面是個外行，可五鎮總兵官沒有一個不熟悉風汛水性，他們都認同我，難道他們也是外行？

姚啟聖更加堅持自己的觀點，甚至還每天派五鎮總兵官去對施琅進行勸說，讓他同意乘北風進兵。兩人搭檔儼然已成為兩個對等的權力中心，而且彼此意見針尖對麥芒，這種發生在領導層面的混亂，讓底下的將領無所適從，不知道究竟應該聽誰的指揮，備戰因而大受影響。施琅作為水師提督，竟然連手下將領都與其意見不合，又如何進行部署？

這時候征臺戰役尚未正式打響，成敗禍福均不可知，所以作為施、姚來說，他們並不如有些人所揣度和想像的那樣，是在不顧大局的爭功，而是確實認為自己的提議更有利於收復臺灣。由於分歧難以彌合，兩人只能通過上疏皇帝來解決，問題是那個時代通信很不發達，康熙也不可能每次都像平叛戰爭時那樣，投入極大成本去專門構建一個戰時通信網路。施、姚的奏疏從福建發往北京，再從北京回饋福建，一來一去要浪費很多時間，戰場情況瞬息萬變，如此屢屢錯過戰機便在所難免，兩人的關係也急劇惡化，關於他們不和的傳聞不但三軍皆知，連福建普通官民都有所耳聞。

一六八二年四月，施琅向康熙發去密疏，指出姚啟聖「生長北方（姚是南方人，此處所說北方系指他非閩人）」，雖有經緯全才，汪洋巨浪之中恐非所長」，希望能夠把姚啟聖留在廈門，「居中節制」，確保後勤，由他帶兵專征臺灣。

施琅的密疏不用直接向姚啟聖移送，但姚啟聖仍然在甯海將軍喇哈達處看到了密疏的內容。他不看則已，看後「不禁驚異欲死」，遂忙上疏為自己辯解，說我雖然生長在北方，可是也已經出海數月，在海上安然無恙，不嘔不吐，他施琅憑什麼說我在海上毫無長才？

按照姚啟聖的說法，通過這段時間的出海操練，他非但不暈船，而且對於指揮海戰也有了進步，完全可以隨船出海指揮作戰，如果實在不行，他寧願與施琅各帶人馬出征。至於後勤，他籌備已非一日，所需早就齊全，根本不用再留在廈門。

姚啟聖最後表示，他「寧願死於海，而斷不肯回廈門偷生」，為此，他甚至可以在風向上依從施琅，條件是進兵的時間絕不能再拖了。

軒然大波

圍繞施、姚的爭議，康熙命令議政王大臣進行合議，商量的結果是施、姚不宜分開，出兵日期也不能一拖再拖。

康熙本身是個有自知之明的人，因為知道海戰較於陸戰更為複雜，自己也不像陸戰那樣熟悉海戰，所以在施琅幾度上疏奏請延期征臺的情況下，他一直都採取十分謹慎的態度，並不促令其進兵，但這並不表明其內心對征臺的進展感到滿意。他據此接受議政王大臣會議的結果，駁回了施琅專征的請求，而要兩人和衷共濟，同時對屢次延期出兵多少也有些責難的意思。

接到康熙的旨意，施琅壓力倍增，而姚啟聖雖然是這一回合較量的得勝者，但對前景卻也不敢感到樂觀。兩人又爭論了十多天，在大將軍賴塔介入並支援施琅的情況下，姚啟聖終於勉強同意按施琅的意見進兵。

一六八二年五月二十八日，施琅、姚啟聖率大軍開拔，直指澎湖。在清軍出發前，臺灣鄭氏集團已經預先獲悉了此次行動，劉國軒奉命率鄭軍主力駐紮於澎湖的各處軍事要地，就準備等清軍過後，從背後進行抄襲。

除了敵人已有準備，難以達成突襲效果外，海面風急浪大的狀況也對清軍船隊造成了困擾，在這種情況下，施琅認為攻下澎湖沒有把握，經徵得姚啟聖同意，斷然下令回師返閩。

從結果上來看，這次軍事行動更類似於演習，而且清軍也未有什麼損失，但卻在朝廷裡引起了軒然大波。有人借機攻擊施琅，說武力攻擊臺灣本身就是一個錯誤，施琅不顧條件是否許可就一意征臺，只是要公報私仇。更有甚者，還居心叵測地說施琅雖歸順清廷多年，但依然心懷二志，朝廷不應再委以大任。

輿論的變化讓朝中的主撫派再次找到了依據，大臣梁清標、徐元文等均向康熙進言：「如今天下太平，凡事不宜挑起爭端，應當以和平清靜為主，請皇上暫時停止進兵臺灣。」康熙在起用施琅前已對他進行過長時間的考察，他固然不相信施琅公報私仇和心懷二志的說法，但對於施琅是否有能力完成征臺任務，以及征臺戰役要不要繼續進行，也開始躊躇起來。當另一位大臣孫蕙奏稱進取臺灣宜緩時，他便「以其言為當」，也就是認為孫蕙說得對。

在孫蕙啟奏的次日，康熙召見已獲準送母親返還原籍的李光地，頗有些憂慮地對他說：「朕對於陸地用兵，向來可以籌算周詳，但現在是海戰，海上情形難於遙制。」接著便問李光地有沒有看過孫蕙的條奏，李光地說我已經看了，孫蕙所言不失慎重，如今鄭氏內亂，我朝方盛，實乃天亡鄭氏的好時機，不過就算天時、地利都好，也必須整合人事和進行努力啊，絕沒有不費一草一木，敵將就會自動歸降的道理。

在這裡，李光地實際上是用婉轉的方式對孫蕙及主撫派進行了批評。康熙當然聽得出來，他對李光地說：「朕別的倒不特別擔心，就怕像孫蕙說的，海風將出征船隊吹入外洋，賊軍（鄭軍）乘勢攻擊，使水師蒙受重大損失。」康熙還說不是孫蕙一個人這麼講，姚啟聖等人也有奏本持相同看法。

李光地告訴康熙，施琅在京時，他也曾問對方類似的問題，施琅當時的反應是大笑，說：「講這話的人，都沒有親身經歷過海戰。」

照施琅看來，海洋本來就是一個異常複雜和艱險的戰場，別說吹入外洋，就是在颶風面前，百萬戰艦亦不過粃糠而已，然而大家所處條件都一樣，清軍水師頂不住颶風大洋，難道鄭軍水師就能頂得住？打個比方，如果清軍水師偶然漂至外洋的某處地方，即便與鄭軍水師僅相距一丈，雙方的船要碰在一起都是件很難做到的事，到那時候，大家都得求媽祖她老人家多多保佑，誰也不可能多占得一點便宜。

施琅讓李光地放心，說我當年在福建做靖海將軍時，其實曾經遇到過你所說的那種情況，三百艘戰船都進入了外洋，海上狂風暴雨持續三天三夜，但我們的戰船無一損傷（應是指第一次征臺），所以今後遇到這種事根本不要怕，就算無功，也不致蒙受大的損失。

李光地所講述的他與施琅的這段對話，既說明康熙釋疑解惑，也基本消除了他的顧慮。李光地又進一步寬慰道：「海上唯憑風信，可進則進，可止則止，施琅諳熟水師，想來一定不會有什麼問題。」

康熙後來提道：「臺灣之役，眾人都說不可取，只有李光地以為必可取，這是他值得稱讚的地方。」

他當即傳旨福建，對施琅表示支持：「如今既已進兵，應於金門、廈門等要害之處添兵防禦，以壯聲威。」

如此大的轉折

儘管施琅安然度過了來自京城的這場危機，但他並沒有停止對於專征權的爭取。一六八二年八月十五日，他上「決計進剿疏」，再次要求由他一人獨征，讓總督姚啟聖、巡撫吳興祚留在後方接應糧餉，並立下軍令狀，稱只要自己能夠得到專征權，「必破臺灣」，如若不成，「治臣之罪」。

康熙想不到在已被自己屢次明確回絕的情況下，施琅仍會一而再，再而三地索要專征權，最初很是生氣，認為施琅作為人臣不應該有這樣的「妄奏」。可是兩個多月過去了，他卻並沒有對施琅直接進行批駁，而是讓議政王大臣們就此事再進行討論，更加出人意料的是，多數大臣居然都建議答應施琅的要求，將專征權授予他。

康熙又轉向大學士們，問：「你們的意見如何？」武英殿大學士明珠奏道：「如果讓一個人領兵進剿，可以更好地讓他達成目標，如果兩人同行，則未免彼此掣肘，不便於其行事。照議政王所請，不必令姚啟聖同往，著施琅一人進兵似乎可行。」康熙表示同意，說：「對」，當下便發佈敕諭，批準施琅專征：「施琅相機自行進剿，極為合宜。」按照旨意，姚啟聖從此只負責辦理後勤供應，軍事指揮上不得對施琅進行干預。

事情出現如此大的轉折，就不能不說到李光地。李光地雖然只是一個內閣學士，但已深得康熙的信任和重用，據李光地自己說，康熙平時很少跟身邊的學士交談，唯獨對他是一個例外，「我為學士二年，蒙顧問者百餘次。」本來康熙為了便於向李光地諮詢征臺問題，不希望他這個時候回鄉，只是有人說李光地回福建後也可以有益於進取臺灣，他才同意給李光地放假，所以李光地雖然不在京城，但仍肩負著為施琅出兵進行謀劃的責任，同時康熙也通過他瞭解福建方面的真實情況。

不光康熙看重李光地，當時同柄朝政的兩位宰相級重臣，即明珠和議政王大臣索額圖，也都很看重李光地，特別是明珠，李光地許多關於進取臺灣的意見，都得到了他的支援，甚至當康熙問明珠，關於征臺的某事應該如何處理時，他總是回答「頃問學士李光地」或者李光地如何說等。

可以想見，在施琅上疏後，康熙必定已向李光地徵求了意見，而李光地來自福建的報告也必定起到了作用，否則很難解釋，為什麼康熙等人會在這兩個月中突然改變態度。

施琅終於如願以償地得到了專征權，這讓他大受鼓舞。實事求是地說，他之所以一再提出專征，也是不得已而為之。因為跨海進剿，不僅需要捕捉戰機，而且必須當機立斷，稍有猶豫或推諉就會與大好機會擦肩而過，甚至導致征臺失敗。此前正是由於他和姚啟聖等人在征期、用兵、分工配合上存在著諸多分歧，才使得在他復任福建水師提督的一年有餘的時間裡，已接連錯失兩次征臺機會，而督提之爭也攪得軍心動搖，將士們莫知所從。

接到專征之旨時已是秋冬季節，這時施琅正在平海衛指揮海上操練，同時聲稱要利用北風進剿臺灣，以便混淆視聽，迷惑鄭軍。過了幾天後，他又改口稱「北風太硬」，未便進剿，令各路兵馬返回軍營，自己也回到了廈門。

北風進兵不是施琅的真實選擇，那是姚啟聖的思路，只是他已沒有機會參加征臺了，只好將建功的希望和重心重新放在招撫上。第二年，姚啟聖再次派人赴臺招撫，然而仍遭拒絕。

眼看「僅撫不剿」的做法已經走進了死胡同，康熙催促施琅「速進兵」，早已做好準備物施琅一接到進軍命令，馬上將大隊舟師齊集銅山島，誓師出征。

大受其益

時值夏季，與施琅的想法不同，他的很多部將都認為既然以前也曾一再延期，這次不如繼續拖到冬季，假戲真做，把去年秋冬的海上操練變成實戰。他們的理由是炎熱的天氣會讓士兵疲勞，而且夏季和颱風季節重疊在一起，颱風也會造成渡海困難。

這次施琅卻無論如何不肯再延期了。儘管他對閩臺比大部分清將都更熟悉，居住京城期間也從沒有放棄老本行，然而畢竟十幾年過去了，現實狀況總會有所改變，為此，他在重返福建後，便立即派專人查閱有關的氣候資料，並進行了實地海情和風的觀測，從而基本熟悉和掌握了臺灣海峽最新的氣象情況。

氣象資料表明，雖然夏季臺灣地區高濕高溫多雨，但能見度較好，特別是在偏南風時，風速和緩順暢，有利於水師橫渡海峽。同樣，夏季颱風的發生率的確很高，不過並不是天天都刮狂風，只要能夠避開颱風的襲擊，就可以挑選出一段好天氣順利出航。

施琅以此為基礎，進一步分析說，在澎湖海上作戰，很難一戰即勝，到時就需要臨時停泊，可是冬季北風強勁，不利於船隊的航行和停泊。夏季出兵除了有利橫渡外，其炎熱多颱風的特點，讓一般人都以為不宜渡海作戰，鄭軍的防務才可能出現鬆懈，對他們的攻擊也可以做到出其不意，攻其不備，從而避免去年征臺時無功而返的遺憾結局。

一六八三年七月八日，施琅率官兵兩萬一千餘人，配置兩百多艘戰船，從銅山島出發，浩浩蕩蕩進軍澎湖。施琅把澎湖作為主攻方向，而不直接進攻臺灣本島，是因為考慮澎湖是臺灣的門戶，如果不預先攻破這個屏障，臺灣就不可能攻下來，或即使僥倖攻下來，清軍也會有後顧之憂，極易為鄭軍內外夾攻。他對先取澎湖的計畫並不隱瞞，為的是吸引劉國軒守澎湖：劉國軒是鄭軍中現存最有威望也最能打仗的大將，如鄭氏集團派其他人守澎湖，其主力也仍在臺灣，則鄭軍在澎湖戰場「雖敗未必滅」，但如劉國軒親守，他除了自己外，一定還會把主力都帶來，可望聚而殲之。

不出所料，鄭氏集團在偵悉清軍動向後，便決定由劉國軒親率所有精銳堅守澎湖，而且從去年施琅一攻臺灣起，一直都沒有改變。征台戰役也因此變得相對簡單，即只要拿下澎湖，殲滅劉國軒及其鄭軍主力，臺灣守軍便將望風而潰，「立見蕩平」。

清軍內部原先激烈爭執的另一個焦點問題是風向。姚啟聖與一些將領都以北風進兵為佳，只有施琅堅決選擇了南風。他的依據是北風雖然風力大，但其規律是一會兒刮一會兒停，常常不準，難以預料，相比之下，南風風力固然較小，然而海面波濤平靜，將士沒有暈船的擔憂，同時清軍處於上風上流，一旦借助風力進攻，必能勢如破竹。

以往人們從大陸到澎、臺，都是從金、廈出航，施琅一反慣例，把出發點選在靠南的銅山島，原因其實也與南風有關。從銅山出航，可利用西南風，直取澎湖以南鄭軍未設防的諸島嶼，以作為清軍先鋒的前進基地和後續部隊的落腳點，之後向北轉入澎湖海峽，仍能讓己方處於順風順流的有利陣位。

在帆船時代，對風向風勢的把握和利用，是決定海戰勝敗的關鍵性因素。施琅因選擇南風而大受其益，他率船隊自銅山島出發後，次日下午便抵達澎湖海面，整個行程耗時不到三十四個小時，其間未遇任何波折。清軍船隊擁有如此多的大小船隻，還能以如此快的速度抵達目的地，足見這次出海之順利。

澎湖列島周圍小島環伺，計有貓嶼、花嶼、八罩、水垵墺等，負責偵察的快哨向施琅報告：「各島（指澎湖本島）均有船隻把守，炮臺相望，唯貓嶼、花嶼、八罩、水垵墺的賊船不多。」施琅在出發前原計劃先攻取花嶼並臨時進行停泊，但總兵吳英建議不如以八罩或水垵墺代替花嶼，其依據是從海圖上看，花嶼位於澎湖西南，能供船隻停泊的地方太少，又離澎湖較遠，而八罩、水垵墺位於澎湖正南，不僅可停船的地方多，離澎湖相對近，而且處於上風位置，對於白天的作戰有利。

施琅知人善任，周圍著實聚集了一批出類拔萃的謀士和武將（從前也多為鄭氏集團將領），在這其中，吳英以智勇雙全、精通海戰，更被施琅倚為副手。聽了吳英的建議後，施琅深以為然，在水師到達澎湖海面後，即下令大部隊向八罩以西的水垵墺進發，同時派官員乘著小哨船，到周圍沒有鄭軍據守的小島上去安撫百姓。

倒吸了一口涼氣

清軍水師的動向被十餘艘負責守汛的鄭軍哨船看在眼裡，他們急忙駛回澎湖報告。接到哨船的報告，劉國軒大吃一驚。正如施琅的一些部將所認為的那樣，之前劉國軒也判斷清軍當下不宜從海上發起進攻，他每次與諸將商討時都說：「六月（指農曆六月，陽曆為七月）風波難測，施琅對海務非常熟悉，他怎麼會在選擇在這個季節率部貿然出擊呢？」

劉國軒甚至將十幾年前施琅征臺的失敗，解讀成施琅是在虛張聲勢，目的只是哄騙朝廷，「請旨寬限做官」，他斷定這次也一樣，甭管施某折騰出多大的動靜，都是要麼連沿海都不敢出，要麼是和去年征臺那樣虛晃一槍，無功而返。

錯誤估計形勢，連戰前動員都沒有好好地去做，這是劉國軒的第一個決策失誤，緊接著，他又出現了第二個失誤，即明明知道施琅正率軍接近，但仍下令嚴防死守，禁止各部主動出擊。

部將邱輝按捺不住，請求乘清軍遠航疲憊，立足未穩之機，對其發動攻擊，並預料必定能擊潰清軍。另一名將領黃良驥也表示贊同，認為邱輝的說法符合兵法中的「先發制人，半渡而擊。」劉國軒卻堅信自己鑄造的防禦陣勢固若金湯，清軍水師即便來了也無法泊船，他還迷信天氣，期望颶風刮起後使得清軍更加無處容身，從而「以逸待勞，不戰而可收功。」

劉國軒一句「諸公不用過慮」甩過去，把邱輝等人都給打發了，他沒有想到，正是他的一意孤行和自以為是幫了對手的忙。如果鄭軍能夠發動進攻，清軍先到水垵墺的部隊尚喘息未定，後續部隊又沒辦法展開，到時將自相撞擊，混亂不堪。

拜劉國軒所賜，清軍船隊趁鄭軍處於緊縮防守的當口，加速向水垵墺集結。鄭軍在水垵墺及貓嶼等處雖然都有守兵，但是數量很少，要抵擋的話，連給清軍塞牙縫都不夠，他們只得棄島逃離，駛船返回澎湖，向劉國軒報告消息。

水垵墺與澎湖已經很近，確證清軍將駐泊此處，邱輝再次激動起來，他自告奮勇地請求在晚上潮落之後，率部乘夜襲擊清軍，以免讓清軍偵察到澎湖防禦陣地的情形。

潮落？漲潮的時候他們就不知道在哪裡了，如何還能對我們進行偵察甚至進攻？劉國軒笑了起來，他頗為自信地對邱輝說：「公（指邱輝）竭力報國，堪稱勇將，但我自有成算。施琅不過徒有虛名，在這種天天都報告有颶風的天氣裡，居然還敢率水師越海征戰，怎麼會不敗呢？」

在拒絕邱輝的請求後，劉國軒發佈命令，讓各部官兵加強防備，同時準備給清軍收屍：「如夜半風起，恐怕他們一個活著的都不會剩下了！」

可惜老天不遂人願，一向肆虐橫行的大風並未如期露面，自然清軍也毫髮無損。至此，劉國軒接連犯了三個戰略性錯誤，喪失了兩次主動權，而施琅卻把握時機，積極備戰，當晚便召集軍事會議商討進攻方案。

會上，吳英主張先派二十艘快哨船潛入澎湖港口進行偵察，看看鄭軍的戰船一共有多少，停泊在何處，陸地上是否有士兵把守，以及入港道路的寬狹窄深等情況，之後待快哨船返完，分析完他們的報告後再分兵而進。

與吳英的意見相左，多數將領都認為這樣做太慢太費時間，而且也沒必要分兵，要上就一起上，集中力量將鄭軍一舉擊潰。施琅本身亦有輕敵麻痺、急於求成的思想，又見士氣可用，便決定採納多數人的意見。當下他聚米做成澎湖地勢圖，給諸將佈置了作戰方案，對該如何進港，如何泊船，如何進攻，都一一做了佈置。

一六八三年七月十日，即清軍泊舟水垵墺的次日清晨，施琅下令開船進兵。此時海面上正刮著柔和的偏南風，處於上風方向的將士們趁著風勢揚起風帆，不一會兒就到達了澎湖港口，但到達之後，眼前的景象卻讓他們不由得都倒吸了一口涼氣：兩百餘艘戰船在港內揚帆排列，陸地炮臺上的大小火炮更是密密麻麻，不計其數。

施琅為實施澎湖戰役做過大量功課，備戰期間還派人到澎湖偵察，並向前來投誠的鄭軍將士進行了查詢，否則他在部署時不可能佈置得那麼精細。問題在於，澎湖的防禦體系也在不斷改進和調整之中，而由於清軍未做進一步的戰前偵察，結果導致他們對此缺乏應有的心理準備。

三板斧

鄭軍原先並沒有這麼多戰船，劉國軒為了抵禦清軍，臨時把臺澎文官百官的私船、百姓的民船全部予以強行徵集，改裝成了以炮船、鳥船、趕繒船等為主的戰船。陸地炮臺也是如此，兩軍交戰時，澎湖各島所修築的炮臺已增至十四座，而且「凡沿海之處，小船可以登岸者，盡行築造短牆，安置腰銃，環繞二十餘里」，呈「星羅棋佈，堅如鐵桶」之勢。

儘管戰船數量不少，但劉國軒仍採取了外人看來相對保守型的打法，他將戰船龜縮於港內，「倚險不肯出港」，避免與清軍決戰，只以十七艘炮船排列在港口前，與兩岸陸軍的炮臺相配合，對清軍施射。

自古守城不如守岸，守岸不如守海，當看到清軍船隊迫近港口時，岸上的鄭軍以逸待勞，遠距離用大炮，近距離用腰銃，艦炮也一齊開火。剎那間，炮聲如雷，彈若雨下，清軍別說登岸，就是接近都變得極其困難，總兵朱天貴盡力靠近後，曾嘗試先用鐵鉤鉤住敵船，再用火器進行攻擊，可惜未能成功。出發前，施琅雖曾強調「不聽命令者殺無赦」，但並未實施嚴格的賞罰條例，看到戰場的嚴酷程度遠超想像，多數將領都一改原先過於樂觀的態度，變得猶豫彷徨起來，只有前鋒藍理等人駕駛著七艘鳥船冒險沖入了敵陣。

藍理是福建漳浦人，漳浦系沿海地區，自明末開始這一帶便倭亂頻仍，藍氏族人為了生存，普遍練就了一身海陸作戰的本事，藍理更是其中的佼佼者。施琅素聞藍理勇敢善戰之名，受命專征時特別奏命他為右營遊擊，領前隊先鋒。藍理上陣之後也果然不負所望，即便在前後隊已嚴重脫節的情況下，依然衝鋒陷陣，毫無懼色，以他為核心的前隊由此給鄭軍造成了很大威脅。

就在藍理等人越戰越勇之際，風向突變，原來的順風變成了逆風，兼之潮落，七艘船為急流所分散，攻擊力大為減弱。劉國軒趁機採用各個擊破的戰術，指揮鄭軍船隊從兩翼對之進行夾攻，清軍前隊傷亡劇增，藍理等人見形勢不利，只得組織所部後撤突圍，但被鄭軍緊咬不放，一時難以脫身。

在這次戰役中，施琅把舟師分成了以數船為一股的戰鬥小組，明確其負責人，並命令大小戰船都要在風篷上書寫負責人姓名，以便在風波搖撼中分辨戰船進退，這使他在極度混亂中依舊能夠掌握部隊的狀況。只要看到寫有藍理名字的風篷一直在鄭軍包圍網中兜兜轉轉，就知道光靠前隊自己的力量無法順利突圍了。

前隊撤不出，後隊不敢上，怎麼辦？這位已六十三歲高齡的老將毅然決定親自駕船予以增援，在施琅之後，吳英也「單船駕雙櫓」，奮不顧身地衝了上去。

施琅、吳英一入敵陣，就遭到鄭將林陞所率大隊人馬的合攻，敵方炮彈如雨，己方亦矢石俱下，各自都陷入激戰之中。施琅正站在座船的尾樓上督兵禦敵，他的親隨馮苓發現敵船用鹿銃（火繩槍的一種）瞄準了他，連忙挺身掩護，同時疾呼提醒道：「大老爺！」施琅聞聲回頭看時，馮苓已被鹿銃擊中，彈丸貫穿胸膛，當場氣絕身亡。

施琅雖然僥倖躲過了一次致命的襲擊，但之後其面部和右眼仍被火銃所傷並跌倒在地。一旁隨其征戰的子侄們見狀無不大驚失色，為了不動搖軍心，施琅安慰眾人：「沒什麼關係，不過是沾了點火氣而已。」在由眾人攙扶起來後，又繼續咬牙指揮作戰。

主帥親自坐船前來援救自己，卻反而因之受困，此情此景令藍理怒髮衝冠，激情澎湃，他大吼一聲：「將軍勿憂，藍理在此！」乘著自駕船劈波斬浪，向施船所在位置沖去。

施船附近圍著不少敵船，藍理先用斗頭熕（一種安置在船頭的火炮）射沉一艘，接著用船左的一門炮進行射擊，將另一艘敵船炸裂了半邊，繼而率官兵們以鐵鉤鉤住對方船隻，向船上投擲火罐，被其火罐擊中的敵船燃起大火，鄭軍士兵不是被燒死燒傷就是落水身亡。

藍理揮出的「三板斧」成功地劈開了他和施琅之間的通道，包圍施船的敵船不得不向後稍稍退卻，以避讓藍理的兇猛攻勢。施琅趁機令水手們搖櫓前進，可巧老天作美，這時海風也慢慢吹了起來，於是施船得以轉帆借力，與藍船合力協攻，又先後擊傷了兩艘敵船。

撿了便宜還賣乖

發現藍理分外勇猛，鄭軍現場指揮官林陞督令諸船與藍理死戰，鄭軍將領曾遂應聲出陣，與藍理正面較量。藍理殺得性起，不提防一顆彈片飛來，擊穿了腹部的護身甲，頓時受傷倒地。曾遂看得真切，趁機叫道：「藍理死了！」企圖以此鼓舞己方士氣，動搖藍軍和其他清軍將士的軍心。

藍理的親屬族人大多和藍理在一條船上，他的二弟藍瑤急忙從背後將他扶起。藍理站起後握緊拳頭大吼：「藍理在，曾遂死了！」他吩咐族子藍法：「拿刀來。」藍法依言遞過一把刀，藍理持刀在手，連呼：「殺賊！」

得知藍理中彈受傷，其他部將要趕來看望，藍理均搖手阻止，說：「我的傷勢不要緊。」他要求負責指揮的軍官一律不得擅離崗位：「督戰速進，不要因為我一人而誤大事。」

其實藍理的傷勢並不輕，腹部鮮血淋漓，連腸子都流了出來。一些親屬族人就近實施了救護，藍法幫他將腸子捧放入腹，四弟藍瑗為他取藥敷腹，五弟藍珠撕開戰旗，給他進行了簡單包紮。藍理根本無暇顧及自己的傷勢，繼續向將士們奮力疾呼：「大家今日不可怯戰，一定要與敵人拼個你死我活！」聽到他震雷一般的吶喊聲，船上官兵士氣大振，戰鬥時無不奮勇爭先。

用鐵鉤鉤住對方船隻，以便相互投擲火箭、火龍、火罐，是海戰時雙方都會採用的一個基本策略。就在鄭軍船隻與藍船靠攏到一起的時候，鄭軍中一個綽號「飛天鼠」的高手像猿猴一樣爬上桅杆，然後飛身跳到藍船的風帆上，企圖偷襲藍理，誰知藍氏子弟個個武藝高強，藍瑤沒有直接參與對藍理的救護，就是防著這一手，他唰地躥上風帆，瞬間便斬掉了「飛天鼠」。

在評書演義中，武將單挑是最常見的橋段，一旦有一方落馬，另一方也就自然獲勝。曾遂和藍理，「飛天鼠」和藍瑤，他們的捉對廝殺雖不會造成那樣戲劇性的結果，但對雙方的軍心士氣仍會起到影響，特別是見藍理猶在，而想要襲擊他的「飛天鼠」卻已人頭落地，鄭軍士氣沮喪，均避之唯恐不及。

清軍越戰越勇，鄭軍傷亡擴大，連指揮官林陞都身中三箭，不過林陞卻也不失為一員好漢，在這種情況下猶不肯放走獵物。關鍵時刻，南風再助清軍一臂之力，總兵游觀光乘風駕船趕到，一炮打過去，正中林陞戰船，船上人員死傷慘重。林陞正欲回頭對付游觀光，不想左腿又被藍船的火炮炸斷，整個人都癱倒在了甲板上。

林陞身負重傷，給鄭軍造成了更大的震撼，各船鄭軍連頭都不敢抬，不得不暫時放棄對清軍的緊逼圍攻。從戰鬥的全過程來看，清軍前隊以寡敵眾，先是遭到圍攻，爾後雖靠揮師力戰，初步扭轉了局勢，但一直都處於較為被動的地位，施琅自己也知道取勝已不可能，見天色將晚，便下令撤出戰鬥。

清軍撤退時，邱輝、江勝等兩名鄭將揮船尾追，劉國軒怕遭到埋伏，連忙鳴金打旗把他們給叫了回去。據說施琅得知後頗感惋惜，說：「劉國軒這傢伙怎麼如此狡猾？本來我還想誘他追擊，趁機出奇兵從旁邊衝入，直搗他的老巢呢，哪想到他會鳴金收兵！」

其實施琅在做出撤兵決定時並無誘敵追擊的意圖，更無重新沖入澎湖港口，直搗敵穴的部署，如果他真說了這話，只能證明他出於穩定軍心等考慮，撿了便宜還賣乖。如果劉國軒真的統率海船乘勢追擊再戰，以當天清軍水師的整體狀態而言，勝負之數將難於論定，即便不落敗，也會多蒙受不少損失。

由於潮落流急，清軍在撤出戰場後，如何收攏部隊仍是個問題。施琅向謀士陳昂問計，陳昂對風信海道非常熟悉，他回答道：「等傍晚潮轉，就可以了。」到了傍晚，潮向果然扭轉，施琅遂發炮指揮全軍撤往水垵壚東面的西嶼頭。

當晚施琅命水師拋泊西嶼頭海面，船隻全部按戰鬥隊形排列，將士不準卸甲，「弓上弦，炮入子」，實施高度戒備，同時他還命令游觀光等將領率戰船把守各個要口，以防鄭軍夜間偷襲。

本來鄭軍的確有可能實施夜襲，邱輝在追擊未成，被召回後就向劉國軒建議說，清軍白天戰鬥疲憊，晚上守備必然空虛，他和江勝願意帶上十艘戰船，直抵貓嶼、花嶼、八罩攻打清軍，若偷襲成功，清軍必然喪魂落魄，最後只能狼狽逃回內陸。

可是邱輝的建議再次遭到了拒絕，劉國軒認為當天初戰告捷，已經挫傷清軍銳氣，所謂窮寇莫追，只需「謹守門戶，以逸待勞。」他依舊把最終獲勝的希望寄託在天氣之上，推斷清軍戰船較多，而水垵壚（其時鄭軍尚不知道清軍暫泊於西嶼頭）全都是「石淺礁線」，實在沒有什麼可以躲避風暴的地方，「早晚風起，定不戰自潰。」

經過前一天晚上的失望，對於天氣，邱輝已不像他的主帥這麼有信心了。兵法上公認敵方有三種情況最適宜對其發起主動攻擊，即「半渡可擊，立營未定可擊，乘虛可擊」，邱輝爭辯說：「現在敵人三者俱備，為什麼不乘勢趕殺？若早晚無風，敵人又合萬人之心而死戰，該怎麼辦？」

邱輝言辭懇切，然而劉國軒卻認為多慮了，他對邱輝說：「今天是十六，明天是十七，十八、十九就是觀音颶、洗蒸籠颶，哪裡會沒有暴風呢？我們暫且養精蓄銳，扼險守隘，以觀成敗。」說完，便撥船載林陞回臺治傷，並報大捷。邱輝雖然沮喪不已，但也不敢違令，只得悻悻而退。

演一齣戲

作為當時鄭軍最出色的大將，劉國軒自非浪得虛名，他之所以一再不聽部下勸諫，實在是有其難言之苦衷。

澎湖戰役前，臺灣不僅災害不斷，經濟蕭條，而且人心浮動，還沒正式開戰，就有許多將領冒著風險越洋投清，沒跑出去的也有不少心懷鬼胎，想等清軍大兵壓境時再趁亂倒戈。劉國軒雖然湊齊了兩百餘艘戰船和兩萬餘水軍，使其水師在數量上勉強能與清軍相抵，但其實力與鄭成功生前的鼎盛時期相比已相去甚遠：相比於清軍又大又堅固的新造戰船，鄭軍船隻多為老船和改裝船，無論大小、速度、堅固程度等各方面均不及對手；不少士兵系臨時招募，缺乏訓練；後勤保障困難，軍營已經缺糧好幾個月了。

邱輝等人關於追擊和主動出擊的方案，雖然有成功的可能，但失敗的概率也很大。劉國軒深知自己的家底，他知道，他同清軍作戰只能勝或至少平，而絕不能敗，因為一敗，軍心必然頃刻崩潰，甚至他都害怕士兵們因缺糧而乘此機會逃亡或歸降清軍，其直接結果以及將對其他同伴所帶來的連鎖效應，都是鄭軍所不能承受的。

概而言之，從戰役一開始，劉國軒的戰略思路就只有兩個字：防守，防守，還是防守！

除了防守，劉國軒只能寄望於颶風幫忙。當然他的這種心理本身也有著充分和可靠的依據，根據過去的氣象記載，農曆六月的澎湖列島一帶，和風送爽的天氣往往不超過五天，海面上就會驟然刮起颱風、颶風，隨即「怒濤山高，變幻莫測。」當地諺語總結為「六月多颱」，或「六月三十日有三十六颶」，意思是說六月裡一共三十天，颶風倒有三十六場，十八、十九兩天尤其是風暴多發日，這兩天的颶風被人們分別稱為「觀音暴」和「澎婆暴」，也就是劉國軒所說的觀音颶、洗蒸籠颶。

七月十日為農曆十六日，儘管晚上也有刮颶風的可能，但縈繞於施琅心頭的，還不是這個，而是戰事不利給他帶來的困擾。

施琅在奏疏沒有提及己方損失，只是說當天清軍共擊沉燒毀鄭軍各種船隻十六艘，焚殺溺死鄭軍兩千餘眾，相比之下，臺灣英國商館根據劉國軒的報捷書，則引述認為鄭軍僅損失了一千人，而且同樣擊沉燒毀了清軍戰船若干艘。固然施琅可能誇大戰果，劉國軒也有可能少報損失，但既然連身為主帥的施琅自己都受了傷，戰況又那麼激烈，清軍損失也應該不在少數。最重要的是，由於風潮不順，多數戰船徘徊不前，清軍始終未能在戰鬥中佔據主動地位，這才是真正讓施琅感到沮喪和鬱悶的地方。

當晚吳英坐小船來看望施琅，施琅在話語中已明顯透露出不安的情緒：「今天我看到眾心不齊，大家都不肯向前，這樣一種狀態，如何破賊？」

「國家數十年來為此海寇（指鄭軍）所擾，屢撫屢剿，所耗費的兵馬錢糧、沿海數省被害百姓都超過千萬數目。如今我們已扼住了海寇咽喉，若不破賊，日後還有誰敢再提及破臺之事？」吳英慷慨陳詞，坦率地提出了自己的看法，同時他結合白天殺入重圍後的親身經歷，認為雖然鄭軍戰船也不少，但能夠出頭作戰且稱得上勇猛的只有二三十艘，其餘都不過是跟在後面混事的碌碌之輩，若清軍眾志成城，並不難一舉攻破。

經歷這麼多年的艱難曲折，方得專征臺灣的最後一次機會，施琅自然不會真的洩氣或打退堂鼓，說到底，他不過是希望從吳英那裡取得認同罷了。果然，吳英不僅和他一樣主張堅決打下去，而且在如何調動和激勵全軍鬥志方面也有了一套很好的想法。

一六八三年七月十一日清晨，施琅率舟師返回水垵澳。按照和吳英等人達成的共識，他開始著手對部隊進行整頓，是日，將領們都被召至中軍船議事，施琅首先厲聲訓斥詹六齊等將領，說：「賊船不多，你們卻不齊心協力，衝鋒向前，而是互相觀望，導致潮落之後被敵人掌握了主動權……，那天如果不是藍理，本軍門（指施琅自己）豈不危險啦？」

他要求「嚴申軍紀，查定功罪，賞罰官兵」，據此，作為初戰的兩大功臣，藍理賞銀兩千兩，遊觀光賞銀一千兩，其餘也照有功、有傷情形，分別予以賞賜。賞完了就是罰，詹六齊等十幾名戰將被當場繩捆索綁，擬以臨陣退縮之罪，推出斬首示眾。

澎湖戰役剛剛才開始不久，正在用人之時，連斬這麼多戰將雖能嚴明軍紀，但也等於自斷臂膀，所以此處還得演一齣戲，至於戲的演法，施琅在和吳英計議的那天晚上就已經設計好了。

第一批出場的是吳啟爵等七將，他們替詹六齊等人向施琅求情，說昨天的仗之所以打得不好，不全是因為違抗軍令，也有船隻混雜在一起，都想搶著向前，以致互相衝撞，反被鄭軍趁機用炮集中攻擊的因素，「今在用人之際，求寬免其罪，讓他們戴罪立功。」

施琅故意不肯手軟，仍然板著一副面孔，說：「賞罰乃朝廷法令，本軍門怎麼能徇私？」

吳英趕緊出來說情：「賞罰固然出自朝廷，但在這裡執行法律的還是我公（指施琅）。公若能予以寬赦，讓他們戴罪立功，他們自然一定會振作精神，以一擋百。」

施琅見時機已到，便順勢下令給詹六齊等鬆綁：「好吧，看在諸將的情面上，暫且給你們記過，但倘若下次戰鬥時，還像原先那樣觀望不前，就要兩罪並罰，決不寬宥。」

要風得風，要雨得雨

得知清軍又移師水垵墺，鄭軍軍營裡一片輕鬆的氣氛。原來八罩、水垵墺均屬北風澳（「澳」指海邊彎曲可以停船的地方），可擋北風，不能擋南風，而且水流湍急，一旦遭遇大的風暴，潮乘風勢，風推潮力，船隻都將被拍到岸邊。這些地方的岸邊有許多形如鐵樹、鋒利無比的大石頭，即便再堅固的海船，被連拍著撞上三四次，也得散架。在此之前，鄭軍從來不把八罩、水垵墺作為主要泊船地，因為只要在那裡停泊，船隻「遇風立壞」，從無例外。

第一次泊船水垵墺沒事，那是你們走了狗屎運，第二次以為你們停泊水垵墺，結果去了西嶼頭，第三次居然選擇了重回水垵墺，真以為你們身上帶著避風針，風暴躲著你們走？一些鄭軍將領聽說後撫掌大笑，說：「這下不用麻煩我們的士兵了，只要海潮一漲上來，他們的船自然會粉身碎骨。」劉國軒更是帶著輕蔑的口氣笑道：「誰說施琅會打仗的？他連天時地利都不瞭解、不掌握，其他又何從談起？諸君只需坐在家裡飲酒，以坐觀成敗了。」

其實施琅研究了這麼多年的澎臺海事，豈能不瞭解箇中利弊，只是無論八罩、水垵墺、西嶼頭或是別的海島，不刮颶風便罷，若是刮颶風，對清軍水師而言，效果都相差不遠。換句話說，他此時並無更多更好的選擇，只能一邊將舟泊水垵墺作為權宜之計，一邊惴惴不安地等待著，希望萬一風暴降臨，可以儘量減少損失。

說來也怪，當天的水垵墺依舊未刮颶風，就好像清軍戰船上真的藏著高人帶來的避風針一樣。不過隨著十八、十九那兩個恐怖日子的即將到來，施琅也不敢再同命運打賭，他無論如何都得重新給船隊選個地方待了。

一六八三年七月十二日，清軍水師直取鄭軍所據的虎井、桶盤嶼。當天即農曆十八，「觀音暴」降臨的可能性極大，而虎井在八罩、水垵墺之北，桶盤嶼在其西，既為鄭軍所據，自然都能在一定程度上躲避風暴。對於虎井、桶盤嶼，始終存在依賴風信、不戰而勝心理的劉國軒又豈能拱手相讓，於是馬上「悉銳抗拒」，但在缺乏澎湖本島炮臺配合的情況下，鄭軍水師實在不是清軍對手，很快便落敗退卻。

施琅率部追擊逃敵，因為追得太猛，座駕船突然陷入泥沙之中，擱淺後動彈不得。鄭軍趁勢回頭群起圍攻，施琅儘管神情鎮定，指揮自如，然而始終無法突圍，處境變得十分危急，不過幸好，他還有藍理護駕。

本來藍理因負傷並未參戰，但他在得悉施琅被圍的消息後，便立即駕船往救。其他船隻的風篷上除了姓名還寫官銜，藍船隻寫長寬各兩丈見方的「藍理」二字，鄭軍官兵老遠就能看見，他們在初戰中就已經被藍理嚇破了膽，見藍理再次披掛上陣，都彷彿見了鬼一樣，一邊驚叫著「藍理來了」，一邊不由自主地向後退卻。

藍理趕到戰場後，渾然忘卻了自己的傷勢，只見他飛身躍上鄭軍中軍船，竟揮刀連劈鄭將十餘人，接著才收刀跳回己船，而敵船上的官兵已被嚇得紛紛跳水逃亡。

藍理回船後又奪下一艘敵船，請施琅換乘。施琅握著他的手問起傷情：「醫生說你的傷至少得休養七天才能好，怎麼三天還沒到就出來啦？」藍理笑道：「主帥被圍，情況危急，我怎麼能苟且偷生？只要能救主帥，哪怕瘡口裂開而死，我也無怨無悔！」

清軍水師將帥齊心，將鄭軍打得大敗，施琅、藍理等人窮追至西嶼頭方才罷手，至此鄭軍退守城壘，再不敢出來與清軍較量了。

施琅在攻取虎井、桶盤嶼時即順勢移師虎井，不過當天「觀音暴」並沒有到來，說明即使他們還是停留在水垵墺，也不會受到颶風的攻擊。次日是農曆十九，氣候似乎終於出現變化，北面黑雲滾滾而起，同時能感受到已經微微吹起的北風，浪聲翻動的聲音亦隱約傳來。就在大家驚疑不定，擔心「澎婆暴」

會接踵而至時，沒想到天空忽然打起了雷。眾人頓時大喜過望，因為對海事風汛稍有瞭解的人都知道，「六月有雷則無颱」，民諺更有「六月有雷止三颱，七月一雷九颱來」的說法。

劉國軒滿心期待的颶風相助，就這樣被雷聲給徹底轟走了。實際上，自施琅進軍澎湖的第一天開始，澎湖海面就一改往常變幻莫測的作風，一連十多天都風平浪靜，「海不揚波」。

施琅大軍渡海作戰，颶風並不是威脅他們生存的唯一自然因素。澎湖列島周圍一片汪洋，海水無法直接飲用，陸地上並無河川，必須鑿井取水，但在澎湖鑿井卻極其困難，有的地方硬石太多，根本鑿不下去，有的地方井是鑿成了，然而淡水鹼苦不堪飲食，還有的下面壓根就沒有淡水，縱使花了很多工夫，最終亦只能作為廢井予以放棄，徒耗人力而已。在澎湖，如果按照澳算的話，能夠在一澳中成功鑿得一井，已是幸運，能成功鑿得二三井者，那更是幸中之幸。

在各島中，清軍一度駐紮的八罩、水垵澳，包括周邊的貓嶼等處尤其淡水稀少，平時不足十人飲用，他們登島後立刻鑿井，令人驚異的是，不僅很快就挖出了數口水量充沛的淡水井，而且島上原有的老井也「茲忽泉湧」，不停地往外冒水，加上清軍船上本身也有儲備用的淡水，所以澎湖戰役期間，征臺大軍一直「不乏水」，從未有過缺水之虞。

據記載，在施琅大軍出發前，臺澎地區連降八天大雨，雨停天晴時，「溪谷皆崩」，由此可知，當他們抵達澎湖時，各島地表儲水已經相當豐富，這正是他們能在島上得到那麼多淡水的原因所在。如此要風得風，要雨得雨，對於抱著「三軍命懸，悉聽於天」心情的施琅而言，不能不說是一種奇蹟般的幸運，他後來在奏摺中由衷地感嘆道：「上天垂佑，皇上彌天之福。」

拼死一戰

從八罩、水垵澳到虎井、桶盤嶼，清軍由週邊島嶼逐步向澎湖本島進逼，漸呈合圍之勢。一六八三年七月十三日，施琅率部分將領坐船出島，對澎湖本島地形和鄭軍的防禦設施進行現場察看。鄭將邱輝、江勝發現施琅的座駕船後，即啟碇起帆，意欲追擊。施琅已經得到了他想要的，見狀立刻轉舵放炮，收船回軍。

接下來的兩天，施琅又使出老弱驕兵之計，派少部分兵力和較小船隻實施佯攻，在分散鄭軍力量的同時，使其誤以為清軍不足畏，從而陷入麻痺鬆懈之中。

經過連續三天的休整和準備，七月十六日，施琅再申軍令，向鄭軍發起了決戰式總攻。他除以八十艘戰船繼後，擔任後續外，其餘兵分三路，其中一路作為奇兵夾攻，一路作為疑兵牽制，他自率主力從中路直取鄭軍指揮中心——由劉國軒親自鎮守的娘媽宮。

澎湖外塹山頂的瞭望哨看到清軍來勢洶洶，急忙鳴炮報警。劉國軒聽到炮聲連發，知道對手來者不善，之前他一直堅持防守不出，但或許是因為再也指望不上颶風了，此番他卻一反常態，決定與施琅一決雌雄。在他的督令下，鄭軍各船一齊發炮吶喊，從娘媽宮前駛出迎戰。

鄭軍每艘炮船均安裝一門重達三四千斤的紅夷大炮，船頭兩邊又安裝發熕二十餘門，鹿銃一二百門，同時還能得到陸地炮城和炮臺的掩護，因此火力並不弱。戰鬥從一開始就激烈異常，雙方射出的炮火矢石交攻有如雷轟雨灑一般，海面上煙焰蔽空，槍炮聲震天動地，不絕於耳。

戰爭是與死神打交道的事，外在賞罰對於士兵勇敢精神的激勵作用毋庸置疑。施琅兩次嚴申號令，官兵們都立下了軍令狀，這使得與初戰相比，清軍將士精神面貌大變，「萎縮」完全被「用命爭先」所代替。

吸取初戰中各部基本處於無序狀態的教訓，施琅在總攻中實施了新的戰法，中路一共五十六艘大鳥船，他將這些戰船分成八股，每股七艘船，成三疊隊形前進，以確保各船都有自己明確的作戰方向與任務，但同時又可以相互配合和接應救護。所謂「三疊」，有研究者認為應該是六船在後分成兩排，每排三艘，再以一船突前。總兵朱天貴就居於這樣突前的位置，他在投清前與鄭將邱輝等人都是兒女親家，遂不顧危險，站在戰船尾樓上朝他們高喊：「親家！你看我現任總兵，你們也可以像我一樣棄邪歸正！速來投誠。」

邱輝回應道：「老天豈能容得下你這等背義之人！」說罷，即令舵手轉舵，炮手將左邊煩裝好後順勢施射，朱天貴猝不及防，被炮火擊中，穿腸而死。

見朱天貴將亡船潰，居後的總兵林賢立即入援。劉國軒督各船合圍林賢，火箭、火罐、矢石、炮火，猶如雨點一樣落過來，林賢率部左抵右擋，鏖戰中，他的左臂連中三箭，船上官兵死的死，傷的傷，而且無論死者傷者皆體無完膚。最後船上的矢石藥炮都用光了，無奈之下，他們只好將吃飯用的鐵鍋打碎，填充到炮膛中射擊，聊以禦敵。

就在林賢及其部卒自認為陷入絕境，想要取火自焚的時候，中營遊擊許英等駕駛的六艘戰船從週邊殺入，這使林賢鼓起餘勇，重新投入奮戰。經過內外夾擊，鄭軍船隻一艘被擊沉，另一艘被火罐擲中起火，原先圍攻林船的諸船這才潰散，劉國軒亦往後退卻。

重新佔據上風的林賢等人仍對鄭軍緊追不捨。發現當天清軍都很拼命，攻勢逼人，劉國軒也不得不拼死一戰，他命令大將劉明重新組織各鎮戰船一齊進行反擊。總兵吳英正督領一股戰船前進，見狀立即令總領旗黃登、副領旗湯明在船頭，自己到尾樓督戰。不料湯明身中數箭，吳英自己的右耳也被鹿銃所傷，就在兩人忍痛繼續作戰的時候，戰船又因潮退擱淺，眼看敵船火力兇猛，副將詹六奇駕著小船準備把吳英接走，被吳英以「眾軍在船，義不獨存」堅決加以拒絕。

船隻擱淺在海戰中是非常可怕的一件事，官兵們都很慌亂，黃登飛躍上前，喝道：「不要怕！」他親自操篙，連撐數篙，船才乘著微風緩緩移動。

鄭將邱輝、江勝等率諸船又發起了新一輪攻勢，且鋒芒甚銳，然而能夠供他們施展的時間已經被用完了。施琅之所以沒有像前兩次作戰那樣一開始就全力以赴，是因為一直在等待風潮，此時正好南風大作，潮水上漲，見時機已至，他馬上揮令左右各股戰船一齊揚帆而進。

清軍順風順水，鄭軍逆風逆水，尤其當雙方壓攻擠擊時，更是優劣畢現。鄭將江勝即被清軍團團圍住，部屬死傷過半，與之前林賢在類似情形下亦得以脫險不同，他根本就沒有突圍或被同僚解救的可能，情急之下只得發炮自沉海中。

火攻是施琅在總攻中預定的另一種打法。利用在局部戰場所形成的優勢，施琅下令所部以五船合圍一船，對鄭軍水師予以分割，之後再向被困敵船拋擲火罐、火桶、火箭。鄭軍一片慌亂，大多自顧不暇，只有邱輝還能冒死往來接應，揮炮亂擊。只是這種孤軍奮戰畢竟不能持久，在兩腳俱被炮火所傷，勢窮力竭的情況下，邱輝也以自焚的方式結束了自己的生命。

破腹將軍

鄭軍水師遭到死死壓制，損傷達到七至八成，劉國軒目視四周，力圖乘隙突圍，但清軍船隻集結如葉，幾乎塞滿了各個海港，看上去已是插翅難飛。

經過觀察，幸好還有一個吼門港無船堵截，劉國軒便急令殘餘戰船都順流撤向吼門。快到吼門時，他要舵手楊福繼續往前直駛，楊福卻不敢再開，說：「吼門礁線甚多，從無船隻敢過。」

前面固然是難關，但若不過的話，後面追上來的就是鬼門關，劉國軒脫下頭盔，雙膝跪地，向天禱告，禱告完了便喝令楊福必須從吼門通過。楊福見追兵將近，勢在危急，只好依言一咬牙向吼門急駛。

說來也巧，這時潮水突然湧漲，風順無礙，使得劉船及其隨後的殘兵敗將有驚無險地通過了吼門。施琅望而稱奇，令總兵陳蟒率快哨船追擒，但陳蟒港路不熟，追趕不上，只得回師。

澎湖決戰從上午七點一直持續到下午五點，在這場規模空前的大海戰中，鄭軍水師幾乎全軍覆滅，僅劉國軒率殘部由吼門逃往臺灣。劉國軒戰前所佈置的陸上防禦體系，儘管號稱「堅如鐵桶」，但若無水師的配合和支持，其實亦不過是「紙老虎」一個，海上戰敗後，眾將未做任何抵抗，便全部倒戈，清軍完全佔領了澎湖三十六島。

對於施琅攻取臺澎的軍事行動，康熙採取了完全放手的態度，從不橫加干涉。坊間傳聞，有一次福建省發來錯誤奏報，稱清軍打了敗仗，當時康熙正在宮外練習射箭，接到奏報後只是諭令兵部知悉。未幾，又一份奏報傳來，把情況說得更加不堪，眾人請旨指授機宜，康熙依舊一句話都沒說。回宮後，他才對眾人說：「福建距京城數千里，臺灣更是遠隔重洋，朕平日裡任用督撫提鎮，就是為地方有事而設，相信他們自能就近辦理。如果聽到什麼風聲馬上就降下諭旨，豈能全部符合海外的實際情況？若不符合實情，督撫不遵守是違旨，遵守則誤事。」

康熙是個極聰明的人，他知道自己在海戰方面並不內行，而內行的事就必須交給內行的人去辦，這一明智決定讓他獲得了滿意的報償。一六八三年七月二十日，施琅上疏報捷，這時康熙正陪同孝莊在古北口外避暑，接到奏疏，他非常高興，立即遍諭各大臣，接著又降旨嘉獎，命按進取雲南例對有功人員「從優敘議」。

康熙雖未直接指揮澎湖戰役，但他深知取勝不易，有人「視之為易」，他表示不同意：「海戰時要乘船作戰已經很難了，有時還要登岸交鋒，更難且險。」他平生最愛勇將，對澎湖戰役中湧現出來的藍理等英雄人物也極感興趣。藍理在戰後經西醫診治得以痊癒，有一次奉召入京，到趙北口時巧遇康熙出水圍（即在水上行圍打獵），康熙問他是不是征澎湖時拖腸血戰的藍理，他答是，康熙立即把他叫到近前，仔細詢問澎湖血戰的經過，還讓藍理解開衣服，親自察看和觸摸傷疤，一邊看一邊感嘆不已。之後每次南巡，在藍理迎駕時，康熙總會當面向各位王公大臣介紹他拖腸血戰澎湖的事蹟，並將藍理引見給太皇太后，說：「這就是破腹將軍。」藍理「破腹將軍」的稱號因此不脛而走，名揚天下。

鄭氏失掉澎湖，且損失慘重，已「聞風解體」，但施琅並沒有馬上對臺灣發動進攻，而是對鄭氏展開了招撫。有人督促他宜乘鄭氏敗殘之餘給予撲滅，「以血前恨」，他卻表示為國為民，可以不計私怨，倘若鄭氏能夠接受招撫，「銜璧來歸」，他還將親自上疏，極力建議朝廷赦免其罪。

施、鄭私仇極深，從施琅的父親、弟弟再到子侄，近百口人都死於鄭氏之手，若論報仇的願望，沒有人比施琅更深更強烈，甚至要是沒有這一層關係，康熙都未必放心讓他專征臺灣。正如李光地在保舉施琅時指出：「他全家被海上殺，是世仇，其心可保也。」施琅自己也一再說過：「臣鰓鰓必滅此朝食。」一個對鄭氏懷有刻骨仇恨的人，為什麼會突然願意以德報怨？史家對此有很多猜測，有的說施琅在京十三年，日夜研讀歷史，提高了政治水準和胸懷，有的說若施琅一心想著私怨，就有可能使已經歸附的鄭軍「人心危疑」並復起干戈，還有的說姚啟聖早已與施琅形成爭功之勢，他可借此獲得攻擊施琅的口實，到時施將難於自辯。

應該說，這些因素都不同程度地左右了施琅的想法，但最關鍵最根本的一條不能忘記，那就是施琅始終都脫離不了康熙對他的影響和制約。

奇功本伐謀

自施琅出師征臺以來，康熙儘管不插手軍事，然而並不表明他不關心戰事進展，更從未放棄對政策面的把控。收復臺灣後，在一次「經筵日講」上，康熙命日講官給他講《易經》中的「旅」卦。「旅」卦的卦像是火在山上燃燒，若再引申開去，就是說這樣的火勢一定不能讓它蔓延下去，必須想辦法迅速地予以制止。康熙對此很有感觸，他的理解是「明慎用刑」，即處理事務要像對待山中野火一樣，既須明快，又須審慎，絕不能因圖一時之快而導致功敗垂成。

對康熙而言，攻澎是為了撫臺，但不能為攻臺而攻臺，如果鄭氏肯接受招撫，便是兩全其美的好事，必須全力促成。在此前提下，他固然可以在人力、物力等方面源源不斷地向前線提供需求，但也絕不容許前線將領因個人目的而讓朝廷付出任何額外代價，說得更清楚一點，就是招降鄭氏一直是朝廷的既定政策之一，若施琅不經嘗試，只是一心想著要殺鄭氏的頭，結果導致鄭氏及餘黨頑抗到底，影響收復臺灣，那朝廷就可能會先殺他施琅的頭！

施琅在京城待了十三年，他怎麼可能連這麼一點起碼的政治常識都不領會和不記得？政治常識就是生存之道，施琅進京前，曾在福建招降鄭將陳斌所部，但之後又將被招降者全部誅殺，但他在重新出山，專征臺灣後，這種殺降行為便再也沒有在他身上發生過，說明他很清楚哪些自己可以做主，哪些自己不能做主。

朝廷和施琅對鄭氏的極力招撫，效果可謂立竿見影。作為澎湖慘敗的親歷者和軍中的關鍵人物，劉國軒首先勸鄭克塽和實際當權的馮錫範降清。眼看軍心民心已散，臺灣實難死守，若棄臺逃往海外，亦無生路，鄭克塽流著眼淚表示同意，馮錫範雖然開始還有些猶豫，但最後也只好隨從。

鄭克塽隨即派使至澎湖施琅軍前請求招撫，恰於此時，康熙頒佈了一道統一臺灣的諭旨，表示希望鄭氏政權審時度勢，若能率眾來歸，他保證不僅將赦免鄭氏抗清之罪，而且還要給予優厚待遇，「煌煌諭旨，炳如日星，朕不食言。」這就完全打消了鄭氏集團頭面人物心中仍可能存在的疑慮，他們立即表示歡迎清軍「揚帆直進」。

一六八三年十月一日，在招撫方案得到康熙批準的情況下，施琅率官兵自澎湖出發，前往臺灣受降。他到達臺灣後再三聲明自己「斷不報仇」、「當年殺我父親的人已死，與他人不相干，我不但不殺臺灣人，即鄭家人，既已歸降，我也不殺。」他還主動告祭鄭成功廟，提及自己雖然和鄭成功反目成仇，但終究系鄭氏一手提拔，兩人也曾有過「魚水之歡」，這些他始終都記在心中。

施琅的言行看似大氣大度，然而很大程度上卻是強裝出來的。他後來對李光地坦承自己曾仔細想過，就算不顧後果地進行報復，把鄭克塽殺掉，將來歷史書也必定會把他列為兇手，而把鄭家稱為明朝的忠臣孝子。他說與其這樣得不償失，倒不如迫使鄭氏降清，使其全家「為奴囚妾婦於千秋」，這可要比單純地予以誅殺暢快多了！

不難看出，施琅對鄭氏仇視如故，他之所以不殺鄭克塽，並非不願，而是不敢或不能。在此過程中，其內心深處一定經歷過痛苦的掙扎，之後為了求得心理平衡，便乾脆換了一種思維模式，決定採取另一種方式為自己復仇。

無論如何，在臺灣政權變換，人心浮動的敏感時刻，施琅入臺後的一系列舉動終究起到了穩定人心和社會秩序的作用，臺灣英國商館在報告書中說，臺灣的受降和回歸事宜有條不紊，「審慎而和善」。

施琅收復臺灣的奏疏送至北京時，正值中秋佳節，康熙異常高興，於是以「中秋夜日聞海上捷音」為題，欣然賦詩慶賀。他還將當天自己所穿錦袍脫下，派人馳賜施琅，並賜詩一首，將施琅比作東漢名將、安定東南海疆的馬援：「上將能宣力，奇功本伐謀，伏波（馬援的封號）名共美，南紀盡安流。」

臺灣在當時只是所謂的「彈丸之地」，島上的鄭氏政權固然要清除，但對於臺灣本身，不少官吏卻並不在意，他們或以臺灣海陸懸隔，財賦不多，或以其「孤懸海外，無關緊要」為由，主張「遷其人，棄其地。」這一派被稱為棄臺派，其輿論力量不容小覷，連積極支援收復臺灣的李光地都位列其中，他是福建人，生怕戍守臺灣會增加福建民眾的負擔，因此不僅主張棄臺，還提出乾脆把臺灣交給「紅毛人」

（指荷蘭），令其世代守衛、納貢。

與棄臺派針鋒相對的是保臺派。施琅與姚啟聖雖然在征臺過程中發生矛盾，一度劍拔弩張，水火不容，但都主張保留臺灣。姚啟聖死後，施琅繼續據理力爭，上疏指出臺灣乃福建、浙江等省的屏藩，戰略要地非常重要，倘若放棄，不但反政府勢力可能死灰復燃，而且素對臺灣有著貪念的荷蘭人也必會乘隙以圖，進而倚仗其「精壯堅大」的夾板船侵犯大陸沿海，總之，「（臺灣）棄之必釀成大禍，留之誠永固邊疆。」

施琅並非唯一的保臺派，但他所闡述的理由最為充分，見解也最為精闢，對康熙下決心留臺理臺起到了關鍵作用。經過一番爭論，康熙毅然決然地做出了必守臺灣的決定，表示：「今日可守則守，若萬世之後，我受命無疆惟休……。」意思是說，臺灣不但他在世時要守，縱使他以後去世，如果朝廷還有條件和力量繼續守，也依舊不能放棄。

一六八四年五月，清廷在臺灣設一府三縣，隸屬福建，並派兵駐守，從而將臺灣牢牢地歸入中華版圖。與此同時，康熙還接受施琅的建議，下令開禁、復界，也就是將自明朝以來的海禁以及清初的海疆封鎖政策統統予以廢除。自此，被禁錮達四十年的海疆得以開放，又重新恢復了昔日「航太萬里，鯨鯢不波」的太平景象。

第八章
乘流直下蛟龍驚

歷經多年的動盪和危險，大清政權終於穩固下來，到一六八三年收復臺灣時，三十歲的康熙在政績上已經碩果累累：經過長達八年的平叛，徹底剷除了吳三桂等藩王勢力；從鄭成功後人手中收回臺灣，同時解除了鄭氏集團這一肘腋之患；仁政和廉吏政治的實施，推動經濟全面復甦；對明遺民招撫和示好，初步改善了政府與漢族士大夫階層之間的關係。

康熙崇尚儒家學說，孔子說「三十而立」，他現在確實可以自立於世，誇耀於人了，但是作為一個志存高遠的皇帝，這些還遠遠不夠，一六八四年十一月二十四日，在河道總督靳輔的陪同下，康熙自山東出發，沿運河南下，開始了為海內外所矚目的南巡之旅。

趁熱打鐵

康熙南巡的主要任務和內容是視察河工，前後六次南巡，次次都是如此，正如康熙自己所說：「今天下無事，治河最要。」巡視期間，他不僅聽取靳輔等人的彙報，而且常常親臨工地進行觀察和測量。

在治河方面康熙確實下過功夫，只要宮中能找到的河務方面的書，他幾乎都讀過，與此同時他又從傳教士那裡學到了西洋科學，能使用儀器精確測量河岸距離、角度以及水位高低、流量。

南巡相當於康熙的治河實踐，包括六次南巡在內，他參與治理黃河工程持續長達三十年之久，這是一個驚人的數字。此前，在歷代皇帝中，只有漢武帝劉徹在史書中留下過率群臣到黃河邊「負薪堵塞」的記錄。長時間的鑽研探索，使得康熙雖身為皇帝，但卻在治河領域中擁有一個內行才具備的發言資格和指揮本領。

史家認為，清代善治河者，連靳輔都排不到前兩名，第一應是靳輔的幕僚、得力助手陳潢，第二就是康熙。靳輔在主持治河方面成效非凡，不過他在康熙朝前期就去世了，後期的治河工程主要都由康熙親自設計指點，通過他的苦心經營，「黃河順軌，安瀾十餘年。」

康熙南巡的作用並不僅僅在於治河，南巡所必到的江南也是其關注的重點。江南一帶在明末清初時抗清活動非常激烈，清廷為此找機會就進行壓制，順治末年，輔政大臣通過江蘇巡撫朱國治等人連連在江南製造大案，不僅慘殺了蘇州才子金聖嘆，而且以「抗糧」為名，將江南一萬多名文武紳衿予以降革，這就是轟動一時的「江南奏銷案。」浙江人、探花葉方藹只因欠銀一厘，竟也被革編修，遂有「探花不值一文錢（清時銀一厘值製錢一文）」的戲言。

江南民風看似柔弱，實則堅韌，王輔臣、朱國治等人的舉措適得非反，使得江南士民與清廷的關係更趨惡化。康熙擒拿鰲拜後進行了改善，他先是推動南人入閣參政，後又開「博學鴻詞科」，尤其是後者，與試並被錄取的人員一共五十人，江蘇、浙江兩地就有三十六人，超過總數的三分之二。一些在奏銷案中被降黜的士大夫，通過開科又得到重新起用甚至入閣參政。

康熙有意在南巡中趁熱打鐵，進一步拉近與江南士民的關係。他深知江南民眾尤其遺民對前明的感情，南巡前即諭令小心防護明陵，首次南巡迴鑾途經江甯（今南京）時，他親自登上鐘山，謁祭明太祖孝陵，並下諭保護孝陵，嚴禁對山上的柴木進行採伐。之後五巡江浙，每次到江寧，他都必定要鄭重其事地對孝陵進行謁祭。康熙此舉對江南漢族官民影響極大，「父老從觀者數萬人皆感泣」，被外界譽為「古今未有之盛舉」。

康熙對前明的尊重，既有示好於江南民眾和遺民的成分，也包含了他個人對歷史的嚴肅思考。從決定纂修《明史》起，他就意識到，過去的歷史成見總是慣於譏貶前朝，元人譏宋，明復譏元，循環往復，一代譏一代，他認為這樣隨便譏刺亡國之朝的風氣實在要不得，為此要求臣下不得使用「故明」、「廢藩」等輕蔑的稱謂，文稿中已有的也要悉數除去。

由於與一些宮中的前明宦官私交甚好，加上對史料的客觀分析，使康熙得以瞭解到很多真實的明朝歷史細節，在他看來，有明一代兩百多年，善政其實不勝枚舉，像以往朝代中常見的女后干政、臣下駕馭臣上這樣的事都沒有發生過，所以就連清朝的現行制度，繼承明朝的地方也很多。

康熙評價：「洪武、永樂朝所行之事，遠超前代。」又說：「明太祖一代人傑，不可輕慢。」為此他手書「治隆唐宋」四個大字，刻石樹碑，以示對明太祖朱元璋的贊許仰慕之情。即便對於向來被視為亡國之君的崇禎，康熙的認識也頗為中肯，他說崇禎並非昏君，在位期間很努力，只是當時明朝積重難返，崇禎已無力予以拯救。

首次南巡，在謁祭孝陵後，康熙又入城拜謁明故宮。此時江寧的明故宮早已不復昔日之繁華，觸目所及皆為殘垣斷壁，荒溝廢岸，當康熙的車駕行至宮牆附近時，便由路旁臨時找來的老人為他一一介紹，哪些是建極殿遺址，哪些是乾清宮遺址。

其實就是沒有人介紹，通過殘留於地面的石礎，康熙仍能想像得到明故宮尚未敗落前的華麗景象。明故宮是朱元璋在江寧的宮殿，元末朱元璋以布衣身份起兵時，曾鏖戰於淮河、泗水之間，康熙南巡經過時，看到那些地方在形貌上並無改變，反而是朱元璋苦戰後建立的宏偉大廈早早就變成了廢墟。

宮殿變成廢墟，實質是一個朝代興亡的命題。考察地利，江甯雖有長江天險作為屏障，但地勢單弱，戰略位置不佳，不過話又說回來，明朝在中後期後就已經遷都北京，為什麼還是亡國了呢？在康熙看來，那是因為崇禎之前的幾個皇帝都怠於政事，宦官朋黨又互相攻擊，從而導致賦斂日繁而民心渙散。

站在明故宮的遺址上，康熙佇立良久，心潮澎湃、思緒萬千，當即揮筆寫下《御制過金陵論》一篇，說出了自己的內心感受：「治國者應知天心之可畏，地利之不足恃，兢兢業業，時刻警醒，那麼天下就差不多能治好了！」

俄國人

西方的莎士比亞專門給中年人勾勒了一個「法官」的形象，並將其作為人生的第五個階段，「胖胖圓圓的肚子裡塞滿了閹雞，凜然的眼光，整潔的鬍鬚，滿嘴都是格言和老生常談。」

「格言和老生常談」是康熙在南巡的一部分。他身上有著一半的漢族血統，對漢族文人所熟悉的辭章、聲韻、曆算、律呂等又無所不究，尤其對儒家經典更是頗有心得，這讓他即便與品位較高的士大夫、遺民進行溝通交流也毫無障礙，更不用說普通士民了。

康熙先後六次南巡，參加迎送的士紳人數一次比一次多，彼此感情也越來越深厚，在江南士紳眼裡，他早已不是面目猙獰的異族統治者，而是一個知書達理、和藹可親，且能向百姓施以深仁厚澤的「天下明君」。

康熙是個文武兼備的皇帝，除了「文」的一面，他從來都沒有與「武」相脫離，結束首次南巡的次年，他就在東北邊境發起了一場對外國入侵者的反擊戰役。

東北雖是清王朝的發祥地，但康熙的祖父輩也經歷了一個艱難的統一過程，到最後，僅剩黑龍江至烏蘇里江流域的部分區域尚在其勢力範圍之外。康熙的祖父皇太極在世時，仍屢次向該地區發動遠征，以便擴大人口以及增加與明朝作戰的兵力，若非突如其來的入關，相信在短時間內即可予以完全掌控。

就在清王朝興兵進關，逐鹿中原之際，俄國開始屢屢侵入黑龍江，並且不可避免地與中方發生了劇烈衝突。

清人重考據，他們引元史中所載「元太祖之長子分封絕城，來往數萬里，即為俄羅斯之始祖」，懷疑俄國可能是元代蒙古人的後裔，但沒能考證出相應世系。接著，通過接觸，他們又發現俄國人長得根本不像東方蒙古人，而更像西方人，「衣服、食物、語言、文字皆近西洋，與蒙古部落習俗懸絕。」

實際上，俄國原先是一個徹頭徹尾的歐洲國家，俄國人與蒙古人之間也並無血緣關係，只是在元代時，其前身莫斯科公國曾被蒙古所建立的金帳汗國攻入和控制，不過他們很快又擊敗了蒙古軍隊，擺脫了金帳漢國的控制，也就從那個時候起，這個國家開始展現出其強大的軍事潛力。

在初次擊敗金帳汗國時，莫斯科公國的軍隊編成、武器裝備還帶著濃重的蒙古痕跡，他們和蒙古人一樣依靠騎兵，使用的也全是長矛、短刀、弓箭等冷兵器，然而僅僅十幾年過去，他們便首次在野戰中使用炮兵，到火繩槍手也被投入戰線時，金帳漢國已完全無法與之匹敵。

自十六世紀起，俄國火器高速發展，逐漸達到了歐洲水準，憑藉著這一優勢，俄軍開始橫行於歐亞，即便強大如奧斯曼帝國亦非其對手。俄國原先與亞洲並不接壤，但它卻依靠不斷東侵，搖身一變成了橫跨歐亞大陸的帝國，對外擴張也自此成了歷代沙皇的傳統政策。

俄國一向對東亞大陸，特別是富庶的黑龍江、烏蘇里江流域垂涎三尺。一六四三年，即順治遷都北京的前一年，俄國第一次組織遠征軍侵入了黑龍江流域，所到之處燒殺搶掠，甚至殺土人為食，僅當年冬天就吃掉了五十人，被稱為「污穢的吃人生番。」清初東北邊民稱俄國為羅剎，羅剎在佛教中就是指吃人惡魔，足見俄軍慘無人道的野蠻行徑給人們留下的印象之深。

俄國遠征軍攜帶著火繩槍和輕型火炮，但他們人數不多，僅一百多名哥薩克兵（哥薩克兵為俄軍主力）。達斡爾人等黑龍江的少數民族通過實施襲擊，打死打傷了不少哥薩克兵，至一六四五年，遠征軍僅剩的五十多人被迫經黑龍江口，越海北逃。

幾年後，俄軍捲土重來，其遠征軍增加到兩百多人，且當年即攻取了雅克薩。俄軍以此為據點，四處搶劫和燒殺，當地居民則一邊用簡陋的武器進行頑強抵抗，一邊向駐守甯古塔的清軍報警。

一六五二年春，甯古塔章京海色奉命率部出擊，以突襲的方式破壞木城，將俄軍包圍在了烏紮拉村。海色一共帶去了六百人，但披甲兵，也就是滿洲精兵僅一半左右，而且火器太少，一共只帶去六門炮和三十支槍，其中火炮是射程有限的輕型火炮，火槍是落伍的三眼銃，火器操作者也並非技術熟練的漢軍火器手，而是流放到甯古塔的漢人。

突襲時這些缺陷還看不出來，等到向敵營衝鋒時就露餡了，偏偏海色還命令士兵不許殺死哥薩克兵，要捉活的，導致士兵們箭不敢射，槍炮不敢放，而俄軍卻依託寨牆，把大銅炮、鐵炮和火繩槍集中起來，肆無忌憚地向沖入缺口的清軍進行射擊。

清軍抵敵不住，紛紛潰退，俄軍趁機反守為攻。清軍由犯人組成的火器手戰鬥技巧低下，炮手看到攻城步騎兵潰退，便貿然將火炮前推，被俄軍繳個正著，槍手則連往哪個方向和位置逃都不知道，他們為躲避俄軍追擊紛紛鑽入船下，結果成了俄軍的活靶子，遭到一一射殺。

邊疆危機

烏紮拉村之戰是清俄正規軍之間所爆發的首次武裝衝突，以清軍落敗而告終，從中可以看出火器性能和火器手素質的差距對戰鬥走向所起到的關鍵性作用。不過清軍在此戰中落敗，說到底還是吃了麻痺輕敵的虧，要是真把火器家底全部搬出來，也並不見得處於下風。

專家認為，自十五世紀至十七世紀，亞洲大陸一共崛起了四個帝國，清朝、奧斯曼都在其中，這四個帝國雖均由擅長騎射的遊牧部落所建立，但在它們崛起的過程中，火器都發揮了重要作用，所以也都可稱為「火藥帝國」。這種看法確實很有見地，實際上，清軍早在入關前就已利用歸降的明軍部隊，建立了總兵力達四萬人的八旗漢軍，而八旗漢軍主要就使用火器。

烏紮拉村之戰後，越來越多的俄軍開始湧向東北境內。此時清廷正發起統一之戰，從八旗漢軍到三藩軍隊都正奔命於關內戰事，無法調至關外，為了對付這些「其猛如虎，善放鳥槍」的俄軍，已經親政的順治皇帝下令從朝鮮抽調朝鮮銃手應急，同時派皇太極時期的老將、有遠征黑龍江經驗的沙爾虎達鎮守甯古塔，沙爾虎達也因此成為第一任甯古塔將軍。

一六五四年，沙爾虎達率部乘船至松花江，與南下籌糧的俄軍船隊遭遇。銃手們先用火炮和火繩槍與俄軍對射，接著又在沙爾虎達的指揮下，迅速登岸並佔據有利地形，居高臨下地向俄軍進行射擊。俄軍死傷慘重，指揮官斯捷潘諾夫在事後的敘述中，多次提到清軍當時已對他們形成壓倒性射擊，最終，俄軍殘部不得不撤出戰鬥，逃往黑龍江上游。

事隔四年，清軍自己「帶著大量火器裝備、大炮和小型火器」，再度從江上對俄軍船隊發起大規模進攻。戰鬥中清軍火力十分猛烈，有的俄軍「在船上就被打死了」，俄軍被迫棄船登岸逃遁，清軍亦隨之上岸追擊，「終日交戰，射炮俱發。」此戰清軍大獲全勝，俄軍十一艘戰船有十艘被繳獲，斯捷潘諾夫以下兩百七十人被斃或俘，哥薩克們所擄掠的大部分物資與六門火炮盡為清軍所繳。

斯捷潘諾夫之死，使得俄國在黑龍江流域猖獗一時的入侵行動受到遏制。一六五九年，清軍收復雅克薩，拆除了俄軍所建堡壘。次年，又有一股俄軍乘船侵入黑龍江下游，新任甯古塔將軍、沙爾虎達的長子巴海設伏給予迎頭痛擊，俄軍「淹死者甚眾」。吃了這個虧後，一直到順治去世，他們都未敢再涉足黑龍江。

清人筆記中對俄國有這樣的記載：「俄羅斯國以順治十七年遣使入貢。」順治十七年，即一六六〇年，順治去世的前一年，這一年俄國首次派使節來到了北京。

由於觀念使然和距離遙遠，彼時的東西方都缺乏對於對方的充分瞭解和尊重，中國人認為凡是到北京來向朝廷致意的外國人，都應該接受和履行朝貢禮節。俄國派使來華，更被朝野人士解讀為東北衝突失敗後的「入貢」表示，但其實俄國只是根據西方政治習慣在施行正常的外交手段。於是俄使理所當然地對「入貢」環節提出異議，這讓清廷很有些下不來台，為此接待官員既不讓俄使遊覽京城，也不讓他們與外界交往，在授予其國書和中國的土特產品後，就匆匆忙忙地把他們給打發了。

外交失敗的責任當然也不全在中方，退一步說，即便順治摒棄讓俄使「入貢」等一廂情願的做法，指派理藩院心平氣和地和俄方坐下來進行談判，也很難談得攏，俄國使團及其政府不僅沒有就黑龍江流域歸屬權提出任何有價值的方案，甚至企圖使中國臣服於俄羅斯。

另外，清廷顯然也沒有真正感受到俄國的威脅，在衝突中暫時取勝後，並沒有乘勝興建堡壘，屯田戍守，在俄國使節出使北京時，也根本不把他們當回事，這使得邊疆危機很快便得以重現並加劇。

一六六五年，俄軍以黑龍江上游的尼布楚為基地，兵分兩路，一路向南侵佔由漠北蒙古管轄的楚庫柏興，一路向東再次竄犯雅克薩。與過去長距離流竄、騷擾不同，這次俄軍變換了策略，他們一面在尼布楚和雅克薩分別築塞堡、修工事，再以此為根據地，向黑龍江中下游擴張，一面對當地少數民族頭領進行拉攏。清廷原將達斡爾人酋長根特木兒封為四品官，將他的部族三百人編為三佐領，令其參與抗俄之役，但根特木兒在俄國人的引誘下，反而逃往尼布楚，成了俄軍的「依靠力量」。在此之後，又有一些土人陸續逃往尼布楚一帶，中俄關係由此變得更加緊張。

不拿原則做交易

康熙對發生在東北的邊疆危機非常關注，他後來說：「羅剎撓我黑龍江、松花江一帶三十餘年……，朕親政後即留意於此。」康熙的外交理念並沒有完全脫離「外藩朝貢」的傳統框範，但中國處理與「外藩」的關係，向來都有懷柔和戰爭兩種手段，康熙從務實的角度出發，考慮到既要維護邊境安全，又要節省國力，也希望能夠通過和平談判來解決與俄國的爭端。

一六六九年，俄國商隊來華，康熙親自接見商隊首領，賞賜禮品，並允許商隊在中國進行正常的商業貿易。同年冬，他派使前往尼布楚，帶著自己的正式諮文與俄國談判停止邊釁，按中國「逃人法」歸還根特木兒等問題，並在諮文中表示：「倘貴國有言辭通知我國，可派使臣前來與朕面談。」

次年，根據中方倡議，俄國派出一個十人使團，雙方在北京進行會談。康熙的態度非常明朗，仍以停止邊釁、歸還逃人，作為兩國友好，發展貿易的前提，但俄使拖著不做答覆。實際上，俄國使團此行還交給中方一封文件，文件傳達沙皇諭旨，竟然要求中國皇帝向其稱臣納貢。因為當時清廷缺乏通曉俄文的譯員，康熙並沒有看到這一份帶有侮辱性的文件，但會談可想而知不會有任何結果。

康熙並沒有把解決東北危機的希望，完全寄託在和平談判上。為了充實邊防，經過細緻的調查研究，他在東北採取了一系列措施，其中就包括編組「新滿洲」和「布特哈八旗」。

「新滿洲」是相對於「老滿洲」而言，一般而言，「老滿洲」指舊有的滿洲八旗，「新滿洲」指清軍入關後東北的新編入旗者，主要由赫哲人和庫雅拉人等少數民族所編成。在康熙親政前，清廷即對「新滿洲」的編組進行獎勵，康熙親政後又繼續加以宣導，在整個康熙朝，編組的「新滿洲」已達到一萬丁以上，佐領有八十五個。

清代有一個索倫部，是分佈於黑龍江中上游地區的鄂溫克人、達斡爾人、鄂倫春人的統稱。索倫人善於射獵打牲，滿文稱打牲為「布特哈」，故編制內的索倫人後來也稱「布特哈八旗」，康熙給「新滿洲」和「布特哈八旗」發放房屋、土地、耕牛、種子，令其屯田耕種，使得他們從漁獵轉向農耕，既促進了東北經濟的發展，也使東北邊防力量得到充實和加強。

俄國資料顯示，早在一六七〇年，清廷便制訂了攻佔尼布楚和雅克薩二戰的方案，傳教士南懷仁也透露：「康熙決對俄作戰……，擬攻取阿爾巴津（即雅克薩）及尼布楚要塞，以先發制人。」

一六七一年，康熙首次東巡拜謁祖陵，特在盛京召見甯古塔將軍巴海，對他說：「羅刹賊寇雖然說和好，但還應該加以防禦，操練上馬，裝備器械，不要上當受騙。」可見康熙密切關注著邊防，只要時機一到，即可發起攻城戰役。

然而三藩之亂的突然爆發，打亂了康熙的計畫，此後長達八年的平叛戰爭更迫使他投入了政府所能動用的幾乎所有資源，再無足夠力量解決邊疆危機。不過先前採取的措施依舊發揮著作用，由於編組「新滿洲」和「布特哈八旗」，儘管為了應付三藩之亂，政府需要不斷從東北調兵支援關內，但東北的軍事力量反而大幅度增強，這顯示著「新滿洲」和「布特哈八旗」已逐漸替代「老滿洲」，成為戍守東北的主力。

俄國知道清廷深陷平叛戰爭，認為可以有機可乘。一六七五年恰逢西北王輔臣、漠南蒙古親王布林尼同時叛亂，正是平叛戰爭中最為艱難的一年，俄國向中國派出了百餘人的龐大使團。次年，使團到達北京，康熙以禮相待，前後兩次接見俄使，並召至御前賜茶賜酒。

可是俄方除要求通商和開闢中國市場外，對於最關鍵的退出侵佔領土及歸還逃人一事，卻隻字不提，逼迫中方予以事實承認的用意非常明顯。此時康熙雖身處困境，手中擁有的機動兵力連守城都困難，但他決意不拿原則做交易，他讓理藩院在談判中明白無誤地告知對方，中方的原有立場不變：「爾主（指沙皇）若要通好，應將根特木兒遣返，另派使臣接受中方所定規則，方許照常貿易。」

我來問俗非觀兵

談判再次無果而終。事實上，俄國此次派出使團，除了趁火打劫外，還有搜集情報，瞭解中國政府意向的目的。羅馬尼亞人米列斯庫是使團的使節之一，也得以覲見了康熙，他根據自己在中國搜集的情報認為，中國人天性不愛武事，不懂軍事藝術：漢人「打起仗來膽小如鼠，遇見敵人就像羊群見到狼似的四處逃竄」，滿人雖比漢人驍勇善戰，但比起歐洲人還是遜色，不如歐洲人「強大、英勇。」

儘管俄軍在黑龍江曾敗過好幾仗，但他們並不覺得那是各自真實實力的體現。參加過遠征軍的哥薩克兵出於某種原因，也往往都把中國軍人的能力貶到一無是處，一些曾在黑龍江與清軍交戰的哥薩克兵就對米列斯庫吹噓說，他們一百人能頂住並戰勝對方一千人。

米列斯庫和俄國軍方盛行的觀點，基本也可以代表俄國政府的立場，抱著這樣的看法，素來領土欲望極強的沙皇又豈肯對中國東北徹底斷掉念頭？

為了繼續向中國施加壓力，在沙皇的授意下，俄軍除尼布楚、雅克薩、楚庫柏興這三個重要的大據點外，又在黑龍江中下游地區和額爾古納河東岸建立了一些較小的據點，用以強行進行殖民屯墾，周圍居民備受其害，「子女參貂，搶據殆盡。」康熙就此派人向俄方交涉，指出俄軍的入侵行徑可能引發新的邊境戰爭，並警告對方：「爾等速撤回爾國人」，俄軍不但置若罔聞，而且變本加厲，繼續擴大其侵擾範圍。

面對來自沙俄步步緊逼的威脅，清廷只剩下自衛反擊一條道路可選。平叛戰爭期間，康熙儘管無法在東北組織戰役，但他依託「新滿洲」和「布特哈八旗」，每年都從甯古塔調兵，在黑龍江至松花江的匯合處戍守，以阻止俄軍的深入。由於甯古塔離戍守處距離較遠，康熙又親自指令甯古塔將軍移駐更北的烏喇。

三藩之亂一平定，康熙就騰出手加緊在東北進行備戰。一六八二年初，他二次東巡，至盛京（即今遼寧省瀋陽市）告祭祖陵，其間以行圍狩獵的名義北上對烏喇進行了巡視。五月四日，一行人登舟泛遊松花江，駛往大烏喇，在船上康熙即席御制船歌一首，稱「我來問俗非觀兵」。其實他這是反其意而用之，儘管此行「問俗」、「觀兵」兼而有之，但他的主要目的卻還是「觀兵」，即視察清軍的備戰情況。

烏喇是甯古塔將軍移駐地，一直在修造新戰船和訓練水陸官兵，其假想敵就是「老羌」（軍中對俄軍的稱呼。）大烏喇亦起著同樣的作用，烏喇、大烏喇以及兩城間沿松花江的七十里水域，全都是對俄作戰的戰備基地。在康熙泛游時，甯古塔將軍巴海將大小數百隻戰船和官兵全部集中起來，排成陣式，供皇帝檢閱，這使得康熙的船歌中不僅有「松花江，江水清，夜來雨過春濤生」的美妙動人，更有「乘流直下蛟龍驚」、「旌旄映水翻朱纓」的雄偉壯觀。

一六八二年九月，康熙派副都統郎坦、彭春率兵數百人，以行獵為名潛入雅克薩地區進行偵察。雅克薩為滿語，意思是刷塌了的河灣子，在被俄軍侵佔前乃索倫部達斡爾人居住區，此處位於中俄邊境，乃「水際扼要之區」，俄軍無論是從貝加爾湖方向，還是從外興安嶺進入黑龍江，都必須經過雅克薩，因此要對俄軍發動反擊戰，雅克薩城勢所必奪。

雅克薩地處偏遠，郎坦等從嫩江北行，穿過原始森林和茫茫雪原，經過艱難行軍，才得以抵達目的地。經過實地勘察，他們發現進攻雅克薩的路線應是水陸並進：陸路自興安至雅克薩城，行進速度較水路要快，但途中林木叢雜、冬雪堅冰、夏雨泥淖，只有輕裝可行；水路沿黑龍江逆流行駛，大概要花三個月時間，比陸路慢得多，不過運送糧餉、軍火、輜重比較方便。

對俄軍修築的雅克薩城，郎坦等人也進行了仔細觀察。這是一座長方形城堡，四周以木柵構成堅固的木城結構，駐守城內的俄軍雖然不多，但到清軍在進攻城堡時，若被木城所阻，就會遭到猛烈射殺，烏紮拉村之戰即為前車之鑒，所以郎坦判斷要攻佔城堡，須先用紅夷大炮擊破木城。

年底，偵察隊返回北京。郎坦向康熙奏報了此行所獲得的敵情，同時建議等來年春天冰雪消融，派三千官兵加上調用的二十具紅夷大炮，水陸齊發，即可攻取雅克薩城。

康熙對郎坦等人的情報十分重視，也肯定了郎坦的部分看法和建議，但他表示攻城的時機尚不成熟，不同意立即進兵。

永戍方案

經過反復多次的實地勘察和研究，康熙對黑龍江的形勢及其敵情，包括土地險易、山川形勢、人物情性、道路遠近等，都能做到瞭若指掌。綜合敵我情勢不難看出，為什麼俄軍可以在黑龍江「得以盤踞多年者」，就是因為他們依託於雅克薩、尼布楚兩城以及其他十餘處小據點，除搶掠外，還「築室散居，耕種自給」，同時又用捕貂所獲得的貂皮和蒙古人交換牲畜等物資，從而擁有了賴以存在的經濟基礎。相比之下，清軍基地甯古塔遠離雅克薩，反而只有在偵知俄軍較大規模入侵黑龍江中下游地區時，才能派兵奔襲，予以痛擊或殲滅，之後因軍需供應接濟不上，就只能立即撤兵。

早在順治朝時，有一次清廷派大部隊深入黑龍江，在呼瑪爾寨包圍了俄軍，那次清軍帶來了「各種各樣的火器、大炮、火繩槍」，在半個月內，日夜用大炮向呼瑪爾寨進行轟擊，可是由於受到惡劣的氣候條件和森林制約，後勤運補很難滿足大隊人馬的需要，軍隊戰鬥力也因此受到限制。清軍最終被迫撤退，因後運困難，他們在撤退過程中甚至不得不拋棄火藥和戰死者的遺體。

過往戰例給予了康熙極大觸動，讓他認識到在中俄邊界衝突中，清軍已淪為客兵，俄軍反而成為主兵，主客易位，對清軍相當不利。在這種情況下，清軍就算能夠順利攻克雅克薩城，也不能長久佔據，不用多長時間，此城就會得而復失，導致「我進則彼退，我退則彼進，用兵不已，邊民不安」的歷史重演。

怎麼辦？康熙認為關鍵是要「永戍」，即多貯糧食，長期戍守，從而使得「我兵得逸，而鄂羅斯（俄羅斯）兵為勞」，這樣如果俄軍派小部隊入侵，就只有被消滅，欲派大部隊，其糧餉更無法保障。

「不行永戍，自松花江、黑龍江外，所居民人，皆非吾有矣。」在推出永戍黑龍江的初步方案後，康熙傳諭甯古塔將軍巴海，鑒於黑龍江兩岸沒有清軍駐防，距離黑龍江最近的駐防城甯古塔也在千里之外，讓他在黑龍江另選軍事基地。不料巴海對永戍方案不感興趣，他沒有照諭旨行事，而是上疏建議速戰速決，乘俄軍「積儲未備」，至第二年農曆七月初，也即先期所造戰船完工的時候就發兵雅克薩，到時他本人將「親統大兵，直薄城下，宣諭招撫。」

對照自順治朝以來的失敗教訓，巴海所提出的顯然是又一個輕敵冒進的作戰計畫，既沒有充分考慮到後勤不繼等各種可能遇到的困難，也沒有為今後黑龍江的長治久安做打算，流露出的只是一個為將者不應有的畏難情緒和急躁思想。

朝中部分高級官員養尊處優，貪生怕死，他們以路程太遠，輸餉困難為由，也不贊同永戍方案，這使巴海的計畫得到了議政王大臣等的讚賞。儘管如此，康熙仍堅持原有方案，降諭說巴海對於進征羅剎軍務的建議，一點都不精細，因此不予採納。

由於巴海反對永戍方案，康熙決定讓他留守烏喇，另派薩布素領兵前往黑龍江。薩布素生於甯古塔將門府第，他的祖父、父親追隨努爾哈赤、皇太極征戰，皆以尚勇著稱。薩布素繼承了家族中的軍事天賦，自幼便以八旗養育兵的身份隨伍，因屢立奇功，由普通士兵逐級升至副都統。

在瞭解到薩布素「為人沉勇好兵略，尤喜觀山川形勢」，具「文武幹濟之才」後，康熙即有了賦之以重任的打算。一六八三年十二月十三日，清政府正式設黑龍江將軍，康熙親自提名薩布素為首任黑龍江將軍。

薩布素受命到達黑龍江後，經過充分準備，在黑龍江東岸擴建了舊瑷琿城，但因該城規模甚小，於是又在黑龍江西岸另築瑷琿新城（又稱黑龍江城），作為黑龍江將軍衙門所在地。

良將

薩布素赴任黑龍江時，先從烏喇、甯古塔帶去了一千五百名官兵，之後又有烏喇、甯古塔官兵及增派的達斡爾官兵一千人抵達黑龍江。由於烏喇、甯古塔兵多為「新滿洲」和「布特哈八旗」，擔心他們沒有打過什麼仗，不熟悉軍隊紀律，康熙又增派京城八旗及軍前獲罪人員五百人到黑龍江駐守。有了這麼多新老兵員，夾江而立的兩城便都可以駐兵千人了，按照康熙「我兵一至，即行耕種」以及軍民輪耕的指示，他們一到駐地即就地屯田，同時對當地不習農事的達斡爾人進行教導，以使其「課耕有法，禾稼大收。」

駐軍屯田積谷尚不能完全滿足需要。早在清朝建立以前，東北南部的遼河流域便是糧食生產基地，雖經戰亂，但在順治、康熙兩朝大力招民開墾後，當地的糧食生產已恢復到明代水準，可以提供軍糧，需要做的只是怎樣保證把糧食運至黑龍江。

從遼河到黑龍江，若從陸路運輸，行程有數千里之遙，成本太高。康熙經過與臣下反復商討，決定依靠水路運輸，具體方法是先從遼河將糧食運至松花江，再經松花江入黑龍江，然後從黑龍江逆流而上到達璦琿老城和黑龍江城。這是一條縱貫東三省的運輸大動脈，全長達四五千里，為此建造運糧船隻兩百八十艘，動員水手兩千七百人，所需船隻和水手均由東北三將軍，即盛京將軍、甯古塔將軍（後改稱吉林將軍）、黑龍江將軍自行解決。

除軍糧供應外，康熙還設置驛站，以保障黑龍江將軍與甯古塔將軍之間的通信聯繫，並從內地選派特種部隊和將火器調運至前線，甚至靠近黑龍江的漠南蒙古科爾沁十旗要進貢牛、羊諸物，康熙也下令不必再送北京，全部改送黑龍江前線。

清軍進駐黑龍江時，俄軍仍然在向黑龍江中下游不斷進行入侵和滲透。薩布素派索倫總管博克，率先頭部隊包圍了一支順流駛來的俄國船隊，船上俄軍僅部分逃脫，餘下三十七人及六艘船隻被迫投降，附近據點的俄軍聞風亦狼狽撤離。至一六八四年初，整個黑龍江中下游及各條支流上的俄軍據點均已被先後肅清，這表明收復雅克薩的時機已經成熟，清軍可以集中兵力攻打雅克薩城了。

康熙原定的出征主帥應是薩布素，然而薩布素雖戍守黑龍江有功，但在指揮兵團出擊時顯得不夠積極果斷。康熙命他派兵將雅克薩周圍的莊稼予以收割，預先斷絕俄軍給養，以使其自困，他都未能執行，同時在事務管理上也一團糟，不是耕牛死掉，就是農器損壞。康熙對此感到憂慮，認為如果讓薩布素真正指揮雅克薩戰役，一定會貽誤軍機。

自古千軍易得，一將難求，康熙對於良將一直有一種難以抑制的執念和渴慕，以至於第二次東巡，當他接見巴海及副都統薩布素時，憶及大清立國之艱，竟脫口而出地提到了鰲拜，說鰲拜「雖有忤逆，太皇太后常念其勇耳。」

鰲拜是大清最早享譽「巴圖魯」賜號的勳臣之一，儘管他晚年犯下大罪，但康熙從不抹殺其為祖宗勳業所立下的功業，特別是在吳三桂發動叛亂，平叛戰爭突然打響後，康熙檢點麾下戰將，才發現像鰲拜一樣的良將原來有多麼稀缺和重要。

在中俄雅克薩開戰的前夜，發現和啟用良將便又成了擺在康熙面前的一道難題。據薩布素後來回憶，康熙還說過這麼一段話：「朕寵愛者，英雄也，為我大清社稷視死如歸之人，皆朕最崇拜之巴圖魯。羅剎犯邊囂囂，朕盼有霍去病馳騁疆埸，亦常思有鰲拜挺身而出。朕至今繫念耳！」

能夠在雅克薩戰役中掛帥出征並取勝的，就是新時代的霍去病、鰲拜，但究竟誰能夠勝任角色和贏得這一無上榮譽，尚需依賴他們自己的能力以及表現。康熙先屬意於巴海，可惜巴海不能領會永戍之意，後來居上的薩布素戍守有功，但統領三軍出擊又還差些火候，一旦率部出擊，暫時只能為輔，不能為首。

主帥究竟該用誰呢？經過一番重新挑選，曾與郎坦一起成功領導雅克薩偵察行動的彭春被選中了。

外界對彭春並不是很熟悉。其實這個看似名不見經傳的官員乃名門之後，其曾祖父、祖父均為開國功臣，他自己在平叛戰爭開始之初就應徵上了前線，而且參戰不久就被加封為太子太保、授正紅旗蒙古副都統，但史籍上並未詳細記載他的事蹟，這倒也不難理解，因為當年參加平叛戰爭並立下戰功的宗室子弟很多，有的都當到了將軍，能放到戰史上去講的事蹟也不過寥寥幾筆。

康熙能夠對彭春予以破格拔擢的最大原因，恐怕還是彭春通過親身偵察，對雅克薩的情形已有了相當程度的熟悉和瞭解，當然擁有作戰經驗和具備良將潛質亦是不能被忽略的因素。

確定人選之後，康熙即在前線建立新的指揮機構，任命彭春為主帥（彭春在指揮偵察行動時為副都統，此前已由副都統升為都統），同時傳令將黑龍江將軍印移交彭春掌管使用。

好兆頭

這時俄國已經在雅克薩城設立了軍政長官署，用以轄領整個阿莫爾地區，雅克薩城因此獲得了一個城徽，其圖形為一隻左爪執弓，右爪拿箭的展翅飛鷹。城內指揮官為托爾布津，他是沙皇的第一任雅克薩軍政長官，手下接近九百人，其中包括能拿起武器作戰的哥薩克士兵四百五十人，火器有三門大炮及三百支火繩槍。

對這些情況，清軍事先都已有所掌握，特別是在正式進兵前，倍勒爾偵察隊潛入雅克薩城北進行偵察，前後生擒了多名哥薩克士兵。俘虜除交代城內俄軍在設防、裝備、糧儲上的一些詳細情形外，還透露「雅克薩兵眾不滿千人」，後者是一個極其關鍵的情報，為康熙的用兵決策提供了重要參考。

一六八五年四月，康熙做了最後一次外交努力，他致信沙皇，要求俄軍撤出雅克薩，另以雅庫等地為兩國國界，否則便出兵征討雅克薩。在俄方仍然不予答覆的情況下，康熙遂以彭春為首，以前都統郎坦、副都統班達爾善、黑龍江將軍薩布素為輔，率由各族官兵三千人組成的大軍，自瑷琿出發，分水陸兩路，進取雅克薩。

清軍出征初期氣候惡劣，雷雨大作，未幾江水氾濫，狂風逆舟，致使船艦無法前進。不過至五月二十九日，忽然天晴水落，第二天早晨，江上也轉為順風，使得清軍可以揚舟溯流直上，速度竟然比陸路更快。「三日之程，一朝而至，陸路之兵，雖疾行不及也。」

清軍所攜帶的主要是軍糧，沒有什麼肉食。也就在此期間，竟有數萬頭野鹿莫名其妙地從山上疾奔下來，官兵們見狀歡聲雷動，騎兵用弓箭施射，步兵拿著棒子敲擊。群鹿亂作一團，慌不擇路下，紛紛墮入河中，水軍駕著船筏在江中怎麼撈都撈不完，截獲者達五千有餘，軍中肉食匱乏的問題頓時得以解決。

好兆頭能偶然碰上一個，就已經是莫大的運氣，更不用說成雙了，出征清軍無不為之心花怒放，精神抖擻。康熙聞訊也十分高興，認為乃祥瑞的象徵，是上天在默佑清軍旗開得勝。

當年七月初，清軍進抵雅克薩。沙皇事後得到報告：「大量不友好的中國人，有的乘船自水路而來，有的騎馬從山路而來，攜帶大炮及各種攻城火器，兵臨阿爾巴津（俄國對雅克薩的稱呼）城下。」

彭春在雅克薩對面的小島上設立了前線指揮所，接著按照先禮後兵的原則，派被俘的哥薩克士兵進城送信，勸俄軍撤回雅庫，但托爾布津倚仗其城堡堅固，拒絕了這一要求，並且大言不慚地聲稱要抵抗到流盡最後一滴血為止。

彭春見俄軍執迷不悟，下令對雅克薩城實施包圍，清軍立即分頭行動，騎兵焚毀城池上游的田禾，捕擄俄國移民，水師則對上游水路進行阻斷。

清軍在雅克薩戰役中的一大難點是壓制俄軍的火器，尤其是火繩槍。在火繩槍的數量、性能和操作熟練程度上，當時的俄軍普遍要優於清軍，清軍習慣稱俄軍為「老羌」，「羌」同槍，就是指俄軍善於使用火器。雅克薩戰役前，康熙一直在對此加以琢磨，一六八四年冬，他在景山召見福建籍水師將領林興珠，兩人就如何對付俄軍的軍事技術問題進行了長時間的討論。

林興珠原為鄭成功的部將，後投吳三桂，降清後參與平叛戰爭並立下大功。當年鄭成功收復臺灣，大敗在火器方面同樣佔有優勢的荷蘭軍隊，林興珠親身參與此役，自然很有心得。當康熙向他諮詢抵禦俄軍火器的辦法時，他立即答道：「對付火器，當以滾被為第一。」康熙問何為「滾被」，他最初可能以為是什麼獨門兵器，誰知林興珠的解釋卻是：「滾被就是普通人家用的棉被。」

居然是尋常棉被？康熙不聽則已，聽了之後忍不住笑了起來：「一床棉被，軟軟的，能有多大作用呢？」林興珠很認真地說：「柔能制剛。」接著他便向康熙介紹了把棉被裹在身上，再根據地形特點進退滾閃，躲避火器攻擊的要領。

康熙是打仗的行家裡手，聽後點頭稱是，認為用棉被防禦火器確有其道理。接著他又問林興珠：「除了滾被，還有什麼更好的克敵辦法？」林興珠答道：「有滾牌，臣家裡就有，可以取來給皇上演練一番。」康熙很高興，又問他家裡還有沒有會用滾牌的人。林興珠說還有幾個人，康熙便派人去取滾牌，並傳旨將那幾個會使滾牌的家人也一併招來。

等家人和滾牌都來到景山，林興珠便帶著家人在景山的演武場上擺開陣勢，給康熙做了御前表演。表演時，家人們充當的滾牌手閃轉騰挪自不必說，林興珠雖已年過半百，但動作也一樣敏捷，只見他舉著滾牌，忽而躍前八尺，忽而後退一丈，凜凜然仍有萬夫不當之勇。

表演完畢，康熙現場進行了射擊試驗。他命令幾名訓練有素的弓箭手用箭向滾牌手試射，結果射了數次都不能射中，往往是箭還沒射出，對方就已滾到面前，快如飛鳥，滾牌手一手持滾牌，一手拿揙刀，隨時能夠揮刀而出，可以想見，若是在真實的戰場上，弓箭手們早已人頭落地！

藤牌軍

作為早期火器，火繩槍的操作步驟至為煩瑣。十七世紀初有個荷蘭人撰寫了一本火繩槍的技術手冊，其中槍手從準備首次射擊到第二次射擊，竟需四十二個分解動作，日本的火器學家簡化步驟，也需要二十五個分解動作。除了射速緩慢外，以單個槍手而論，其命中率並不見得比弓箭手更高，這樣比較的話，滾牌手在以敏捷動作和手中滾牌保證自身安全的同時，也一樣可以做到如風而至，將來不及完成所有動作的火繩槍手斬首當場。

早年的林興珠和藤牌兵在實戰中就這麼做過。滾牌也稱藤牌，源於臺灣山區生長的一種山藤，採來後晾乾，再用桐油油浸，便能編成藤牌。藤牌兵曾是極具福建地方特色的一個特殊兵種，藤牌本身堅韌輕便，實戰時，火繩槍手若是離得遠，其射出的彈丸往往射不穿藤牌，若是離得近，藤牌兵又可以依靠閃躲技能和勇敢精神避開彈丸，近身砍殺。

在鄭成功收復臺灣的戰役中，藤牌兵曾經衝鋒陷陣，殺得荷軍面無人色。在荷軍的相關記述中，對於藤牌兵的恐懼可謂躍然紙上：「這些士兵低頭彎腰，躲在盾牌後面，不顧死活地沖進敵陣，十分兇猛和大膽，仿佛每個人家裡還另外存放著一個身體似的。」

康熙在召見林興珠前，對福建藤牌兵其實已有所耳聞，但正所謂百聞不如一見，只有親眼一觀，才知藤牌兵果非浪得虛名，這讓他驚喜不已。這時的問題是歷經變遷，部隊建制的藤牌兵早已解散，因此康熙忙向林興珠打聽：「能用滾牌之人，從哪裡可以招募？需要多少人可以成為一旅？」林興珠告訴他：「多則一千，少則五百，即可足用。不過只有在臣的家鄉漳州、福州，擅長此術的才多，所以需於福建招募。」

福建距離內地較遠，在當時的交通條件下，來回需數月之久，康熙認為雅克薩戰役即將打響，其間還要進行短期訓練，如此招募太費時間。他考慮：「現在直隸、山東、河南有很多來自臺灣的投誠者，而且都是閩人，從他們中間招募，五百人可立得。」

原來經過明末清初的連年兵燹，中原地區人口銳減，昔日良田多已荒蕪，於是被清廷作為了屯墾的首選地。在清鄭戰爭的過程中，許多投誠的鄭軍老兵自願務農，便被安排散居於北方各省墾種田地，稱為閩營人。

林興珠贊同康熙的辦法，說：「誠如上諭。」於是康熙在備戰過程中，不僅調用中原綠營，而且特別指令兵部派員到山東、河南、山西三省的閩營人中挑選兵員，用以組建藤牌軍。

原計劃招募五百人，出於「兵在精不在多」以及東北客觀條件所限，康熙將其壓縮到了四百人，統一交由林興珠訓練成軍。這些閩營人早在康熙初年就已來到北方，他們在北方已生活了十餘年，較之仍留在福建的同鄉，不僅省卻了由福建至中原的路途奔波，而且更易適應東北氣候。他們都是復員老兵，其中相當一部分還是前藤牌兵，只需稍加訓練和整合，即可恢復原有的軍事技能和狀態。

藤牌軍是康熙一手策劃建立的特種部隊，他對這支技術兵種予以了極大關注，從裝備、待遇到進一步的激勵措施都一一過問。得知福建軍火庫中有現成的雙層藤牌，他給福建水師提督施琅發去加急文書，讓施琅從中挑選四百套，與搧刀一道火速送至京師。送到京城的藤牌共有雙層藤牌三十套，單層藤牌三百七十套，檢視之後，他覺得還是有些薄，就下令予以整修，雙層的加一層舊棉，單層的加兩層舊棉，直到真正堅固可用為止。

在兵員徵集時，康熙指示地方大臣給應徵士兵發放銀兩作為安家費，並為他們整裝送行，入伍士兵的餉銀也從優發放，按每月二兩給予。清軍制度，八旗的薪餉要比綠營高，但八旗兵每月也只有二兩銀子的軍餉。

藤牌軍訓練完成後，康熙親自觀看操演，賜宴賞銀，承諾勝利回師之日，士兵得賞，軍官俱可按現任職務正式予以任命。因為林興珠系歸降漢將，為免他們被彭春等人另眼相看，康熙專門提醒彭春等人，說林興珠曾效力於清軍，是一個懂得打仗的老將，且系侯爵，包括彭春在內，一定要予以充分尊重，指揮作戰時要多虛心聽取其意見。他不忘叮囑彭春，出兵雖值春夏之際，但邊境的氣候冷得早，林興珠是南方人，年紀又這麼大了，受不得寒冷，雅克薩城攻克後就要安排他先回關內。

直到藤牌軍隨大部隊已經出征，康熙還派侍衛傳旨重申他對官兵的承諾：「回去俱有現官與你們做。」康熙的關注和激賞有加，使林興珠以下官兵皆感奮不已，也才有了其後的不鳴則已，一鳴驚人。

紅夷大炮

雖然雅克薩城上游已被清軍水師所阻斷，但俄軍仍企圖衝破封鎖線，對遭到圍困的城內援軍予以援救。一六八五年六月二十五日，一百多名俄軍從尼布楚出發，乘木筏增援雅克薩。清軍偵知後，林興珠向彭春獻計：「該兵從水上來，若使之登陸，就不易殲滅。我以水軍前往迎擊，可以設法將他們全部殲滅在江中。大軍繼續圍城，決不可撤！」

彭春按照康熙所囑，非常尊重林興珠的意見，遂表示同意。林興珠即令四百名藤牌兵裸身跳入江中，他們將藤牌托在頭上，手持掮刀，迎著木筏遊去。俄軍老遠看見無數「滿兵韃子」（俄軍以為清軍全都由滿人組成）戴著「大帽子」遊來，頓時大為驚駭，直呼：「大帽韃子！」

儘管俄軍一邊驚叫，一邊用火繩槍不斷射擊，但由於藤牌兵泅于水中，且有藤牌遮住頭部，所以怎麼都傷不到藤牌兵，這讓木筏上的俄軍更加驚慌。藤牌兵的行進速度很快，轉眼間就已逼近木筏，他們一露出水面，便馬上揮動掮刀猛砍，而且專砍敵人的腿腳。俄軍腿腳被砍，在筏上站立不住，紛紛落入水中。

一片刀光過後，俄軍被砍死三十多人，被俘十多人，其餘哥薩克兵見勢不妙，趕緊倉皇潰逃，而藤牌軍無一傷亡。實際上，藤牌軍在整個雅克薩戰役中都沒有戰死一人，其損失皆為非戰鬥減員：「在瀋陽墜馬而死者一人，病死於途者三五人。」

藤牌軍的首戰告捷並沒有讓薩布素等諸將感到輕鬆，就連初嘗勝果的林興珠都說：「這一仗是僥倖打贏的，可我們如果不能趕快將雅克薩城攻下來，敵人增援大軍一到，我們也可能被敵人殺得一個不剩！」

彭春深以為然，決定事不宜遲，立刻對雅克薩城發起強攻。當晚，他便從城南進兵，挖壟溝設擋牌以為掩護，用以部署弓箭手和火繩槍手，佯作射擊之勢，而暗中卻將紅夷大炮「神威無敵大將軍」架設於城外東西兩翼。

當初郎坦建議調二十門紅夷大炮至黑龍江，因種種原因，真正運至黑龍江的只有八門，其餘均為「得勝炮」和「子母炮」，後兩種火炮屬於輕型火炮，威力較小，在雅克薩戰役中都沒能派上太大的用處，「子母炮」因為本來就不是攻城裝備，甚至在備戰期間就已停止運送彈藥。

紅夷大炮亦稱紅衣大炮，在明末的明清戰爭中，明軍在野戰上不敵清軍，被迫依靠紅夷大炮守城。清軍在大吃苦頭之餘，便將歸降的明軍改編成八旗漢軍，也用繳獲來的紅夷大炮攻城，因此八旗漢軍從創建之日起即以攻城為要務，並始終以紅夷大炮為其建軍核心和優勢所在。

中國自行製造的火炮可分為兩類途徑，一類是由工匠憑傳統治鑄經驗仿造，這一類多為舊式土炮，另一類則由西方傳教士主持製造，品質俱佳的紅夷大炮主要來源於此。明朝時鑄紅夷炮最有名的是「通玄教師」湯若望，其後一直到三藩之亂爆發，前線對火炮的需求量激增，康熙於是下旨讓南懷仁鑄炮。由於南方道路崎嶇，重炮運送不易，南懷仁所鑄炮多為輕型山炮，但也鑄造了不少重炮即紅夷炮，「神威無敵大將軍」是其早期代表作。

除調送火炮外，康熙還向黑龍江派出了火器手，此次隨軍人員中，即有自盛京、甯古塔調來的炮手、鳥槍手八十人，自京師調來的炮手四十人，外加火器整修工匠兩人。一六八五年六月二十六日，黎明時分，攻城戰開始，炮手操作八門「神威無敵大將軍」一齊向城內開火。

俄軍前一天看到中國人又是挖壟溝，又是派弓箭手和鳥槍手，以為對方最多不過放放箭矢或彈丸，還沒怎麼太當回事，未曾想到城外突然飛來的卻是如雨而至的炮彈，頓時就傻了眼，當天死於彈雨之下的守城俄軍即達百餘人之多。

紅夷大炮的原型是歐洲的艦用加農炮，西方習慣以炮彈的磅數來劃分火炮，紅夷大炮相當於六磅炮。在當時西歐國家已能夠製造三十二磅炮甚至六十八磅炮的情況下，紅夷大炮稱不上是理想的攻堅火炮，但雅克薩城系木城，用紅夷大炮轟擊綽綽有餘，而且城內沒有滅火設備，結果炮火所及，硝煙彌漫，烈焰熊熊，又加劇了城內的混亂狀況。

在一晝夜炮擊的基礎上，彭春下令在城牆下三面堆積乾柴，準備焚毀城堡。眼見大勢已去，雅克薩軍政長官托爾布津只好接受城內修道院俄國神父的勸說，向清軍乞降，並向清軍統帥立誓決不再來雅克薩。

依照康熙「勿殺一人，俾還故土」的旨意，彭春釋放了全部戰俘，另有四十五名俄軍自願留在中國，被安插於盛京。清軍還從城內解救出一百六十餘名中國人，多為達斡爾人和鄂溫克人，他們被仍舊送回原居住地。為避免雅克薩城繼續被俄軍利用，彭春下令將木城予以焚毀，隨後便率大軍撤回黑龍江城休整。

去而復返

雅克薩此前已被俄軍侵佔達二十年之久，當正在古北口巡行的康熙收到有關克復雅克薩城的捷報時，表現得非常興奮，他激動地對前來報捷的理藩院尚書阿喇尼說：「征剿羅剎，眾人都因路遠望而卻步，朕乾綱獨斷，決定興師征討，今蒙老天護佑，果然順利攻克，這讓朕很是喜悅。」

不久，彭春等人所寫奏報陸續到京，康熙看完後即讓兵部對從征人員給予嘉獎。作為指揮雅克薩戰役的主帥，彭春的功勞最大，兵部議定給以頭等軍功。應該說，這種獎賞已經很高了，但康熙還嫌低，批示說俄軍乃「歷年不能剿除之寇」，而彭春能夠在短時間內告捷，實屬難得，因此「議作頭等尚輕，著為頭等第一軍功。」

其餘隨征將領，以林興珠、薩布素最為出色。康熙指示吏部為二人議賞，並寬免薩布素「先前逗留不進兵之罪」以及其他過失。林興珠回京後，立刻受到陛見，康熙稱讚他：「林侯（指林興珠，他的爵位是建義侯）之功，史冊所未有也！」由於認為吏部所擬之賞與林興珠所立功勳不符，他讓吏部再議，同時踐行承諾，諭令戶部對全體藤牌兵也給予重賞。

「雅克薩城雖已克取，防禦工作決不可疏。」從永戍黑龍江，鞏固東北邊防的目的出發，康熙讓議政王大臣和大學士會商，看應該在哪裡永久駐軍。一六八五年十月，他決定築造墨爾根城，由薩布素率兵駐守，黑龍江城則由其他副都統駐守，各城之間設有驛站，如有緊急軍情，可通過驛馬飛馳入喜峰口，將奏報及時送往京城。

次年，薩布素派一支小部隊去雅克薩偵探俄軍動向，這支小部隊在途中就聽說俄軍已經重回雅克薩，他們急忙返回向薩布素進行報告。薩布素又向朝廷奏報，康熙一開始還不太相信，要薩布素及理藩院實地查明情況。理藩院受命派人前往雅克薩偵察，偵察人員從俘獲的一名俄軍口中，證實薩布素所奏完全屬實。

原來就在俄軍由雅克薩撤回尼布楚時，六百名沙俄援軍也趕到了尼布楚，這給敗軍之將托爾布津著實打了一針強心劑。與此同時，彭春犯了一個令他後來深為懊悔的戰略錯誤，即撤兵前既沒有在雅克薩設立哨所，也未將原雅克薩城四圍的莊稼全部割去。托爾布津得悉這一情況後，馬上撕毀誓言，率俄軍分批重返雅克薩，一邊收割田間的莊稼，一邊全力構築新的城堡工事，此時距其投降才不過兩月餘。

在俄軍重新侵佔雅克薩的消息得到確證後，康熙感到事態嚴重：「今羅剎復回雅克薩，築城盤踞，若不速行撲剿，勢必積糧堅守，到那時再想攻取就難了。」他立即調兵遣將，降諭部署第二次雅克薩戰役。

根據康熙的諭令，參加此次戰役的主要是黑龍江本地官兵，既然均為薩布素所部，經過上次戰役的檢驗，薩布素又被證明才堪此大任，所以便由他統領三軍。薩布素以下，郎坦、班達爾善參加了第一次戰役，諳悉地形，遂奉命隨軍參贊，同時康熙又再次挑選藤牌兵四百人，由林興珠率領一同出征。

首攻雅克薩，除了藤牌兵一鳴驚人，首戰告捷大漲士氣外，火炮實乃攻堅的第一功臣。有鑑於此，在原先擁有火炮的基礎上，清廷陸續向黑龍江添發火炮、火藥和火器手，光炮手就派了一百多人，當時南懷仁等人剛剛造了一種新炮，名為「龍炮」，京城也一口氣向黑龍江發來了六門。

前有第一次戰役取勝的成功先例，後有增添的這麼多火炮，康熙認為再次克復雅克薩應當易如反掌，需要注意的方面只是吸取俄軍去而復返的教訓，勿再重蹈覆轍。在薩布素率部出兵前，他特地宣諭：「若得雅克薩，即往尼布楚。事畢返回駐兵於雅克薩，不要毀壞其城，也不要破壞莊稼，因為等莊稼成熟後，可以就近收割作為部隊的軍餉。」

一六八六年六月，薩布素率所部兩千人水陸並進，進抵雅克薩。在到達雅克薩後，薩布素致書托爾布津，警告俄軍必須「速回本土」，否則將以武力消滅。托爾布津置之不理，於是薩布素下令攻城，其戰術仍基本沿用彭春的打法套路：先用水師佔據黑龍江上游，以阻遏尼布楚的沙俄援軍，然後再對城池進行圍攻。

艱苦卓絕的圍城戰

至第二次雅克薩戰役開始時，城內俄軍兵員已增加至六百七十人，加上獵手、耕農等其他人員，共有八百二十六人。他們擁有眾多火器，最引人注目的就是火炮，三磅以上的火炮多達十二門，其威力均不在紅夷大炮之下。

正是因為自恃有這些資本，當清軍圍城時，俄軍已敢於在城壕邊排列火炮和鳥槍手，與清軍進行對射。關鍵時刻，清軍的「龍炮」立下戰功，這種新增加的火炮僅重百斤，根本無法與「神威無敵大將軍」動輒重達兩千斤至三千斤相比，所以是一種輕型炮。「龍炮」用於攻堅固然差強人意，但野戰卻是一把好手，在它的猛烈壓制下，俄軍終於被迫結束對射，退出城濠，向城內龜縮。

清軍乘勢通宵攻城，以包括「神威無敵大將軍」在內的各類火炮對城池進行連續射擊，可是持續一晝夜，仍無法擊垮城牆，這讓眾人都很是吃驚。

其實沒什麼好奇怪的，在雅克薩，清軍炮口需要對準的已不再是舊城，而是在舊城的廢墟上建立起來的新城。托爾布津曾在波蘭軍隊中服役，他的普魯士工程師也受過軍事訓練，針對清軍重炮在雅克薩戰役中對城堡所造成的破壞，他們結合在歐洲戰場上所取得的經驗，曾用整整一個冬季的時間，對城堡進行精心構築——與舊城全部為木結構不同，新城乃夯土結構，外包以木，再塗以濕泥，以此確保城牆的堅固和不易起火燃燒。這就無怪乎在第一次雅克薩戰役中，清軍僅一個晝夜就令俄軍俯首稱臣，但同樣的打法卻無法收到相同的效果。

薩布素召集郎坦、班達爾善等人商議，商議的結果是要進取邊城要地，修築城壘、炮臺。一六八六年七月二十七日夜，藤牌軍首先奉命攻取城南土阜，在攻取過程中他們曾遭到俄軍的伏擊，但依舊大敗對方。次日晚上，清軍利用城南土阜這一制高點，以炮火做掩護，開始逼近城下築壘。後者實際是一種圍繞城牆的簡易壁壘，壁壘用實以泥土的木桶、柳筐所構成，可為大炮和火繩槍抵近射擊提供掩護。

城內俄軍見此情景，意識到城壘一旦告竣，可能對他們造成重大威脅，遂趕緊組織反撲。七月二十九日、三十日兩天，俄軍乘大霧連續對土阜發動進攻，但均被擊退。薩布素再召諸將商討，大家都認為如果任由俄軍實施反擊，長久下去包圍網很難不被其突破，因此，除了寄望於城下築壘外，當務之急還得挖掘長塹，用以切斷城內的水源。郎坦更提出，僅與俄軍激戰無益於根本，只有切斷水道才能把其進一步逼向絕境，這樣敵人若是出城突圍，清軍可以從城外予以合擊，若是敵人不出城固守，也必將因為缺水而坐以待斃。

計議已定，各路清軍立即加快往前推進，在推進過程中一邊掘長塹，一邊築城壘。俄軍在城頭上瞧見，如坐針氈，他們更加頻繁地從城內出擊，以阻止清軍逼近雅克薩。

第二次雅克薩戰役是一場艱苦卓絕的圍城戰，遠比第一次激烈殘酷，掘長塹和築城壘期間尤其如此，清軍每向前推進一步，都會遭到俄軍反撲，官兵們前仆後繼，血染疆場，在事後的論功中，僅達斡爾兵就有十一人榮獲頭等功牌。

在激戰中，托爾布津被擊斃，只好由另一名俄軍頭目拜頓代理指揮，而這時清軍已掘完長塹，築成城壘，對俄軍形成甕中捉鱉之勢。八月二十六日，俄軍出城爭奪城北炮臺，被清軍擊退，自此便一蹶不振，唯有困守於城內。尼布楚方面也曾派兵前來增援，但遠遠望見清軍壁壘森嚴，知道無隙可乘，只得依舊潛返尼布楚。

隨著戰役的持續進行，康熙意識到速勝已不可能，眼看深秋已至，天時漸寒，河流即將封凍，他傳旨薩布素做好封凍期的內外防禦。薩布素遵旨停止強攻，轉而對雅克薩實行長期圍困，他除了在雅克薩三面繼續掘濠築壘，並用火炮對敵堡予以猛烈轟擊外，還對城西臨江一面進行封鎖，以防敵人從江上逃逸以及堵遏其援軍自上游增援。康熙怕他兵力不足，又命副都統博定率兩百名生力軍予以增援。

俄軍修建雅克薩新城時，在城內修建有糧倉、火藥庫和軍需倉庫，儲備了大量糧食、彈藥和其他物資，為的就是能夠長時間固守，但他們顯然低估了清軍的決心。在被長期圍困的情況下，城內糧食即便再多，若無補充，也有吃光的時候，而更要命的是水源也被切斷了，正常的人餓兩天或許可以，不喝水你試試看？

饑寒交迫又促發了壞血病的流行，俄國人死亡枕藉，加上戰死者，至當年十一月，原有的八百多人只剩下一百五十人，糧食彈藥亦消耗殆盡，這意味著他們已完全失去了繼續抵抗的能力。

一百五十多年後，清軍在鴉片戰爭中敗於英軍，有人重新回味歷史，認為雅克薩戰役是「一場比戰敗還危險的勝利」，理由是康熙及其將領只關注勝負本身，卻忽視了軍備的改進，從而導致後來清軍的武器遠遠落後於西方。

其實這種看法頗有些苛求於前人，因為軍備的改進從來都不能與作戰的實際需要以及效果相脫離，簡單地說，就是必須以戰學戰。比如早期清軍並沒有火器，火器包括紅夷大炮都掌握在明軍手中，結果清軍在大炮的攻擊下連遭挫敗，攻城攻不下，守城守不住，他們自己都嘆息：「野地浪戰，南朝萬萬不能；嬰城死守，我國每每弗下。」可也正是在與明軍的交戰中，清軍逐漸學會了鑄造和使用火炮，直至到明清戰爭後期，無論是擁有火炮的數量還是炮兵的戰鬥能力，都全面超越了明軍。

清軍本來已積累了豐富的重炮運用經驗，從入關前的大凌河、錦州戰役，到入關後的江陰、廣州等戰役，在重炮攻堅方面均取得了成功。不過自三藩叛亂後，為適應南方地形，清軍開始側重於製造輕型野炮，重炮發展反而被忽略，這使得紅夷大炮的威力及其炮手的水準都未得到長足進步，以致連一個小小的雅克薩城都奈何不得。

雅克薩戰役尚未結束，清廷已經在研究和仿造俄軍火炮。俄軍火炮中，有一種「西瓜炮」，這是一種短身管榴彈炮，能發射爆炸彈，給清軍留下了深刻印象。康熙命南懷仁監造類似火炮，據說南懷仁久制不成，後由火器製造家戴梓督鑄，才終於試造出了「威遠將軍」。

「威遠將軍」也稱「沖天炮」、「子母炮」，此炮的歐洲印跡頗為濃重，每門炮上都配有全套觀瞄儀器，炮後部亦鑄有藥室。為了適應攻城需要，它被附加了臼炮的一些特點，但仍屬於榴彈炮，且用的是爆炸彈，發射時，「子在母腹，母送子出，從天而降，片片碎裂，銳不可擋。」

「威遠將軍」是中國首批仿造出的榴彈炮之一，不但威力超過「神威無敵大將軍」，而且射程更遠，最遠射程可達一點五公里。試造成功後，康熙親自觀看了試放，並且很快就將第一批「威遠將軍」運至黑龍江，隨時準備用於雅克薩前沿。

其實即便不動用「威遠將軍」，清軍要攻佔雅克薩城也已是唾手可得，但康熙的目的不僅於此。他向來認為「兵非善事，不得已而用之」，如果可以通過談判等非戰爭手段解決爭端，就要儘量避免戰爭。他認為雅克薩戰役勝利在望，乃是把俄國逼到談判桌前，以爭取今後中俄長久和平的大好時機，為此，他通過正在中國的荷蘭使臣向沙皇轉交諮文，表達了自己的和談願望。

此前康熙已多次發出和平倡議，沙皇均漠然置之，但當他得知雅克薩俄軍又遭慘敗，援軍連包圍網都進不去時，頓時大吃一驚，不得不接受了康熙的提議。一六八六年十月，沙皇派信使持國書飛馳北京，通知清廷，表示俄國政府已正式指派大使前來與中方舉行邊界談判，「乞撤雅克薩之圍」。康熙接受了對方的要求，命薩布素解除對雅克薩的包圍，主動撤往璦琿、嫩江一帶，至此，歷時兩年多的雅克薩戰役始告結束。

第九章

籌邊重此行

「天下治安，民生樂業，共用太平之福」，是康熙於即位之初就向祖母孝莊許下的目標，但就在他竭力鞏固邊疆，維護「天下治安」的時候，孝莊卻突然一病不起，而且病情一天天加重，毫無痊癒的跡象。

作為康熙從小到大的撫養人和保護者，孝莊在康熙心目中的地位無人可以替代，他曾飽含深情地說：「朕承祖母膝下三十餘年……，設無祖母太皇太后，斷不能有今日成立，養育之恩，畢生難報。」

正是出於這樣一份感情，康熙平時就格外孝敬祖母，凡出巡狩獵，一有新鮮果品或獵物，就讓人稍加醃制，速送京城慈甯宮供孝莊品嘗。孝莊有什麼要求或囑咐，只要讓他知道，也無不遵循，孝莊想念嫁到蒙古的女兒淑慧公主，康熙就立即接回公主，為的就是讓老太太高興。常在康熙身邊的法國傳教士白晉忍不住發出感慨：「皇上對太皇太后唯唯諾諾，百依百順，其順從的程度令人難以置信。」

他打了敗仗

孝莊信佛，康熙自己雖並不信佛，但對於孝莊要他代做的禮佛事宜，全都心甘情願、真心實意地去做。有一次孝莊讓康熙替他到白塔寺進香禮拜，將動身時，忽然下起大雨，近侍勸康熙等雨停了再去，但由於進香禮拜的時間是孝莊特地派人選的吉日，為了不錯過時辰，康熙毅然冒雨前往。

孝莊身體尚可的時候，曾在康熙的陪伴下，親自去五臺山禮佛。五臺山山路坎坷難行，乘車不穩，康熙命備八乘暖轎供其使用，孝莊考慮轎夫太辛苦，堅持還是乘車而不用轎。行至中途，見車子還是顛簸，康熙又請孝莊改用暖轎，孝莊自己也被顛得受不了，她為難地對康熙說：「已經換上車了，現在到哪裡去弄轎子呢？」康熙立即答道：「轎子就在後面。」隨即讓人把轎子抬上前來。原來他瞞著孝莊，一直命轎隨車而行。老太太當時非常感動，摸著皇孫的背誇個不停，說：「坐車子坐轎子都是小事，且在路途之中，連一般人也不會這麼細心，你的誠意真是無處不到，實在是大孝。」

祖母病重是康熙最害怕的一件事，他的身體一向很好，可是因為極度憂慮，那些天也開始不斷地犯起了頭暈病。為了挽救孝莊的生命，康熙想盡了一切辦法，做了他能做的所有的事，非但請宮中最好的御醫予以診治，還通過查閱醫藥文獻，親自調藥，可是均回天無術。

康熙篤信儒家學說，「天行健，君子以自強不息」是他的人生信條，對於祥瑞、靈異、天書垂誡聖意之類，他從不相信，也禁止宮中談論，當然傳統的參拜天地、祈雨等除外。有一回大旱，他在宮中設壇祈雨，長跪達三晝夜，第四天見仍不降雨，便步行至天壇禱告，忽然「油雲忽作，大雨如注。」在無計可施的情況下，康熙想起了這件事，他認為既然可以祈雨，自然也可以祈福：說不定自己的「精誠」同樣能感動蒼天，讓祖母延壽呢？

當下他便挑選良辰吉日，率諸王、貝勒、貝子、公及文武官員，從乾清宮出發，到天壇祈禱。祈禱的祝文為康熙親自撰寫，他在文中保佑祖母早日痊癒、健康長壽，並說如果祖母確實壽數已盡，他願意減去自己的壽命，以讓祖母延壽。在司儀人員宣讀祝文時，康熙聽著聽著，忍不住淚流滿面，在場的人也無不為之動容。

康熙的孝順和虔誠，讓重病中的孝莊得到了莫大安慰，因為心情愉悅，連胃口都好了些。御醫前去診視，給孝莊切脈，也說老太太的脈息比先前平和。可是精神作用畢竟只能緩於一時，僅僅過了一兩天，孝莊的病情又出現反復，且再未能夠好轉。

康熙大失所望，深感「天道幽遠，難可期必」，之後再遇到天旱求雨，便只在宮中齋戒，而不再親自到天壇祈禱。最讓他「抱痛於心」之處莫過於，即便情願把自己的壽命分給祖母，蒼天竟然也不能予以成全，此事對他打擊很大，乃至三十年後舊事重提，仍為之流淚不止。

康熙自即位起就遭遇了各種困難，其中的鰲拜擅權、三藩之亂甚至一度將他逼至絕境，但他從未被困難所嚇倒或擊倒，依靠頑強的毅力和意志，最終都得以一一擊敗敵人，贏得了勝利。這是第一次，他打了敗仗，而且敗得如此讓人痛心疾首而又垂頭喪氣。

接下來康熙能做的，便只有在病榻前盡孝，陪伴祖母走完她最後的人生里程了。在孝莊臥床不起的三十五個日日夜夜裡，康熙都親自護理，不離左右，孝莊睡著時，他就隔著幔帳席地危坐，孝莊一有動靜聲息，便馬上趕到床前，把需要的東西親手奉上。所有孝莊可能需要的飲食起居物品，他都事先一一備好，其中僅糜粥就準備了三十多種，為的就是做到一呼即至。孝莊不忍心皇孫過於操勞，屢次命康熙回宮休息，諸臣也一再奏請皇帝保重身體，但康熙都繼續堅持，他對大學士等人說，太皇太后病篤，自己五內俱焚，哪裡還顧得上休息，再者此時若不盡心竭力，老人家一旦有了意外，就算想「竭朕心力，豈易得耶。」

孝莊備受觸動，摸著康熙的背，哭了。老人上一次哭，還是在順治大喪的時候，一個皇兒，一個皇孫，都是她生命中最為牽掛的人，她的眼淚也只會為他們而流。

一六八八年一月二十七日，孝莊病逝。彌留之際，她一再叮囑康熙：「太宗文皇帝（即皇太極）梓宮安奉已久，不可為我輕動，況且我心中也捨不得你們父子，不忍遠去，就將我葬在你皇父所在的孝陵附近吧，那樣我也沒什麼感到遺憾了。」

康熙遵囑沒有將孝莊的靈柩運往盛京與皇太極合葬，而是葬在了孝陵前的昭西陵，並命將孝莊生前最喜歡的五間新建寢宮遷運至墓地，原樣重建，稱暫安奉殿。

皇太子

康熙對祖母的去世雖然已有心理準備，但當這一天真正到來時，仍讓他有痛不欲生之感。直到孝莊死後三周，他仍一日三次在宮中靈宮哭拜梓宮，並堅持居住在乾清宮外一座簡陋的帳篷中。時值寒冬，朔風凜冽，群臣勸皇上回宮，康熙堅持說：「身為天子，豈不自愛，但誰都有祖父母、父母，為人子孫都應當盡孝，又何分貴賤？朕以孝治天下，自然也要為臣民做出表率。」

顯然，康熙在自己盡孝的同時，也有意識地在向身邊的人們示範何為孝道，這其中就包括皇太子胤礽。康熙的第一個皇后赫舍里氏因難產去世前曾生下一個男孩，康熙為其取乳名保成，胤礽就是那個男孩。皇后去世後，康熙把他對髮妻的感情都轉移到了胤礽身上。康熙的皇子很多，幼時大多被託付他人撫養，前三個皇子，長子胤禔系在內務府總管噶禮家長大，三子胤祉被養在皇宮侍衛大臣家裡，只有身為次子的胤礽由康熙在東宮親自撫養。康熙自己也證實他對胤礽的重視和愛惜確實超過其他皇子，「胤礽乃皇后所生，朕煦嫗愛惜。」

等胤礽到了讀書年齡，康熙便親自教他讀書，繼而又讓大學士張英、熊賜履當他的老師，對胤礽寄望之殷可想而知。一六七六年，在平叛戰爭進行到第三個年頭的時候，年僅十八個月的胤礽被康熙正式冊立為太子。那段時間，宮人們都知道，康熙日常談論最多的就是「一件事兩個人」，「一件事」當然是平定三藩之亂，「兩個人」是祖母孝莊和太子胤礽。

平叛戰爭勝利後，康熙著眼於制訂治國安邦的長期計畫，教育皇太子被他視為其中極為重要的一環。檢視太子的學業，作為父親的康熙也完全有理由為之欣喜。還在九歲時，胤礽即在一次狩獵中射中了一隻老虎，到康熙開始第一次南巡，年僅十歲的胤礽已讀完四書，並能熟練使用滿、漢、蒙三種官方語言。

太子學業雖佳，但隨著年齡漸增，他的品格卻日益受到質疑。康熙雖親自撫育胤礽，然而在胤礽身邊的時間畢竟不可能太多，真正影響胤礽的反倒是胤礽周圍的其他成年人。與康熙幼時不同，這些成年人從包衣奴僕到衛士，大多品德不佳，胤礽的乳母及其丈夫、內務府總管淩普也不例外，由於乳母的嬌寵，令胤礽養成了放縱、自私、肆無忌憚的乖戾性格，而淩普生性貪婪，「包衣下人，無不怨恨」，在他的影響下，成年後的胤礽對金錢同樣貪得無厭。

在孝莊病逝的前一年，十二歲的胤礽的品格問題在朝中已盡人皆知，一些大臣援引明代教育太子的先例，主張讓胤礽出閣讀書，接受講官的正規理學教育。康熙接受了這一建議，並頒詔遴選理學名臣、原江甯巡撫湯斌任太子的首席講官。湯斌抵京後，在他的舉薦下，康熙又批准頗負盛名的理學家耿介、滿人學者達哈他共同擔任太子的輔導老師。

這時的太子因缺乏管教已變得十分乖戾自負，偏偏湯斌及耿介、達哈他都是極端認真負責的老師，太子不太肯服從他們的管教。本來制定出閣讀書的措施就是要拉住太子的韁繩，讓他回到正軌上來，但康熙僅僅專注於太子學業是否有成，對如何糾正其品格的問題卻重視不夠，同時也認識不足，以至於一旦師生發生衝突，他總是本能地偏向於太子。

有一次，達哈他就因在輔導時對太子有「失禮」行為，被停發了六個月的俸祿。其實所謂「失禮」，無外乎幾種原因，或者是老師批評了太子，太子不悅，或者是老師對太子在課堂上的心不在焉表示不滿，或者是太子跟老師大發脾氣並堅持懲處老師。可以說，不管是哪一種原因，都與太子表現不好有直接關係，康熙不借機使太子改過，卻反過來懲罰老師，歸根結底還是對太子太過溺愛所致。

康熙的這種偏袒態度和做法，在助長太子氣焰的同時，也束縛了老師們的手腳，長此以往，教育自然難以取得實效。一六八七年，全國大旱無雨，康熙向官員們徵求批評建議，一個職位不高的官員董漢臣鼓起勇氣，大膽上書指斥時事，敦促皇帝「勤教太子」。

董漢臣的話說得含蓄隱晦，但意思已很明白，指的就是宮廷在教育太子方面不盡如人意。康熙心知肚明，他也覺得太子出閣讀書後長進不大，可是又不捨得責備太子，結果太子的老師便成了替罪羊，他們或被降職處分，或自行告老還鄉，移植明朝制度教育太子的努力也隨之以完全失敗而告終。

黨爭

經過一系列的風波，康熙對太子的品格問題自然不會全無察覺。就像祖母生病，他常常會自己看醫書抓方子一樣，他開始試圖通過暗示和以身示範的方法，委婉地對太子進行勸導。比如，他在興建暢春園時，明令正殿不得出現華麗圖案和浮靡色彩，為的是讓太子懂得節儉樸素的重要性。甚至他還派人在太子書房周圍種上莊稼，以提醒太子關心民間疾苦，不要只知道斂財和享受。

孝道是康熙最為看重的品質。他命儒臣們博採眾書，加以論斷，纂修成了《孝經衍義》一書，專門用來作為教育太子的教材。孝莊去世的那段日子，康熙盡禮盡哀，在他看來，更是給太子提供了一個何者為孝道，應如何在長輩面前盡孝的生動範例。

康熙一方面想盡辦法對太子進行啟迪，另一方面，出於穩定太子地位和消除黨爭的雙重目的，出手對明珠派進行了打擊。

康熙愛研究明朝歷史，有人將明朝亡國歸咎於宦官弄權，康熙則認為宦官弄權固然對明朝政治的衰敗負有責任，但導致明亡的最關鍵因素還是朋黨之爭。

明代朋黨之爭激烈，「在朝臣子，一心以門戶勝負為念，置封疆社稷於度外」，哪怕負有盛名的東林黨亦是如此，為了爭奪話語權以及實際權力，他們彼此之間鉤心鬥角，完全無視國家的利益，直接把大明朝推向了覆亡。康熙以明史為鑒，訓誡大臣們說：「明時臣工不能秉公辦事，顛倒是非，挾仇彈劾，此風不可不戒。」他後來又將黨爭歸結為漢人的弊病和陋習之一：「自古漢人結為朋黨，各援引同黨之人，以欺其上，習以為常。」

讓康熙感到憤怒和不安的是，儘管他三令五申，但結黨之風依舊蔓延到朝中，而且並不止於他所稱的漢人漢臣，滿人滿臣在這方面也毫不遜色，「素來忠誠之滿人，亦濡染惡習」，「太子黨」和明珠派即為從中結出的兩枚惡果。

「太子黨」最早源於索額圖。當初因協助康熙清除鰲拜集團之功，索額圖被授大學士，入閣柄政，隨著權勢日漸顯赫，其貪縱之心也日甚一日。與此同時，他因出身貴族名門，平時為人倨傲，對不順從他的人當著面就加以排斥，「人多畏之」，久而久之，便和依附於他的人結成了一個黨同伐異的政治派別。

早在平叛戰爭期間，康熙就注意到了索額圖結黨營私、貪縱日盛的種種劣跡，曾告誡他：「分立門戶，私植黨羽，始而蠹國害政，終必禍及家身。」又御書「節制謹度」賜予索額圖，警示其不要過於貪縱。索額圖受到壓力，遂於一六八〇年，即平叛戰爭結束的前一年，以病請解大學士任，康熙立即允準，實際上索額圖是因貪縱結黨遭到了革退。

儘管索額圖被迫退出了內閣，但仍兼有議政大臣、內大臣、太子太傅等要職，而其驕縱之習也依舊不改。康熙無法容忍，諭議政王大臣：「索額圖巨富，通國莫及。朕以其驕縱，時加戒飭，並不悔改。」下令將索額圖的其他職務也一併罷免。

不過在索額圖閒居兩年半後，他又被康熙重新起用為領侍衛大臣，這表明康熙依然賞識他早年在鰲拜擅權時對自己的支持，同時也與太子有關。索額圖是太子胤礽的叔外公，兩人關係密切，康熙愛屋及烏，便對索額圖重新生起了好感。

復出後的索額圖與大學士明珠形成了針鋒相對之勢。與索額圖囂張於外不同，明珠表面謙和，輕財好施，暗地裡索額圖搞的那一套，他全搞，索額圖貪污受賄，他也貪污受賄，索額圖結黨，他也結黨。

索額圖因太子而再次得勢，他及其派別圍繞在太子周圍，外界稱為「太子黨」。明珠是皇長子胤禔的舅父，他及其黨羽支持胤禔，於是被稱為「明珠派」。兩派互相傾軋，千方百計地找碴攻擊對方，搞得朝中一片烏煙瘴氣。

康熙既要消除黨爭，又要保護太子，便只能考慮先拿明珠派開刀。明珠一向富有謀略，從平定三藩之亂到收復臺灣，都曾是康熙在朝中的得力助手，加上還要牽涉朝中的其他重臣，所以康熙不得不格外慎重，一六八八年春，他用《易經》對此進行了占卜。

《易經》雖來源於古代卜筮，但它把許多人生哲理和處事方法都融入了其中。康熙讀《易》向來樂此不疲，「實覺義理悅心」，他告訴講官：「《易》理精微，文字難盡暢其意。」也就是說，康熙很注重結合現實，從《易經》中汲取他所需要的營養。

占卜顯示出的是六十四卦中的「夬」卦。「夬」卦大致是說一個人行事應該剛毅果決，如果遇到小人，就要像剷除雜草一樣，乾淨俐落地予以清除。如同現代社會中心理醫生即時給出的答案，「夬」卦正好解決了康熙的困惑，促使他下定決心，以「背公結黨，納賄營私」，將明珠及其主要心腹全部予以罷免。隨著明珠被剔出政壇中心，由「太子黨」和「明珠派」共同掀起的黨爭亦告暫時平息。

冒險接納

明珠倒楣，最大的得利者自然是索額圖。雅克薩戰役結束後，康熙任命索額圖為欽差大臣，讓他率政府使團與俄方進行邊界談判，就充分顯示了對他的信任。

在東北邊界談判中，康熙交代給索額圖等人的談判條件原本是寸土不讓，「一河一溪，皆我所屬之地，不可少棄之於俄羅斯」，然而北方邊疆形勢的突變，最終迫使康熙不得不改變了主意。

在北方少數民族中，蒙人向來以人數眾多且強悍善戰而著稱，漢人的南宋王朝、滿人前身女真人所建立的金國，歷史上皆為蒙軍所滅。到明末時，蒙人分為了漠南蒙古、漠北喀爾喀蒙古、漠西厄魯特蒙古三部分，漠南蒙古後稱內蒙古，漠北蒙古後稱外蒙古，漠西蒙古當時主要遊牧於新疆的天山以北、阿爾泰山以南。滿人在興起的過程中便逐步對蒙古各部進行收服，至順治末年，漠南蒙古已直屬中央政府，漠西、漠北蒙古則分別與清王朝發展成了藩屬國與宗主國的關係。

漠西蒙古又分四部，即準噶爾部、杜爾伯特部、土爾扈特部、和碩特部。準噶爾部強盛起來後，經常以強淩弱，侵佔其他族的遊牧之地。受其威逼，土爾扈特部流亡歐洲，和碩特部遷至青海，杜爾伯特部及其他各部未遷走人員均被準噶爾所收併。

康熙初年，準噶爾部首領巴圖爾洪去世，其高層為爭奪權力發生內部血拼，正在西藏做喇嘛的巴圖爾洪之子噶爾丹聞訊趕回，在除掉所有政敵後，奪得了準噶爾部的統治權。

據傳說記載，在噶爾丹出生之際，阿爾泰山頂出現了五色祥瑞之光，其狀甚為奇特，巴圖爾洪大喜過望，認為自己的兒子將來絕非等閒之輩。噶爾丹在長大尤其奪權繼位後，同樣自命不凡，他以女真人的金國曾被蒙古所滅為由頭，號稱要重寫成吉思汗時代的輝煌：「我們會成為曾經由我們統率的那些人（指清朝）的奴隸嗎？這個帝國是我們祖先留下來的遺產！」

噶爾丹欲與清王朝分庭抗禮，實現「聖上君南方，我長北方」的政治野心，他認為要達到這一目的，首先就得統一蒙古，而要統一蒙古，必須實施「東進政策」，即向東征服漠北蒙古，為此，他寄望於投靠沙俄，企圖同俄國訂立軍事同盟和求得俄國給予軍隊槍炮的援助，正好沙俄也有利用準部配合其東侵的打算，雙方一拍即合。一六八八年初，噶爾丹率精兵三萬，越過杭愛山，藉端向漠北蒙古土謝圖汗部發動了大舉進攻。對這次進攻，俄國毫不掩飾地給予了支援，準軍不但得以使用俄軍提供的火器，而且還有大批俄軍帶著火器火炮直接協同作戰。

此前漠北蒙古各部一直與清王朝保持著友好關係，而且同樣對入侵的俄國持堅硬立場，其中以土謝圖汗抗俄最為堅決。當噶爾丹從背後實施襲擊時，土謝圖汗正在圍攻被俄軍侵佔的楚庫柏興，見狀只得撤圍回師迎戰。

包括土謝圖汗在內，喀爾喀三部會集全部兵力，與準軍展開大會戰，由於準備倉促，加上噶爾丹事先派遣了千餘名喇嘛作為內應，喀爾喀軍與準軍激戰三日，最終不敵，被打得全軍崩潰。消息傳出，震驚了整個漠北草原，喀爾喀三部數十萬眾被迫拋棄廬帳、器物甚至馬駝牛羊，紛紛南逃。清廷派去東北進行邊界談判的使團正好途經此地，看到「喀爾喀潰卒佈滿山谷，行五晝夜不絕」，這讓大家都不由得發出感慨：「北荒之國，勝負但決於一戰。」

在喀爾喀人陷於絕境之際，俄軍趁火打劫，一邊擴大侵佔地盤，一邊對喀爾喀部眾進行誘降。在此關鍵時刻，喀爾喀人請他們的活佛哲布尊丹巴進行決斷，哲布尊丹巴發表意見說，俄羅斯向來不尊奉佛教，無論人情風俗還是語言服飾都與蒙古完全不同，跟俄羅斯人走絕非久安之計，他建議「全部內徙，投誠大皇帝。」

決議已定，土謝圖汗與哲布尊丹巴分別率部南下，向清王朝請求保護。此時的漠北蒙古與清王朝還只是藩屬關係，噶爾丹也早就給康熙打過招呼，聲稱如果哲布尊丹巴等人南下相投，清王朝應拒而不納，或是直接把人抓了遣送給他。這使康熙面臨著兩難境地：若不接納哲布尊丹巴等人及喀爾喀窘迫之眾，他們必將淪入噶爾丹之手，不僅有違仁義，同時也無異於縱容噶爾丹侵掠暴行，助長其擴張野心；若予以接納，以噶爾丹的囂張勁頭和野心，勢必會以此為藉口，對清王朝進行軍事挑釁。

經過深思熟慮，康熙下決心冒險接納喀爾喀。他首先派兵對哲布尊丹巴進行保護，同時將噶爾丹欲趕盡殺絕，擒捉哲布尊丹巴等人的話也據實相告。哲布尊丹巴等人非常感動，上奏說：「聖上向來都很體恤我，我亦仰仗天朝以自存。現在又蒙如此洪恩，無以酬報，唯有早晚頌祝而已。」

一六八八年十月，以哲布尊丹巴為首的喀爾喀七旗會盟集議，決定歸順清王朝。康熙當即予以批準，並撥出大量米糧物資，對陸續南下的數十萬喀爾喀部眾進行從優安置和賑濟。

喀爾喀宣佈歸順中央政府後，噶爾丹不依不饒，堅持向康熙索要哲布尊丹巴和土謝圖汗。康熙以保持北部邊疆安定為出發點，仍希望化干戈為玉帛，他以理藩院尚書阿喇尼等人為使，前往噶爾丹主帳所在地科布多，調停噶爾丹與土謝圖汗的糾紛，同時傳達會盟友好的建議，但遭到了噶爾丹的拒絕。

康熙又把一名喇嘛派往拉薩，想請五世達賴喇嘛出面對噶爾丹進行勸導，但他不知道達賴幾年前就已經圓寂，西藏第巴（即西藏首領）桑結嘉措是噶爾丹的支持者，經常用達賴的名義與外界進行交涉。更加讓人想不到的是，派去的那名喇嘛使者居然也早就與桑結嘉措暗中勾結，他抵達拉薩後，反而被桑結嘉措派去協助噶爾丹下一步行動計畫。桑結嘉措另外假借達賴喇嘛的名義向康熙傳話，讓康熙滿足噶爾丹的要求，將哲布尊丹巴和土謝圖汗擒送噶爾丹。

桑結嘉措的支持令噶爾丹更為得意，聲言：「我盡力征討五六年，必滅喀爾喀，必擒哲布尊丹巴。」見噶爾丹執迷不悟，調解毫無成效，康熙也斷然改變策略，開始做好迎戰噶爾丹的準備。

獅子搏兔

這時的噶爾丹佔領了西北、漠北，號稱「控弦之眾百餘萬，駝馬牛羊遍山谷」，無論雄心還是實力，都堪與清王朝一戰。不過外表的光鮮終究遮不住內部的缺陷，作為噶爾丹所依賴的基本力量，準噶爾部有著全民皆兵的習俗，這既是他們得以稱霸蒙古的條件，也是導致其衰敗的動因。由於連年征戰，窮兵黷武，使得準噶爾的下層部眾非常貧苦，乃至「有一馬者，即稱為富饒」，其高層內部也矛盾重重，權鬥激烈。

康熙長期對準噶爾部進行觀察和分析，斷言準噶爾部「勢必內生變亂」。至噶爾丹入侵漠北時為止，他的兩個侄子策妄阿拉布坦、索諾木阿拉布坦均已成年，被噶爾丹視為準噶爾汗位的潛在爭奪者，從準部後方到準軍內部，也都流傳著兩人可能要圖謀叛變的謠言。噶爾丹越想越怕，便與親信合謀，毒殺了索諾木阿拉布坦，之後又想謀殺策妄阿拉布坦。

策妄阿拉布坦是準部的後起之秀，其才能和氣魄並不在噶爾丹之下，他與噶爾丹本來就存在隔閡，發現噶爾丹對他動了殺心，就在其父留下的七位舊臣的幫助下，率五千騎兵離開科布多，逃往了新疆伊黎河谷。噶爾丹當即率兵追擊，但他顯然高估了自己的能力，居然隨身只帶了兩千騎兵，結果一戰下來，兩千騎兵遭到了團滅的下場，逃歸科布多的噶爾丹僅以身免。

噶爾丹原有三萬精銳騎兵，策妄阿拉布坦帶走五千，兩千追兵被消滅，這使其有生力量一下子就銳減了四分之一。這還不是最糟糕的，最糟糕的是，伊黎河谷系噶爾丹的老巢，也是其主要的後方補充基地，自叔侄一戰後，伊黎河谷便被策妄阿拉布坦牢牢佔據，就連桑結嘉措在以達賴名義向康熙上疏時，也不得不承認：「厄魯特大半附策妄阿拉布坦。」

得知噶爾丹叔侄反目，成了不共戴天的仇敵，康熙馬上派侍讀學士達虎前往伊犁，向策妄阿拉布坦頒賜敕書及緞匹，「諭策妄阿拉布坦絕噶爾丹」。此後策妄阿拉布坦便靠近了清廷，「貢獻方物，問安之使，不絕於道。」

在腹背受敵、四面楚歌的情況下，噶爾丹唯一可以期待的武裝支持者只剩下俄國。康熙並不害怕俄國，尤其在雅克薩戰役取勝的條件，更無畏懼的理由，但他深知如果清軍在這個時候陷入兩線作戰的境地，實乃兵家之大忌，必須極力避免。

明智冷靜的頭腦，在「忍」與「不忍」之間迅速做出抉擇的果斷作風，都是一個成大業者身上所必備的條件。為了阻止俄方對噶爾丹的支援，避免今後出現被動局面，康熙審時度勢，決定放棄原先對俄寸土不讓的立場，在邊界談判中做出重大讓步。他諭令索額圖等人，說你們在談判兩國疆界時，一開始仍應以尼布楚為界，但俄國「若懇求尼布潮（即尼布楚），可即以額爾古納為界。」

俄國在領土方面向來欲壑難填，他們最初定的談判條件是佔領整個黑龍江北岸。可是由於俄國的擴張重心已轉向歐洲，俄軍暫時還無法向遠東大規模調兵，而與中國打交道尤其是兩敗雅克薩的經驗告訴他們，在遠離歐洲中心的大環境下與中國為敵，並不會得到什麼好結果。之後在歐洲的俄土戰爭中，俄軍遠征克里米亞的行動又宣告徹底失敗，這使他們考慮到，若過於強硬而導致談判失敗，俄國在遠東已取得的其他地盤也可能雞飛蛋打，於是只得降低胃口，提出可以放棄雅克薩，用來換取對尼布楚及其周圍地區的佔領。

在心理底線基本接近的情況下，這場長達三年的艱難談判終於結束，一六八九年九月七日，中俄在尼布楚達成協約，正式簽訂《尼布楚條約》。條約簽訂後，俄國撤除了在中國境內的所有據點，在此後一百多年的時間裡再未入境騷擾，中俄邊境如康熙所希望的那樣進入了一個難得的和平期。

按照《尼布楚條約》，中俄以格爾必齊河、外興安嶺、額爾古納河為兩國分界線，原屬中國的尼布楚以西至貝加爾湖的領土讓給了俄國。這是康熙在不得已的情況下做出的讓步，為的是接下來可以攥緊鐵拳，以獅子搏兔之勢傾力對付噶爾丹這個自詡的「新成吉思汗」。

冒天下之大不韙

一六八九年十月，趁噶爾丹東進喀爾喀之際，策妄阿拉布坦派兵潛入科布多，將其大本營的百姓、牲畜、物資全部掠走。噶爾丹聞訊急率主力返回科布多，但已無濟於事。

噶爾丹雖然佔領了漠北蒙古，但是隨著喀爾喀人的全部南遷，當地給養匱乏，喪失伊黎河谷，又使噶爾丹軍失去了戰鬥兵員、軍備物資、生活必需品的穩定補充，這次損失則等於雪上加霜。理藩院尚書阿喇尼熟悉蒙古事務，他奉旨出使科布多，主要使命是進行調停，但也有觀察噶軍虛實的用意。他在科布多的噶軍軍營待了足足七十八天，返京後向康熙奏報：「噶爾丹敗於策妄阿拉布坦，下人散亡略盡，又極饑窘，至以人肉為食。」

與文武兼備、明智過人的康熙相比，噶爾丹為人勇悍、陰騖有餘但智謀不足。他原先的計畫是統治喀爾喀三部，進而煽動漠南蒙古背叛清朝，沒想到喀爾喀居住的地方是被他佔領了，可是人畜卻跑了個精光，反而弄得自己進退失據，衣食無著。在這種情況下，噶爾丹本應暫時收斂鋒芒，改變策略，結果他沒有，能夠想到的仍然是一不做，二不休，以追索哲布尊丹巴和土謝圖汗為藉口，繼續大舉入侵漠南。

漠南與漠北不同，就在噶爾丹進攻漠北蒙古前，此處即為清朝疆域，噶爾丹南下無論用什麼理由，都等於入侵清朝。更不用說喀爾喀已舉部歸順清朝，在這種情況下噶爾丹仍追索不已，已擺明是對清朝的一種挑釁，也足以讓雙方為此發生直接的軍事對抗。噶爾丹對此不清楚嗎？他清楚得很，之所以還敢冒天下之大不韙，一個很重要的原因是認為可以繼續得到俄國人的支持。

一六八九年底，噶爾丹派使「請兵兩萬於俄羅斯」，作為交換條件，他信口雌黃地說雅克薩地區原本歸其統轄，倘若俄國能夠提供軍援，他就將雅克薩割讓給俄國。鑒於俄國在《尼布楚條約》條約中已經獲得了廣大領土和許多商業利益，俄國政府已不像前一時期那樣，急於與噶爾丹建立聯盟，或者貿然向其提供大批武器和兵員，但狡猾的他們又想坐看噶爾丹與康熙交戰，以便繼續從中漁利，於是便決定採取暗中助亂的辦法。俄國公使戈洛文向噶爾丹保證說，一旦噶爾丹那邊出兵，這邊馬上就可以派俄軍參戰，「沙皇陛下官兵永遠不會停息干戈。」

除了俄國人的許諾外，西藏方面也給噶爾丹壯了膽。西藏第巴桑結嘉措袒護噶爾丹，「以殘喀爾喀，復唆使準格爾以圖中國」，他派到科布多的喇嘛言稱「南征大吉」，竭力鼓動噶爾丹舉兵南侵。

一六九〇年六月，噶爾丹率兩萬餘騎兵侵入漠南蒙古，並揚言「借兵俄羅斯，會攻喀爾喀。」此前俄國為兌現他們在談判中所獲得的利益，專門向北京派出了約八九十人的使團和商隊，他們除負責遞交戈洛文關於如何切實履行《尼布楚條約》的信件外，還運去了準備用於在華銷售的六十車皮毛。得知噶爾丹借俄羅斯兵南侵的消息，康熙一面調兵遣將，準備應戰，一面緊急召見俄國使者，警告說：「噶爾丹揚言要同你們的士兵一道追擊喀爾喀，喀爾喀現已歸順本朝，倘若你們誤信噶爾丹之言，就是違約而先開戰端！」

一看康熙發了火，已經或即將到手的利益有黃掉的危險，俄使們急忙言不由衷地解釋說：「請則有之，允發則未也。」——噶爾丹的確曾向我們俄國請求軍援，可我們並沒答應他啊！

得到自己想要的答案後，康熙沒有忘記提醒俄使：「既然如此，你們要趕緊派人向尼布楚頭目伊凡說清楚，而且必須讓俄羅斯的軍民都知道這件事。」

俄國雖然先前答應噶爾丹出人出槍，但那得等待時機，只有在噶爾丹立於不敗之地的情況下，他們為攫取更多利益，才有可能真的給人給槍。現在康熙把事情擺到了桌面上，俄國政府迫於壓力，不得不轉而對噶爾丹南侵採取口頭上支持，行動上卻敷衍搪塞的政策。

親征

追索哲布尊丹巴和土謝圖汗，是噶爾丹南侵的藉口，也是他唯一可以尋找到的藉口，但實際上，搶掠物資並用以解決自身面臨的經濟困境，才是其現實目的。

噶爾丹的南下路線恰如其分地體現了這一點，他沒有緊隨哲布尊丹巴和土謝圖汗的南逃軌跡，向南進行直線追擊，卻捨近求遠，實施大迂回，就是因為前者經過的沙漠，難以尋覓牛羊果腹充饑，而後者則可以搶到牲畜以資補給。

烏珠穆沁盆地是漠南草原最富饒的牧場之一，飼養著肥壯的駝馬牛羊群。一六九〇年七月十九日，當進至該盆地境內的烏爾會河附近時，噶軍對當地部眾大肆進行殺戮和搶掠，受害部眾達四佐領之多。一名俄國軍官當時從烏珠穆沁穿過，看到那一帶草原上凡有牧民住所，都已被噶軍洗劫一空，「那些屢遭洗劫的殘餘的蒙古人在山溝和草原上饑餓地流浪著，並且人相食。」

消息傳至京城，康熙斷然決定率師督戰，御駕親征，但親征的決定剛剛下達，前線就出了問題。

按照康熙的原定計劃，清軍將從左右兩翼對噶爾丹實施夾擊。康熙傳諭負責統率左路軍的理藩院尚書阿喇尼、兵部尚書紀爾他布，讓他們在右路軍和科爾沁兵齊集之前，只能緊隨噶爾丹，監視其軍事行動，而不能單獨冒進。孰料阿喇尼被噶軍的擄掠行為所激怒，加上立功心切，遂不顧康熙的告誡，未待友軍到來，就貿然實施了行動。

七月二十六日，阿喇尼在天亮之前揮師到達烏爾會河，準備偷襲噶爾丹的營地。噶爾丹是打仗的老手，在阿喇尼監視他的時候，他也獲得了關於阿喇尼的軍事情報，因此當清軍出現時，噶軍早已環形列營，組成了防禦陣勢。

阿喇尼左路軍主要由蒙古各部的箚薩克兵和喀爾喀兵組成，阿喇尼選派了兩百名勇士從正面襲擊敵前鋒，繼而令五百喀爾喀兵從後面攻擊敵輜重部隊。他原指望通過此舉打亂噶軍陣腳，誰知敵我尚未交鋒，勇士隊和喀爾喀隊就爭先恐後地跑去搶奪敵方的子女、牲畜，結果沒攪亂對方，己方的陣腳反而大亂。噶軍訓練有素且久經戰陣，見狀迅速以作戰隊形分兩翼發動攻擊，清軍第一梯隊失利，阿喇尼連忙下令撤退。

接著，阿喇尼又派第二梯隊繼續向前進攻。清軍沒有配備火器，而噶軍騎兵不但馬快弓硬，還配有先前俄國提供的火繩槍，一陣猛射之後，箚薩克兵、喀爾喀兵都傷亡了很多人，剩下的人馬驚慌失措，節節敗退。噶軍主力趁勢從山上繞出，從左右兩翼對清軍形成鉗形包圍。清軍大敗而歸，死傷不計其數，損失相當慘重。

清軍首戰烏爾會河告負，舉朝為之震驚。這使康熙意識到，噶爾丹用兵如此奸猾狡黠，噶軍如此勇猛善戰，設若令其為所欲為，必將後患無窮，他下決心再次出擊，而且力爭一戰就將噶軍的有力生量予以全部殲滅。

一六九〇年八月六日，康熙發佈親征動員令。出征部隊共分左中右三路，康熙任命皇兄——和碩裕親王福全為撫遠大將軍，指揮作為主力的左翼軍出古北口，任命皇弟——恭親王常甯為安北大將軍，指揮右翼軍出喜峰口，他自己則統率中路軍參與圍殲。

此次親征，諸王大臣、宗室成員幾乎全部從征和參贊軍務，康熙的兩個兄弟以及膝下所有除皇太子外的適齡皇子，也盡皆與征：三皇子、四皇子、五皇子、七皇子各領八旗營在軍前，皇長子胤禔更被任命為左翼軍副將軍，在福全身邊參贊軍務。

由於出征部隊聲勢浩大，容易將對方嚇跑，康熙決定等包圍網佈置好後自己再率中路軍親臨前線，在此之前，先由福全和胤禔出面，假意與噶爾丹談判，趁機對其發動殲滅戰。

自八月十日起，左右兩路軍陸續出發離京，康熙命令兩軍在巴林旗境內集結待命，不得再像阿喇尼那樣違令擅進。在送別福全時，他特地賜詩一首，詩云：「獲丑寧遺類，籌邊重此行。」畢其功於一役，全殲噶軍的意圖躍然紙上。

天事難知

烏爾會河一戰後，噶爾丹知道清廷不會善罷甘休，一度顯得小心謹慎，可是他又不捨得輕易離開烏珠穆沁盆地，為此一直遊弋於盆地境內，繼續進行劫掠，至於所謂追擊土謝圖汗本來就是個藉口，也早就被他扔到了一邊。

康熙用於殲滅噶爾丹的部隊，除預定從京師出發的三路大軍外，還有阿喇尼部等三支負責跟蹤和監視的部隊，其中沙津部主要用於斷絕噶爾丹退回漠北的歸路。就在康熙發佈親征動員令前，噶爾丹遠遠望見了沙津部的前哨，為了預防不測，他趕緊率部向北撤退了兩日行程。

自決定出兵以來，康熙擔心的不是打不贏，而是噶爾丹望風而逃，避開清軍的圍殲。出於麻痹和穩住噶爾丹的需要，烏爾會河戰事一結束，他就曾遣使向其致歉：「阿喇尼不請旨就朝你進攻，並不是本朝之意。」同時表示願意在陣前和談。

見噶爾丹又「似欲潛逃」，康熙分析不外乎是兩個因素讓噶爾丹產生了疑懼，首先是阿喇尼在烏爾會河的進攻，很有可能噶爾丹將此理解成了一次大規模殲滅戰的前奏。據此，他通過噶爾丹的使節再次向噶爾丹傳話：「阿喇尼等人守衛邊疆，他們認為你公然擅入軍隊駐防區，守邊責重，不能容忍，才和你打起來，朕已經狠狠地責備了他們。」

其次，福全率大軍驅馳塞北，噶爾丹自然更會生出疑心，亟須給出一個能夠自圓其說的解釋。康熙的解釋是中俄進行邊界談判時，談判大臣也帶去了很多人馬，現在不過仿照了這一帶兵議和之例，意思是福全他們帶兵出塞，絕不是為了打仗，而是要去和你議和的。

作為一個縱橫大漠的老江湖，噶爾丹其實並不好騙，通過烏爾會河之戰，他深知只要自己在漠南繼續停留一天，清廷就絕不會無動於衷，也摸透了清廷假談真打的用意。他將計就計，一再申述自己在漠南僅為尋仇喀爾喀，除此之外秋毫無犯，而且也願意同清廷「講信修好」，同時又繼續強索哲布尊丹巴和土謝圖汗，表示只要把人交給他，他就即刻撤往漠北。

康熙當然不可能滿足噶爾丹的要求，不過這種討價還價原本也僅僅只是一種手段，為的是不讓噶爾丹溜掉，以便爭取時間打圍殲戰。在福全等人出發幾天後，他決定御駕親征，啟程前特地讓大臣李光地用《易經》卜了一卦。李光地占卜後所得為「復」卦中的「上六」。該卦的大致意思是說，軍隊出師後將因不熟悉地形而迷路，打仗也註定要失敗。李光地看後臉色都變了，但康熙卻笑了起來。

康熙是一個現實主義者，他尊奉儒家但不迷信儒家，對《易經》卜卦乃至命運的態度也是如此。在他看來，「人之一生，雖云命定，然命由心造，福自己求」，他曾為此舉例說，如果算命的告訴你今後必定能考取功名，你該用功讀書還得用功讀書，不能指望功名自天而降，說你能致富，也不意味著可以坐享其成，經營生意都不必費一點腦子。延伸開去，若說你一生平安，你要是真的大膽闖禍，有恃無恐，後果必定不堪設想，說你終身沒病，你便整天泡在酒池肉林之中，又從不鍛煉保養身體，這種情況下不得病才怪！

對康熙而言，《易經》卜卦只是一種參考，而不是定論：得了吉卦，固然可以用來振奮士氣，鼓舞人心，即便得了凶卦，也不能左右或改變已經決定的行動，因為「人事未盡，天事難知。」

康熙以儘量輕鬆的語氣告訴李光地，對卦文的理解完全可以更靈活一些：「如今噶爾丹逆天叛亂、自蹈危機，你算的這一卦應該是要驗證在他身上，跟我們沒關係。」

話雖是這樣說，康熙的征程不可能因此而變更，但人的心理不可能完全不受影響。一六九〇年八月十八日，康熙以「巡幸邊塞」為名，啟程北上，離開京師不久就夢見了去世的太皇太后孝莊，孝莊在夢中阻止他親征，還警告說：「慎毋出兵，出恐無益。」

孝莊生前，康熙最聽她的話，但軍國大事非同兒戲，何況畢竟只是做了個夢，所以他還是選擇了繼續向塞外進發。

也沒什麼了不得

康熙時時擔心放虎歸山，但其實在他親征出京前，噶爾丹就已經做出決定：不僅不退出漠南，還要繼續深入！

噶爾丹的這一決定與俄國人脫不開干係。雖然俄國已向清廷做出不對噶爾丹提供軍援的口頭保證，然而俄政府與噶爾丹之間並沒有中斷聯繫。在噶爾丹南侵後，受俄國公使戈洛文的派遣，俄國使者吉比列夫秘密前往噶軍軍營進行活動，同時也順便刺探中國邊境的軍事情勢。

噶爾丹把吉比列夫尊為上賓，予以殷勤接待，吉比列夫抵噶爾丹牙帳的次日，正逢烏爾會河之戰爆發，他便帶上吉比列夫去「觀戰做證」。吉比列夫觀戰後，大肆吹捧噶爾丹的實力，說他「把中國兵殺得一個不剩。」噶爾丹得意忘形，當著俄國人的面就誇口說，只要給他兩千至三千哥薩克精兵和一些大炮，他就能夠破壞中國在長城外的全部邊境。

實際上，噶爾丹和吉比列夫接下來的談判很不投機。噶爾丹先前向戈洛文提出的軍援交換條件是將雅克薩割讓給俄國，這是戈洛文在同俄國政府內反軍援派發生爭議時的最大砝碼，但很多俄國人都認為雅克薩非噶爾丹所有，噶爾丹慷他人之慨，把別人的東西拿出來做人情，其誠意值得懷疑。戈洛文派吉比列夫赴噶軍軍營，主要就是要解決這一問題。

吉比列夫故意說噶爾丹愛聽的話，也無非是希望噶爾丹在心花怒放之餘，對此加以確認甚至主動給予俄國更多更大的利益，可他沒想到效果卻是適得其反。烏爾會河一戰獲勝後，噶軍士氣大振，認為清軍也沒什麼了不得，噶爾丹亦是如此，他起先的小心謹慎更多的是出於一種習慣性機警，而不是畏懼清軍。吉比列夫的吹捧則讓他在飄飄然的同時，又不由得生起疑惑：跟俄國人做的這單生意究竟划不划算？

雅克薩雖不在噶爾丹的控制範圍內，但噶爾丹早就把它算成自己的了，他在決定南侵前對戰勝清軍沒有把握，所以才「準備向俄國做出任何讓步，甚至領土的讓步。」可烏爾會河之戰分明就是在未進一步得到俄國軍援的情況下打贏的，這說明什麼？說明俄國能借兵借槍最好，但如果不借，他也能打贏。再者，就算多一些槍炮又能怎樣，俄軍在雅克薩不是也兩戰兩敗，輸了個灰頭土臉嗎？

吉比列夫在談判中失望地發現，「陶醉在勝利中的噶爾丹」態度大變，「已經不再許願把這片土地（指雅克薩）全部讓給俄國了。」吉比列夫的敗興而歸，使戈洛文在同僚面前連得到雅克薩這張牌都無法打了。

在此期間，一些原來被迫屈服於俄國的蒙古王公見噶爾丹居然能戰勝清軍，也都表示願意歸順噶爾丹，使俄國政府對噶爾丹更加戒備。

在俄政府內部，戈洛文算是噶爾丹的支持者，一貫主張「厚待這一強大的鄰居（指噶爾丹）」，但不久他便被從西伯利亞調回了莫斯科，這意味著俄國已經幾乎關上了對噶爾丹施以軍援的大門。不過彼時彼刻，噶爾丹對此已經不是很在意了，他覺得自己就能夠獨立對付清軍，就算有意外發生，到時再給俄國人好處也不遲。

同為噶爾丹的支持者，桑結嘉措對噶爾丹的影響也不容低估，他派到噶爾丹身邊的大喇嘛濟隆名為和平使者，卻一個勁地鼓動噶爾丹放開手腳，乃至不惜與清軍再戰。

不管是俄國人還是桑結嘉措，都不會再給噶爾丹一兵一卒、一槍一炮，但在他們有意無意地唆使煽動、推波助瀾下，噶爾丹已經忘乎所以。一六九〇年八月十九日，當他獲悉清廷已經調動和集結大批軍隊時，不但沒有感到絲毫不安，反而派人去見在福全帳下參贊軍務的內大臣阿密達，毫不在乎地宣稱：「就算是一隻老鼠，你抓它的尾巴，它也會回過頭來咬你的手。你們現在即便派來十萬大軍，又有什麼可怕的呢？」當天，他便「引兵內進」，東進克什克騰旗。

得知噶爾丹不退反進，御駕親征的康熙急忙加快行程，試圖及早進至臨近前線之處，對即將爆發的反擊戰起到實際的指揮與決策作用，然而事與願違，一行人馬剛出古北口，他就「聖躬違和」，患了重感冒。

演習

康熙帶病前進，於八月二十四日到達了博洛河屯。博洛河屯距福全軍僅三百里，到達博洛河屯後，康熙首先接見了被噶爾丹趕出家園的喀爾喀人，向哲布尊丹巴、土謝圖汗等首領表示慰問，隨即便下令整飭驛站，建立直達軍前的通信系統，以便掌握軍情，指揮前線戰事。

鑒於噶爾丹已放出大話、狠話，且不肯停止入侵步伐，康熙決定舉行一次軍事大演習，以展示軍事力量的手段來對其進行震懾，同時也向包括喀爾喀人在內的眾多蒙古遊牧部落表明，清軍有足夠能力保護他們的安全以及幫助他們奪回被侵佔的家園。

跟隨康熙出征的皇室顧問、法國傳教士張誠，現場觀摩了演習，他看到所有參與演習者，從諸王將校到士兵，都在頭盔後系著一條綬帶，綬帶垂至胸甲，上面寫著各自姓名、職務和單位，並以不同顏色表示各自的歸屬部隊，這說明當天參與演習的部隊和人數非常之多。

實際上共有五萬人參加了演習。隨著康熙一聲令下，軍號響起，所有人都迅速向康熙所在的高地沖去，兩翼騎兵擺出包抄假想敵的陣形，呈月牙形挺進，正面步兵則夾著大炮向前疾進，沖在最前面的士兵一手持出鞘軍刀，一手以圓盾護身，而軍陣中央的重騎兵一旦到達預想中的近敵戰場，也都跳下馬來做出攻擊動作。

眼看已沖至接近康熙軍帳的位置，步兵和下馬的重騎兵首先奉命立定，接著槍炮連鳴三四次，負責包抄的騎兵停止前進。在對因推進過快而略有紊亂的隊形進行整頓後，他們依令到軍帳前停留了片刻，在演習的整個過程中，各部始終秩序井然，分工明確，顯示出較強的技戰術素養和高昂士氣。

負責窺視清軍動向的密探很快就向噶爾丹進行了報告。噶爾丹雖然嘴硬，但看到清軍秣馬厲兵，如在弦上，也不禁感到了心虛。這時清軍主要集結於巴林旗，而且已提前佔據要地，如果噶軍繼續向東前進，就勢必與清軍發生正面交鋒，噶爾丹思來想去沒有勝算，於是決定避開清軍大部隊，揮師南下。

發現噶軍突然變換行軍路線，向克什克騰旗南境進發，康熙立即改變讓大軍在巴林旗集結待命的諭令，通知諸軍前往克什克騰旗境內，對噶軍進行跟蹤追擊。

噶爾丹生性狡黠，又久習戰陣，他不但善於聲東擊西，並且「見易則進，知難而退，往來飄忽，蹤跡無常」，這正是他能夠縱橫塞外，令其他蒙古部落望而生畏的一個重要原因。在噶軍南下時，其行蹤看上去也同樣極難捕捉，但作為比噶爾丹更為高明的戰略家，康熙卻知道去哪裡才能找到他：「噶爾丹迫於內亂，食盡無歸，內向行劫。」

一言以蔽之，哪個地方有牧場，便於搶掠，噶爾丹就會去哪裡，比如沙漠地區他是絕不會光顧的，哪怕被他口口聲聲作為唯一目標的哲布尊丹巴、土謝圖汗就住在沙漠裡。根據噶爾丹的這一特點和規律，康熙早在一個月前就調兵保衛上都牧場（御馬場），如今他指示福全、常甯兩路主力軍行進的目的地，也都是上都牧場和八旗牧場所在區域。

就在康熙運籌帷幄之際，一六九〇年八月二十六日夜，因過度勞累，他的病情突然加重，「身熱心煩，徹夜未眠。」諸大臣、侍衛惶惶不安，一再懇請他回京治療休養。康熙自己也感到塞外晝夜溫差大，不利於調養身體，於是不得不同意「暫且回鑾」，隨後便將指揮權全權委託給福全，令包括常寧軍在內的諸軍全部聽從福全調遣。

自平叛戰爭以來，康熙終於第一次實現了親征的願望，可是卻又只能因病折返京城，這對反擊戰而言並不是一個好兆頭，似乎《易經》卜卦的結果和夢中孝莊的話都並非毫無緣由。對於前者，康熙其實倒不是太在意，他真正在意的是後者，因為他知道，如果祖母還活著，十有八九也是要勸阻他親征的，自己執意不從就是不孝，此後所得的病或許也正是冥冥中上天給予的懲罰吧。

隨之而來的追悔和歉疚，讓病中的康熙更加痛苦，他流著淚對扈從諸臣、侍衛說：「朕來此地，本來想一戰剿滅噶爾丹，以廓清沙漠，可惜如今抱病在身，實難支撐，無法再親手討滅此賊，實在可恨！」

從前宮中讓康熙最為牽掛的兩個人，除了祖母就是太子，在回程中康熙特意宣詔太子，希望能夠從中得到一些慰藉。八月二十八日，太子胤礽騎馬到行宮向康熙請安，在康熙的想像中，太子看到皇父病成這樣，應該非常傷心才是，可令他感到格外失望和震驚的是，太子臉上竟毫無憂戚之色，相反言辭神色中還流露出了一絲「竊喜」。

太子的「竊喜」究竟意味著什麼？法國傳教士白晉後來剖析說，太子以為康熙病情嚴重，即將不治，「他將很快繼承君父的皇位。」當時當地，康熙或許還不敢想得這麼深，他只有忍住滿腹的傷心和鬱悶，令太子先回京師，此後便轉移視線，全力關注於反擊戰的進展。

火器營

一六九〇年八月三十一日，噶爾丹率部抵達克什克騰旗境南境的烏蘭布通並就地駐紮。在蒙古語中，烏蘭是紅色，布通是罈子，烏蘭布通的意思是罈形大紅山，烏蘭布通山距北京僅七百里路，京城局勢因此驟然緊張，在宣佈進入戒嚴狀態後，城內外官署都關了門，白米的價格驟然暴漲至三兩一石。

此前為了組織反擊戰，清廷把能調的兵都調了出去，「幾於傾國」，噶爾丹佔據烏蘭布通，直接威脅兵力空虛的京城，似乎是又走了一步聲東擊西的妙棋，但實際上他並沒有能夠甩開清軍主力。就在噶爾丹到達烏蘭布通的當天，尾隨而來的清軍前鋒已到達土力埂河，土力埂河距烏蘭布通不過才三十里，在這種情況下，若是噶爾丹沿烏蘭布通繼續南下，直逼京城，等於是自蹈危地。

缺乏給養是噶爾丹最大的軟肋，觀察他南下的決策和動向，萬變不離其宗，都脫不開康熙所概括的「內向行劫」四個字。烏爾會河之戰前後，噶爾丹雖然在烏珠穆沁盆地通過劫掠補充了一批物資，但僅此還不夠，隨著秋冬即將到來，他必須想辦法再次劫掠，以便度過漫長的冬季。烏蘭布通緊鄰上都牧場及禮部、太僕寺、八旗牧場，「牲畜彌漫山谷間，曆行八日，猶絡繹不絕」，所以噶爾丹駐紮烏蘭布通的真正用意應該是據險擊退清軍，然後兵鋒西向，在劫掠上都牧場的馬牛羊群後，立刻返回漠北過冬。

發現噶爾丹在烏蘭布通紮營，身為清軍主帥的福全下令掘壕駐壘，做好防禦和進攻的準備。康熙打仗素來注重後勤保障，在福全下達命令後，其後方運輸線立即從北京經古北口、博洛河屯延伸至土力埂河，在這條運輸線上，驛站、補給站前後相望，傳遞軍報的驛馬來回奔馳，運送糧秣的駝隊、車隊首尾銜接，後續各部隊不斷向土力埂河兼程急進。

還在常寧軍到達前，土力埂河的清軍營盤已達四十座，連營六十餘里，「首尾聯絡，屹如山立」，當三天後常甯軍到達時，集結的部隊更多。據傳教士張誠估計，如果出征部隊全部到齊的話，「皇上的軍隊多於敵人至少四五倍」，實際京師各兵種、各部翁薩克兵及廝役加一起有約十萬人，可直接用於作戰的精兵達到八萬之眾。

一六九〇年九月三日，黎明前，福全指揮已集結的部隊由南而北，向烏蘭布通列隊前進。在土力埂河至烏蘭布通之間三十里的開闊原野上，火器營走在了隊伍的最前面。

直到康熙朝前期，八旗漢軍仍主要操作紅夷大炮，對火繩槍的裝備和訓練相對較弱，在不少重要戰役中，都由徵發的朝鮮鳥銃手來充當此任。恰恰是噶爾丹的崛起和逐漸稱霸塞外，讓康熙意識到必須擁有能與其抗衡的鳥槍兵。七年前，即一六八三年，康熙在限制準噶爾貢使人數，對其進行經濟制衡的同時，正式組建了漢軍火器營，火器營士兵均為從漢軍中挑選出來的精兵，其制式武器便是火繩槍。

雖然康熙本人更擅長弓箭，但也很喜歡練習火繩槍。在一次野外訓練射靶時，張誠就曾親眼看到康熙自己裝彈，朝遠處一塊只有手掌大的木板瞄準射擊，其間包括跑動射擊在內，共射擊三十次，有多次都準確擊中了靶心。

張誠等人知道康熙喜歡火繩槍，有時他們會偷偷地從歐洲帶幾支作為禮物送給他。發現歐洲槍支品質上乘，康熙問張誠能不能多運一些來中國，張誠遺憾地告訴他：「商人通常除了運輸貨物之外不運別的東西，至於我們宗教人員，我們的職業是不允許研究和攜帶武器的。」

由於進口槍支的途徑並不通暢，所以康熙在內務府設立了專門的火繩槍製造處，統一為火器營提供槍支，這種自製的火繩槍也被稱為「官鳥槍」。經過多年經營，至十七世紀末，火器營已趕遲朝鮮鳥銃部隊，發展成為東亞最強大的火器武裝，但由於火器營始終將噶爾丹作為第一假想敵，因此直到雅克薩戰役，康熙寧願以藤牌軍抵禦俄軍的火繩槍，也不肯輕易動用火器營。

此前火器營難得的一次公開露面，還是參加雅克薩戰役期間舉行的大閱兵。閱兵時火器營排槍齊發，「前後相繼，聲絡繹不絕者久之」，而且全部都擊中目標。值得玩味的是，噶爾丹的兩名使者也被準許參加了觀閱，很顯然，康熙是要用這種方式傳達警示：清軍不僅在紅夷大炮，就是在火繩槍方面也擁有優勢，噶爾丹你切勿太過張狂！

警示並沒有起到作用，噶爾丹恣意妄為，直至在烏爾會河之戰中與清軍兵戎相見。鑒於烏爾會河之戰中噶軍火器的殺傷力很大，康熙終於決定把撒手鐧都拿出來，火器營幾乎傾巢出動，加上使用火炮的漢軍炮手，總數超過了五千人，可謂史無前例。

駝陣

在三藩之亂中，叛軍經常採用鹿角木與火繩槍相結合的方式，用以抵禦八旗勁旅的騎兵衝擊。國舅、火器營左翼總管佟國綱受此啟發，首創「連環本柵」的戰術，之後「連環本柵」便成了火器營的主要演習陣法。

所謂「本柵」，是指鹿角木，「連環」是指進步連環放槍。演習和實戰時，由抬鹿角兵和雜役將鹿角木排放在陣前，鳥槍兵站在鹿角木後一排排射擊，首隊齊射完畢即轉到隊尾清膛裝藥，次隊跟進再射，大家按照每次前進十步的速度，循環往前推進。

一六九〇年九月三日中午，在火器營率先到達烏蘭布通的山腳下後，他們即按早已演練純熟的「連環本柵」佈陣，「將鹿角木、鳥槍、火炮兵丁整齊排列，徐徐前進。」下午一點，福全下令發起進攻，鳥槍兵一齊射擊，臨時配屬於火器營的漢軍炮手也裝填炮彈，對噶軍營地和陣地進行轟擊。

第二次雅克薩戰役後，重炮的價值得到重新評估，清廷開始恢復鑄造重炮並仿造榴炮，所鑄造的新型重炮，除運往黑龍江的「威遠將軍」外，最具代表性的尚有「武成永固大將軍。」在中俄簽訂《尼布楚條約》的同一年，康熙命南仁懷一口氣鑄造了六十一門「武成永固大將軍」，這些紅夷大炮若按西方標準，最高為二十二磅炮，最低也為十一磅炮，威力均數倍於早期的「神威無敵大將軍。」此次作戰，清軍把「武成永固大將軍」、「神威無敵大將軍」等重炮都帶了過來，在槍炮的掩護下，清軍一擁而上，喊殺聲直薄雲天。

烏蘭布通樹林茂密，中間地勢險要，東西兩側為較開闊的沼澤地，屬於典型的依山阻水、易守難攻的地形。噶爾丹倚仗有利地形，反客為主，「覓山林深塹，倚險結營」，大喇嘛濟隆也為之「祭旗誦經」，鼓舞士氣。臨戰前，噶爾丹在佈陣於山岡的同時，又把南下帶來以及沿路搶掠所得的一萬多匹駱駝集中起來，趕到河岸的樹林邊，然後捆綁駱駝的四肢，按臥於地，駝背上堆砌木箱，再將用水沾濕的毛氈蒙於木箱之上，以此做到「環列如柵」。

這是世界戰爭史上獨一無二的防禦陣地，稱為「駝陣」或「駝城」，在清軍進攻時，噶軍依託於「駝陣」，透過駱駝和木箱間的「柵隙」向外鳴槍、射箭以及投擲長矛。

火器營雖竭力想壓制噶軍火力，但他們射出的彈丸大多打在了「駝陣」上，「武成永固大將軍」、「神威無敵大將軍」等重炮儘管威力很強，可是一者移動不便，二者仰射時準頭不夠，一通轟擊後卻沒有幾發真正能夠命中目標，自然也無法轟垮「駝陣」或給噶軍造成大的傷亡。

所幸火器營除了配屬重炮外，還帶有行營信炮、子母炮、鐵心銅炮等輕型炮，相比重炮，輕型炮移動靈活，也更容易調整角度和方位。經過反復調整，子母炮、鐵心鉎炮等炮越打越準，炮彈接二連三地落在「駝陣」上。「駝陣」畢竟是由動物所築，被炸死的駱駝倒仍可被當作防禦工事，關鍵是許多駱駝尚未被封塞耳朵，震天動地的爆炸聲和到處亂蹦亂飛的碎片，令它們受到巨大驚嚇，在掙扎站立後紛紛四處逃散。

「駝陣」瞬間轟然垮塌，一分為二，把原先躲在後面的噶軍士兵全都暴露了出來。福全見狀，猛搖令旗，拼命擊鼓，指揮清軍發起衝鋒。

噶軍雖失去了「駝陣」，但畢竟居高臨下，佔有地形之利，他們拼死抵禦，不停地往下射箭，俄式火繩槍更是砰砰直響，朝著隊形過密的清軍猛烈射擊。清軍不僅難以取得突破，還蒙受了慘重傷亡。見正面進攻無果，清軍轉而從兩翼進攻。可是兩翼又有沼澤這一天然障礙，右翼清軍幾次推進，均陷於沼澤泥濘，不得不退回原處，只有火器營所在的左翼仍在頑強突進，在國舅佟國綱、佟國維的率領下，官兵們繞過湖泊，沿河畔發起衝鋒。

眼看沖在最前面的清軍騎兵離敵營越來越近，噶軍將滑膛槍集中起來，對其進行了排槍射擊。清軍猝不及防，頓時死傷枕藉，剩下的人馬紛紛潰退。騎在馬上的佟國綱無法阻止，只得也隨隊後撤，但就在撤退過程中，他被彈丸擊中，當場身亡。

脫身套路

由於不敵噶軍的排槍射擊，多數清軍騎兵都退出了戰線，只有前鋒參領格斯泰等少數人仍在奮戰。格斯泰戰前選了一匹白鼻子的馬作為自己的戰馬，有人用《三國演義》中勸劉備勿乘的盧馬的口吻對他說，白鼻馬妨主，還是不要騎這種馬為好，格斯泰則慷慨答道：「效命疆場，一直是我的夙願，有什麼可忌諱的？」

格斯泰騎著白鼻馬，揮舞著戰刀殺入敵營，之後又從敵陣中殺出，往復幾次，無人敢當，宛如就是長阪坡上的趙子龍。與此同時，佟國維也表現得十分驍勇機智，他率部由山腰繞至敵後，斬殺了不少敵人。佟國維的側面橫擊，逼得噶軍連連後退。格斯泰殺得性起，單槍匹馬便進行追擊，不幸白鼻馬竟真的陷在了河岸的泥淖之中。噶軍發現後去而復返，將他包圍起來，格斯泰拼死力戰，最終以身殉職。

戰至掌燈時分，清軍終於取得主動地位。蒙古軍作戰的特點，通常被認為能勝不能敗，即雖然一開始極其驍勇，但在氣勢被遏制後，往往便只能狼狽奔逃，甚至首尾不顧，比如漠北喀爾喀人就是這樣。漠西準噶爾蒙古則不同，眼看形勢不利，噶軍不僅沒有潰逃，反而以夜色為掩護，迅速撤往山頂，在有計劃地轉移至新陣地及「遁入險惡處」後，繼續用火繩槍向清軍射擊。

經過白天的苦戰，清軍傷亡慘重，除國舅佟國綱、驍將格斯泰先後陣亡外，前鋒統領邁圖也戰死沙場，「大臣以下至軍士，陣亡被創者甚眾。」此情此景，對後繼者以及隨征大臣的心理造成了強烈衝擊，現在見噶軍又據險施放排槍，不少人都被嚇尿了。正白旗副都統色格印竟以頭暈為藉口，從馬上溜了下來。跟隨的家人一邊把他扶上馬，一邊勸他說：「身為二品大臣，如此臨陣退卻，回去還有什麼臉見人？」誰知色格印渾身篩糠，居然再次從馬上溜下來，往草地上一躺，乾脆裝死耍賴。家人無奈，只好把他送回軍營，回營後色格印仍戰慄不已，甲冑也不脫，就往被子裡一鑽，連臉都不敢露出來。事情傳出，連他自己營中的士兵都看不起自己的上司。

索額圖、明珠此次雙雙隨征，但他們也沒了平時在朝中那種縱論滔滔、捨我其誰的氣勢，非但自己不敢上陣督戰，還得數百名精銳士兵貼身防護。士兵們覺得他們被大材小用了，對此頗有怨言，說：「把我們挑出來開赴戰場，就是要用來擊敵或者追敵的，哪裡能想到只放在營中做護衛呢？」

索額圖、明珠都是如此，其他大臣更不用說了。內大臣阿密達力主撤兵，鼓動福全說：「皇上必不以撤兵故，遂殺我等。」福全後來被批評為「懈怠，不能慎於職守，唯知行獵聽歌」，雖然不一定全都是事實，但他也確實缺乏與敵軍一戰到底的決心和膽魄，見眾人都說應該撤，他也就順勢以天黑地險為由下令收兵回營。倉促撤退的清軍秩序混亂，連號角都沒有吹，也幸虧噶爾丹不明虛實，若是他這個時候殺一個回馬槍，清軍的損失將更為慘重。

首日之戰，應該說雙方的力量基本形成對峙，並未能分出勝負，只是這樣的結果對噶爾丹而言更為不利，因為不單是他的損失也很大，更主要的是噶軍孤軍深入，沒有後繼補給和兵力補充，不可能長久作戰。清軍的優勢卻越來越明顯，不僅已到達戰場的部隊是噶軍的數倍，各路增調之師還在源源不斷地開來，對噶軍形成完全包圍只是時間問題。

為了能夠安全撤退，噶爾丹設計了一個脫身套路，一六九〇年九月四日，他派人下山會見福全，先堅持索要哲布尊丹巴、土謝圖汗，在遭到拒絕後，又提出可以繼續談判，並說西藏大喇嘛濟隆一兩天內就會親自下山，與清廷「講禮修好」。

在清噶兩軍已經大打出手的情況下，清軍是否要停止進攻，重新與噶爾丹議和，福全本來應等待皇帝指示，但他卻當即答應下來，隨後便放緩了對烏蘭布通的圍攻。

福全有自己的小算盤，首日戰鬥已令他生出了畏葸怯戰之心，他認為只要噶爾丹「據險堅拒」，以清軍的現有力量就難以強取，倒不如欲擒故縱，以和談為名，盡力拖住噶爾丹，以便給即將趕到的盛京、烏喇、科爾沁聯軍爭取時間。

九月六日，濟隆率弟子七十餘人下山，在為其特設的幕帳中和福全會晤。按照事先與噶爾丹商量好的口徑，濟隆稱噶爾丹其實並無與康熙作對之意，只是因急於捉拿哲布尊丹巴、土謝圖汗，才與清軍產生了誤會，現在噶爾丹已降低談判條件，放棄索要土謝圖汗。他還說噶爾丹要撤出烏蘭布通，「到有水草之地等待議和。」

福全故作應允，當面將一份命令出示給濟隆看，內容是讓清軍各路統帥不要阻擊噶爾丹。

福全以為自己哄住了噶爾丹，卻不知道對方遠比他想像得要滑頭得多，在主動遣使講和，用緩兵之計爭取到三天時間的休整後，噶爾丹當天傍晚便率部迅速撤離了烏蘭布通。反而福全的那份命令起到了相反效果，清軍各部的士氣都鬆弛下來，沒有人認真加以戒備，致使噶爾丹輕鬆逃脫。

為防止清軍追擊，噶爾丹放火燒掉了所過之處的大片草地。這時盛京、烏喇、科爾沁聯軍已接近烏蘭布通，聯軍營盤壁壘森嚴，如果他們不放行，噶爾丹在前有堵截，後有追兵，又無堅固險峻陣地作為依託的情況下，必然插翅難逃。可是福全糊塗到居然把「暫止勿擊」的命令也發給了聯軍，聯軍依令放行，結果讓噶爾丹又一次逃出生天。

得知噶爾丹逃走，福全才發現中計，在派輕騎兵追擊的同時，又派使節偕濟隆往諭噶爾丹，企圖說服噶爾丹在近處停留，「以定禮好」。噶爾丹豈肯上當，一面表示「視水草善地無人之處駐紮，候旨」，一面繼續狂奔，直到擺脫清軍的追擊為止。

我還有什麼話可說呢

康熙還在親征時，就決心徹底剷除噶爾丹勢力，而後隨著噶爾丹悍然進入烏蘭布通，逼近京師，他的這種心情更加迫切。多年後，他回憶道：「庚午年，將噶爾丹誘至烏蘭布通之地，距京師七百餘里耳，此時當使一人一騎不返。」

回到京城休養一段時間後，康熙的病情逐漸趨於好轉，福全的第一份奏報更是令他「焚香謝天，不謝喜悅。」在這份奏報中，福全報告了烏蘭布通首戰的情況，但基本是報喜不報憂，不僅隱瞞國舅佟國綱等人陣亡的細節，還誇大戰果，使人以為清軍已經大獲全勝，山上只剩下少量噶軍，甚至噶爾丹本人都可能已死於敵軍之中。

康熙信以為真，在頒旨嘉獎的同時要求福全乘勝「窮其根株」，將噶軍一舉掃平。然而緊接著第二份奏報就傳至京城，福全把他如何答應濟隆調停，對噶爾丹進行「羈縻（攏絡控制）」，順便拖延時間以待聯軍到來的做法，原原本本地報了上來。

康熙何等老辣，一眼就看出這是濟隆和噶爾丹合謀，在行緩兵之計，他立即申斥福全，說噶爾丹孤軍深入，清軍在人數、裝備等方面又都優於噶軍，正是一舉殲滅的大好時機，而且聯軍離烏蘭布通已經很近，不日就能到達戰場，哪裡還用得著「羈縻？」「王與大臣此行何所事事」，你們到塞外的職責是消滅噶爾丹，不是做和平使者，你們連自己的職責都弄不清，搞混了！

京師距烏蘭布通有七百餘里，從奏報到上諭，一來一回，至少三天。等康熙這份充滿憤怒和失望的上諭送到福全手裡時，噶爾丹早就逃得沒影了。

由於主帥指揮無方，部分大臣將領臨陣退縮，使得康熙期望中的殲滅戰打成了擊潰戰，給噶爾丹留下了重整旗鼓的餘地。康熙對此震怒不已，下令嚴加追究。當福全率大軍班師回京時，他們被勒令不許進城，在朝陽門外聽候審查。

皇長子胤禔在皇子中以武功高強著稱，因此康熙派他以副將軍身份隨福全參贊軍務，但胤禔性格乖戾，他聽信讒言，竟然與其上司、伯父福全發生了激烈爭吵。康熙知道後怕他耽誤大事，提前將他召回了京城。如今為了坐實福全之罪，胤禔又被叫出來出面做證，福全最初尚打算就胤禔的事向康熙告狀，一看矛頭對準的是自己，便沒有再申辯，只是流著淚道：「事到如今，我還有什麼話可說呢？」

議政王大臣會議隨即做出決定，福全、常寧被處以革王爵、免議政權、罰俸三年的嚴厲處罰，福全還被撤去了三佐領。隨福全、常甯出征的大臣將領，如佟國維、索額圖、明珠、阿密達等人因沒有及時諫止福全，也全部被革去職務。

康熙如此大面積處分出征將帥，除了烏蘭布通戰役未能達到預期的戰略目的和效果外，還與清軍損失慘重有關，尤其國舅佟國綱的陣亡更是令他悲慟不已。此時康熙的病情並不穩定，一直在間歇性發燒，必須用灼艾法進行治療，但就在這種情況下，他仍準備親自出城迎接被送回京的佟國綱靈柩，經眾人再三勸阻，才讓眾皇子和百官出迎。接下來康熙又抱病參加了繁縟的葬禮儀式，在碑文已經幾易其稿的情況下，因為讀了覺得不滿意，便乾脆推翻原稿，親自撰寫了碑文。

太子胤礽在行宮向康熙請安時，其表現曾令康熙備感傷心鬱悶，現在面對舅爺的故去，小傢伙似乎仍顯得無動於衷。康熙暗中察言觀色，內心無疑很是失望，可是當他靜下心來，由國舅佟國綱想到自己那早早去世的生母佟佳氏，再想到太子比自己更慘，從小連生母的面都沒見過時，對於太子就再也怨恨不起來了。

一九六〇年十一月，康熙的病情終於痊癒，隨即便準備舉行多倫諾爾會盟，對太子的疑慮被暫時放到了一邊。

在德不在險

義大利傳教士馬國賢在隨康熙出塞時，多次經過長城。長城一路蜿蜒起伏，有時跌進深谷，有時攀上山峰，被馬國賢稱為「世界奇蹟」。馬國賢還異常吃驚地發現，長城雖然據說建造於一千八百年前（實際已有兩千多年歷史），但看起來就像建成於一個多世紀前一樣。

事實上，作為抵禦北方草原民族侵襲的國防工程，自秦代修築以來，漢、唐、宋、明，歷代都對長城加以修理，這是它一直保存完好的重要原因。只是到了清代，對長城的大規模整修才停頓下來，正如馬國賢所注意到的，儘管長城的一些地方已經有所塌陷，但清廷既未急於派人修復，也沒有派大量軍隊駐守長城，「他們只是守衛交通繁忙的城門。」

以前可能是政府財力不夠，到了康熙朝，則是康熙不主張修。一六九一年五月，古北口總兵官蔡元上奏，請求修築古北口一帶傾塌的長城邊牆，被康熙一口否決：「帝王治天下，自有本原，不專恃險阻。」

康熙常年巡閱北方，對古北口、喜峰口一帶邊牆損壞的情況非常清楚，但他認為即便加以修理，也無法用以抵禦外敵入侵，清滅明就是現成的例子，明代從未停止修築長城，可是當皇太極率大軍南下時，長城沿線的明軍卻「諸路瓦解，皆莫敢當。」

一方面，長城的實際軍事防禦作用存疑，另一方面，修長城本身須徵發勞役，不能不累及百姓，而以長城之長，分兵駐守還需佔用大量兵力資源。馬國賢打聽到，過去漢人政府統治中原時，用於守衛和保護長城的士兵竟達百萬之多。

可是如果不靠長城所形成的險阻，又靠什麼來加強防禦呢？康熙給蔡元的答案是「修德安民」，即只要政府以德治國，民心順服，就能起到眾志成城的效果。他在南巡至南京時，特地以長城古北口為題，寫下一首五言絕句：「形勝固難憑，在德不在險。」

自努爾哈赤起，清廷便以軟硬兩手對付北方蒙古，硬的一手是採用軍事方式，對敢於向己叫板者見一個打一個，軟的一手，則是以通婚聯姻、宗教信仰、編組八旗等方式予以積極爭取。康熙繼承了父輩們的這些做法，在堅決遏制噶爾丹的同時，重視對蒙古各部進行感化，也就是他所說的施以「德」。

康熙有著自己獨特的觀察角度，在他看來，各個省籍的人似乎都有著某種共通的優缺點。比如福建人好勇鬥狠，甚至連文人都能拿藤牌持揙刀，陝西人強悍不肯服輸，常常互鬥相殺，山東人偏執愛記仇，不把自己的性命當回事，歷史上當響馬做大盜的人不少。

相對閩、陝、魯，山西人比較吝嗇，不夠豪爽，康熙聽說，有的山西人即便家境殷實也不願照料貧寒中的親友，客人來了，飯都不留。除了山西，還有一省的人也讓康熙很不以為然，那就是江蘇人，給他的印象是「人心不古，鄉紳不奉法者甚多。」不過晉蘇兩省的人又都很會過日子，有人告訴康熙，東南鉅商大賈多數為山西人，他聽了也一點都不覺得奇怪。

康熙的這種看法和印象都多少帶有他個人的主觀偏見，未必全是事實，但卻也為他處理人事提供了某種參考。閩、陝、魯的人適合於徵兵打仗，康熙就用其所長，或者把以陝西人為主的綠營派到平叛戰爭中充當主力，或者把福建人編成藤牌軍，讓他們到雅克薩戰役中建立奇功。晉、蘇的人生活富裕，「懦弱者眾」，當兵不行，然而亦可取其長處，康熙就通過科舉和「博學鴻詞」科，從兩省選拔了不少文采斐然的文官。

已經歸附清廷的漠北喀爾喀蒙古同樣被康熙列入了觀察名單。他認為喀爾喀的頭領在性格上有些反覆無常且不知足，你多饋贈一些禮物給他們，他們未必有多高興，下次如果少了一些，反而會怨恨你，因此在饋贈禮物時務必酌量，不要大手大腳。

施「德」與此相仿，也必須起到恰到好處的效果。喀爾喀人與其他蒙古部落一樣，均信奉藏傳佛教的格魯派。康熙本人受儒家思想薰陶，雖然對釋道基本持否定態度，但唯獨不排斥格魯派，就是為了表現出對喀爾喀人的足夠尊重，使其「誠心歸附以障藩籬。」

如果說共奉格魯派，是意識形態上的靠攏，編旗就是制度上的結合。喀爾喀蒙古原先由喀爾喀三汗分別統轄，與清朝只屬於藩屬關係，自願歸附後就正式變成了清帝國的臣民，其頭領上疏康熙，請求改變仿內蒙四十九旗例，在喀爾喀實行盟旗制度。當時南遷的喀爾喀數十萬部眾尚處於散亂無序，互不統一的狀態，目無法度、以強淩弱、自相劫奪的事時有發生，康熙也認為有必要進行有效管理，遂接受頭領們的請求，派人到喀爾喀增設劄薩克（即分編旗隊），至烏蘭布通戰役前，共編成了十五旗。

本來初編旗隊後，康熙就計畫舉行會盟，但因為烏蘭布通戰役的爆發，會盟被迫推遲。一六九一年五月，康熙親率上三旗官兵出張家口，與下五旗官兵會師於多倫諾爾，喀爾喀各部和內蒙古四十九旗的貴族也都應命而至，這就是歷史上著名的多倫諾爾會盟，也稱多倫會盟。

軍事改革

當初噶爾丹出兵漠北蒙古，在佔領紮薩克圖汗部的同時，曾唆使紮薩克圖汗進攻土謝圖汗，土謝圖汗氣憤不過，貿然出兵殺死了紮薩克圖汗沙喇等人，兩部因此結下仇怨。會盟之初，康熙首先對此進行了調解，他先讓土謝圖汗「自行陳奏」，也就是做自我批評，可是土謝圖汗在陳奏中回避了自己的責任，只一味強調紮薩克圖汗背叛喀爾喀，俯附於噶爾丹，屬於罪有應得。

兵部尚書馬齊等扈從大臣見狀，怕紮薩克圖汗部不服，建議對土謝圖汗進行處分。康熙考慮，土謝圖汗雖應對喀爾喀內部的分裂負主要責任，但他主動率眾歸順清廷，功能抵過，就不好再治罪了。當然也可以用物資罰沒等方式予以懲戒，但土謝圖汗部如今背井離鄉，衣食全無，自己尚得靠朝廷救濟，又怎麼罰他們？

康熙決定在行宮召見土謝圖汗和哲布尊丹巴，當面評定是非曲直，重點是讓土謝圖汗知道自己為什麼錯，以及錯在哪裡。之後他傳諭與會的所有喀爾喀貴族，指明土謝圖汗的過錯，但不予治罪或處罰，同時又對被殺的沙喇等人予以肯定，並宣佈由沙喇的弟弟承襲爵位，以示優恤。

在平息喀爾喀內部的糾紛後，編旗得以順利進行，會盟期間編了十九旗，加上會盟前編的十五旗，共三十四旗。頭領們對此心悅誠服，當會盟結束，康熙啟程離京時，他們都夾道送行，很多人被康熙的個人魅力所震撼和感召，對其依戀不已，乃至於伏地流涕，情景至為感人。

多倫會盟被公認為康熙對漠北喀爾喀政策的重大成功，喀爾喀各旗由此成為保衛北方邊疆的一支重要力量。康熙在歸途中告訴他的扈從大臣：「昔日秦朝修築長城，大興土木。我朝施恩於喀爾喀，使之在北方進行防禦，這比長城更為堅固。」

用感化政策來代替浩大的長城工程，無疑是個出色的戰略構想，但它不能少掉一個大前提，那就是中央政府本身要夠強悍，且必須具備對強寇戰而勝之的能力。

烏爾會河、烏蘭布通兩戰前，清軍內部尚有噶爾丹不堪一擊的輕敵思想，經此兩役，才發現噶爾丹軍確實很能打，非普通蒙古軍可比。與此同時，清軍自身的弱點也都在實戰中得以暴露，急需加以檢討和整頓。

過去滿洲兵並不配備火器，很多人甚至認為，只有不精於騎馬和射箭的漢人才使用火器。反觀噶爾丹軍的騎兵，他們的騎射技能並不比滿洲騎兵遜色，但照樣配備火繩槍，並且不管馬上馬下都射得很準，也就在他們的排槍齊射下，一向被認為戰無不勝、攻無不克的滿洲騎兵被打得人仰馬翻，落荒而逃，連國舅佟國綱都慘死在了槍下。

康熙痛定思痛，深感要對付噶爾丹軍，也必須在滿蒙騎兵（包括內附清廷的蒙古騎兵）中配備火器。由於滿蒙騎兵數量多，實際做不到人手一支火繩槍，而且當時的火繩槍存在很多缺陷，一個訓練有素、技術精湛的弓箭手很可能比一群鳥槍兵都強，所以這種配備只能是對騎兵戰術的有效補充，而不是完全取代。八旗滿洲火器營由此應運而生，與漢軍火器營均為步兵鳥槍手不同，滿洲火器營全是馬上鳥槍手，也就是配備了火繩槍的滿蒙騎兵，康熙對此非常重視，指定公侯大臣專管營務和訓練。與此同時，他要求無論是滿洲火器營還是普通滿蒙騎兵，都必須加強跑動中的施射訓練，即學會在騎馬飛馳或者勒馬站停時用火繩槍、弓箭殺傷敵人。

除了騎兵的火器配備，在烏蘭布通戰役中，隊伍排列太密，易被敵軍亂槍擊中，以及進退不鳴號角，秩序混亂等問題，也都一一遭到詬病。康熙為此制訂了有針對性的軍事訓練計畫，按照計畫，每年的春秋兩季都要將八旗官兵集中起來，於空曠平原地區「排列陣勢，鳴鑼進退，以熟操練。」

軍事技戰術的運用常常離不開戰場的實際需要。平叛戰爭讓清軍注重輕型炮，結果在雅克薩戰役中，清軍發現輕型炮無法攻破堅固堡壘，便轉而發展紅夷大炮，可是風水輪流轉，到了烏蘭布通戰役，笨重的紅夷大炮又被便於馱載的輕型炮給比了下去。自然而然，清廷再次把造炮的重點偏向於輕型炮，而且根據戰爭中所取得的經驗，這些火炮又被直接配屬於漢軍火器營和滿洲火器營，後者每旗都擁有五門子母炮。

多倫會盟時，尚未有滿洲火器營，但軍事改革的成果已得到初步展示。在會盟期間的閱兵儀式上，八旗滿洲兵、漢軍火器營以及古北口總兵官蔡元標下官兵各自列陣，佇列中還有七十門銅炮，氣勢十分雄壯。康熙身穿甲胄，騎馬遍閱各部，然後返回起始點，下馬揚弓射箭，成績是十發九中。這時鳴角鳥槍齊發，官兵大呼前進，聲動山谷，觀看閱兵的喀爾喀人無不駭然，同時又異常振奮，都認為以清軍如此強盛的軍力，從此再也不用懼怕噶爾丹和沙俄了。

如意算盤

烏蘭布通戰役後，倉皇出逃的噶爾丹曾許諾「自此不敢犯喀爾喀」，然而話猶在耳，他在經過克什克騰旗時，卻又對境內的三佐領大肆劫掠，光牛馬羊就搶走了兩萬多頭。

儘管搶掠到了大量物資，但歸途中的噶軍卻遭遇了瘟疫，隊伍大量減員，加上南侵時蒙受的死傷，當他們回到科布多大營時，兩萬餘人僅剩數千，可謂是偷雞不著蝕把米，賠了夫人又折兵。為生存計，噶爾丹不得不向清廷「乞賜白銀」，理藩院和議政王大臣等都主張予以回絕，唯康熙決定答應噶爾丹的要求，批復贈予白銀千兩，以解其燃眉之急。

康熙出手相助而不是冷眼旁觀，是寄望於噶爾丹能夠懸崖勒馬，同時也為今後雙方繼續談判留下迴旋的餘地。然而「子系中山狼，得志便倡狂」，在持續近一年時間的瘟疫結束後，曾經可憐兮兮的噶爾丹又故態復萌，變得不安分起來，他一邊回兵侵襲喀爾喀牧場，一邊接連派人去俄國活動，以圖得到「兵員、火藥、彈鉛和大炮」等軍事支援。

一六九二年，噶爾丹屬下殺害了康熙派往策妄阿拉布坦處的使臣，「盡劫馬駝行李而去。」接著，噶爾丹本人又公開背棄誓約，上疏向清廷索要土謝圖汗、哲布尊丹巴以及其他南遷的喀爾喀部眾，即所謂「發回七旗於故土。」

康熙對烏蘭布通戰役進行反思，噶爾丹也總結了得失。他很懊悔當初孤軍深入烏蘭布通並貿然同清軍開戰，於是便和部下們制定了新的策略：用語言和計謀煽惑喀爾喀及內蒙古，使清廷首尾不能相顧；如果清軍出塞進攻，來的軍隊少就與之作戰，來的部隊多就主動撤退讓出地盤，等清軍撤退時，再躡蹤而上，襲擊其後。

按照噶爾丹的如意算盤，只要他反復使用這幾手絕招，過不了幾年，清朝就會因為財賦耗盡而衰敗，到時內外蒙古自然落其囊中。

在內外蒙古各部中，科爾沁地位顯赫，軍力也最強，若是科爾沁有所異動，則勢必動搖蒙古全域。於是噶爾丹便首先寫信給科爾沁親王沙津，說他保證調六萬俄羅斯鳥槍兵支援沙津，希望沙津與之裡應外合，閃擊京城，然後與沙津平分天下。

因噶爾丹接連遣使送信與沙津，外界人言洶洶，「眾皆疑科爾沁已附噶爾丹」，就連黑龍江將軍薩布素「亦疑科爾沁，密奏其有疑心。」康熙則斷定必無此事，他認為科爾沁早在努爾哈赤、皇太極時代就已歸附清廷，並與清皇室聯姻（孝莊和順治的兩任皇后都來自科爾沁），因此不僅對沙津全然不疑，還密召其來京，以密商應對噶爾丹之策。

沙津來京後，向康熙和盤吐露了噶爾丹信中內容。康熙聽後斷言：「朕由此深知此人（指噶爾丹）力強志大，必將窺伺中原，而且不死不休。對於此人，豈容漠視，置之度外？」

康熙原打算將計就計，誘噶爾丹於近地殲之，然而實際上噶爾丹策反沙津的真正用意，只是要施離間之計，他並不敢再輕易南下，所說的「調六萬俄羅斯鳥槍兵」也根本是子虛烏有，俄國政府雖仍與噶爾丹保持著接觸，但拒絕再給予軍援，至一六九三年，俄國各關卡監督都接到了政府發出的訓令，要求嚴禁向噶爾丹軍隊輸出軍火。

不久，噶爾丹便轉向西北，「有來哈密之信。」此時原駐歸化城的安北將軍郎坦正巡行甘肅諸邊，康熙即授郎坦為昭武將軍，「督大軍往甘肅駐防」，以備噶爾丹，同時另外任命侍衛大臣費揚古為安北將軍，代郎坦駐防歸化。

噶爾丹見甘肅沿邊已經有備，他便放棄西向，轉旗向東。通過多倫會盟，康熙在蒙古各部中的威望和影響力如日中天，他並不擔心噶爾丹使離間計，倒是噶爾丹的這套流寇式打法確實令人頭疼。通過親征和圍獵，康熙對塞外情形的熟悉和瞭解並不亞於蒙古人，烏蘭布通戰役發生於漠南，尚且需興師動眾，一旦戰場移至漠北，用兵和輸送補給的難度將更大，所要消耗的資源也將更為驚人，倘若清軍再被噶爾丹牽著鼻子走，像烏蘭布通戰役那樣拳拳打空，「恐日後各省脂膏，盡糜費於邊塞。」

由於認識到「（噶爾丹）誠非可一朝系頸制命之寇」，在對手還沒有露出明顯破綻的前提下，康熙暫時選擇了以靜制動。從一六九三年起，他立足於防禦，以西部防線為重點，先後往東西兩線調兵，以此構成了一個由西到東的完整防禦體系，同時注意掌握噶爾丹的情況與動向，隨時準備以變應變。

第十章

非凡的勝利

除了在塞外防噶爾丹，這時候的康熙在朝中也防著一個人，此人就是索額圖。自明珠派被打壓後，身為「太子黨」首領的索相便成了朝中最有權勢的實力派大佬，他自己也明白，皇上抬舉他，眾人畏懼他，都與太子有著不可分割的聯繫，簡而言之，太子上，他就上，太子下，他就下。

恐怕沒有誰比索額圖更希望太子及早登上大寶了，他的這些心思也都有意無意地投射到太子身上。當時太子的一切應用禮儀都要由索額圖負責敲定，日後康熙查舊賬，曾憤憤地提到，索額圖為太子準備的服飾儀仗等物品，「逾越禮制，竟與朕所用相等。」

奉先殿是明清皇室用以祭祀祖先的家廟，通常只有皇帝才有權進入殿內祭祖，他的拜褥也就可以置於殿內，而包括太子在內的其他諸臣的拜褥都只能放置於檻外。一六九四年，太子年滿二十，在古代，這代表著他已經成人，如《禮記》所言「男子二十冠而字」，索額圖便以此為由，授意禮部，疏請將太子的拜褥置於殿內。

高宗模式

禮部上疏後，被康熙駁回。禮部尚書沙穆哈等人為了向索額圖交代，便奏請將康熙的駁回決定記入起居注。康熙對此怒不可遏，下令將禮部的這些官員全部交吏部「嚴加議處」。吏部的建議是將沙穆哈革職並交刑部審訊，其他人一律革職。吏部建議呈送康熙，康熙卻沒有照此行事，而是開恩減輕處分：沙穆哈革職，但免交刑部審訊；其他官員從寬免革職。

康熙的最終處理結果讓不少大臣感到了失望。索額圖掀起「拜褥事件」毫無疑問是想加強太子的地位，甚至有迫使康熙儘早讓位給太子的用意，以康熙之精明，自然馬上就揣度到了，不然不會大發雷霆，可是他最終大事化小、小事化了的做法，又擺明是要避免與幕後的索額圖和太子發生直接對抗。

「太子黨」在朝中氣焰熏天，令人側目，朝臣們都希望老皇帝能出來說話，沒想到康熙卻選擇了息事寧人、姑息容忍的態度，這讓大家左右為難，都不知道一旦再發生類似事件，自己究竟應該站在哪一邊為好。

康熙當然不懼索額圖，要說姑息容忍，也主要是怕太子受到傷害。他經歷過與鰲拜鬥法等各種宮廷鬥爭，在如何施展權術，駕馭群臣方面早就爐火純青，見群臣出現了畏懼索額圖及太子黨的趨向，他立刻重新扶植明珠派殘餘勢力。

「拜褥事件」發生後不久，明珠原來的親信佛倫便被任命為禮部尚書兼川陝總督。明珠的侄子、兩江總督傅拉塔已經去世三個月，康熙仍公開讚揚他「和而不流」、「不畏權勢」，基於明珠派與「太子黨」過往的矛盾和黨爭，何謂「不畏權勢」，大臣們一聽就能明白。

康熙一方面希望對索額圖和「太子黨」有所抑制，另一方面，為了防止太子多心，他又在一六九五年為太子正式冊妃，表示他對太子是完全信得過的，未來繼承大寶者非太子莫屬。

康熙是這麼做，也確實是這麼想的，不管太子有過什麼缺點和過錯，在他心目中，仍是自己的唯一繼承人，問題只是怎樣繼承以及何時繼承。帶著這一問題，他嘗試著到史書中尋找答案，宋高宗趙構父子的一段往事引起了他的興趣和關注。

一直以來，趙構因為聽信讒言，殺害忠臣岳飛而受到人們的口誅筆伐，不過官方史書對他的評價倒很高，認為他維護和穩固了南宋疆土，加強了南宋與金朝對抗的地位，是宋朝當之無愧的「中興之主。」趙構也確實是一位很有些主見的天子，岳飛生前上疏請立太子，被他認為干預皇室事務，對之極為不滿，可到晚年時，他卻出人意料地提前傳位給太子，自稱太上皇。

趙構退位後，繼位的宋孝宗趙昚對他非常孝順，這使太上皇的日子過得十分舒心愉悅，直至八十一歲才駕崩。趙昚本人也勵精圖治，除在趙構的默許下，為岳飛平反外，又整頓吏治，淘汰冗官，輕徭薄賦，其成就超越了父親，被後世譽為南宋最有作為的皇帝。

毫無疑問，「高宗模式」是一個雙贏的結果，也可以說是皇位傳承的最好選擇。康熙以此作為可資效法的範本，有一天他甚至直接對太子說：「朕經常羨慕宋孝宗對高宗的孝敬和贍養，將來朕也會把國家政事全部交給你，到那時朕會去找一處有山有水的風景佳處，一邊可以怡然自得地安享晚年，一邊還能時不時聽到人們對你善理國政的稱頌之詞。」

為了與「高宗模式」相銜接，康熙需要給太子找到一個鍛煉和檢驗其治國能力的機會，而這就是遠征漠北時期的代理國務。

一個非常好的兆頭

在漠北，經過數年經營，特別是在西藏桑結嘉措和青海諸王公的暗中援助下，科布多地區逐漸呈現出「食漸豐足，牲畜繁滋」的景象，噶爾丹所部的經濟狀況也開始恢復至烏蘭布通戰役前的水準，這使野心勃勃的噶爾丹越來越難耐寂寞。

一六九五年春，桑結嘉措派使者到達科布多，以達賴的名義慫恿噶爾丹：「南征大吉也（當時南亦指東）。」噶爾丹一聽正中下懷，遂重新組織人馬，開始所謂的「東征」，即向喀爾喀人居住的克魯倫河流域深入，他在到處竄擾、搶掠的同時，也搜羅和拉攏一些尚未內附清廷的喀爾喀部落，藉以壯大自身力量。

其時康熙正率皇子巡視塞外，聞訊忙命黑龍江將軍薩布素於克魯倫河下游佈防，並調預備部隊北上集結，隨時準備抓住戰機給予噶爾丹以致命打擊。正好噶爾丹又致書引誘科爾沁親王沙津，康熙知道後便密授沙津，讓他派屬下佐領鄂齊爾前去欺騙噶爾丹，就說：「我科爾沁十旗都已歸附你了，你可以直接來我科爾沁，我等當在科爾沁接應你。」

按照康熙的設想，只要噶爾丹中計到達近地，他便將親統大軍，以風馳電掣的速度將其一舉全殲，但噶爾丹正如康熙所說，「為人極其狡猾」，還沒等鄂齊爾到達噶軍大營，他就率部扭頭去了克魯倫河的源頭巴顏烏蘭。

噶爾丹忽東忽西地進兵和駐營，乃是其對付清軍的新策略，至於駐紮巴顏烏蘭則是受到了桑結嘉措的蠱惑。此前他曾遣使西藏，詢問「東征」之後，「在克魯倫和土拉二者中，進駐哪一個更為合適」，西藏方面回答說：「為了吉利起見，駐二者之間為宜。」巴顏烏蘭位於克魯倫河和土拉河之間，噶爾丹選定此處作為過冬營地，將所部在巴顏烏蘭環列紮營，同時對外派出三路遠哨，顯見對清軍非常警惕。

在前後兩次設計誘殲噶爾丹的計畫雙雙落空的情況下，如何對付這個大敵才能更有利？康熙採取了廣開言路、集思廣益的辦法，先諭八旗武官集議，結果他發現多數人對於遠涉大漠作戰都存有畏難情緒，只是強調「待噶爾丹前來，可與之一戰」，僅喀爾喀郡王善巴主張主動出擊，認為「噶爾丹不可使久據克魯倫地方，應速征剿。」

接著，康熙又命議政王大臣集議。讓他感到失望的是，對於遠征漠北依舊「舉朝皆以為難」，贊同者不過安北將軍費揚古等三四人而已，其餘人雖然嘴上說著「噶爾丹不過小丑，何足道哉」之類的話，但明顯可以看出心裡都怕得很。

康熙對此甚為憤懣，立即嚴詞駁回了「近地以戰」的建議：兩次命沙津誘敵均告失敗，說明噶爾丹已經吸取了在烏蘭布通受到重創的教訓，「創痛之餘，不復再至」，想讓他自己送上門來是再也不可能了。

康熙強調，雖然噶爾丹暫時不敢深入漠南，但他從未中止對喀爾喀進行劫掠。在多數喀爾喀部落都已內附清廷的情況下，清廷自有保護之責，可要是在收到警報後再派大軍出征，勢必遲緩，無法做到朝發夕至，相反，噶爾丹卻可以「我進彼退，我還彼來」，如此再三反復，則蒙古諸部都將「大遭其蹂躪。」

康熙的態度非常明確，對於噶爾丹，只能遠征，也必須遠征，從地理位置上看，科布多距北京三千多里，克魯倫距北京已不足兩千里，所以眼下就是出征漠北的最佳時機，一旦錯過，悔之莫及。在他的堅持下，經過再次商議，議政王大臣會議終於同意出兵，「赴巴顏烏蘭進剿。」

史載，漢武帝時期一共對匈奴發起過十四次大規模進攻，其出擊時間大多在春季，這是因為此時剛剛經歷過嚴冬，草原部落的馬匹相對疲瘦，不便於遠遁。一六九五年十二月，安北將軍費揚古建議，由其率部於來年春寒料峭，青草萌發時，對巴顏烏蘭實施突襲。

康熙經過反復思量，認為此舉事關重大，僅以一旅孤軍進剿，難以置敵於死命。他的意見是只有實施大範圍的戰略包圍，方能使飄忽不定的噶爾丹無法逃逸。

康熙酷愛行圍狩獵，他有一次在遼東行圍，所獵獲鹿的數量之多令當地佐領那柳看得目瞪口呆，直呼「真神奇也」，康熙則不為然，說：「從來哨鹿行圍，都能打到這麼多鹿，何神奇之有？」康熙並不是在說大話，就在決定遠征噶爾丹的當年，他在鄂爾多斯行圍，一天就獵獲了野兔一百多隻。

康熙騎射技能高超、經驗豐富，圍場野生動物豐裕，都是康熙能打到這麼多獵物的必要因素，但最重要之處還在於，行圍乃是由各方人員共同配合的一種集體狩獵方式，其獵物數量自然非一般的田獵所能比擬。反之，如果讓康熙孤身去荒野狩獵，要想一天就輕而易舉地獵獲一百多隻野兔，可能就比較困難了。一個明顯的例子是，在鄂爾多斯的那次行圍中，不光康熙收穫驚人，就連八皇子胤禩都獵獲了五十二隻野兔，而胤禩當年不過才十五歲。

對於清皇室而言，行圍絕不是單純的娛樂，更是一種大型的軍事訓練活動，也因此，康熙每次行圍，八旗勁旅都要參加，其圍場也隨著中央政府用兵重心的轉移而不斷發生變化。早期主要在南苑，至一六八一年，即平叛戰爭行將結束時，開闢了著名的木蘭圍場，實際就是為了適應塞外征戰的環境而備。用行圍的方式對敵人進行戰略大合圍，乃是康熙最容易想到，也最為擅長的戰略戰術。「我軍進剿噶爾丹，宜分為三路」，他決定組成東西中三路大軍出征：東路軍由黑龍江將軍薩布素率領，由東向西，「沿克魯倫河進剿」；費揚古被任命為撫遠大將軍，率西路軍「由歸化城進剿」；中路軍直接奔襲克魯倫河。

西、中路軍同為此次出征的主力，但中路軍一直未任命統帥，群臣猜測皇帝有意親征，自任中路軍主帥，遂紛紛上疏勸阻。

康熙也確有此意，多年前的烏蘭布通戰役功敗垂成，令他最感遺憾和痛心疾首之處，便是未能親自統兵，結果導致福全等諸將發生「不行追殺，縱敵遠遁」的錯誤，以致把噶爾丹這個禍患留存至今。

對於再次親征，康熙也有過猶豫，倒不是怕別的，而是他在第一次親征時，曾夢見祖母孝莊阻其親征，當時就以為只是一個夢，沒有聽從，但是隨後便生了病，出征也不順利。這次為了得到祖母在天之靈的眷佑和支援，從一六九四年起，他便數度拜謁孝莊的陵墓，之後果然又夢見了孝莊，孝莊對他說，此番出兵，一定可以大獲全勝。康熙認為這是一個非常好的兆頭，遂不顧眾人勸阻，毅然決意親率中路軍出征漠北。

行軍

一六九六年三月，科爾沁親王沙津傳來密報，告知噶爾丹仍在巴顏烏蘭。機不可失，時不再來，康熙當即傳令啟程出發，同時命太子留守北京，聽理國政。此前不論康熙身在何處，南巡也好，出塞也罷，所有奏章都必須送交他本人處理，在確定太子聽理國政後，來自京城的奏章便全部交由太子審批，其餘奏章雖由康熙審批，但也需抄送太子一份。

四月一日，中路軍分兩支離京北上，除綠旗營由領侍衛大臣福善率領，出古北口外，康熙自領主力由獨石口出關，其部以營為單位間隔行軍，每營相距一兩天的路程，御營居中，「不得分散錯亂。」

出征時雖已屆初春，然而塞外春寒尤甚，大風時作，雨雪載途，行軍非常艱苦。少數人原先在京城中養尊處優，一時無法忍受和接受這種生活，隨康熙出征的法國傳教士張誠就親眼見到，一名侍衛因畏難不前而選擇了自殺。這名侍衛做過康熙的牧馬官，沒想到如此經不得風雨，康熙非常生氣，當即下令將此人的財產充公，所有行李、馬匹、駱駝及家奴都分配給其他牧馬者，而屍體則拋棄於露天，「以儆效尤。」

康熙自己雖然貴為大國之君，且早已過不惑之年，但仍像他的祖輩努爾哈赤、皇太極那樣，有著與士卒同甘共苦的精神。每天天還沒亮，有些官兵還在帳中貪睡，他就已經起床，淩晨即撤營就道，日中便在新的宿營地紮營。遇上雨雪交加的天氣，如果官兵尚未紮營，康熙一定不先進入為他準備好的帳篷，他會穿上雨衣，與皇子、大臣們一起站立於雨雪之中，直到官兵的帳篷全部紮起為止。其間若有侍臣以天寒雨雪太大，請他到帳篷中暫避，康熙的回答總是：「軍士們還沒有全部安排好，朕怎麼忍心一個人獨自到帳中享受安逸呢？」

遠征漠北對後勤輸送提出了極高的要求，出征官兵每人都要自帶八十天的口糧。為了節省軍糧，康熙規定每日一餐，他自己身體力行，每天只吃一頓飯，而且要等到官兵們都開始吃飯，才會進膳。

皇帝和三軍主帥是兩個不同的角色，康熙自覺地扮演起了後者，他命令免去常規禮節，但凡他在野地裡休息閒坐，所有從他面前經過的軍士都無須下馬行禮，有時看到運糧車在沙漠中前行困難，他還會主動上陣，與皇子大臣們共同推車。皇帝親自推車，這在中國古代歷史上恐怕還是前所未有的事！

康熙深諳治軍之道，曾對已故的國舅佟國綱說過：「行軍以得人心為要。」如何得人心，就是要知道體恤和愛護士卒。行軍途中，康熙「常以休息士馬為念」，他早上看到軍營炊煙繚繞，官兵們已在進食，而嚮導和負責運送行李的駱駝隊卻還在拖拖拉拉，遲遲未能運載起行，於是立即命負責官員查明原因並予以整改。自此以後，他每天五更即起，親自督促駱駝隊及早啟行，使行李先至營地，從而保證了「士馬大得休息。」

康熙是個極為認真細緻的人，對於行軍中的交通和供給等細節都親自過問、具體指示。出征塞外必須經過戈壁灘，戈壁灘上杳無人煙，一望無垠，而且通常都見不到河流，但有著塞外巡視和行圍經驗的康熙知道，只要能夠成功掘井，則人馬依舊可以在戈壁上生存和進行長途行軍。

戶部侍郎思格色奉命在戈壁灘掘井，事畢來向康熙奏報，康熙當面問他：「一口井可供多少人馬飲水？」思格色張口結舌，答不上來，康熙知道他在敷衍塞責，當即痛斥思格色：「為人昏聵，官做得也不正派。」隨後他將思格色予以撤職，下放至基層部隊服役。

康熙轉遣副都統阿迪勘察，阿迪據實回奏：「冰雪凝凍，未能掘井。」如果無法掘井，只能依靠後勤輜重部隊送飲用水上來，或者臨時修改路線，但這勢必拖延行軍速度。「用兵之道，以速為貴，大兵行期，斷不可緩」，康熙判斷，時當春季，地脈將融，就算有冰封，一旦設法鑿開，下面也一定會冒出水來，因此又派副都統阿毓璽領著士兵去進行試掘。

阿毓璽依法先掘水井，再鑿冰凍層，之後果然清泉湧出，全軍頓時歡聲雷動。掘井成功並不意味著就不需要再為之操心了，按照康熙的要求，軍隊全部以水井為中心紮營，且紮營時互為掎角，這樣可以方便官兵從不同方向取水，以避免取水時的擁擠和爭吵。他還指示對每口井都要悉心看護，前隊營在拔營走人前，必須將對井的看護任務交由後隊兵接替，嚴防水井遭到破壞和污染。

由於中路軍準備充足，康熙事必躬親，加上天氣也很幫忙，「遇無水之地而得水，無草之地而草生，寒暑俱調」，因此他們這一路的行軍極其順利，幾乎未遭損失。一六九六年四月十九日，康熙一行到達察哈內境內的揆宿布喇克，並與出古北口的綠旗營會合。

驚人的消息

揆宿布喇克水草豐美，沙中多有樹木，而且遍佈湖泊，可提供豐富的飲用水、飼草和燃料。康熙將揆宿布喇克作為他們在關外的第一個兵站，下令將部分軍糧存放於此處，作為回程時食用。次日，他接到費揚古的奏報，得知西路軍已越過汛界（即清軍駐防地界），預定將於五月二十四日至土拉河，二十七日至巴顏烏蘭。根據這一時間表，他決定繼續出發，同時掌握行軍速度，以便與西路軍約期合擊噶爾丹。

行軍中的艱苦雖然不會讓康熙皺眉，但他和普通士卒一樣，每當夜深人靜時也會思念家中的親人。再次出發前夕，他給太子寫了一封信，通過太子向太后請安，信中說：「恭請皇太后萬安。朕躬甚安，諸皇子諸王以至臣工軍士皆好。皇太子佳否？」

這裡所提到的太后是指孝惠章皇太后。孝惠是順治的第二任皇后，為人溫厚純良，她兼有孝莊侄孫女和兒媳婦的雙重身份，對孝莊非常孝順，在孝莊的葬禮上，其哀痛之狀不亞於康熙。孝莊生前，康熙與這位嫡母僅保持著官方關係，但也就是從此開始，母子二人加深了感情，以後康熙只要出京，都會通過各種方式向孝惠請安。

除了孝惠，康熙最牽掛的自然還是太子，他寫信除了問候太后外，最主要的還是想念太子，與太子的書信往來，也成了他解除征途疲憊的一劑良藥。

五月六日，中路軍抵達位於內外蒙古交界處的格德爾庫。早在三路大軍出師前，康熙曾先後派侍衛克什圖、主事保住出使噶爾丹大營，除希望設法羈其遠遁外，主要是想偵察噶軍實力及活動範圍。不料兩人一到噶爾丹大營，就遭到軟禁，後雖被釋放，但坐騎已被沒收，兩人只得步行而返。儘管如此，他們還是帶來了一個重要的情報，即噶爾丹已移駐土拉河。

通過使者坐騎被扣留這一細節，康熙分析噶爾丹尚不知清軍到來，故而暫時不會從新駐地遠遁。按照計畫，中路軍的目的地為克魯倫河，如果噶爾丹尚在土拉河的話，正好可以遏制其東竄之路。此時薩布素的東路軍正在趕往克魯倫河的途中，康熙認為他們已來不及參加戰鬥，為免兵馬徒然勞頓，遂下令東路軍停止前進，「於喀爾喀河相近、好水草處餵養馬匹。」

在克什圖、保住被噶爾丹軟禁後，科爾沁親王沙津奉康熙旨令，也派屬下佐領鄂齊爾以「投順」為名，前往噶爾丹大營，希圖擾亂噶爾丹的行動計畫，然而噶爾丹早已洞察了康熙的用意，鄂齊爾很快就被他打發回來了。

五月十日，中路軍抵達科圖，此時鄂齊爾正好返回。他給中路軍帶來了一個十分驚人的消息，聽完之後，包括內大臣索額圖、大學士伊桑阿在內的隨征臣僚無不為之色變。

據鄂齊爾奏報，噶爾丹當面對他說，之前向俄羅斯借的六萬鳥槍兵已經到了，除此之外，他又向俄羅斯借了六萬鳥槍兵，只要這批部隊一到，他就會順克魯倫河而下，直抵科爾沁，因此希望沙津等人作為內應，與之緊密配合。

中路軍內有噶軍的投誠者，他佐證說噶爾丹先前確曾向俄國請求援兵，上個月就有二十多個俄國使者來訪，隨後俄國便將一千名俄羅斯鳥槍兵和一批車裝大炮發至克魯倫河界，用以援助噶爾丹。

中路軍統帥部一片嘩亂。如果鄂齊爾的情報屬實，清軍所面對的就不再只是噶軍，而是噶俄聯軍了，噶爾丹軍本身號稱兩萬，再加上助陣的十二萬俄羅斯鳥槍兵，將達到十四萬人。雖然清軍的三路大軍合計有十五萬人左右，但必須去掉相當一部分運糧馱運人員、廝役，而且火器方面的優勢也已蕩然無存。無怪乎鄂齊爾透露說，噶爾丹已經露出了一副穩操勝券的樣子，甚至揚言可與沙津平分天下：「若我們能打敗滿洲人，我們將直接進軍北京，若我們征服了皇朝，我們將瓜分地盤。」

親貴、樞臣們個個心懷疑懼，認定此去凶多吉少。他們以索額圖、伊桑阿為首，入奏康熙，謊稱「噶爾丹去之已遠」，請聖駕回鑾，只令西路軍進剿。

康熙大為震怒，說：「真不知道索額圖、伊桑阿等把朕看成什麼人了！朕太祖高皇帝（努爾哈赤）、太宗文皇帝（皇太極）都親自仗劍上陣廝殺，這才建立了大清基業，朕可以不效法祖輩們的行事嗎？」

康熙也不能確定噶爾丹的話到底是真是假，他只知道，就算噶爾丹真的借到了那麼多俄羅斯鳥槍兵，清軍可能力不能及，也決不能「傚婦人怯懦退縮。」因為在中西兩路軍已經約期夾擊噶爾丹的情況下，一旦中路軍半途撤還，不僅意味著放棄了擒滅噶爾丹的大好機會，而且也等於將偏師受敵的西路軍推上絕路。

「（若聖駕回鑾），朕將如何回京城？如何昭告天地宗廟社稷？」康熙言辭慷慨，越說越激動，以至於淚下。他嚴厲警告眾臣：「你們這些大臣都是自願從軍效力的，既至此地，誰敢不奮勇爭先，逡巡退後，朕必誅之！」

見康熙如此激憤，諸臣連忙免冠叩首，懇請皇帝息怒：「臣等確實是因怯懦而妄奏，該死！該死！」

不久，派出去刺探噶爾丹行蹤的人回來報告，證實噶爾丹並未遠遁，只是已撤離土拉河，轉營至克魯倫河駐紮。既然噶爾丹還在，打退堂鼓的理由就更不能成立了，大臣們只得再次向康熙認錯，表示欽佩皇帝的高見。

壞運氣

一場進退之爭得以平息，康熙統一了全軍意志，下令繼續北行。一六九六年五月十三日，中路軍越過汛界，進入漠北喀爾喀地區。考慮到噶爾丹行蹤不定，仍有可能逃逸，康熙派人向費揚古傳令，要求他在繼續按原計劃向噶爾丹靠近的同時，抽調部分兵力對其可能逃逸的方向和道路進行堵截。

次日，中路軍從「擒胡山」前經過。「擒胡山」是一座由明成祖朱棣命名的山，當年朱棣五次親征大漠，第一次便到達克魯倫河並大敗蒙古韃靼部首領阿魯台，至今山頂仍有朱棣的御筆石刻。近三百年後，康熙作為清朝的皇帝親征蒙古，其進軍的季節、路線與朱棣幾乎如出一轍，這不只是巧合，說明向來注重研究明史的康熙顯然是借鑒了朱棣的經驗。

五月二十一日，中路軍到達西巴爾台，距離土拉河已僅三日行程，但就在這時，康熙突然收到費揚古的急報：西路軍為風雪所阻，已無法按照預期與中路軍會師於土拉河！

西路軍分為兩支，一支是由費揚古親率的歸化城軍，另一支是由甘肅提督孫思克率領的寧夏軍。兩軍都比中路軍出發得早，一個早十二天，一個早八天，但是他們的路程比中路軍要遠，自然條件也更為惡劣，沿途盡為荒漠沙磧，加上遭遇暴風雪，不僅行程緩慢，而且牲口倒斃、糧餉不繼。

無奈之下，費揚古被迫裁減兵員，歸化城軍原有人馬估計在三萬以上，被精簡了三分之二，費揚古率剩下的一萬餘人繼續北上。寧夏軍更慘，該軍尚未休整便上路，既影響行軍速度，又考驗體能，結果剛從寧夏出平羅口，就出現了餓斃者，直至次年康熙再次經過寧夏軍的行軍路線時，仍可以收斂到當時未及整理的士兵遺體。

後來壞運氣又接連光顧了寧夏軍，他們先被狂風刮了兩個晝夜，繼而又淋了一晝夜的大雨。「寒威凜冽，儼若隆冬」之下，馬匹大量凍餒而死，沒死的不少也疲弱不堪，只能沿途丟棄，以致「一兵不足一馬，且僅存皮骨。」西路軍原定在翁金河會師，然而當歸化城軍到達翁金河時，寧夏軍距翁金河尚有十日路程，費揚古見狀只得率歸化城軍先單獨前進。

寧夏軍距翁金河尚遠，而且因為延誤了日期，所攜軍糧也僅夠一個月食用。孫思克憂心如焚，立即召集眾將商議，提出汰弱留強，集中糧、馬，選銳北上。孫思克並非西路軍主帥，獨自做這樣的決策需承擔很大的政治風險，諸將都不同意，但孫思克堅持己見，他頗為動情地對大家說：「如果朝廷要因此加罪於我，我自承當。再者，與其讓我餓死在異域，還不如以我的一死來換取數千子弟的生還！」

孫思克下令從寧夏軍的兩萬餘人馬中挑選出兩千精壯者，其餘兵卒由在軍中素有威望的將佐率領，一律帶回寧夏。孫思克年近七旬，右臂早已傷殘及骨，但仍決定繼續率兵北上，被遣回的將士廝役全都感佩痛哭，跪請同往，稱即使到不了前線，在途中凍餓而死也心甘情願。老將軍含淚勸慰道：「你們都是我平日訓練出來的子弟兵，皆忠勇可嘉，只是現在條件所限，不能不令你們回去。」

孫思克率五百精兵先行，剩下的一千五百人加速跟進，最後他們終於追上了歸化城軍。

西路軍會合後依舊麻煩不斷。噶爾丹在從土拉河拔營轉移前，為預防清軍，下令將周圍方圓數百里的草原全部予以焚毀。當西路軍推進至這片區域時，看到的已經是一片灰燼。由於戰馬不得飽食，部隊只能繞道而行，另覓水草地，費揚古遂急報康熙，除告知無法如期到達土拉河的原因外，還請求將西路軍的到達時間推遲十天。

西路軍突然改期，使中路軍可能先期與噶爾丹相遇，這令康熙頗有措手不及之感，遂連忙召集前後各營諸王、皇子、副都統以上人員至御營，以舉行大型戰前會議的方式，討論在這種情況下，究竟是緩行以待，還是主動出擊。

會上眾人意見不一，有主張急進者，有主張暫停者，有主張徐行者。康熙原來擬訂的作戰方案為：孫思克指向西北，以截斷噶爾丹退路，薩布素遏敵沿克魯倫河東進，費揚古從背後壓向敵人，與突襲克魯倫河的中路軍實施夾擊，最終殲滅噶爾丹。該方案的要點是中路軍兵貴神速，在保守康熙親征秘密的情況下，首先對噶爾丹發起攻擊，同時以西路軍配合截擊，三皇子胤祉、領侍衛內大臣福善等人基於此，建議一面移文催促西路軍，一面趁噶爾丹不備，仍趁機會主動出擊。與之相反，另外一些諸王皇子大臣則主張「緩行以待，兩路夾攻。」

僅僅是移文催促，改變不了西路軍已經延期的事實，如果中路軍單兵突進，西路軍必定來不及截擊。可要是暫停的話，倘若噶爾丹在此期間順克魯倫河而下，則中路軍又要撲空。康熙經過深思熟慮，決定既不急進，也不暫停，而是採納第三種意見，「稍微緩進，以觀局勢。」後來的事實證明，這一改變進軍速度但不改變約期合擊的決策是完全正確的。

一言以定策

「四月天山路，今朝瀚海行，積沙流絕塞，落日度連營。」漫漫征途中，康熙寫下了一首《瀚海》。一六九六年五月二十四日，中路軍到達察罕布喇克，在這裡他們停止了前進，原因是士兵們自帶的八十天口糧大部分已經吃光，連御營都面臨著絕糧的危險。此時幸虧副都統吳留村熟悉塞外地形，命其負責押運的糧隊走捷徑先到軍中，這才得以緩解危機，康熙喜出望外，在信中以慶幸的口吻告訴太子：「我父子有救了！」

在中路軍越過汛界前，康熙曾給太子寫過信，自此之後，他一直企盼著能儘快收到太子的覆函，但是別說覆函，竟連一封簡短的問候書信都未能收到。

失望之餘，康熙大概也只能自己給自己找理由，認為太子可能是理政太忙，所以才忘記問候父皇了。在五月二十七日致太子的信中，他先描述了一下軍事形勢，隨後便忍不住流露出了自己的這種情緒：「這幾天一直沒看到你的奏章，也不知道你有沒有代朕向皇太后請安，朕很是想念你們……，皇太子佳否？」

戰事容不得康熙有太多的兒女情長。就在他給太子寫信的前一天，中路軍統帥部再次舉行會議，討論作戰方案。此時大家都已經知道了歸化城軍、寧夏軍雙雙被迫裁兵的消息，聯繫到之前噶爾丹已向俄羅斯借到六萬鳥槍兵，還有六萬鳥槍兵正在趕來的情報，前後營大臣、將軍均面有憂色。

臨敵在即，信心不足乃是兵家之大忌。康熙指出，西路軍雖然人困馬乏，兵力削弱，但中路軍未受損失，「不勞而至，人逸馬肥」，別說噶爾丹吹噓已借到了六萬俄軍，就算再有十萬俄軍，他也將運用計謀，親統大軍擊敗敵人。

康熙的動員重新點燃了眾人的激情，大臣將帥們紛紛表態：「但願敵人還未及遁逃，讓我們能夠親手殺死噶爾丹，以報我皇上之恩。」

早在二十年前，康熙就開始對噶爾丹進行秘密調查，用他自己的話來說，「朕熟計噶爾丹情形久矣。」經過調查和研究，他發現噶爾丹一方面為人狡詐，善於指東打西，但另一方面又過於自負，素無遠見，因此判斷噶爾丹既不會料到清軍遠征漠北，也猜不到康熙會御駕親征：「按照噶爾丹的性格，他必以為初春時節，正是馬匹羸瘦之際，塞外既無水草，沙磧瀚海又殊為難行，我大軍勢不能到。至於朕躬親來，他更是萬難料及。」

會上除肯定噶爾丹依舊蒙在鼓裡外，焦點主要集中於下一步該怎麼辦。康熙一言以定策：「等中路軍與噶爾丹靠近，遣使前去通知噶爾丹，就說朕親自前來，想和他訂立盟約，令其前來與我軍會議。」

次日，費揚古送來奏報，稱西路軍已加快行軍速度，預計六月二日到土拉河，六月五日即可至巴顏烏蘭。於是康熙第三次召集戰前會議，決定根據西路軍所定新的日期，調整行程速度，繼續緩慢前進，同時為了不使噶爾丹過早發現大軍到來，取消了原有的哨探活動。

一六九六年五月三十一日，中路軍離開察罕布喇克，到達拖陵布喇克。這裡距離克魯倫河僅二百三十里，而且地形開闊，水草豐美，遂被康熙作為最後的根據地，用以存放糧草。

由於已逼近噶爾丹，部隊駐地的氣氛開始變得緊張起來，御營內都增設了宿衛，建立了環營，以防噶爾丹偷襲。康熙諭令兵部：「如果遇敵交戰，副將以下至普通士兵，有退怯違令者，該部總兵有權直接正法！」又命八旗軍按所屬旗擺開迎敵陣勢。

按第二次軍前會議所定，到達拖陵後，就要向噶爾丹派出使者，但遣使的時機很重要，不能早也不能晚。康熙儘量拖延，一直拖到六月三日，估計西路軍已到土拉河，才派以公主長史多禪、中書阿必達為首的使團前往噶爾丹軍營。

康熙決定「主動沃窣」，告知噶爾丹自己已親征漠北，以及遣使以往，實際含有兩方面的考慮，一方面是「攻心為上，不戰而屈人之兵」，通過震懾加勸解的方式，迫使對方求和甚至歸降；另一方面則是羈縻噶爾丹，避免其向西逃逸，為西路軍的前來贏得時間。為此，他特地讓使團帶去了一封給噶爾丹的敕書，敕書指責噶爾丹背棄誓言，用所謂「東征」掠奪喀爾喀人，並明確告知：「朕大軍已與你逼近，西路軍已到土拉，東路軍已溯克魯倫河而來。」同時強調，因不忍生靈塗炭，才派使團前來聯繫，為的是訂立盟約，「指示地界」，以後只要噶爾丹不超出雙方約定的地界，他和喀爾喀邊民都可以安生，但若「妄動而去，則虛朕美意，而生靈有不利」——我來都來了，如果你搶了東西就跑，便是辜負了我的一片好意，那我就要不客氣了！

跑得比兔子還快

噶爾丹對清軍的到來和康熙的親征仍然毫不知情。六月五日黎明，當多禪一行到達克魯倫河畔時，被噶爾丹的侄子丹濟拉發現，丹濟拉帶著千餘人要掠取他們的馬，使團成員、侍讀學士殷紮納立即迎上前去叱責道：「你等怎敢如此無禮！聖上已經率大軍親自來了，費揚古的西路大軍也將從土拉趕來！」使團還帶來了擬加以釋放的四名噶軍俘虜，其中一名叫俄齊爾的俘虜告訴丹濟拉：「聖上確實親自來了。」

接著使團便將俘虜及康熙給噶爾丹的敕書、禮物交給丹濟拉。聽說康熙來了，丹濟拉頓時驚駭失色，他轉了轉眼珠，趕緊謊稱噶爾丹正在土拉，自己與之取得聯繫尚需幾天時間，所以請求清軍緩進，勿過克魯倫河，又色厲內荏地說如果清軍「必欲窮追，則我亦能抗拒」，隨後便匆匆收兵，飛跑回去向噶爾丹報告。

在送走使團的當天，由於降雨，中路軍未能如期前進。次日，康熙下令向克魯倫河挺進，經過一天的行軍，把與克魯倫河的距離縮短到了一百七十里。

六月六日，康熙親率前鋒軍走在最前列，其他各軍依次而上，「兵威之盛，彌山遍野，不見涯際，整齊嚴密，肅然無聲。」當大軍進至距克魯倫河約四十里處時，出使噶爾丹的阿必達返回，向康熙報告了遇見丹濟拉的情形。

丹濟拉所說的「勿過克魯倫河」、「我亦能抗拒」，無異於發出戰爭威脅。康熙登上山頂，舉著望遠鏡觀察，發現在三十至四十里外，有兩支敵軍在活動，氣氛一下子變得分外緊張。直到入夜後，清軍哨兵與噶爾丹哨兵已經「相對面駐」，清軍各營均得到命令，要求不得安營，同時馬不卸鞍，在各處設下埋伏，防止敵人偷營劫寨。御營也一樣，沒有官兵敢休息，連康熙都身披甲冑，隨時準備指揮大軍與敵人交戰。

大戰在即，康熙的心境很不平靜。雖然他做好了一往無前、絕不退縮的準備，但在傳言噶爾丹得到大量俄國軍援的情況下，對於迅速取勝他已沒有絕對把握，更為嚴重的是，由左都御史于成龍督運的大批糧草遲遲未能到達拖陵，如果接下來與噶爾丹相持時間過長，極可能會導致糧餉告罄，其後果不堪設想。

康熙內心焦慮不安，但表面上還得故作鎮定從容，在給太子寫的家書中，他透露道：「朕之心思，不能和在京城時相比，畢竟事關重大，容不得半點僥倖。這個時候，朕除了盡全部心力之外，就只有暗自祈禱，請蒼天保佑了。」

次日清晨，清軍直指克魯倫河。康熙派沙津等人率蒙古兵佯裝從西面山麓高處經過，用以引誘噶爾丹，自己親率主力部隊「爭先據河」，準備大戰。為了偵察敵方動靜，他率數人登高遠望，但令他深感詫異的是，在望遠鏡的可視範圍內，河上卻看不到一個敵兵，「見河不見人形。」戰場一片寂靜，寂靜得甚至有些可怕。康熙唯恐其中有詐，不敢輕進，他一面派出人員進行偵察，一面制訂了各種應急方案，以備不時之需。

午後，狂風大作，下起一陣雨雪，等到雨雪停歇，天空仍然烏雲密佈。康熙的心情也像糟糕的天氣一樣，鬱悶壓抑，但又無可奈何。正當他坐立不安的時候，派出去偵察的阿必達急馳而歸，奏稱克魯倫河空無一人，從地上留下的馬糞看，噶爾丹已離開足足兩天。

正好有一個噶爾丹「帳下名門之子」前來投降，據他說，噶爾丹幾天前還在克魯倫河紮營，「但他聽說皇帝親自率領軍隊前來時，他就急忙後退，恐怕此時相距已不止二三百里。」

得知噶爾丹已經逃遁，頗出康熙意料之外。他估計噶爾丹在知道他親征後，可能會有幾種反應，即歸降、求和、棄克魯倫河而逃，正是為了防止噶爾丹過早逃遁，才遣使噶爾丹，並在給噶爾丹的敕書中，著意強調了雙方應反覆遣使進行溝通的必要性。

總以為噶爾丹就算是要逃，也得顧及臉面，在逃之前向這邊派個使者，根本沒想到他會連招呼都不打一聲就溜，簡直跑得比兔子還快！

投降者同時證實，噶爾丹所說的「俄兵援助」全都是謊言，這倒使康熙心中的一塊石頭落了地，三軍士氣亦為之大振，遂立刻躡敵蹤展開追擊。

大夢初醒

原來在烏蘭布通戰役後，噶爾丹雖百般設法，實際再沒有能夠從俄國得到過任何軍援。他久據土拉和克魯倫河之間，同時不斷策反喀爾喀及內蒙古，其真正目的並不是要再次南下，而是為了引誘清軍出兵，然後進退周旋，使之凋敝。他相信這是拖垮清朝的有效辦法，「自言有成」，認為只要等到時機成熟，便「可圖大事」。

清軍深入大漠，對於噶爾丹來說倒是正中下懷，但康熙的決心之大，深入漠北的清軍之多，戰略戰術之周密，卻都是他事先沒有想到的。在丹濟拉回報後，即使看了敕書，他也不相信康熙真的已經親臨漠北，還以為清廷是在拉虎皮做大衣地嚇唬他：「康熙皇帝不在中國安居享樂，怎麼可能跑到這樣的無水瀚海中來？難道他能飛渡不成？」

直到仔細詢問了被釋的俘虜，噶爾丹才感到事情有些不妙，他急忙親自登上北方的孟納爾山遙望，結果一眼就瞥見了御營，只見御營中掛著龍旗，放著皇帝乘坐的車子。御城周圍有帷幕圍起來的皇城，皇城之外又有網城，軍容山立，其行列規模都「不似烏蘭布通時。」

噶爾丹如同大夢初醒，不禁失聲驚呼：「這些兵都是從天而降的嗎？」他急忙傳令乘夜撤退，因為撤得倉促，情形相當狼狽。一六九六年六月九日，當清軍追至克魯倫河時，已不見噶爾丹人馬蹤影，次日，大軍進入噶爾丹原駐營地，只見沿途的帳房和鍋碗瓢盆、甲冑、鞍轡、衣服、食物扔得到處都是，甚至鍋裡煮的湯都還未動過，「潰遁之狀實不堪觀。」

自六月七日至十一日，康熙以「疾馳莫憚追奔力，須使窮禽入網羅」的決心，身先士卒，疾追五日，一直追至戰略要地拖訥山，從一位準噶爾老婦人的口中，他們得知，噶爾丹早在四天前就離開了拖訥山。此時于成龍押運的糧草依舊未到，如果大軍繼續前進則距糧隊將更遠，到時必致窘迫，康熙不得已，只得像西路軍曾做過的那樣，集中糧馬，裁軍以行，從前鋒兵、滿洲火器營兵及親隨護軍中，選出兩千名精悍兵卒，每人湊足二十日口糧，由臨時任命的平北大將軍、領侍衛內大臣馬思喀率領，繼續窮追噶爾丹，其餘部隊則全部返回迎接糧隊。

在追擊和返回的途中，康熙嘲笑噶爾丹，說：「觀其不據克魯倫河拒戰，則其怯懦顯然。」又說克魯倫河乃兵家必爭之地，可是噶爾丹卻棄克魯倫河逃竄，自己把門戶讓給清軍，顯見得此人於用兵之道一無所知。他還斷言，捨克魯倫河外，周圍再沒有其他地方能供噶爾丹拒守，所以噶爾丹剩下來沒有別的招，除了逃還是逃。

不知內情者會以為康熙已經穩操勝券，孰不知他這麼做，一半是在激勵士氣，一半卻不過是在自我安慰。事實上，對噶爾丹知之甚深的康熙並不真的認為對方是個窩囊廢，也很清楚噶爾丹並未走上絕境：噶爾丹自克魯倫河逃竄後「絕不會停止」，再加上四日行程的差距，馬思喀要追上噶爾丹的希望非常渺茫，就算追上，僅僅兩千人的小部隊別說重創敵軍，能不被對方吃掉就算是萬幸了！西路軍雖是殲滅噶爾丹的希望所系，「倘費揚古兵至，噶爾丹即亡矣」，但西路軍現在究竟到了哪裡，能否切斷噶爾丹的退路，這還都是未知數。

六月十二日，費揚古密奏到達，報告因糧餉告罄和兵力不足，原計劃中由孫思克指向西北，以截斷噶爾丹退路的方案未能實施。這使康熙更加憂慮，自出師以來，他和士兵們在茫茫大漠中同甘共苦、歷盡艱辛，難道到頭來就只能達到一個把噶爾丹嚇跑的目的？當天，在給太子寫信時，他毫不掩飾地透露了自己內心的這些煩惱，當然為了讓太子放心，他也不忘添上一句：「萬一噶爾丹乘機逃脫，那他也沒有重振的可能了，總之是完結了。」

人在沮喪和受挫之際，總是特別思念親人，也分外渴望來自親人的慰藉，康熙也一樣。他在信中滿懷深情地說：「朕思念太子，難以釋懷。現在天氣熱了，將你所穿棉衣、紗衣、棉葛布袍等四件，褂子四件，一併捎來。務必揀選你穿過的，以便皇父想你時穿上。」

聰明反被聰明誤

噶爾丹何以不經一戰就放棄克魯倫河？的確，他沒有料到康熙親征漠北，清軍出兵的規模也超出了他的預計，在戰略決策上都出現了嚴重失誤。可是不要忘了，噶爾丹也是一個有經驗有膽略的軍事家，如準噶爾人所言，他們的這位大汗「向來有才，亦得人心」，在大漠草原中曾四出征伐，所向無敵，絕不是一個聽到誰的大名，就會嚇得屁滾尿流的庸碌膽小之輩，哪怕那個人是康熙。噶軍號稱兩萬，除去隨軍婦孺，實際戰鬥人員估計接近一萬人，雖然比烏蘭布通戰役時少了接近一半，但這萬人皆為百戰之精兵，又不像清軍那樣經過長途奔波，在以逸待勞的情況下，他們的戰鬥力不容低估。

康熙曾在南苑等地進行過類似的奪河演習，但他發現克魯倫河與內地的河流不同，此處河面狹窄、兩岸皆山，且山勢險峻，顯然更有利於據河防守，而不利於進攻一方。「我兵奪河交戰，猶稍費力」，這成為康熙一度判斷噶爾丹不可能馬上就棄河而走的重要理由，也就是說，噶爾丹其實完全有條件也敢於據克魯倫河而戰，他之所以要放棄克魯倫河乃是另有緣由。

由於俄國拒絕繼續給予軍援，噶爾丹不但得不到助陣的俄羅斯兵，火器也無法進行補充，此行噶軍所攜火繩槍不足兩千，反觀康熙的中路軍，則有漢軍火器營、滿洲火器營、鳥槍營、鳥槍護軍營、鳥槍驍騎營等，配備殺傷力巨大的各種火炮槍支，更不用說中路軍有兵員三萬多人，數量上也大大超過噶軍。如果噶爾丹據河以戰，受地形等限制，清軍在搶渡過河時固然有些費力，但噶軍要想立即取勝，卻也絕無可能。

康熙擔心戰局僵持不下，會導致糧餉不繼，噶爾丹最怕的則是其他方面的清軍從背後壓來，到時噶軍將因腹背受敵而陷入絕境，為此他才決定棄河而走。不過他的棄河而走，不是光逃竄這麼簡單，其實內裡暗藏殺機，包括他一開始把匆忙和狼狽之象就做得特別誇張，並暗示自己的撤逃路線，就是為了更好地麻痺和引誘清軍，以便出其不意地進行伏擊。

據在克魯倫河前線投降的噶爾丹親信丹巴哈什合供認，噶爾丹的第一個計畫是在拖訥山設伏，選擇有利地形打清軍一個措手不及，只是他聰明反被聰明誤，沒有考慮到本部的具體實情和民意，才導致最後想設伏未能成功。

烏蘭布通一戰，雖然清軍並沒有能夠取得完全勝利，但噶軍損失極其慘重，最終生還科布多的僅數千人。此事曾引起噶爾丹後方軍民的極大驚恐和不安，厄魯特部為此人心厭戰，士氣沮喪，情緒普遍低下。即便在部落狀況好轉之後，這種心理也沒有得到根本改變，噶爾丹舉行「東征」也就成了他一意孤行的結果，正如丹巴哈什合在回答康熙詢問時所說：「我等會於烏蘭布通時，即已畏懾。今來此克魯倫、土拉，我厄魯特傾『國』之人皆豫知滅亡，惟噶爾丹一人以為不然，猶妄言有成。」

當得知康熙親征漠北，並親眼看到清軍陣容極盛時，雖然部眾「莫不喪膽」，但若在克魯倫河據河抵抗，他們還是能打的，偏偏噶爾丹下令不戰而遁，這讓士兵們既迷惑不解又深為不滿，忍不住私下抱怨：「始因何而來？今因何而遁？」

噶爾丹棄河而走，使其軍隊的士氣又回到出征時的低谷，以至於一經退卻，便不可收拾。在被清軍追擊的途中，各部「彼此交怨，沿途自相戰鬥」，秩序非常混亂，而這種狼狽都已經不是噶爾丹故意裝出來的了。由於幾乎所有人都在狂奔不止，噶爾丹根本收攏不住部隊，上山設伏更是難以做到。

等到勉強把部隊控制住，噶爾丹又準備進入厄赫木布林哈蘇台的柳林，對烏蘭布通戰役中的「駝陣」進行複製，設伏邀擊清軍，但這時接獲的一份探報，迫使他改變了主意。

關鍵決策

根據探報，一股清軍正從土拉河而來，已對噶軍形成夾擊之勢。噶爾丹經過分析，判斷康熙所在的中路軍較為強大，而自土拉而來的這股清軍也就是西路軍則相對疲困，遂決定捨中路，擊西路，通過打垮和「俘掠」西路軍，衝出各路清軍所形成的包圍網。

噶軍於是向土拉出擊。為了甩掉中路軍，專心對付西路軍，噶爾丹下令繼續拋棄各種物品，甚至殘酷地殺掉士卒的妻女、稚子和病殘人員，以此急速行軍，竟一下子把中路軍甩開了四日行程。

此時的西路軍共有一萬四千人，他們在戈壁荒漠、牧草燒荒之地艱難跋涉，人人饑疲交困、面有菜色。好在這些官兵實際都是從原西路軍中挑選出來的精悍之士，所以還能憑藉意志進行支撐，尤其是在得知康熙御駕已到克魯倫河後，大家更是備受激勵，都說皇上出自深宮，尚且不畏艱險，先至敵境，我們這些大兵還敢不冒死前進嗎？

一六九六年六月十二日，即康熙收到費揚古密奏的同一天，西路軍臨近昭莫多，其前哨進入距昭莫多三十里外的特勒爾濟口，突然在那裡發現了噶軍的蹤跡。清軍立即下令嚴陣以待，但是直至過了很長時間，噶軍的大隊人馬仍沒有出現，這說明噶軍可能還沒有發現他們。費揚古當機立斷，下令所部按戰鬥隊形向昭莫多急進。

昭莫多也稱昭木多，位於土拉河上游，因樹木茂盛，故而得名。此地北有大山，山下一望無際，因地形險要，素來為漠北兵家必爭之地，明成祖朱棣擊破阿魯台即在此處。

西路軍到達昭莫多時已是午後。由於馬匹死亡過多，多數官兵都只能徒步，無法再靠馬力馳擊，費揚古選擇了「以逸待勞，餌敵來攻，反客為主，後發制人」之策，命前鋒統領碩代領兵四百對噶軍做試探性進攻，「如厄魯特力寡即行剿滅，多則徐誘之來。」

碩代等人進入持勒爾濟口後，發現噶軍大部隊果然人多勢眾，便依計一邊朝其射箭，一邊向昭莫多退卻。

噶爾丹在向土拉出擊的過程中，雖然依靠殘殺婦孺病殘的暴行，減輕了部隊前進的負擔，但也使得部下對他更加離心離德，厭戰情緒與日俱增，士卒們都私相悲嘆說：「我等似此生活，什麼時候才是個盡頭呢！」噶爾丹能明顯感受到來自內部的這股怨氣和頹喪，他知道這個時候說什麼都是白搭，只有殲滅清朝的西路軍，取得大勝，才能挽回士氣，重振雄風。見碩代等人剛一交手即「潰不成軍」，他趕緊抓住機會，親自率部向昭莫多追來。

昭莫多的南面有一座高十餘丈的小山，原本費揚古沒有考慮在小山上布兵，眼看噶軍潮湧而至，寧夏總兵殷化行建議還是應先敵一步佔領小山。費揚古則說天色已經不早，真要大打恐怕也要等到明天了，噶軍又離得這麼近，恐怕晚上守不住小山。殷化行力爭道：「就算是明天打，也應佔領此山，如果任由敵人佔領，我們的兵營就在山下，非常危險。如果覺得晚上守不住，為什麼不把大軍移到山上，列陣以守呢？」

殷化行是孫思克的屬下，孫思克支持他的意見，強調「宜據此山」。費揚古謹慎持重，認為全軍移營上山必亂，反正清軍佔有火力優勢，即使此山被敵人佔領，第二天也照樣可以憑藉火器予以圍殲。殷化行依舊堅持：「從來用兵，高處不宜讓敵。」費揚古認真考慮後，決定採納其部分建議：「既然如此，那你先移兵佔領此山。」

殷化行急令所部登山。事實證明，這是一個關係到西路軍生死存亡的關鍵決策，因為殷部剛剛登至山頂，噶軍也從另一側登至半山，若是再早上幾步，很可能搶在殷部前面，可見噶爾丹也深知小山的重要性。

西路軍設有漢軍火器營，烏蘭布通戰役後，清軍實行軍事改革，改變了原先槍炮分別列陣的傳統，鳥槍手和炮手已整合為一陣，所以火器營除統一裝備的火繩槍外，還擕有子母炮、金龍炮、沖天炮、神威炮、新造炮（也稱「制勝將軍」）等各種類型的火炮。當下已在山頂建立陣地的火器營便居高臨下，用火炮和火繩槍擊敵，噶軍死傷一片，倖存者趕緊以山石為蔽，用槍還擊，兩軍在山上展開了激烈的爭奪。

費揚古看到小山確實勢在必爭，忙率大軍上山佈陣，按其部署，孫思克與殷化行會合，率河西綠營居中，滿洲兵分佈左右，蒙古兵又分列於滿洲兵左右。

小山居馬鞍形，中部較低，噶爾丹將中部作為主要攻擊點，集中兵力予以衝擊。在他發出號令後，捨馬步戰的噶軍蜂擁著衝向小山，且「人人如猛虎，前仆後繼。」

噶爾丹以為自己攥起拳頭，這一下就能砸開缺口，他沒有想到的是，居中防守的河西綠營早在平定三藩之亂時就已聲名鵲起，這支湧現過「河西四漢將」的勁旅乃關內最能打仗的漢人軍隊之一，也是西路軍步戰力量最為雄厚的一環，號為「中堅軍」，這使得噶軍雖然傾力而至，但不僅久攻不克、傷亡甚重，而且還牽制了其主力的行動自由，削弱了其他環節上軍力的防禦和增援力量，為之後的覆亡埋下了伏筆。

最大軟肋

噶爾丹及其部下當然也不是吃乾飯的，經過反覆幾輪猛攻惡鬥，他們已開始逼近山頂。費揚古在戰鬥開始時曾調一千多寧夏騎兵居於山左，緊急關頭，殷化行命這部分騎兵全部下馬，一個騎兵牽五匹馬，多出來的人上山步戰，以增援中堅軍。中堅軍在得到增援後，又把缺口給堵了個嚴嚴實實。

康熙經過長期研究，認為噶爾丹的性格中有著莽撞卻又優柔寡斷的一面。在昭莫多戰役打響前，噶爾丹就像一個輸紅眼的賭徒一樣，急於翻本，他的性格缺陷也因而在很大程度上被放大了。當然，噶爾丹骨子裡的那種狡黠以及戰爭直覺並沒有隨之消失，如果清軍早已佔據小山，他發現無法佔據有利地勢，就很可能會捨招莫多而去，倒是清軍緩登小山這一巧合，像魚餌一樣把他給牢牢釣住了。

到了這個時候，噶爾丹已陷入了進退兩難的境地，再想撤退就得背後受敵，他只能繼續揮師猛攻山頂。噶爾丹本人打仗很猛，他的妻子阿奴也是一員驍勇女將，夫婦二人雙雙舍騎仰攻，冒著清軍的槍炮拼死衝殺，在他們的帶動下，噶軍其鋒甚銳。此時清軍已有人動搖，請求撤退明日再戰，遭到孫思克的怒斥：「有退縮者，法無赦！」將領們帶頭搏殺，肅州總兵潘育龍右腮中彈，鮮血淋漓，但仍堅持在一線作戰。

雙方從太陽偏西直殺到薄暮，始終處於膠著狀態。殷化行站在山頂觀敵瞭陣，發現噶爾丹由於把進攻重點傾注於中堅軍，導致兵力配備上已出現問題，突出表現為其左翼比較薄弱，此外噶軍陣後有許多人馬，但卻不敢前來助戰，可以斷定是其後方輜重隊。

這是噶爾丹在不經意間所暴露出來的兩個最大的軟肋，殷化行立即派人向費揚古報告，並提出具體建議：命左側軍以柳林為掩護，攔腰横衝噶軍左翼，如此強攻之敵必亂；再派一支精兵從南面繞出，沿右側奇襲敵後方輜重隊，如此強攻之敵必反顧，山上大軍乘機發起衝鋒，方可一舉破敵。

費揚古再次採納了他的建議，命左側軍上馬鳴角，迅速出擊，又派一支精銳騎兵徑取噶軍陣地後方。兩支部隊的突擊都取得了成功，效果極為明顯，尤其厄魯特全民皆兵，除了糧食外，軍士的妻兒老小等全都留在輜重隊，輜重隊一遭到攻擊，使得正在酣戰的噶軍主力人心惶恐，士氣動搖，陣腳亦因而大亂。

山上山下的清軍趁此機會齊行夾攻。「連環本柵」原為漢軍火器營的自創戰術，烏蘭布通戰役後，經過檢討，康熙欽定了該戰術的每個環節，使之成為漢軍、滿洲火器營的通行定例，其中的一個重要變革，是把火器威力與其他兵種的作戰緊密銜接起來，例如鳥槍手在完成連環射擊後，會開鹿角木為門，由騎兵發動衝擊。

由於馬匹乏力，無法用騎兵與噶軍對攻，西路軍用防守的藤牌兵代替了進攻的騎兵，每次攻擊，先將鹿角木排放於陣前，用於阻止噶軍騎兵，繼而藤牌兵「蔽身直前」，用藤牌和掮刀為鳥槍手、弓箭手提供掩護，後者「據險俯擊，弩銃迭發。」

很多噶軍士兵都沒有參加過烏蘭布通戰役，不認識鹿角木，也不知道那種「圓且紅之物」是什麼（其實是藤牌），只知道隨著它們的推進，「既到十步之內，矢下如雨。」

潰敗的噩運不可避免地降臨到了噶軍身上，所有人都開始拼命奔逃，噶爾丹率數十騎率先突圍，接著逃出的是他手下的大將丹濟拉等，防護輜重隊的大將阿喇布坦苦戰不退，身受重傷，但最後也得以沖出。其他人就沒有這麼幸運了，噶爾丹的妻子阿奴中炮陣亡，軍士死屍把河溝都填滿了，所棄武器多如蓬麻。

清軍在月光下猛追三十餘里，至特勒爾濟口，費揚古才傳令收兵，其時已是次日淩晨。檢點戰果，共殲滅噶軍兩千餘（也有說是三千餘），俘虜軍士及家屬三千餘，獲馬駝、牛羊、廬帳、器械不計其數。

清軍此次征討噶爾丹，糧食供應是個難題，由於糧食匱乏，實際參與昭莫多戰役的官兵僅一萬四千人，且又饑又疲，這也使得昭莫多戰役贏得相當驚險，「勝負之機在呼吸之間」，倘若不是殷化行多謀善斷，曉暢戎機，又加上巧合，結果很難預料。

歸途中的康熙正日夜等待前線消息，最初他得到的是平北大將軍馬思喀的奏報，稱西路軍在特勒爾濟口一帶擊敗了噶爾丹，但這畢竟還不是確信。一六九六年六月十七日，當他駐蹕拖陵布喇克時，終於收到了費揚古的奏摺。這讓他的情緒為之一變，心中的所有苦悶和憂慮頓時煙消雲散，不由得脫口而出：「如願殲滅，體面而還。」之前康熙曾默禱蒼天保佑，欣喜之中，他認為「上天眷佑，應行叩謝」，設下香案，率皇子與諸王群臣行大禮還願。

這確實是一次非凡的勝利，從京城到克魯倫河，康熙和他的將士往返九十九天，行程五千餘里，其間經歷了各種難以想像的艱難困苦，若當事人沒有超人的勇氣和毅力，早已多次選擇放棄。在班師回朝前，康熙親自撰文並命人勒石立於昭莫多，碑文曰：「一鼓而殲，漠庭遂空，磨崖刻石，丕振武功。」

當康熙一行返回至獨石口時，皇太子前來迎駕，與自己朝思暮想的愛子久別重逢，讓康熙格外欣慰。及至駕歸京城，得知太子在代理國務時兢兢業業，「舉朝皆稱皇太子之善」，康熙更加高興，因為這意味著他們父子向「高宗模式」又成功地邁進了一步。

孫思克以七十高齡參加昭莫多戰役，勞苦功高，九月十二日，他奉詔進京朝覲，康熙親自召見並給予了大量賞賜。皇帝召見功臣本不足為奇，引起外界矚目之處在於，孫思克在離京前特地到太子宮拜訪了太子，此前官員僅需向皇帝請安或辭行，但現在卻要向太子履行同樣的禮數，而這顯然受到了康熙本人的示意和允許，人們理所當然地將此跡象解讀為太子隨時可能繼承皇位。

重重喜報

在昭莫多戰役中，噶爾丹雖然一敗塗地，但費揚古的西路軍等部由於糧食匱乏，戰後很快就退入了內蒙古，導致未能及時收容更多的噶軍潰散兵卒，就連有些降者也讓他們逃走了，噶爾丹因此得以趁機收集到五千殘兵，並以之作為捲土重來的本錢。

噶爾丹不滅，終將是西北邊疆的一大隱患。十月十四日，康熙仍命太子代理國務，自己再次率部出京，親征噶爾丹。此時的噶爾丹精銳盡失，其軍事力量不足為慮，所以已不用徵集和調動大批軍隊，隨康熙出京的八旗前鋒、護軍等僅兩千餘人，再加上增調的宣化府騎兵和張家口步兵，其數量和規模也遠遠不能與首次親征時的中路軍相比。

康熙二次親征的主要目的不是打仗，而是以軍事為後盾，收撫其降眾，遏絕其外援，同時迫使噶爾丹歸降。至康熙班師回京前，目標基本達成，噶爾丹的殘餘部眾紛紛南下投清，噶爾丹在孤立無援的情況下，亦遣師表示願降，康熙定以七十天為期，聲明如果噶爾丹在這七十天內不投降，即於來年春季堅決剿除。

噶爾丹實際毫無降意。次年二月，七十天期限已過，見噶爾丹沒有動靜，康熙斷然決定第三次出塞親征，並發佈諭旨：「噶爾丹窮凶極惡，不可留於人世也，一刻尚存，即為生民之不利，務必剿除。」

對於康熙屢次親征，朝中頗有不以為然者，山西道御史周士皇即上疏勸阻，說「小丑噶爾丹」已經是窮途末路，不久就要滅亡，御駕不必再親臨沙漠。康熙認為周士皇只知其一，不知其二，以前吳三桂反叛，最初朝廷對他重視不夠，未能立即派出足夠數量的大軍前去征討，以致「吳三桂煽惑人心，遂至滋蔓」，後來「朕日夜綢繆，調遣大兵，幾費心力，方得撲滅。」噶爾丹也一樣，若不乘其窮困之機將其撲滅，待其煽惑、滋蔓，死灰復燃，朝廷要再想剿滅，必費更大周折。他強調，自己作為皇帝親臨塞外，酌量調度指揮，乃是此番得以徹底殲滅噶爾丹的一個重要保證。

第二天，即一六九七年二月二十六日，康熙啟程離開京城，前往寧夏進行軍事部署。與以往親征一樣，還是由太子代理國務，康熙對此已經很放心了，另外在他出京之前，皇子們有生病染疾的也都相繼痊癒，「宮中自然清吉」，這「重重喜報」讓康熙在出發時就心情極佳，覺得連此行的駝馬都「甚肥可愛，走路亦好。」

吉祥的徵兆自此幾乎延續了康熙的整個親征之旅。李家溝是親征必經之途，此處常年缺水，只有一口井，地方官為此提前預備了三百缸水，以備出征的人馬使用。三月十八日，康熙駐蹕李家溝，卻驚異地看到河渠裡的水都是滿滿的，足夠人馬用水，問當地老鄉，回覆說三天前水流突然從山溝中湧出，不久便高至兩三尺深而成河。

次日，駐蹕輦鄜村。據奏報，輦鄜村的水源也極少，居民為缺水而發愁，結果康熙一到，南山之下，立見水痕。眾人紛紛前往圍觀，但見地上到處湧出泉水，頃刻之間，已流溢而出。鄉人歡呼雀躍，都認為出現如此神異，乃是上天要保佑聖主。康熙素來對祥瑞吉兆不感冒，說不過偶然如此，不足為奇，但心裡無疑還是非常高興的。

四月十七日，康熙抵達寧夏。寧夏總兵殷化行迎駕，奏請皇上行圍於甘肅境內的花馬池，以觀軍容。康熙沒有同意，認為現在最重要也最緊急的大事是擒獲噶爾丹，若是組織行圍，參與行圍的寧夏兵一來一回就需七八天時間，馬匹必然疲乏，從而將影響前線戰事。他語氣豪邁地對殷化行說：「讓我們取消打獵，休養馬匹，然後去圍獵噶爾丹，如何？」

康熙抵達寧夏時，去年冬天派往塞外的使者陸續返回，他們報告噶爾丹仍無降意，但已眾叛親離，噶爾丹的屬下及其大臣，包括他最親信的重臣丹濟拉等人在內，都十分動搖。康熙親自接見過的來使格壘古英在發現噶爾丹無降意後，不僅自己毅然率妻子駝馬降清，而且對他的至親丹濟拉進行動員，促使丹濟拉也傾心於清廷。

康熙此次親征，除了剿滅噶爾丹外，還負有招徠青海等地「西陲厄魯特」的使命。在前幾次清軍對噶爾丹作戰時，青海蒙古一直採取暗中騎牆觀望的態度，在噶爾丹敗逃後，還暗中予以援助。康熙為此做了兩手準備，即一旦招徠失敗，就不得已而用兵。不料招徠異常順利，青海蒙古的王公們見噶爾丹敗亡之勢已不可逆轉，清軍聲勢赫赫，都趕緊掉轉船頭，向清朝使節表示：「咸勇服從聖化，請於四月來朝。」

「一卒不發，收十萬之眾」，康熙喜出望外，傳旨青海王公可於冬天赴京朝覲。當年年底，以紮什巴圖爾為首的青海諸王公果然來京朝見，康熙分別授之以親王、貝勒、貝子等爵位，至此，青海也與漠北蒙古一樣，被正式劃入了大清帝國的版圖。此前，康熙已在套西、哈密分編旗隊，如今對青海的有效控制，更使得清帝國的影響力迅速向天山南北和西藏等廣大地區滲透。

移動長城

康熙原定兩路出兵征剿噶爾丹，每路三千，在確證噶爾丹窮迫已極的情況下，又重新調整兵力，將每路的三千減為兩千。一六九七年五月一日，他對兩路出兵事宜進行部署，命一路出嘉峪關，一路出寧夏，對噶爾丹進行搜剿，之後北行至狼居胥山，親自為出征將士送行。

首次親征時，康熙自己指揮的中路軍因在各個驛站都提前備糧而「人不致饑」，但西路軍卻因糧餉不繼而餓死了不少兵卒，有鑑於此，康熙下令在狼居胥山附近各驛貯備糧食，同時將大量馬匹留於此地，牧放肥壯，以待大軍回師時予以補給。

等到一切就緒，他才登舟回鑾，沿黃河順流東下，並在給太子的信中預計：「唯旦夕之間，將噶爾丹或戮而送至，或擒而送至，朕坐以待之耳。」

如果讓準噶爾人來講述歷史，那麼噶爾丹無疑是個英雄，在他身上，智謀、勇猛、頑強、毅力、膽略、軍事才華，可謂一樣也不缺，也因此，他才能在短短幾年時間內就吞併各部蒙古的大片領地，從而叱吒漠北、威震中亞。可惜的是，他碰到了康熙，那是一個更加全能型的英雄，而且還有他所不具備的政治眼光和智慧，這使他的失敗變得無可避免，正如法國傳教士張誠所言：「或者，他（指噶爾丹）遇到的是一位不像康熙皇帝那麼智勇雙全的君主，說不定他的企圖就會得逞。」

噶爾丹個性強硬，康熙屢下敕諭，勸他歸降，他的屬下及大臣也加以規勸，噶爾丹始終沒有答應，但身上所要承受的壓力已讓他難堪重負。就在康熙第三次親征的前一年，有人曾見過噶爾丹，據他描述，噶爾丹約五十歲的樣子，身材高大，臉很瘦，看起來身體狀況並不是很好。

在康熙發起親征時，噶爾丹已因憂悶成疾而身患重病，且日漸惡化。五月三日上午，噶爾丹進入彌離之際，醫生力治不癒，召喇嘛前來念經亦無效，終至一命嗚呼（也有史料認為是喝毒藥自盡），距離清廷的兩路出兵，不過僅僅才兩天而已。

康熙接到奏報後大喜過望。這麼多年來，他數出沙漠，櫛風沐雨，走過許多「不毛無水之地，黃沙無人之境」，可謂「苦而不言苦，人皆避而朕不避」，為的就是能夠等到這一天。在給敬事房總管顧問行的信函中，他的這種歡快心情更是躍然紙上：「今噶爾丹已死，其下人等俱來歸順，朕之大事畢矣……，千辛萬苦之中，立此大功，若非噶爾丹，有一日，朕再不言也……，朕之一生可謂樂矣，可謂至矣，可謂盡矣！」

噶爾丹死後，丹濟拉火化了他的遺體，原準備攜其骨灰來清營投降，但途中策妄阿拉布坦的下屬奪走了骨灰。這樣一來丹濟拉不敢直接歸降，只得赴哈密，請維吾爾首領出面幫他引見，後者派人將他送到了康熙的駐蹕地。

起初見到康熙時，丹濟拉頗有些膽戰心驚，康熙看出他心懷疑懼，馬上摒退左右，獨留丹濟拉在帳內，丹濟拉這才鬆了口氣。經過簡短交談，康熙決定將歸降的噶爾丹舊屬全部編入內蒙古，安插在張家口外，並當場授丹濟拉為散秩大臣，授其子為一等侍衛，「其手下人，酌可用者披甲，給以錢糧。」

丹濟拉喜出望外，離開行幄時便對諸大臣說：「我是叛逆罪人，日暮途窮才來投誠，沒想到皇上對我毫不疑慮，盡屏左右召我入見，又蒙恩授我顯爵。聖主至勇至仁如此，令我誠心感戴，以後永遠不敢再有異心！」

噶爾丹作亂期間，多數喀爾喀都被迫遷入內蒙古，各部在寄居漠南期間，接受和實行了清朝的盟旗、封爵、法律制度，在清軍與噶爾丹的歷次戰爭中，也都有大批喀爾喀騎兵參與。噶爾丹敗亡後，喀爾喀人得以重返故土，並由多倫會盟時的三十四旗增至五十三旗（康熙末年至六十九旗），他們以「塞上雄藩」的姿態，執干戈以衛社稷，成為中國在北方的「移動長城」，北方邊防格局也因此被重新刷新，康熙一言以蔽之：「本朝不設邊防，以蒙古部落為之屏藩耳。」

第三次親征是康熙一生中較為暢懷和難忘的一個片段，隨他出征者人人無恙，甚至「四阿哥（四皇子胤禛）竟胖了」，康熙自言：「朕出外最多，未似這一次心寬意足。」可是就在勝利回京的途中，康熙這種無比愉悅的心情卻被一份關於太子的報告給攪亂了。

第十一章

潘朵拉魔盒

作為一個極有主見和決斷的君主，康熙任何時候都不能允許自己閉目塞聽，但在前兩次親征離京期間，他察覺到官場風氣正日漸變壞，言官們往往因「畏怯貴要」而緘口不語，而根據他的觀察，所謂「貴要」就是太子黨的首領索額圖。

為此，在第三次親征離京前，康熙特地對不負責任的言官加以嚴飭，同時又重新起用了一些原先因直言不諱而被革職的人，並要求他們拿出直言不諱的精神，從皇子諸王到內外大臣官員，不管誰做了貪虐不法之事，都要加以「據實指參」，甚至就算發現他這個皇帝有了過失，也要不顧情面地進言。

在康熙的鼓勵下，相關官吏終於不再對皇帝隱瞞，他們將一個很多人都知道的事實告訴了康熙：「皇太子聽信『匪人』（行為不端的人）的話，品行變了！」

所謂「品行變了」，主要指太子在「匪人」的幫助下，發生了尋找「外間婦女」等不良行為，而這幾個所謂的「匪人」具體為內務府膳房人花喇、額楚、哈哈珠子德住以及茶房人雅頭，他們私自在太子宮行走，同時涉嫌為太子做淫媒。

誰還可以做太子

康熙接到報告後如同被迎頭澆了一盆冷水，頓時又氣又急，他立即以「悖亂」之罪著將花喇、德住、雅頭處死，將額楚交與其父圈禁家中。這是康熙首次對與太子有關的人事進行處罰，它成為一個轉捩點，從此以後，人們減少了忌諱，私下開始敢於議論太子的「不孝」、「所行不善」。

無論「不孝」還是「所行不善」，都令康熙難以接受。很顯然，被處理的「匪人」都只是太子的替罪羊，對於太子「暗中搜集外間婦女」的劣跡，康熙深感難以啟齒，失望之情也溢於言表：「朕從不令外間婦女出入宮掖，亦從不令姣好少年隨侍左右，守身至潔，毫無瑕玷。……今皇太子所行若此。」

康熙對太子的感情不可避免地產生了變化，「自此朕眷愛稍衰。」在此之前，他曾考慮過讓位的可能性，「高宗模式」就是他認為可能成功的一種讓位模式，但其先決條件是太子能夠勝任新君之位以及孝敬自己，既然太子連這一先決條件都通不過，「高宗模式」自然就只能暫時擱置了。

與此同時，在太子幾次代理國務後，集結於他身邊的人越來越多，也讓康熙初步感受到了來自太子黨的咄咄逼人之勢。一六九八年，康熙分別對成年諸皇子加以冊封，授皇長子胤禔為多羅直郡王，三皇子胤祉為多羅誠郡王，四皇子胤禛、五皇子胤祺、七皇子胤祐、八皇子胤禩俱為多羅貝勒（六皇子胤祚早夭）。

康熙分封皇子的本意是分太子之權，並促使太子反省和改過自新，但他沒有想到，此舉卻相當於打開了潘朵拉魔盒，受封諸子參與國家政務，各有分撥佐領和下屬之人，在自身突然擁有權勢的情況下，見太子在皇父面前失歡，便不同程度地產生了「彼可取而代之」式的念頭，表面波瀾不驚然而卻暗流洶湧的爭儲大戰也由此打響。

如果老二胤礽不是太子，誰還可以做太子？這是皇子和大臣們私下裡共同關心的話題。首先被兄弟們從出線名單中剔出的是老三胤祉，胤祉與太子胤礽的個人關係較好，康熙首度親征塞外，因生病召太子到行宮請安時，他曾和太子同往。那時康熙尚未分封諸子，胤祉自然就依附於太子，或許是急於看到太子繼位，見皇父病重，胤祉居然也和太子一樣露出了「竊喜」的表情。一六九九年，十三皇子胤祥之母、皇貴妃敏妃去世，按規定所有皇子百日內不準剃頭，胤祉卻未等百日到期即行剃頭。這兩件事都被康熙認為是特別不孝的無禮行為（敏妃雖非胤祉生母，但名義上也是胤祉的母親），遂下旨革去胤祉的郡王爵，降為貝勒。

老大胤禔是長子，武藝不錯，康熙出征、巡行都隨其左右，特別是在胤祉獲罪降職後，更使他成了太子以下爵位最高的皇子。不過胤禔生性暴戾，非但康熙所屬不少侍衛、執事人等都曾被他擅自責打過，就連康熙的兄弟和親信重臣也會被其羞辱，最典型的那次便是胤禔隨伯父福全出征塞外，與福全發生激烈爭吵，還有一次，他甚至揚言要把傳教士南懷仁的鬍子剪下來，南懷仁只好開玩笑說，如果胤禔真要這麼做，他不會介意。康熙認為胤禔「難以管教」，經常做些讓自己覺得尷尬的事，因此並不喜歡他。

胤禔、胤祉以下，從四皇子胤禛到七皇子胤祐，在當時的人們眼中都覺得較為平庸，難以和八皇子胤禩相比。老八胤禩待人謙和有禮，不像他的幾個兄長那樣驕縱，同時聰明能幹，即便他的政敵和競爭者也不得不承認，「（胤禩）論其才具操守，諸大臣無出其右者。」在受封皇子中，胤禩與他上面的胤禛等三個兄長一同受封為貝勒，其時年僅十七歲，乃受封皇子中年齡最幼者。此後在康熙出塞時，他又多次受康熙指派，與三皇子胤祉一同辦理政務，這些都足以說明康熙對他的認可。

然而康熙對胤禩的喜愛和欣賞又是有限度的，原因與胤禩本人倒沒有太大關係，而主要緣於其家人。胤禩的母親良妃乃辛者庫出身，辛者庫是滿語，意為「管領下食口糧人」，即內務府管轄下的奴僕，這是一種罪籍，它意味著良妃的先人一定曾獲罪於朝廷，所以才會被世代編入辛者庫。

據學者考證，良妃不僅是康熙朝，也是清代各朝所有受封嬪妃中，母家地位最為卑下者。皇子之中，子以母貴，胤礽能夠一歲多就當太子，主要靠的是他母親赫舍里氏，反之，良妃的低賤出身也阻礙著胤禩的個人發展。

本來胤禩有條件對此進行彌補。他的嫡福晉郭絡羅氏（《清史稿》中作烏雅氏）是安親王岳樂的外孫女，岳樂家族乃朝中顯貴，胤禩與岳家聯姻，無形中拔高了其身價，減少了因母家地位卑微而對他產生的不利影響，同時也為他在宗室中打下了人緣基礎。可是正所謂有一得必有一失，郭絡羅氏就像是《紅樓夢》裡的王熙鳳，自小備受外祖父岳樂寵愛，以致養成了潑辣善妒的性格，兼之娘家顯赫，因此在與胤禩成婚後，便對丈夫形成了碾壓之勢。這位「胤禩府內的當家人」、「令胤禩畏懼的專橫女人」，自己沒有生育能力，卻又不准胤禩納妾，結果弄得胤禩一直無兒無女。

胤禩受封貝勒時，岳樂已經去世，其爵位由其長子瑪爾渾繼承了下來，瑪爾渾和他的兩個弟弟景熙、吳爾占在朝中個個地位顯要，也均支持胤禩奪儲，可是膝下單薄、子嗣不豐仍然對胤禩爭儲造成了致命傷。若選擇胤禩做皇儲，到他的第二代就沒有人可以再繼承下去了，別說康熙，任何一個在世的老皇帝在選擇皇儲時，恐怕都不會不對此加以考慮。

密告

胤禔、胤祉不行，就連胤禩被立為皇儲的可能性看起來也不大，但這只是周圍人們的推測，就當事人來說，卻沒有一個想要放棄。他們也很清楚，胤礽不倒臺，皇儲之位誰都得不到，於是乎，太子胤礽便成了被群而攻之的目標，他的幾乎所有爛事都被翻了出來。這些事情有些可能是真的，但還有不少其實是造謠誹謗，康熙聽得多了，也不知道哪些是真，哪些是假，不過對太子的總體印象確實是越來越差。一七〇〇年十月，他向太子宮派去總首領太監、首領太監、普通太監五人，用於加強對太子手下人的監督、管轄，其對太子的反感和防範之心可見一斑。

康熙認為，太子品性之所以變壞，除了受手下那些「匪人」的影響外，索額圖的教唆起到了最主要的作用，「（太子）驕縱之漸，實由於此，索額圖誠本朝第一罪人也。」這讓他對這個早年曾助自己清除鰲拜集團的老臣痛恨不已，恰在此時，據稱來自索額圖府「家人」的密告進一步證實了他的看法。

據密告者說，索額圖野心勃勃，為了讓太子能夠早日登基，不僅「謊稱」康熙將很快讓位於太子，還使用恐嚇伎倆，威脅要殺掉所有不肯跟他合作的人！

密告者所說的「謊稱」，無疑指的是康熙曾向太子當面表露過的「高宗模式」，那本是康熙父子自己的秘密，索額圖能夠得知，顯見是通過太子之口。對此康熙既無法否認，也不能肯定，只能籠統地指斥索額圖「背後怨尤，議論國事。」

有一段時間，康熙試圖通過起用明珠派殘餘勢力的方式，來對索額圖及「太子黨」進行牽制，如今看來還不夠，「太子黨」在朝中仍有不小的勢力，康熙遂決定引入來自皇族的其他支系與之抗衡，最明顯的便是對國舅佟家勢力的倚重：佟國綱長子鄂倫岱任領侍衛內大臣、議政大臣、都統，一人同時兼有三個要職，佟國維的三子隆科多被擢升為副都統。

與大力提拔佟家子嗣相應，在「匪人事件」發生後的三年內，康熙頻繁調換軍事將領，將駐京八旗的控制權牢牢地握於手中，做好了隨時應對京城中各種突發事件的準備。

面對康熙在不動聲色中展開的逼圍，索額圖坐臥難安，不得不於一七〇一年告老乞休。康熙念舊，對乞休的老臣一般都會予以挽留，唯索額圖的請求例外，他立即予以了批准。

索額圖離朝，自然可以減少對太子的影響。康熙對太子並沒有放棄希望，自一七〇〇年後，他每次出巡都命太子隨行，為的就是讓太子在多瞭解民情的基礎上，能夠增強身為皇儲的責任感，自覺地改掉身上的一些毛病。

一七〇二年冬，康熙第四次南巡，太子及四皇子胤禛、十三皇子胤祥均隨駕而行。當行至德州時，太子突患重感冒，因為生了病，原本就性情暴烈的太子脾氣變得更壞，經常鞭打侍從和衛兵。康熙知道太子與索額圖素來親密，索額圖又是太子的叔外公，遂召索額圖來德州行宮，對太子進行照顧。

康熙雖已避免直接管束太子，但仍密切關注著太子的一舉一動，他接到報告稱，索額圖應招來德州，乘馬至太子住所的中門後方才下馬。康熙對此非常在意，認為索額圖此舉不僅逾越了君臣之禮，而且表明和太子的關係極不正常。在此期間，他又接到密折，稱有人假冒「御前之人」，在他剛剛巡視過的山東和直隸「生事」，也就是進行敲詐勒索或尋找「外間婦女」等惡劣行徑，而其間居然無人敢於阻攔。

雖然康熙事後未點明假冒者都是些什麼人，但外界推測不外乎還是太子的手下。發現太子痼疾未除，康熙在深感痛心之餘，對太子、索額圖也更加反感，他授權地方官，如以後再遇到這樣的假冒者，不用顧慮，「即行拿解」。

由於大運河即刻結冰，康熙下令回鑾，將太子留在德州繼續養病。返京後，他得到稟報，索額圖和他的弟弟心裕毒打家奴，致死三十多人，按清初法律，「故殺家人者，降一級留任」，但康熙沒有放過這一削弱索額圖家族勢力的機會，下令從嚴懲治，索額圖無職在身，就先拿他弟弟開刀，心裕被革去了領侍衛內大臣等一切職務以及一等伯的爵位。

先發制人

自三年前康熙接到索額圖府「家人」的密告起，他便暗中對索額圖及其「太子黨」進行了調查，根據秘密調查以及索額圖在公開場合的言行，康熙將索額圖的劣行大致總結為「議論國事，結黨妄行。」所謂「議論國事」，大致是指索額圖在背後對皇帝進行議論，包括抱怨康熙明明向太子表露了讓位打算，卻又無限期延長讓位時間。「結黨妄行」，當然又跟「太子黨」有關，作為佐證，康熙把索額圖在德州時因自恃「太子黨」首腦，乃至不惜逾越皇家禮法的舉動也搬了出來，斥責索額圖：「爾自視為何等人？」

康熙一直掌握著對索額圖的告發材料和調查證據，但卻始終忍而不發，據他自己說，目的是要看索額圖有無退悔之意。

一七〇三年春，太子身體痊癒，康熙繼續南巡，仍由太子、胤禛、胤祥隨駕。這次南巡很快結束，回京後他發現索額圖不僅不思悔改，而且居然在策劃以非常手段為太子強行奪取皇位，也就是發動宮廷政變，正如後來他在傳諭索額圖時所說：「朕現在只需將你做過的那些事指出一件，就足以在此將你正法！」

發現索額圖有政變圖謀後，康熙告訴身邊的侍衛和內大臣，他無法預計這場政變即「殺人」開始的時間及其後果，不過就算索額圖以「殺人」來威嚇眾人，亦未必能達其目的：「索額圖口口聲聲要殺人，但到時究竟是他殺了別人，還是別人殺了他，誰能預料呢？」

此時康熙面臨著兩個選擇，一是坐等索額圖動手，之後再加以彈壓；二是先發制人，在索額圖發動政變前就擒賊先擒王，將他逮捕法辦。

當年八月，裕親王福全病故。儘管福全在烏蘭布通戰役中指揮失誤並受到了重罰，但康熙對他這位兄長素來抱有深厚的感情和敬意，曾命畫工創作了一幅他和福全並坐於桐樹下的畫，以示兄弟相攜，共度晚年之意。在福全病故前，他曾多次從繁重的政務中抽出時間，親往裕親王府進行探視。

福全一輩子對朝廷權爭敬而遠之，到了臨終之時，出於一片忠心，終於鼓起勇氣，當著康熙的面，揭發了內務府，特別是廣善庫（屬內務府，有向鹽商、銅幣商發放特許證的權力）的一些不法行為。這些是滿洲王公們平常心知肚明，但卻不敢跟康熙講的，因為它們多多少少都與太子有些關係。

探視完福全後不久，康熙便命宗人府將索額圖予以拘禁，看來福全的話對他產生了很大影響，最終促使他不顧太子的感受，先發制人地對索額圖予以制裁。

索額圖案牽連較廣，涉及不少朝廷要員，康熙說：「朕若盡指出，俱至滅族。」僅漢官江潢的家中就被抄出大量與索額圖的來往書信，由於參與索案的證據確鑿，江潢本人和索額圖皆無可自辯，江潢遭到逮捕並被刑部處以死刑。康熙本欲一鼓作氣，搜查索府，但考慮到如果這麼做，「連累之人甚多，舉國俱不得安」，因而又放棄了這個念頭。

康熙為避免引起政局動盪，採取了寬大為懷、不多株連的處理方式，僅以黨附索額圖之罪，鎖拿和拘禁了大臣麻爾圖等少數「斷不可寬恕者」，並將索額圖之子交給索額圖弟弟心裕、法保拘禁，以防其「別生事端」。

毫無疑問，太子在索額圖案中遭到了沉重一擊，與此同時，他在兄弟中的競爭者卻越來越多，也越來越具威脅。

在太子的一眾競爭者中，以八皇子胤禩最不容小覷。在諸般才藝中，寫字本是胤禩的弱項，康熙因不滿他的書法，遂令位列康熙朝「帖學四大家」的何焯給他做侍讀，並要他每天呈十幅字呈覽。誰知胤禩根本沒有這個耐心坐在家裡苦練書法，他選擇了叫其他人代寫，用以欺詐康熙。

胤禩雖無心跟何焯學書法和打磨學問，但卻在另外一個方面把何焯的作用發揮到了最大化。何焯籍貫蘇州，許多南方名士與之來往密切，胤禩通過何焯，和潘耒等南方著名學者建立了友好關係，他還不惜代價，派何焯的弟弟到南方收買稀世古籍。

胤禩的做法成功地贏得了南方文人學士的好感，被稱讚為「極是好學，極是個好皇子」，胤禩「賢王」的名聲亦不脛而走，被民間稱為「八賢王」。眾所周知，康熙極為重視儒學，對南方名士也很尊重，胤禩為自己精心打造的這一社會形象，自然有助於提升他在皇父心目中的地位。

除此之外，胤禩還善於結交宗室中有影響的人物和朝中大臣，並獲得他們的支持。福全生前對太子胤礽、皇長子胤禔等皇子都很反感，但最喜歡胤禩，他晚年賦閒在家，經常在自家花園內招待著名的文人學士和大臣，其間也會為胤禩說好話。康熙後來追憶：「諸臣奏稱其（胤禩）賢。」這些稱胤禩「賢」的大臣有一些就是福全家的常客，繼「太子黨」以及早已解體的明珠派之後，所謂胤禩黨也即「八爺黨」就此形成雛形。

八爺黨

在康熙冊封皇子時，以受封的八皇子胤禩劃界，胤禩十八歲，下面的皇子都尚年幼，連最大的九皇子胤禟也只有十六歲，但隨著皇子們漸漸成年，他們也開始對儲位產生了覬覦之心。

至索案爆發的這一年，胤禟已年滿二十。他在公開場合最為津津樂道的，便是其出生時，「妃娘娘（胤禟母親宜妃）曾夢日入懷，又夢見北斗神降。」

就像胤禩一樣，胤禟也發揮其無錫籍老師秦道然的作用，竭力爭取和結識南方的文人學士，秦道然不僅出面為胤禟進行社交，還經常說胤禟「有帝王相。」不過秦道然在南方名士中的人脈和影響力都遠不如何焯，更重要的是，胤禟自身的條件太差，按照四皇子胤禛及胤禟親信何圖的描述，胤禟肥胖而笨拙，「好酒色，圖受用。」康熙明顯看不上這個從外貌形象到素質能力都非常一般的兒子，胤禟知道皇父不喜歡他，私下裡也承認自己不太可能被立為太子，因此他採取了較為實際的做法，即支持與其私交甚好的胤禩奪儲。

同樣覺得自己條件不夠，決定為胤禩奪儲出力的，還有時年十五歲的十四皇子胤禵，三人以胤禩為核心，成為八爺黨最早的骨幹力量：胤禩足智多謀，他和胤禟的府第僅一牆之隔，兩人經常會面進行策劃；胤禟才能平庸，但生財有道，在康熙的所有皇子中最為富有，八爺黨的活動經費主要依賴於他；胤禵雖然年紀還小，但頗得康熙喜愛，很多事可由他出頭。

福全在與康熙的臨終談話中，特別誇讚了胤禩，說八皇子不僅性情好，而且做事實在，不浮誇。據秦道然後來供認，這實際上就出自胤禩、胤禟、胤禵的預先策劃，他們三人「同心合謀，有傾陷東宮，希圖儲位之意，因竭力趨奉老裕親王（福全），要他在聖祖（康熙）前讚揚，所以裕親王病時，力薦胤禩有才有德。」

福全的鼎力推薦顯然給康熙留下了深刻印象，在處理索案時，他特命胤禩與胤祉一起密審索額圖，這對胤禩及其八爺黨無疑都是一個不小的激勵。此後八爺黨借著這一勢頭，力量不斷增強，逐漸發展成為可與「太子黨」比肩的朝中朋黨。

與「太子黨」相比，八爺黨更為隱秘，但凝聚力和向心力更強，而且重量級人物較多，無論是前期的胤禩、胤禟、胤䄉，還是後期加入的十皇子胤䄉，大學士馬齊，均擁有相應的權勢和地位。

滿人愛讀《三國演義》、《水滸傳》，這兩本小說早在他們入主中原前就被譯成了滿文，在滿洲幾乎達到了老少皆知的地步。皇太極時期，皇太極學習運用《三國演義》中的反間計，誅殺了明朝大將袁崇煥，而後直到康熙朝平叛戰爭結束，八旗官兵在從四川撤退時，沿路只要看到有與「劉關張」、「諸葛武侯」相關的古跡，都會停下來進行瞻仰和祭拜。《三國演義》、《水滸傳》裡不但有各種巧計，還有江湖義氣、替天行道等與主流不一致的民間思想，八爺黨從中汲取了精神資源：即便皇子們之間，把他們結合在一起的紐帶，也不是手足之情，而是「義氣」二字；儒家和主流價值觀強調父父、臣臣、子子，若按照這一套來框範，八爺黨從皇子到大臣，都應絕對忠於康熙和太子，「替天行道」幫助他們突破了這一束縛，太子被他們視為肆惡虐眾的元兇，他們自己則成了懲惡除奸的英雄。

因為講義氣，所以八爺黨不會像過去的明珠派那樣，朋黨首腦有個風吹草動，便立刻呈「樹倒猢猻散」之勢，又因為追求替天行道，他們的攻擊力乃至危險性還要超出一般朋黨。當然了，八爺黨「傾陷東宮」，主要還是追逐和爭奪權力，其所自詡的替天行道、主持正義之類，只是為了讓自己在精神和輿論上能夠立於不敗之地而已，除此之外，雙方的私怨也摻雜其中——胤禩聽信乳母丈夫雅齊布的挑唆，擅自斥責御史雍泰，太子向康熙告發，導致胤禩被康熙批評，雅齊布也被充軍發配，「自此胤禩與皇太子遂成仇隙。」

暗中想除掉太子的當然不光胤禩及其朋黨，皇長子胤禔亦早有此心。順承郡王布穆巴的管家阿祿向主人引薦了一個名叫張明德的相士，布穆巴又將張明德推薦給胤禔，張明德察言觀色，看出胤禔的心思，為了騙取錢財，便信口胡吹：「皇太子罪戾，若遇我，當刺殺之！」同時又扯謊說他擁有「異能者十六人」，靠其中的兩三人就有能力刺殺太子，如果胤禔需要，可以招來一見。

胤禔府中其實自有刺殺高手，用不著張明德，所以胤禔對其提議未置可否。此後，在「太子黨」成員普奇的介紹下，張明德又去給胤禩看相，出於同樣的觀察和動機，他當場給出了「豐神清逸，仁誼敦厚，福壽綿長，誠貴相也」的評語，暗示胤禩將「位達至尊」，也就是可以當皇帝。其時新滿洲以驍勇善戰著稱，康熙曾從新滿洲挑選幾百人擔任皇宮侍衛，作為「位達至尊」的必要條件，張明德建議胤禩不妨到新滿洲招募力量，認為「得新滿洲一半，方可行事。」

胤禩聽後果然蠢蠢欲動，還找胤禟、胤禵進行商量，但因為胤禟、胤禵覺得張明德的計畫過於冒險，遂不了了之。自然，他們誰都不會把這件事奏陳皇父，更想不到此事會給他們造成嚴重後果。

假像

在「太子黨」暴露之前，康熙對諸子爭儲一直都還蒙在鼓裡，他與太子的關係似乎也並沒因為索案而受到太大影響。就在處理索案的當年，康熙西巡太原、西安，兩年後即一七〇五年又進行了第五次南巡，無論西巡還是南巡，太子都隨行在側。在巡視過程中，當康熙接見地方官員時，太子就坐在皇父身旁接受朝賀，他除了一一詢問官員姓名外，有時還與康熙所寵幸的地方貴要攀談上幾句，或寫上幾張詩詞條幅，贈送他們作為留念。

在第五次南巡中，名將張勇之子、江南提督張雲翼最得康熙寵遇。得知張雲翼經常生病，康熙主動提出要賜藥給他，為此囑咐太子說：「你記著，回去就賜。」太子回到行宮後，馬上派太監將當時較為珍稀的西洋藥奎寧送到張雲翼府上，隨藥附送的禮品還有一方硯臺，以及康熙用過的衣帽、騎過的馬匹。稍後，太子又特意致書張雲翼，說明那方硯臺的價值和康熙對他的器重：「賜提督的硯臺是我親身看著，做成後進獻給萬歲爺的。我剛剛才聽皇上說要將硯臺也賜給提督，我心裡很高興。提督是精細的人，必然知道這方硯臺有多貴重，若賜別人，我也是不肯的。」

康熙同樣很照顧太子的感受。南巡時地方官員和絆商會給皇帝送很多禮品，康熙的習慣做法是收下一些書籍、筆筒之類的書寫用具，將其他禮品一律退回，但如果官員送禮時說明是同時贈送皇帝與太子，便不會照此辦理。比如揚州鹽商送上一百件古董，其中六十件送給皇帝，四十件送給太子，最後這些禮品都被如數收下了。康熙本身並不貪利，他這麼做其實是為了遷就太子，因為他知道太子喜歡禮品，自己一旦退回，太子勢必也不能收了。

在不曉內情的人眼裡，康熙父子和諧一致，然而這只是假像，或者說是他們父子表面上硬裝出來的。事實是，處理索額圖案後，康熙父子的感情不但沒有得到彌合，反而隔閡日深，私下裡，兩人的關係也越來越緊張。

康熙方面，時刻害怕太子出現新的毛病和問題，他讓太子隨駕更多地已經不是信任和思念，而是為了方便監視，免得太子脫離自己的視線範圍。太子方面，既對康熙處分索額圖不滿，又害怕康熙沿著索案追查到自己，只能在公開場合虛與委蛇，與此同時，他原有的壞毛病非但絲毫未改，甚至還借著隨皇父出巡之機更加肆無忌憚。

康熙西巡時，山西巡撫噶禮給隨康熙出巡的吏部尚書李光地等人列了一筆帳目，這是他為迎駕已花費和將要花費的錢財：「行宮已費十八萬，今一切供饋還得十五萬。」李光地很是驚訝，因為康熙出巡，向來聲稱「沿途一切供御，皆內廷儲備」，不需地方再行花費，還曾嚴厲警告地方督撫，要求不準為了迎駕或者給隨駕人員送禮而搜刮民財，否則一經查出，絕不寬貸。

噶禮為迎駕出的錢，當然不是像揚州鹽商那樣取自自己的腰包，那麼他這一行為簡直就是在公開抗旨了。不過令李光地不解之處在於，噶禮並沒有因此受到任何處罰，康熙出人意料地選擇了忽視，仿佛這位精明的帝王根本沒有注意到上述細節。

李光地敏感地意識到，噶禮敢於如此無視聖諭，同時又連康熙都不對他嚴查，說明他一定有一個勢力不小的後臺。事實也確如其所料，噶禮屬於「太子黨」，他的後臺不是別人，正是太子。

太子視噶禮為心腹，暗中派他到南方挑選少男少女，又聘用戲班名師教這些少男少女唱戲，當太子隨康熙至西安時，噶禮便巧作安排，「每一站皆作行宮，頑童妓女皆隔歲聘南方名師教習，班列其中。」因為有太子在康熙面前為噶禮說話，即便噶禮沒有遵旨迎駕，又屢次被御史彈劾「貪婪無厭，虐吏害民」，他的官位仍舊坐得穩穩當當。

南巡期間，太子更是如同進入花花世界，個人行為已經到了恣意放縱的地步。康熙後來承認，太子在巡幸中經常擅離行宮和御舟，「朕巡幸陝西、江南、浙江等處，或駐廬舍，或御舟航，未嘗跬步妄出，未嘗一事擾民。乃胤礽同伊屬下人等，恣行乖戾，無所不至。」

當時南方的一些寺廟，已成藏汙納垢之所，除此之外，江南還有所謂「花船」，船上有妓女相陪，是夜間尋歡的另一個去處，據推測，太子「跬步妄出」，都是去了這些地方。太子也並不是只在隨父出巡時才尋花問柳，他的這一行徑可以一直追溯到「匪人事件」，在此之後也沒有得到根本收斂，康熙得到報告稱，「太子不改沉溺於酒色之舊習，他私派心腹到十三個富庶的省份勒索財富，強奪美女。」

進退維谷

在第五次南巡時，康熙之所以把太子帶在身邊，一方面是已不放心把他單獨留在京城，另一方面則是像之前出巡一樣，旨在使太子「諳習地方風俗，民間疾苦」，並促其洗心革面，這實際也是他為喚醒太子所做出的最後努力。可惜的是，太子始終無法體會皇父的一片苦心孤詣，種種劣跡令康熙尷尬至極，也失望至極。

康熙在處理索額圖的過程中，沒有對「太子黨」窮根究底，這使太子在中央和地方仍舊擁有不少羽翼。兩江總督阿山與山西巡撫噶禮一樣，都屬於太子心腹，為取悅於太子，他準備在自己所轄地區增稅，用於為巡幸鋪陳排場。江甯知府陳鵬年認為康熙已對此明令禁止，予以堅決反對，阿山只得收回成命，但對陳鵬年忌恨在心，便與太子串通，伺機進行報復，太子也由此被證實不僅私德敗壞，而且扶植黨羽，干涉政務。

龍潭離江寧不遠，乃南巡的必經之途，太子、阿山膽大妄為，竟然派人將蚯蚓和汙物放在龍潭行宮的御床上，康熙發現後自然怒不可遏，太子便乘機把責罪推到陳鵬年身上，同時敦促康熙處死陳鵬年。

康熙向大學士張英徵詢意見，張英表示他瞭解陳鵬年的為人，擔保陳鵬年斷不至做出這樣的事。康熙也覺得事情蹊蹺，可是太子仍在旁邊一再慫恿，堅持要將陳鵬年定為死罪，康熙只得把陳鵬年及一些大臣都叫來，當面予以責問。

眼看陳鵬年罪責難逃，與他私交不錯的兩淮巡鹽御史曹寅立即出面為其求情，「叩頭搗地」，直至「額血被面」，康熙這才順勢寬恕了陳鵬年。

「太子黨」並不甘心，一年後又由阿山出面，彈劾陳鵬年「不將聖訓供設吉地」，要求將其立斬。康熙已認定陳鵬年是個好官，為了對他進行保護，遂採取妥協折中的辦法，革除陳鵬年的職務，將他調京城修書處效力。

太子對政務的干涉並不僅止於地方。吏部郎中陳汝弼是康熙朝有名的「鐵面包公」，他在吏部負責管理地方官的調動、升遷，由於拒絕按太子黨成員的要求給予官職，因此遭到忌恨，反以受贓枉法而遭彈劾，隨即交刑部審訊，刑部審訊的結果是：按照陳汝弼收受贓物的數量和性質，應處絞刑！

康熙不相信陳汝弼會貪污受賄，令三法司堂重新會審。三法司堂即都察院左都御史、刑部尚書及大理寺卿，但這三個位置上的官員都是太子的人，他們在沒有獲得口供的情況下，即維持原判，認定刑部初審無誤。所幸康熙的親信、工部尚書王鴻緒也參加了會審，並從中瞭解到主審官員們進行逼供、製造偽證以及收買會審官等細節，康熙通過他知曉了事情真相，隨即示意李光地予以力保，將陳汝弼免除死刑，以革職遣送家鄉論處。

陳汝弼真正得以昭雪，還是後來的事，在康熙的親自過問下，誣陷陳汝弼的官員被集體問責，遭責問、處分者達四十餘人之多，成為京城一大案。問題在於，康熙明知內情，為什麼不當時就還陳汝弼以一個清白呢？還是因為太子！

雖然康熙從未點明太子干預了陳汝弼案，但明眼人一看就知道，皇帝一人之下，當朝除了太子，沒有誰能夠驅使和調動這麼多老資格的大員來製造陳汝弼案，甚至為此顛倒黑白。既然太子已捲入其中，康熙就不得不選擇時機，予以慎重處置。

太子舊習不改，說明他不成器，不孝和涉入政務則意味著，朝中已呈現兩大權力中心分立之勢，這讓康熙進退維谷，針鋒相對吧，父子感情不存，太子地位不保，但若繼續包容，他自己又可能大權旁落，甚至落得悲慘下場。

一七〇六年初，京城久未降雨，康熙的心境也如同天氣一樣，「朕心時刻未安」，但對於「太子黨」，他仍竭力避免與之正面交鋒，「凡京中渾賬人等指視等事，一概不聽才好。」

過去碰到棘手難題，康熙往往都會與孝莊商議，雖然祖母已經不在，但他仍期望她老人家的在天之靈能夠給予自己啟迪，或者直接喚醒太子。當年，他帶太子巡幸京畿，盛夏又同至避暑山莊，返京後即同謁孝陵、昭西陵，奠酒舉哀、默默祈禱。

康熙憂心忡忡、苦惱不已，而太子想的卻是另外一樁事，那就是讓皇父下旨繼續南巡。經過幾次南巡，康熙已認識到它會給沿途官民增加一定負擔，因此當兩江總督阿山提出請他閱視防汛工程時，他以不必親往閱視為由加以拒絕。此後諸大臣又一再叩請他接受阿山的建議，康熙就此事奏聞孝惠太后，孝惠建議接受大臣們的懇請：「皇帝躬臨指授，於地方民生甚有裨益。」

一七〇七年一月，康熙頒旨，宣佈接受太后的建議，開始第六次也是康熙一生中的最後一次南巡。此時由於運河結冰，南巡必須靠人工鑿冰開道，康熙一行花了一個月時間才到達了阿山所說的防汛工程的工地。到了那裡一看，發現工程根本不可行，倘若強行施工，不但要破壞民田房舍，還要毀民墳塚乃至鑿山穿嶺，但當初阿山提議時所呈交的圖紙顯示並沒有這些問題。後來康熙才知道，此工程本來就存在爭議，河道總督張鵬翮等人認為不可以開，「而阿山獨強以為可開」，而且遞交了與實際施工方案完全不同的圖紙。

原來這是「太子黨」為了促成南巡而偽造的一個假河工計畫，但既然已經出京，閱視河工後，康熙自然只能按計劃繼續南巡。有了上次南巡的經歷，他格外留心太子不在自己身邊時的行蹤，果不其然，一路上，他不斷接到關於太子胡作非為，瘋狂搜尋美女和姣好少年的報告，至此，太子突然熱衷於南巡的原因也就不言自明瞭。

秘密調查

早在第五次南巡的那一年，康熙就聽說蘇州存在非法買賣少年男女的勾當，聯想到太子先後暴露出的各種荒唐行徑，讓他常有心驚肉跳之感。兩年後再次南巡，他做出了一個決定，就在抵達蘇州的第二天，他派心腹太監李玉送信給其親信、工部尚書王鴻緒，令王鴻緒對非法買賣少年男女一事進行秘密調查，並特地囑咐說：「親手秘密寫來奏聞，不可令人知道，如果讓人知道，對你不利。」

在王鴻緒接到密旨四個星期後，康熙從杭州返回蘇州，當他途經石門時，王鴻緒混在一群地方官中間，借迎接聖駕之機，將密折交給了李玉。在這份密折的開頭，他沒有忘記申明：「自蒙聖主密委，凡有奏摺皆臣親自書寫，並無旁人得以窺見。」

王鴻緒報告說，經過他的調查，不單是蘇州，江南很多地方都存在非法買賣少年男女的現象，而且市場競爭相當激烈，當用於「貨源」的良家子弟不夠時，人口販子甚至還會把妓女、孌童拿去充數。

交易市場流轉的途徑也各不相同，有的是直接賣給當地官員商賈，有的是先用船運到京城，再由各處的中間人進行轉賣。買主「或自買，或買來交結要緊人員」，但在交易時幾乎無一例外使用的都是假名字，所以即便少年男女的父母到人口販子家當面收受銀兩，他們也不知道自己的兒女究竟賣給了誰。不過王鴻緒還是想方設法查到了一些買主的名字，其中有幾個居然是宮廷侍衛以及內務府人員：「侍衛五哥」以七十兩至四百五十兩不等的價格，購買了三名女孩；「侍衛邁子」正在各處買人；「廣善庫郎中德成格」買有女孩，「聞現在船上。」

五哥、德成格與其人名、職務都能對上號，尤其五哥是乾清宮侍衛，經常受康熙的指派執行使命。只有邁子，康熙看後想不出他是誰，批註了「無此名人」，據估計或是某侍衛的化名，或是被別人冒名頂替。

宮廷侍衛和內務府人員從黑市上購買女孩，固然有損皇室形象，讓康熙臉上無光，但他們都是自買自用，與「匪人事件」中被處罰的那些人有所不同，真正引起康熙重視的，還是密折中所提到的一個名叫范溥的人口販子。

範溥系徽州府人，曾在地方上任知州，後靠捐獻軍馬獲候補僉事道一職。此人儼然是人口黑市中的「紅頂商人」，不僅自身有虛銜在身，而且在官場擁有非常複雜的關係網，他常常以受到「御前人員」授權為藉口，強買平民子女，如果對方父母不肯，就通過蘇州督糧同知姜弘緒出票，將男孩稱為「小手」，女孩稱為「玉蛹」，硬逼對方父母為之簽賣身契。王鴻緒舉例說，範溥有一次在常熟見平民趙良玉的兒子長得俊秀，欲以五百兩銀子的價格強買，趙家不肯，姜弘緒便出票，讓範溥將「小手」強行抓走了。

「官商勾結，坑害良民」在非法交易中也許並不算什麼稀罕事，值得關注之處是範溥為何如此大膽，在從事非法交易時竟敢自稱受「御前人員」所授？這個「御前人員」是偽託還是真有其人？

據王鴻緒透露，就在前天，因為在參與迎駕活動時向康熙進花，範溥被賜予了御箭，他當即便手持御箭，帶著娼妓招搖過市，而全然不顧皇帝仍在附近巡視。聯繫地方官員對其非法交易的公開協助，讓人不得不認為，範溥的舉止不像是虛張聲勢，似乎他真的有通天的背景和後臺。

王鴻緒的密折令人震驚，在密折的結尾處，他請康熙在仔細審閱後，賜「御批密發」，把密折還給他，以確保不會洩密。康熙批道「知道了」，在回京途中派太監李玉將密折還給了王鴻緒。

一七〇七年七月十五日，正在熱河行宮避暑的康熙收到了王鴻緒呈上的第二道密折。王鴻緒在密折中再次提及了範溥，他查出範溥在人口非法交易中的活動異常猖獗，曾一次性買下八個十三四歲的女孩，還強買孌童、妓女，而且從來都沒有人知道其下家是誰。

范溥自稱御前人員，又敢手持御箭招搖，顯見其背景很硬。這一點在王鴻緒的進一步調查中再次得到了驗證：常熟趙良玉的妻子事後向蘇州官府要求申冤，知府賈朴卻反判她誣告，將之下獄圈禁，趙家的訴狀和冤情也從此石沉大海。

甚至連身為調查人的王鴻緒都已經有了不安全感。此事還得從他向康熙呈送第一道密折後講起，當時康熙離開石門，在蘇州停留了兩天便要離開，范溥原本又要夾到送駕隊伍裡去，但這時他忽然改變了主意，對他的一個程姓親戚說：「有漢大臣說我不好，我不去送駕吧。」程某問：「是太監給你送的信嗎？」范溥得意地回答說不是，是「『御前第一等人』給我送的信」。

王鴻緒從程某嘴裡打聽到的這段細節，足以令人毛骨悚然。因為它意味著康熙君臣儘管做足了保密工作，但王鴻緒的秘密使命仍然在最短時間內被范溥知曉了，而洩密的人就是范溥的後臺，也就是那個神秘的「御前第一等人」。

御前第一等人

康熙調查蘇州案（非法買賣人口案）的目的，最初可能只是想弄清是否與太子有關，如果有，便使用類似「匪人事件」的辦法進行處置，對相關人等包括人口販子，一律不予放過。他在看了王鴻緒第一次呈送的密折後，對於範溥口中的「御前人員」謂誰，已經有了一種不祥的預感，其後的「御前第一等人」便等於自動揭曉了答案，朝中除了太子，還有誰是「御前第一等人」呢？這從平時接見朝臣時的規矩就可以看得出來，只有太子能夠坐在康熙右邊，其他皇子和大臣全都在御座下面。

只是事情到了這一步，早已超出了原先預計的範圍。康熙在收到王鴻緒的第一道密折後，從未對任何人提及密折的內容，但也沒有把密折立即還給王鴻緒，而是在案頭保存了十天，那麼一定是有人在那十天裡偷偷地看過密折，而誰又有這個能力接近皇帝並偷看密折？

康熙突然發現，不但他在調查和監視太子，太子其實也一直在暗中監視他。王鴻緒對此自然清楚，在不方便直接提及太子名字的情況下，他不忘提醒康熙：「皇上行事向來至慎至密，人莫能測，真千古帝王所不及。不過臣就怕近年形勢不同，有窺探至尊（指康熙）動靜的人，請皇上秘密提防，萬勿輕露……。」

康熙還能說什麼呢，他在密折上批了一個字「是」，又在「御前第一等人」下朱批：「此第一等人是誰？」

康熙裝聾作啞，其實是知道調查已經進行不下去了，王鴻緒卻來了勁頭，他就像個偵探一樣，覺得光是猜測還不夠，非要將皇帝的問題坐實，才能真正結案。他托人再訪那個范溥的親戚程某，問程某「第一等人」究竟指的是皇帝旁邊的親近侍衛，還是更上層的人，但程某畏懼異常，始終不敢說出其人名。王鴻緒不甘心，第二次又派人誘使程某開口，程某還是說：「這個我萬萬不敢說的。」

王鴻緒暫時撬不開程某的嘴，只得先寫成密折向康熙報告。康熙示意不要再沿著範溥的線索進行追查，同時繼續裝糊塗：「朕不知第一等人是誰，但可確定絕非侍衛馬武。」

一七〇七年底，康熙下達敕令，聲稱將對敢於拐賣人口者嚴懲不貸，但除此之外，密查一事再無下文，既不見康熙立案，也不見誰受到處分，就連範溥都安然無恙。

自從確信身邊一直都有一雙眼睛在緊緊盯著自己的時候，康熙就陷入了一種巨大的焦慮和疑懼之中，這讓他再也顧不得什麼改掉太子的惡習，以及對勾引太子作惡的人員加以懲罰之類了，他所面臨的艱難抉擇，也由是否要對太子出手變成了該何時出手。

一七〇七年十一月，康熙在熱河避暑山莊告訴太子，他有預感，「有一事將發。」未幾，在江南起兵反清的一念和尚、隱匿於山東的明朝後裔朱三太子（真正的朱三太子，而非打著其旗號的各地義軍）相繼被捕並遇害，這等於消除了威脅清廷統治的兩大隱患。此時，太子想起了康熙在熱河說的話，便半帶恭維地對康熙說：「皇父之言驗矣。」康熙的回答意味深長：「恐怕還不止於此吧。」

這對各懷心思的父子延續著他們對彼此的猜忌和監視，直至次年一同在木蘭圍場行圍。這是一次規模較大的行圍，隨駕人員達三萬之多，除太子外，隨駕的大小皇子共七人，最大的是皇長子胤禔，最小的是十八皇子胤祄，當年僅七歲。

或許是受屢次南巡的影響，中年以後的康熙就像他父親生前一樣，越來越傾心於漢族嬪妃，由漢族嬪妃所生的子女自然越來越多。胤祄的母親密妃在諸漢族嬪妃中最受康熙寵愛，以至於康熙曾破例讓宮廷的歐洲畫家為她畫像，由於密妃的緣故，康熙也非常喜愛胤祄，所以常常把他帶在身邊。

一七〇八年九月二日，康熙一行離開熱河避暑山莊，前往木蘭圍場。二十六日，在獵場之一的永安拜昂阿，胤祄突然患病，康熙只得將他留在行宮調養，率其他人繼續行程。此後，他收到消息，胤祄雖經百般療治，但病情並無好轉，康熙遂放棄狩獵，率皇子和其他隨從人員匆匆返回行宮進行探視。就在回鑾的路上，他意外得知，皇子們在行圍過程中責打侮辱兵丁、官員乃至親王、貝勒，平郡王納爾素、貝勒海善、公普奇都遭到了毆打。

清朝自努爾哈赤、皇太極起就留有訓旨，要求不得隨意淩虐無大錯的臣僕，康熙本人更是注重君臣關係的和諧，對大臣官員「從無橫加謬辱之事」，退一步說，就算臣僕有錯，皇子也無權責打，而應奏聞皇帝依法處置。康熙對此惱怒不已，當即做出承諾：「被打之人可以當面責問皇子為何動手，稍有冤屈，即赴朕前叩告。」

在皇子們恣意妄行時，太子不但不能起到表率作用，對兄弟們的不當舉動加以勸阻，還參與其中，且性質最為惡劣，其他皇子再倡狂，尚不敢撻辱親王，而太子就敢，凡遭其淩辱的大臣官員不得不忍氣吞聲，倘有人敢於揭發他的暴戾行為，一旦被他獲悉，「即仇視其人，橫加鞭笞。」

對於太子以外的其他皇子，康熙雖認為他們的行為「有傷國家大體」、「此風不可長」，但僅止於一般性譴責。太子所為在康熙眼中就不一樣了，他在宣諭裡特地加了一句話，「是欲分朕威柄，以恣其行事也」，其實針對的就是太子，他看出太子之所以要撻辱那些親王大臣，乃是因為後者不肯依附於太子黨。

潛入者

康熙的親臨探視並未起到任何實際助益。十月十一日，胤祄的病情更加惡化，這讓康熙憂心如焚，焦急萬分。隨從官員怕老皇帝的精神和身體受不了，無不跟著發愁，皇子們或因兄弟之情，或礙於皇父，大多也都表現得神情憂悶，唯有太子無動於衷，甚而喜形於色。

當年順治因寵愛董鄂妃，曾欲立董鄂妃所生的四皇子為太子。太子與康熙暗中關係緊張，太子受此影響，顯然是擔心康熙像順治一樣，將自己的皇儲之位轉給胤礽。在他眼中，病榻上的那個小孩子的角色早已由家族成員變成了極其危險的皇位競爭者，讓一個競爭者自動退出，難道不是一件好事？

康熙看在眼裡，痛在心頭，十幾年前的那幕情景突然閃電般的重新浮現於眼前：同樣是在塞外行宮中，當年躺在病榻上的不是胤礽，而是康熙自己，病榻前的太子就像現在這樣，不僅一點都不難過，而且竊喜，竊喜，竊喜！

康熙以為他已經忘記了這一幕，但實際上並沒有，他只是暫時、刻意地將這段記憶封存在了腦海之中，一旦時機契合，記憶便會自動打開大門走出來，向主人坦露那些他所不願意承認的血淋淋的事實。

康熙痛心疾首，忍不住訓斥太子作為兄長，對弟弟「毫無友愛之意」，彷彿恨不得其他兄弟都死得一個不剩才好。太子被觸動心思，「憤然發怒」，竟當眾與康熙發生了激烈爭吵。

康熙一直擔心的「有一事將發」終於發生了，這場激烈爭吵使康熙父子原先竭力維持的表面和諧不攻自破，雙方也都不再掩飾對彼此的不滿和戒備。當天，康熙傳諭諸大臣：「你們必須據實奏報所見所聞。試想一下，如果你們隱而不奏，結果導致有人被殺，你們還敢這麼做嗎？」

大臣的隱而不奏被直接定性為犯罪，康熙還對負責傳諭的侍衛吳什、暢壽以及太監存柱強調：「如果你們三個人隱瞞了諭旨中的任何一個字，或者沒有傳達清楚，未能使所有人聽明白，朕即將你們予以正法！」

康熙此舉實際是加強了對太子的全方位監控和情報搜集，行宮中的空氣霎時變得十分緊張。僵持四天後，即一七〇八年十月十五日，見胤礽仍無好轉跡象，經過一番劇烈思想鬥爭的康熙決定繼續被中斷的木蘭行圍。畢竟木蘭行圍不是一個單純的狩獵或娛樂活動，它同時還含有練兵以及團結蒙古各部等作用。作為以明君自詡的康熙，不希望讓外界產生一個印象，即皇帝因為捨不得幼子，可以把國家大事都扔在一邊。

大隊人馬於是離開永安拜昂阿，向其他獵場進發，當天紮營於永安拜昂阿北面的布林哈蘇台。

皇宮行圍的營帳佈局由外到內，最外面稱為「網城」，由八旗軍駐紮，「網城」裡面是行營，供隨從官員和部分護軍居往，行營再往裡，就是作為核心的御營。御營一般都位於地勢高敞處，可作為行圍的瞭望點，故稱「看城」，又因設有黃色帳幕，也稱「黃幕」。皇室成員均居住於「黃幕」內，紮營次日，康熙便獲悉，太子不僅白天監視自己的一舉一動，晚上還逼近自己的營帳，並透過營帳縫隙向內窺視。康熙頓時警覺起來，為了以防不測，他把武藝高強的皇長子胤禔叫到身邊，貼身進行護衛。

晚上到了後半夜，胤禔已經離開，睡夢中的康熙突然覺得黑暗中有人向自己摸來。這一驚非同小可，他當即一躍而起，來人見康熙驚醒，迅速逃出了營帳。得知皇帝遇襲，衛士、侍臣乃至週邊的騎兵急忙趕來護駕，御營內外警聲四起，一片雜亂，而潛入者及其同夥卻乘亂逃之夭夭。

御營戒備森嚴，就像紫禁城一樣，外人根本不可能潛入，更重要的是，康熙雖然沒能看清潛入者的面目，但已經通過極短的瞬間捕捉到了對方的形態動作，還聽到潛入者的同夥呼喚他的名字。綜合判斷，他確認這個潛入者就是太子胤礽。

康熙認定太子襲擊他，除了想要篡奪皇權外，另外一個重要原因是對他處分索額圖不滿並欲替索復仇（索額圖於被拘禁的當年死於禁所）。自此，康熙深感人身安全受到嚴重威脅，「難測今日被鴆，明日遇害」，就在他心神不定的時候，十月十七日，又一個噩耗傳來，胤祄病死於永安拜昂阿，這個不幸的消息在把康熙推入痛苦深淵的同時，也促使他下定決心：該出手了！

誰都想不到的結局

諸王大臣、文武官員、侍衛都被緊急召至行宮前，康熙令太子跪在地上，之後便把鬱結於心的對太子的不滿全部傾瀉了出來。

從二十年前，康熙讓太子出閣讀書，並遴選理學名臣對其進行教育，結果卻以失敗告終講起，這被康熙視為他包容太子的起點。這二十年裡，他無時無刻不指望著太子能夠悔過自新，但事與願違，太子依舊故我，而且表現越來越壞，直至走到了蓄謀侵篡皇權的一步。

康熙歷數太子的罪狀，主要包括窮奢極欲、肆惡虐眾、覬覦皇位三個方面。他承認，自己為了盡力滿足太子的物質要求，特命太子乳母之夫淩普為內務府總管，以便一應所需，可以隨便取用。誰知太子欲壑難填，仍然向督撫大吏強行索取財賄，甚而遣使邀截喀爾喀蒙古入貢的使節，將進貢給朝廷的御馬也任意地佔有，以致蒙古各部俱不心服，對中央與地方的關係造成了嚴重影響。

說到覬覦皇位，康熙重提索額圖案，對此案做了明確定性：「從前索額圖助你胤礽潛謀大事，朕完全清楚內情，才將索額圖處死。」他還指出索案被處理後，太子又與索額圖之子格爾芬、陳爾吉善等結成黨羽，時時尋機為索額圖復仇，弄得他晝夜不寧，寢食難安。說到此處，過於激憤的康熙甚至脫口而出：「胤礽生而克母，古稱不孝之徒！」

宣佈完太子的罪狀，康熙做了總結：「朕即位以來，諸事節儉，鋪的是破壞褥子，蓋的是舊被，穿的是布襪子。胤礽所用的一切，遠遠超過朕，他還感到不滿足，又盜竊國庫，干預政事，非徹底敗壞國家殘害萬民而不能止。這樣不仁不孝的人，若是讓他做了國君，祖宗留下的江山會被折騰成什麼樣子呢？」

一想到自己即位後南征北戰、苦心經營，只為不辜負祖輩傳下的這片江山，可是膝下卻有一個如此不爭氣的太子時，康熙傷心難過到了極點，宣諭完畢即僕倒在地，痛哭流涕。早已目瞪口呆的諸大臣見狀，連忙紛紛上前，將康熙從地上攙扶起來。

康熙起身後，淚水未乾，便接著說：「太祖、太宗、世祖（努爾哈赤、皇太極、順治）艱苦創業，與朕守成的太平天下，斷不可交給此人，等回京後昭告於天地宗廟，將胤礽廢斥。」作為防範措施，他又就此向諸王大臣、文武官員等徵詢意見：「皇太子所行之事，究竟是虛是實，可以各自秉公陳奏。」

事已至此，眾人誰敢置喙，無一例外全都叩首流淚奏道：「皇上所見至聖至明，諭旨所言皇太子諸事一一皆確實，臣等實無異辭可以陳奏。」

遵照康熙的旨意，太子被當場予以鎖拿監禁，法國傳教士殷宏緒隨康熙行圍，目睹了這一令人震驚的場面，他在一封信中寫道：「一個剛剛還幾乎與皇帝平起平坐，像皇帝一樣昂首闊步的人，轉眼間就披枷戴鎖，真令人慘不忍睹。他的孩子和下屬都因他而蒙羞受辱。」

為了打擊「太子黨」，康熙同一天還下令將索額圖之子格爾芬、陳爾吉善等六人「立行正法」，另有四名官員被充發盛京。做出這些決定後，他按照以往處理類似要案的一貫原則，命侍衛吳什等人傳諭諸臣、侍衛及官兵：「此事已經了結，其他人不必害怕畏懼。此後即便有人再舉報揭發，朕亦不再追究，輾轉搜求，旁及眾人。」

行圍就這樣以一個誰都想不到的結局收了尾，康熙宣佈班師回京，同時命皇長子胤禔沿途押送太子。

太子胤礽下臺，使他的競爭者們遂了心願。胤禔因為被康熙安排做貼身護衛，以為自己已被選中接替胤礽，即所謂「立嫡不成，勢必立長」，更是表現得躍躍欲試，急不可耐。不料他那種急著想上位的神情正好被康熙看在眼裡，康熙又生氣又厭惡，認為胤禔「雖知君臣大義，護衛朕」，但卻不適合成為皇儲，他在斥責太子時就特別指出：「朕前者命直郡王胤禔，善護朕躬，並無欲立胤禔為皇太子之意。」

一七〇八年十月二十日，拘拿太子的第四天，康熙令留京的八皇子胤禩署理內務府總管。這是一個非常重要的任命，尤其在當時晦暗不明、滿朝震動的情況下，更是體現出康熙對胤禩非同一般的信任和器重。

眼看皇儲的曙光已出現在胤禩眼前，但轉瞬之間它就被一個人給驅散了，此人就是胤禔。

瘋病

得悉胤禩受到皇父器重，胤禔突然像吃錯藥一樣進奏康熙：「胤礽所行卑污，大失人心。相面人張明德曾為胤禩相面，預言他後必大貴。今欲誅胤礽，不必出自皇父之手！」他還說若立胤禩為皇太子，他願意從旁輔佐。

張明德為胤禩相面所得出的結論，本來應該是胤禩、胤禟、胤䄉三個人的秘密，何況胤禔並非「太子黨」成員，而只是與胤禩等人走得相對近一些而已。他之所以能夠得知，很可能是「太子黨」出於加強胤禩地位和影響力的目的，私底下放出風聲，才傳到了他的耳朵裡。

問題倒不在於胤禔知道此事，而是他為什麼要當著康熙的面提及？誰都知道這是敏感話題，只能私下談論，是絕對見不得光的。有人推測胤禔在自己立儲無望的情況下，想轉而依附胤禩，不料在推薦胤禩時失言，但也有人聯繫其時諸子爭儲異常激烈的背景，分析胤禔表面看似幫助胤禩，其實是故意加以陷害，因為這樣一則可以顯得自己光明磊落，遇事不向皇父隱瞞，讓皇父更加信任自己，二則可以繼太子落馬之後，把人氣極旺的胤禩也除掉，以增加自己出線的概率。

不管胤禔出於何種動機，效果都與他的想像大相徑庭。康熙在大為震驚的同時，馬上判斷胤禔、胤禩結黨謀儲，竟欲為此殺害太子，而這是他當時當地最不能接受的。要知道，他決意廢黜太子的動因之一，就是太子不念兄弟情義，對身患重病的小弟弟不僅漠不關心，還幸災樂禍，現在太子已成階下囚，胤禔、胤禩縱使不難過不傷感，又何至於為了爭儲，而迫不及待地要取其性命？這跟太子相比，又有何區別？

胤禩在康熙心目中的地位至此一落千丈，當然自作聰明的胤禔也沒能討得好，康熙當場訓斥其所言為亂臣賊子之語，讓他無旨不得妄動，隨後雖仍令胤禔看管太子，但私下裡卻加派侍衛暗中對太子進行保護，以防太子被害。

由於受到嚴密保護，即便有人想暗害太子也無從下手，但太子自己卻出現了一系列反常舉動。他白天大部分時間都在沉睡，等到半夜裡才醒過來吃東西，而且酒量奇大，飲酒數十巨觥也毫無醉意，尤為怪異的是，每逢雷雨交加的夜晚，他就變得驚恐萬狀，到處躲藏，卻又不知道究竟該躲到何處為好，平時也行為古怪，言辭荒誕。

「近觀胤礽行事，與人大有不同」，儘管康熙能夠下決心廢掉太子，然而與胤礽的感情卻並非能夠如此輕易地被割斷，他們之間除了父子情外，實際更多地還承載著康熙對故去的髮妻、祖母的思念，也因此，太子的精神狀況令康熙愈加傷心不已，每每跟諸臣談起，便老淚縱橫，涕泣不已。

康熙怎麼都想不通的是，他從小到大，對太子的教育那麼重視，生活上又悉心呵護，太子自己也熟讀四書五經，可謂通達義理，怎麼就會有這麼多惡行，這麼多「悖理妄行之舉」呢？

憤恨、失望、憂傷、惋惜、憐愛，各種複雜情緒都一齊湧上來並交織在一起，使康熙一連六天都處於失眠狀態，沒有一個晚上能睡好覺。到了第七天，他突然像開了竅一樣，曉諭群臣，說太子種種舉動，「竟類狂易之疾，似有鬼物憑之者」，意思是太子言行失常，極可能是鬼魅作祟。

康熙向來不信鬼魅，但這種解釋讓他得到了某種解脫，因為從這一天起他就再未失眠。在抵達京城的前一天，他又有了新的解釋，他對朝臣們說，太子的宮人們都住在擷芳殿，擷芳殿陰暗不潔，許多住在裡面的人都得病死了，太子時常出入擷芳殿，說不定哪一次被邪物纏身了連他自己也不知道，「以此觀之，種種舉動皆有鬼物使然，大是異事。」

一七〇八年十月二十九日，康熙回到京城，在內務府養馬的上駟院旁用氈帷搭成了特別牢房，將太子暫時關押其間，與此同時，他還派四皇子胤禛、心腹及侍衛協助胤禔看守太子，實際仍是為了防止胤禔借機對太子不利。

當天，康熙在午門內召見文武百官，宣諭拘留太子一事，兩天後他告祭天地、宗廟、社稷，宣佈廢黜太子，一周後此事被正式頒詔天下。

廢黜太子的告祭文稿系由康熙親自撰寫，寫好後，他曾讓諸皇子將文稿送給太子閱讀。太子當時沒好氣地回答道：「我的皇太子是皇父給的，皇父要廢就廢，免了告天吧。」康熙聞言很是惱火，對諸皇子說：「他的話都不成話！做皇帝的受天之命，豈有這樣大事可以不告天的嗎？」說罷板著臉宣佈，「以後他的話你們不必來奏。」

得知康熙發火，拒絕再與他保持溝通，太子有些慌了，忙對前來傳達旨意的胤禔等人說：「我別樣的不是事事都有，只有弒逆的事我實無此心，須代我奏明。」胤禔立即加以拒絕：「旨意不叫奏，誰敢再奏！」一同來傳旨的九皇子胤禟對四皇子胤禛說：「此事關係得大，似乎該奏。」胤禛表示同意，胤禔聽後依然態度冷淡，無動於衷，直到胤禛聲言自己將獨自上奏，他怕在康熙面前吃虧，才不得已將此言奏上。

太子精神錯亂雖不至於動搖康熙予以廢黜的決定，但確實已使他心軟了不少。胤禔將太子所言上奏後，他既沒有責怪皇子們違背自己的交代，替太子代奏，也沒有因太子所奏繼續對其予以斥責，而是讓諸皇子轉告太子：「你得了瘋病，所以鎖你。」隨即下旨將太子的「項上鎖開了，別的留著。」

不問蒼天問鬼神

告祭儀式結束後，廢太子胤礽即被轉入紫禁城內咸安宮予以長期幽禁，他的反常舉止不僅未有改善，而且變得更為嚴重：忽起忽坐，言行失常，經常說他看到了鬼魂並夜不能寐，為此只能不斷地給他更換住所；參加祭天時，會突然顯得惶恐不安，以致無法順利完成儀式；進食的時候吃七八碗飯都不知飽，飲酒二三十觥亦不見醉……。

康熙非常關注胤礽在幽禁中的狀況，在聽取彙報時對每個細節都詢問得非常仔細。他早就懷疑胤礽被鬼魅所侵而迷失了本性，如今變本加厲的「種種駭異之事」更是讓他既吃驚又難過。為了排遣心中的鬱悶，他忍不住把大學士李光地召入，詢問李光地對於此事的看法。

在廢黜太子之前，康熙主要依靠一些超脫黨爭或對「太子黨」表示反感的漢臣對太子進行調查，這樣做的一個好處是，如同以前鰲拜一樣，即便太子知道他們的政治態度和做法，但囿於他們是漢臣而非滿臣，也很難對其直接進行懲罰。例如受命調查蘇州案的王鴻緒就是如此，相比王鴻緒而言，李光地更受康熙的器重和信任，他也因此一步步進入了朝廷的重臣行列。

李光地是儒學名臣，自然對鬼魅之說不以為然，他小心地問康熙，「帳殿之警」即布林哈蘇台受襲的那天晚上，是不是能百分之百地確認為首的潛入者就是廢太子。康熙聽後卻默然不答，事實是，當時正是他親自指認了胤礽，只是他現在既已傾向於認為胤礽是受到了鬼魅驅使，也就不太願意正視這件事了。

沉默了好一會兒，康熙才悵然發話：「這是他（胤礽）被鬼物戲弄了，朕就不明白，為什麼他在被鬼物所迷後會變得那樣喪心病狂呢？」

「可憐夜半虛前席，不問蒼天問鬼神」，一個皇帝，一個大臣，都號稱篤信儒學，沒想到有一天卻居然面對面，正襟危坐地談論起了鬼神。李光地啼笑皆非，他依舊不相信胤礽是中了邪：「臣有幸享爵祿，鬼物尚不敢侵犯，何況天潢之胄？」

李光地說，胤礽現在的這種情形並非鬼魅所迷，也不一定全是他裝出來的，而是人性原本如此，「尊榮就會驕狂，安適就會放縱。」按照他的分析，一個人如果過於驕狂放縱，便會日漸昏昧，喪失理智，開始時不過貪圖眼前安逸，繼而就會是非顛倒，甚至以惡為善，以善為惡，發展到極端，就好像有鬼物之類附在身上一般了。

李光地以理學為據，分析得入木三分，康熙不得不承認言之有理：「回想胤礽生平，誠如卿言，但他這毛病有沒有治癒的希望呢？」

李光地回答說，「養心莫過於寡欲」，胤礽落到如此地步，就是因為欲望太盛，要使他回頭，最好的辦法是摒棄聲色對他的引誘，使之凝志寧靜、滌神清虛，久而久之，人就會變得平和，也就能慢慢恢復理智了。

康熙深受理學思想浸潤，對於李光地說的這一套，不存在任何理解和溝通上的障礙，因此一邊聽一邊不時點頭，表示完全贊同李光地的觀點。

可是人的情感往往並不受理智束縛，與李光地的交談只是暫時讓康熙覺得心裡好受，那些天，他儘管沒有失眠，但時常會做噩夢。有一天他夢見祖母孝莊在遠處默默地看著他，而且臉色非常難看，與生前迥然不同。後來又夢到了胤礽的母親赫舍里氏，康熙想和她說話，然而卻發不出一點聲音，赫舍里氏則一直垂淚不語。

除了屢做噩夢，康熙還回想起兩個令他記憶深刻的現象，一是太子被囚當天天色忽然變暗；二是回京的前一天，大風旋繞於駕前。在他看來，這些都證明太子確系被鬼魅所附身，也可以說是蒙冤被廢，而祖母、髮妻的在天之靈以及神明則在用不同方式對他表示不滿。

康熙不但放棄了李光地的那套理性分析，而且對廢黜太子也明顯有些後悔，只是在這樣舉足輕重的軍國大事上，作為一國之君，不可能馬上朝令夕改。與此同時，他決定將廢立太子大權繼續牢牢掌握在自己手中，並對圖謀爭儲的皇子予以抵制和嚴懲。

早在回京的次日，康熙就對諸皇子、領侍衛內大臣、滿洲大學士等說：「今胤礽事已完結，諸阿哥中倘有借此邀結人心，樹黨相傾者，朕斷不姑容。」雖然沒有公開點名，但顯然已意有所指。接著，他在親撰的告天祭文中又說：「臣雖有眾子，遠不及臣。如大清歷數綿長，延臣壽命，臣當益加勤勉，謹保終始。」並降旨申明：「諸阿哥中，如有鑽營謀為皇太子者，即國之賊，法斷不容。」

很快，「國之賊」就被康熙親自揪了出來，此人赫然正是胤禔口中「後必大貴」的八皇子胤禩。

杯弓蛇影

胤禩自奉命署理內務府總管後，即負責調查前任總管、廢太子胤礽乳母之夫淩普，然而當胤禩等人就調查結果向康熙進行回奏時，卻遭到康熙的當眾斥責，理由是胤禩裝濫好人，沒有將淩普的家產全部查清，而只圖草草結案。

回京後，康熙暗地裡對皇子和王公、文武官員做了一番調查，不查不知道，一查才發現，胤禩在朝中的同情者、依附者竟是如此之多，再聯繫相面人關於胤禩「後必大貴」這句話，頓時令他有了悚然心驚之感。康熙斥責胤禩，表面說的是淩普案，實質表達的卻是對他結黨爭儲，甚至超越太子，危及皇權的不滿：「八阿哥到處妄博虛名，凡朕所寬宥及所施恩澤的地方，他都歸功於己，人們也都只稱道他，那還要朕幹什麼？這是又出了一個皇太子嗎？」

講到激憤處，康熙的話語中已經是凜凜殺氣，不僅表示包括胤禩在內，誰要再在淩普案中留一手，「朕必斬爾等之首」，而且還要求眾人與胤禩保持距離，「如有一人稱道汝（指胤禩）好，朕即斬之。」

知情人都能看出，真正讓胤禩倒楣的顯然不是一個簡單的淩普案，而是相面人秘密的被暴露，後者決定了胤禩所要蒙受的嚴重後果，換句話說，即便胤禩對淩普案予以嚴查，康熙也依舊可以找出其他藉口予以打擊，而且非打不可。

次日，康熙在乾清宮召見諸皇子，直指胤禩就是窺伺大寶的「國之賊」，並以柔奸性成、妄蓄大志、要結黨羽、謀害胤礽等罪名，下令將胤禩鎖拿，交與議政處審理。

在康熙召見前，胤禟、胤禵預感不妙，就隨身帶了毒藥，準備對皇父死諫。現在眼看胤禩果然要遭殃，胤禟忙對胤禩說：「你我這時還不說話，還等什麼呢？」胤禩隨即上奏：「八阿哥無此心，臣等願保之。」康熙通過調查，已經知道胤禟、胤禩與胤禵關係極為密切，皆為其朋黨核心，一聽他們還要保胤禵，馬上來了火，怒斥道：「你們兩個要指望他（胤禵）做了皇太子，日後登極，封你們兩個親王嗎？你們的意思說，你們有義氣，都是好漢子，我看都是梁山泊的義氣！」

胤禩不肯退縮，依舊當面發毒誓說胤禵沒有謀反之心，言語舉動對康熙都不免有些衝撞。康熙勃然大怒，一邊說著「你要死，如今就死」，一邊真的從身上拔出佩刀，砍向胤禩。千鈞一髮之際，幸虧五皇子胤祺反應及時，上前一把抱住康熙的大腿，跪求皇父息怒，其他皇子也紛紛叩頭懇求。康熙才怒氣稍解，收起了佩刀，但又拿著板子朝胤禩橫打下去，胤禟跪上前抱住，被康熙劈面連打兩個巴掌，臉都打得紅腫起來。胤禩也照舊沒有能夠逃脫責罰，被打了二十大板，康熙將他與胤禟一起逐出了大殿。

胤禩為保胤禵，不惜在朝堂之上與自己公開爭吵的情景，對康熙造成了極大刺激。自此以後，在一股無名之火的支配下，康熙幾乎到了杯弓蛇影的地步，誰替胤禵講情，在他眼中誰就是罪人，而且不管是哪個皇子，一旦被他發現可能有覬覦太子之位的野心，便立刻加以冷落和打壓。

除太子外，皇子之中，原先受康熙寵愛的還有十三皇子胤祥。小時候的胤祥長得虎頭虎腦，從模樣到處事都極為呆萌可愛，有一次康熙與諸皇子在宮內遊玩，他沒跟得上，一個人被落在了後面，這時候他突然趴到地上，學著寵物狗「尋履跡伏地嗅之」，想借此找到皇父的蹤跡……。

康熙認為胤祥「生秉粹質，至性過人」，無論出京到哪裡，都盡可能把他帶在身邊，康熙一生六次南巡，其中的四次都由胤祥陪同。學者楊國維頗受康熙垂青，康熙認為楊國維的詩文無人能出其右，便特地讓他做胤祥的侍讀。這些都被大家看在眼裡，連胤禵的侍讀何焯也說，「十三殿下乃康熙帝所鍾愛也」，並斷定胤祥「將來遭遇不可知也。」

隨著胤禵被拘禁，朝中官員都推測胤祥將成為皇儲的最佳候選人，誰料康熙以此斷定胤祥亦有爭儲的心機，遂馬上轉變了對他的態度，認為胤祥是「不大勤學忠孝之人」，並提醒其他皇子「爾等若放任之，必在一處遇到他，不可不防。」胤祥猶如被打入了冷宮，不僅再也得不到與皇父出行的機會，而且皇子分封、賞賜也沒他的份，有一次康熙遍賜銀兩，連御前侍衛都得到了封賞，胤祥卻連一兩銀子都未拿到。

不光是胤祥，在此前後，三皇子胤祉、四皇子胤禛、五皇子胤祺等年長皇子都受到了審查甚至拘禁，而原因只是康熙認為他們存在結黨和謀儲的可能。

第十二章
最後的戰鬥

清廷原先並沒有預先立儲這一說，連康熙本人也是在順治臨終前指定的，如今，面對諸子圍繞儲位相爭的紛亂局面，康熙發生劇烈動搖，順治等祖輩臨終立儲的做法又重新在他心中佔據上風。一七〇八年十一月十二日，他對諸皇子、大臣宣佈：「今立皇太子之事，朕心已有成算，但不告知諸大臣，亦不讓你們眾人知，到朕告知時，你們只需遵朕旨執行就好。」

在公開自己新的建儲想法時，康熙沒有忘記繼續清算帶頭結黨和爭儲者：「八阿哥胤禩向來奸詐，你們如果由於八阿哥系朕之子的緣故，就對他徇情出脫，以致把旁人推出來頂罪，朕決不允許！」

胤禩落馬，相面人張明德案乃主要誘因，康熙回京後一直在派人對張案進行偵查。該案於第二天審結，康熙親自主審，在將胤禩、胤禟、胤䄉與張明德的口供進行互相對照後，確認胤禩曾找張明德為其相面，張明德亦誇他有「非常之福。」

康熙問胤禩為什麼要相面，胤禩奏稱：「我因不曾有子，所以相面。」想到胤禩可能真的是因為無子相面，才惹出後面的許多是非，康熙惱怒不已，說都是岳樂從小嬌生慣養，使得胤禩之妻郭絡羅氏養成「惡行」，又指責胤禩過於懼內，「素受制於其妻……，任其嫉妒行惡，是以胤禩迄今未生子。」

樹欲靜而風不止

審訊結果中另外一個對胤禩不利的地方，是張明德曾對胤禩說：「皇太子行事兇惡已極，我有好漢，可謀行刺。」而胤禩不但未向康熙奏報，還將這些話轉告了胤禟、胤䄉。康熙對此緊盯不放：「胤禩知而不奏，為臣子者可以這樣嗎？」他命令胤禟、胤䄉也必須老實交代當時的經過情形。

胤禟、胤䄉供稱，他們聽胤禩轉述張明德的話後，便立即對胤禩說：「此事關係重大，你是什麼人，這種事也敢到處亂說，你難道有瘋病嗎？你這樣是萬萬不行的。」隨後兩人就將胤禩給轟出了府。

胤禟、胤䄉與胤禩同為一體，又奉胤禩為核心，即便他們因覺得張明德的計畫過於冒險而表示不同意，也不至於如此對待胤禩，但胤禩卻從旁予以了證實。可以想像得到，在胤禩被拘禁前，八爺黨高層一定預備了多條應急方案，其中一條就是如果實在保不住胤禩，便竭力避免把胤禟、胤䄉牽扯進來，他們事先也有針對性地進行過串供。

儘管康熙明知胤禟、胤䄉與胤禩的真實關係，但兩人的供述仍讓他鬆了口氣，他決定寬宥胤禟、胤䄉，只以「聞張明德如許妄言，竟不奏聞」為由，對胤禩進行處置，將其革去貝勒爵位，降為閒散宗室。

張案審訊官員將該案主犯張明德定為斬立決，康熙改為淩遲處死，又要求牽涉此案的人員全部到行刑現場觀看，意在震懾眾人。與此同時，他卻又親書諭旨給諸皇子和大臣，語氣形同告饒：「今朕年已老，愈加畏懼……，得終天年，於願足矣。」

隔一天後，當康熙再次向皇子們發表談話時，終於直接道出了他心中的「畏懼」：「眾阿哥，你們都必須清楚，朕是你們的君父，朕如何降旨，你們就如何遵行，這才是做臣子的正理。如果你們記不住這一點，那麼將來朕躬考終（即去世），你們必定會將朕扔在乾清宮內，然後再為爭奪皇位而束甲相爭。」

康熙從來以硬漢形象示人，無論三藩之亂還是三征噶爾丹，都沒讓他皺過眉頭，但發生在宮廷內部的這場戰爭才剛剛開始沒多久，就已經讓他有了力不從心之感，過去與他廝殺的是外姓敵人，輸了可以再來，贏一場則意味著離勝利的終點更近一步，但如今向他沖來或倒在他面前的，卻是一個個皇子，與彼作戰，無論輸贏都彷佛在一點點地吞噬他自己的血肉，而勝利也逐漸變得遙不可及。

素來是樹欲靜而風不止，康熙越懼戰，硝煙反而越無消散之跡象。一七〇八年十一月二十六日，康熙從三皇子胤祉口中意外得知，他的牧馬場有一個蒙古馬夫，還是個喇嘛，名叫巴漢格隆，此人自幼學醫並懂得巫蠱之術。據胤祉說，皇長子胤禔曾把巴漢格隆和另外兩名喇嘛召去，用於鎮魘廢太子胤礽。

康熙拍案而起，立即下令鎖拿胤禔的護衛嗇楞、雅突，並派人對胤禔鎮魘一事進行審查，審查結果表明胤祉所奏屬實。二十八日，辦案人員進入胤禔府搜查，在中庭園內的共十處地點，掘出了喇嘛所用的大量鎮魘物。接著，胤禔在看守胤礽期間迫害其從人的罪行也被牽出：胤礽所屬的所有匠人被胤禔盡行收去，又加以苦刑，匠人們忍受不了，有的逃亡，有的被逼上吊自殺。

鎮魘案以及張明德案，兩案一前一後，揭示出了許多足以令康熙心驚肉跳的內幕。他這才知道，原來皇子們為爭儲早已形成各個敵對派別，他們相互之間也都準備了暗殺和反暗殺計畫。胤禔對此最為熱衷，除隨從外，他專門招募了一批職業暗殺高手，可以隨時用於暗殺敵對派，他自己為防刺客，晚上都緊鎖房門，還讓護衛用木板將其臥室的窗子全都堵住。可以想見，胤禔當初沒有立即接受張明德的刺殺建議，不是對之不感興趣，而是他本身就有這方面的計畫及其資源。

明珠派瓦解後，胤禔自成一黨，不僅獲得了朝中一些大臣、侍衛、太監的支持，而且八旗軍中也有佐領和官兵效忠於他，按照康熙的瞭解，是全國「各處俱有」他的人。胤禔黨不僅僅與胤礽及其他反對派作對，也嚴重威脅著皇權，在胤禔的唆使下，一直都有三四名太監或一兩名侍衛，在偷偷地監視康熙，甚至還有一種說法，在胤礽被拘禁後，胤禔曾擅自將天津鎮的部隊調至古北口外，其意莫測。

康熙自與鰲拜集團角鬥起，便對監視他本人以及朝中兵權分外敏感，胤禔所為正好觸及了這一敏感點，他對此心有餘悸，想到若未加提防，胤禔會不會趁自己出京之際，假冒孝惠太后的旨意或自己的密旨發動政變，「肆行殺人，倡狂妄動？」同時他也慶幸及早看穿了胤禔的真面目，使其上位的陰謀未能得逞：「胤禔秉性急躁、愚頑，豈可立為皇太子！」

對於應如何處理胤禔，胤禔的母親惠妃奏稱兒子不孝，請予正法，康熙嘴裡喊打喊殺，但畢竟是親生兒子，哪裡下得去手，他下令暫時將胤禔嚴格看管，略有舉動，即行奏聞，稍後又宣佈革其王爵，終身幽禁，所屬包衣佐領一律收回，另賜別人。

對症下藥

康熙原先就懷疑廢太子胤礽為鬼魅所附身，鎮魘案如其所願地坐實了這一猜測。胤礽的侍從人員向他奏報，鎮魘物被搜出的當天，胤礽突作瘋癲狀，樣子十分可怕，幾乎要自殺。眾人拼命將他按住，片刻後他才清醒過來，清醒後，他自己也極為懵懂，問周圍的人：「我剛剛究竟做了什麼？」

胤礽的舉動很可以被解釋成有意為之，因為胤禔被查後，廢太子及其侍從人員與外界的資訊已經沒有太多障礙，一旦知道胤禔曾經鎮魘自己，胤礽最好的自保之法，無疑就是繼續強化其被害者的角色。果然，康熙聞訊甚為動容，他說他讀過一些關於巫術的書，總以為這些東西不可全信，但經歷此事，才知道巫術確實可以影響人的神志，也才明白胤礽從前所為惡行均系被「魘魅」的結果。

自胤礽被廢以來，康熙終日心情低落，在認為胤礽受胤禔所害，「蒙冤」致瘋後，更是萬分後悔，以致吃不下飯，睡不著覺，「日日不能釋然於懷」，且「無日不流涕」。一七〇八年十一月三十日，他去南苑行圍，與以往胤礽及諸皇子隨行，隊伍熱鬧融洽的情景相比，此行孤孤單單、冷冷清清。康熙倍感傷心，不久就病倒了，回宮後，他馬上召見胤禩、胤礽，並分別與之進行了簡短談話。

胤禩系因嫌疑結黨爭儲而被拘押，此次受到召見，說明由於胤禔被定為謀害胤礽的首惡和主謀，康熙已決定對他以及其他皇子寬大為懷。當然，康熙最想見的還是胤礽，由於想念對方，他連續兩次召見胤礽，過後自稱每見一次，「胸中疏快一次」。

處於這種情境之下，胤礽迅速捕捉到了皇父所需以及自己該如何應對，他除了把他的諸多錯誤歸結成「為鬼魅所憑蔽」外，又順著康熙的意思，把索額圖父子拖過來頂罪，說那時的悖亂行事，都是索額圖父子背著他所為。他還向康熙發誓，從此以後將「不違皇父之令，不報舊仇，盡去奢侈、虐眾等種種壞毛病，改惡從善。」康熙聽了大為高興，對胤礽說「自此以後，不復再提往事」，過去那些不開心的事情，我們誰也不要再提了。

假如往事真的可以成為雲煙散去無蹤，皇子之中康熙最愛的無疑還是胤礽，他的建儲思想也因此再一次發生轉變，即由臨終立儲又回到了復立胤礽為太子。十二月十四日，他發表談話，將他和胤礽見面談話的部分內容，也即胤礽受胤禔「魘魅」、索額圖父子所害，以及胤礽的承諾予以對外公開。

大臣中不乏聰明人，馬上聽出康熙是在為復立胤礽製造輿論。次日，左副御史勞之辨即上疏請「早正東宮」，復立胤礽為太子。令人意想不到的是，康熙接疏後卻斥責勞之辨「行事甚為奸詭」，下令革職，交刑部打四十大板後逐回原籍。

勞之辨舊屬「太子黨」，過去一貫支持胤礽，這是包括康熙在內的很多人都知道的。胤礽既為康熙親手所廢，出於維護自己面子和權威，以及防止朝中結黨之風再起的需要，他在重立太子的問題上更願意擺出一副公平、公正、公開的態度，勞之辨操之過急的做法，反弄得康熙有些尷尬，所以才不得不給勞之辨以顏色。

康熙行軍打仗，一向都是兵馬未動、糧草先行，不屯積足夠的軍需，絕不隨意出擊。他的這一軍事風格，也被延伸到對政事的處理和權術運用上，他在與臣下的交談中，一面繼續流露出欲復立胤礽之意，一面卻又欲蓋彌彰地警示群臣，說他雖然多次提及有關胤礽的往事，但這不代表他已完全寬宥胤礽。因為在他看來，胤礽的神志是否真正清醒還是一件懸而未決的事，「其語仍略帶瘋狂」，總之一句話，「其附廢皇太子之人，不必喜；其不附廢皇太子之人，亦不必憂。」

過了幾天，他猜想著滿朝文武已對自己的意圖了然於心，康熙開始主動進行試探。法國傳教士殷宏緒在一封信中寫道，「皇帝（康熙）多次詢問帝國顯要，既然太子的無辜已經眾所周知，難道他無權令其自由嗎？多數顯要漠然答道，皇帝是主子，有權決定做使他高興的事。」

據分析，殷宏緒這裡所說的「帝國顯要」，應該是指國舅佟國維等皇親國戚，特別是佟國維，他不僅是康熙的舅舅，而且還是康熙的岳父（孝懿仁皇后、慤惠皇貴妃均為佟國維的女兒。）或許正是在他們的支持也可以說是「誘使」下，康熙破天荒地決定搞一次大民主，讓朝臣推薦太子。

在確定滿臣肯定會按自己心願行事的前提下，康熙想到還得給漢臣們打個預防針。他把大學士李光地找來，詢問對胤礽的病，「如何醫治，方可痊好」，實際是要啟發李光地：胤礽的病既由廢太子引起，對症下藥的唯一辦法自然只有復立。

李光地立刻揣摩出了他的意思，便沒再套用「養心莫過於寡欲」之類的話，而是答道：「徐徐調治，天下之福。」君臣彼此心領神會，由此達成了默契。

落空

一七〇八年十二月二十日，康熙召滿漢文武大臣齊集暢春園，開門見山地提出重新立嗣：「朕躬近來雖照常安適，但漸覺虛弱，人生難料，託付無人。」他命自己的女婿、科爾沁親王班第進行主持，組織大臣們對新太子人選進行討論，並且指示說，皇長子胤禔行為惡劣，虐戾不堪，不在考慮範圍之內，「除他之外，你們看朕的哪位皇子合適，朕一定聽從你們的建議。」

康熙說的當然不是真心話，只是為了顯示自己不偏不倚而已。他一心想的都是復立胤礽，考慮到胤禩在被拘押前曾是儲位的最有力爭奪者，加之又與胤礽同蒙召見，他還怕群臣產生錯覺，把胤禩給推薦上來，為此又特地叮囑，要求不能讓與胤禩較為接近的滿洲大學士馬齊參與討論。

做過這樣自以為周密的安排後，康熙滿心以為已穩操勝券，但他沒有想到，之後事態的發展卻完全超出了他的預想。

當天，在班第的主持下，滿漢文武大臣分班列坐，一開始，多數大臣都露出為難的表情，說：「此事關係甚大，非人臣所能言，我等如何可以推舉？」這時領侍衛內大臣阿靈阿、散佚大臣鄂倫岱、侍郎揆敘、戶部尚書王鴻緒等人經過討議，發表意見：「剛剛我們大家都當著皇上的面接了諭旨，皇上要求務必舉出新太子人選，我們可不能輕慢了聖旨！」

發表意見者都是大有來頭和背景之人，阿靈阿是前輔政大臣遏必隆之子，鄂倫岱是佟國綱之子，揆敘是明珠之子，王鴻緒是康熙的親信，前面三個可以代表滿臣和滿洲王公，後面一個也足以令其他漢臣服氣。四人主張推舉胤禩，經他們提議，群臣很快便就此達成共識，眾人將「八阿哥」三個字書於紙上，交內侍梁九功、李玉轉奏康熙。

康熙所預設的兩條線至此雙雙落空，即滿臣中沒有人推舉胤礽，而漢臣中李光地也未吭聲。李光地自有苦衷，他雖然猜透了皇帝的心思，但他是個超黨派者，無論「太子黨」還是八爺黨都不喜歡他，為少惹是非，在那次康熙找他談話後，他沒有和任何人提起復立太子的事，如今又見諸大臣都一致推舉胤禩，他也不好表示反對，只能終席保持沉默。

當看到內侍送來的紙條時，康熙頓時大吃一驚，不由又悔又惱。無奈之下，他只得以胤禩缺乏治國理政的經驗，剛剛犯下罪行以及母親出身低賤等為由，對胤禩加以否決，傳諭令大臣們重新進行醞釀。見皇帝出爾反爾，諸臣面面相覷，都不敢再議了，儘管康熙讓梁九功、李玉再次傳旨「爾等不必疑懼」，依然沒人站出來推舉胤礽復立。

梁、李兩位內侍在寢宮與會議廳之間來回地跑來跑去，弄得康熙自己都覺得狼狽不堪，只好臨時想辦法，提出可以安排大臣們直接和自己見面，並讓每個人在紙條上寫下自己心儀的人選，再把紙條交給他看。與此同時，他又傳諭李光地，半責怪半提醒地說：「上次召你入內，你曾有陳奏，怎麼今天一句話都不講？」

直到傳諭李光地，諸臣才恍然大悟，但到了這個地步，康熙已經感覺很丟臉了，加上時已黃昏，亦不可能再一一召見群臣，他只得令諸臣退下，明天拂曉再議。

這個晚上對康熙君臣來說都註定是個不眠之夜。康熙只需靜下心來一想就會明白，所謂讓每個大臣寫紙條也並不牢靠，誰能保證他們中的絕大多數不會在紙上寫「八阿哥」呢？到時他固然可以睜著眼睛說瞎話，假稱眾人推舉的都是胤礽，但那樣的話，他還是那個張口閉口「仁義禮智信」的賢明君主嗎？

既然已經打臉那就索性打到底吧，次日，康熙再不提民主推舉，直接就表達了要復立胤礽的意思，而其依據居然是他的那些夢境：孝莊和赫舍里氏因胤礽「蒙冤」而入其夢中，且二人顯然都不同意他廢黜太子。

康熙也知道群臣有想法，因此說：「朕並不急於立胤礽為皇太子，但希望你們大臣能理解朕。」鑒於有人擔心自己沒有提名胤礽，或與胤礽有隙，廢太子復立後會不會受到報復，他又再次保證胤礽即便復位也不會進行報復，「朕可以力保之也。」

僅隔一天，康熙把胤礽、諸皇子及諸王大臣都召集到一起，除繼續為胤礽澄清「冤枉」外，又當眾將胤礽予以釋放，並讓胤礽當眾表態。到了這個時候，胤礽哪還會不乖覺，他不但承認從前所做的事都是自己不對，以及保證絕不會向任何人進行報復，還主動撇清自己絕無復立之念：「你們大家如果還希望我繼續做皇太子，那是斷斷不可以的。」

康熙頗為滿意，在講話結束時對諸王大臣說：「今日朕終於解開了心結，料想從明天起，朕的身體就要痊癒了。」

殺雞儆猴

康熙自幼養成了良好的生活習慣，飲食有節，亦不貪戀女色，平時很少生病，就在廢黜太子的當年，他開始出現陣發性眩暈，至南苑行圍時發病，此後病情拖了很長時間，據精通藥理的西方傳教士羅德先診治，確認是心悸症。

康熙自己也知道，他生病是因廢黜太子而起，「朕深懷愧憤，日漸鬱結，以致心神耗損，形容憔悴。」釋放胤礽讓他放下了一件心事，雖然不能像對大臣們所說的那樣，第二天身體就好，但肯定有助於恢復健康，加上羅德先的輔助治療，到次年春天，康熙終於痊癒。

在去冬的「民主推舉」失敗後，靠著硬生生地撥轉車頭，康熙為復立胤礽放出了空氣，與此同時，為了平衡其他年長或被認為有能力的皇子的心理，使他們在胤礽復立後能夠自覺自願地予以輔佐，康熙又特地逐一予以誇讚，尤其對於仍在拘禁中的胤禩，還通過引用諸臣奏稱以及裕親王福全的臨終遺言，對其為人重新予以了肯定。

可是康熙內心的陰影始終揮之不去，一場看上去必勝的戰役為什麼最後會幾乎失去控制？他懷疑背後一定存在什麼內情，等病情一好轉，便決定進行追查。

一七〇八年三月二日，康熙突然召集滿漢文武大臣，查問去冬是何人倡言要保舉胤禩為太子。經過一整天的排查，結果發現阿靈阿等人雖在會議廳首先聯名保舉胤禩，但首倡者並非他們，而是滿洲大學士馬齊、國舅兼岳父佟國維。

按照康熙的要求，馬齊沒有獲準參加討論，然而據大學士張玉書揭發說，當天諸臣群集，他問馬齊會推舉誰，馬齊回答：「大家都準備推舉胤禩。」讓馬齊出來對質，馬齊很生氣地駁斥了張玉書的說法，他說他那天的確切回答應是：「這事還未決定，我聽說眾人中有準備推舉胤禩的。」

康熙認定，馬齊和張玉書的問答儘管存在出入，不過馬齊暗中喻眾，互相傳遞消息的事實也已被證實。他指責馬齊：「你們謀立胤禩，難道不是想結恩於胤禩，以便日後可以恣肆專行嗎？」馬齊被康熙的話給激怒了，當庭頂撞康熙，之後便憤然拂袖而去。

康熙自然不能就這樣放過馬齊，他命和碩康親王椿泰繼續對馬齊及其同黨循蹤追查，由此牽連出了馬齊的三弟馬武、四弟李榮保以及戶部尚書王鴻緒、禮部尚書李振裕等人。後者被認為追隨馬齊，擁戴胤禩，其中王鴻緒先在蘇州調查案中，向康熙密奏過許多關於廢太子胤礽的劣行，後又夥同阿靈阿等人「與諸大臣暗通消息」，策劃推舉胤禩為太子。

馬齊在現有滿漢大臣中資歷最深，「舉朝大臣，未有及者」，其滿洲大學士的地位也高於所有同僚，有一次甚至當著康熙的面，斥罵頗受康熙信任的漢臣張鵬翮為「殺才」，而康熙也莫之奈何，他和他的追隨者實際代表了八爺黨在大學士和內閣中的勢力。康熙抓住機會對馬齊一派予以重擊：馬齊被革除一切職務，交胤禩府嚴行拘禁，這一懲辦措施對胤禩和其家人無疑也是一種嚴重警告，因為胤禩本人也正身陷囹圄；馬武、李榮保被一併送交宗人府監禁；王鴻緒、李振裕以「聲名俱劣」而被罷官。

康熙早知馬齊的政治傾向，對其言行倒也不覺得奇怪，最令他感到失望的還是所謂的「帝國顯要」，也就是以佟國維為首的一群皇親國戚，他們表面說緊跟皇帝意志，背地裡卻跟馬齊派一樣，為推舉胤禩推波助瀾。

經調查，諸臣討論推選新太子前，佟國維曾一再向大學士們說明：「眾意欲立胤禩為儲。」他還暗示，原先皇帝也傾向於立胤禩為太子，而他已敦請皇帝「履行原定主意。」康熙對此大為惱火，當眾怒斥佟國維「肆出大言」，佟國維身為康熙的舅舅兼岳丈，感覺面子上下不來，遂以請求康熙處死自己為辭，跟康熙兩相對峙。

康熙素來重視親戚關係，別說處死佟國維，就算給予普通處罰也怕被外界議論，因此只好一邊不了了之，一邊把老爺子的當庭抗辯算成年老糊塗的一種，甚至對佟國維說：「你現在這樣不明事理，是不是也被鎮魘啦？」

佟家成員在朝中勢力雄厚，除佟國維外，他的兒子隆科多、侄子鄂倫岱、孫子順安顏均擔任要職。

在太子未被廢黜前，為了牽制「太子黨」，康熙曾有意對他們進行提拔和倚重，佟派原本支持的也是皇長子胤禔，屬胤禔黨，只是在胤禔被囚徹底失去爭儲的資格後，他們才轉而支持胤禩，成了八爺黨。康熙斥責他們說：「鄂倫岱、隆科多、順安顏與大阿哥彼此交好，這是大家都知道的。你們如今又想立八阿哥為皇太子，欲置朕躬及諸阿哥於何地？」

順安顏是額附，也就是康熙的女婿，康熙下令革去其額附身份，交與其祖父佟國維監管，用以殺雞儆猴，作為對佟家的懲罰和警告。

悲喜劇

康熙對朝臣們開火，有很大一部分動因是為了給太子復立掃清道路，另一方面，他又竭力緩和與皇子們的關係，連胤禩也被恢復了多羅貝勒的頭銜，儘管在此期間，胤禩依舊是個縲絏（監獄）之人，大部分時間都被拘禁在京城的一幢房子裡。

一七〇九年二月，康熙外出巡遊，廢太子胤礽等皇子隨行，胤禩和同樣遭到冷落嫌棄的十三皇子胤祥也均隨駕侍行。在此過程中，天降大雪，「透地四五寸不等，於田禾大有裨益」，康熙認為是個好兆頭，復立太子的時機已到，遂加緊為之籌備。

四月十八日，胤礽終於被復立為皇太子，康熙遣官告祭天地、宗廟、社稷，祭文中有說「臣諸子中，胤礽居貴」之言，並說相信胤礽今後一定能夠敬慎修身，循規蹈矩，勝任皇太子這一角色。次日，在大學士溫達、李光地的主持下，胤礽接過冊寶，得以正式復位。

除了被認為徹底不可救藥的胤禔，康熙力圖使自己相信，太子胤礽以及其他皇子的本質都是好的，也能夠和諧相處，他們之間出現的事端，全都是希圖從中謀利的朝臣們所製造出來的，換句話說，「外來匪類」乃是所有事端的根源。基於促進太子與諸皇子以及諸子之間團結的目的，他在胤礽正式復位的當天，第二次對成年皇子予以了加封。

相比於首次加封，這次加封的範圍更廣，給予的爵位更高：三皇子胤祉原為郡王（後獲罪降為貝勒），四皇子胤禛、五皇子胤祺原為貝勒，此次全部被晉為親王；原為貝勒的七皇子胤祐被封為郡王（六皇子胤祚早夭）；九皇子胤禟、十皇子胤䄉，十二皇子胤祹、十四皇子胤禵上次在年齡上尚未達到冊封條件，此次分別得到冊封，其中胤䄉被封為郡王，餘下三人均被封為貝子（八皇子胤禩已被覆封為貝勒，十一皇子胤禌早夭，只有十三皇子胤祥未能得封。）

「人們顯得興高采烈，歡快的氣氛隨處可見」，法國傳教士殷宏緒對此印象深刻，他還注意到，京城的戲班子新編演了一部戲，取材於中國古時某一朝代，講的也是皇子被復立為太子，普天同慶的事，該戲被推上舞臺後深受官民歡迎，長演不衰。

按照西方對悲喜劇的分類法，京城新戲應屬於喜劇，作為這一喜劇的總導演，康熙大有將喜慶氛圍長久延續下去之勢。太子復立後，他宣佈將全國各省錢糧分三年輪免一周，並宣佈「滋生人丁，永不加賦」，也就是丁銀稅額從此固定，不再對新生人丁徵收錢糧。

然而，從太子復位的那一天起，悲劇的種子就已在宮廷內生根發芽。因「保舉胤禩案」被罷官的王鴻緒回家後，仍不改其愛四處打探消息的興趣習慣，每月都派家人進京「探聽宮禁之聲」，他時常得到的密信是：「東宮目下雖然復立，聖心猶在未定。」

王鴻緒探聽到的消息並非空穴來風。康熙第二次分封諸子，實指望促進他們與太子的關係，誰知效果適得其反，隨著諸子勢力加強，他們與太子對峙之勢較早先更加明顯。太子本人雖在廢黜中得到了教訓，但他的毛病也沒有全部改掉，日常的飲食、服飾、陳設等物仍然超過康熙，就這樣還不滿足，看到兄弟們可以在宮外任意享受安逸，而自己的行動卻受到皇父嚴格限制，他對此很是不滿。

太子宣洩不滿情緒的方式，是不斷向周圍人找碴，他的侍衛受盡其虐待，即便酷暑天氣，也不得不流汗執役，有的大臣僅僅因為不肯附從他，他就向康熙告狀，要求予以處罰或罷免。康熙和太子被廢前一樣，基本採取隱忍遷就甚至縱容姑息的態度，凡「（太子）所奏欲責之人，朕無不責；欲處之人，朕無不處；欲逐之人，朕無不逐；惟所奏欲殺之人，朕不曾誅。」內閣學士蔡昇元被以「輕浮無實」罷官，後來康熙親口承認，其實原因只是太子不喜歡他。

康熙父子之間，如果說其他矛盾尚可調和，唯有一樣是沒辦法解決的，那就是繼承問題。「高宗模式」既已被康熙放棄，他就只能無限期地留坐於寶座之上，直至自然死亡，而太子在復位的當年就已經三十五歲，看到皇父雖老但身體依舊康健，他根本就不知道哪一天自己能夠坐上那個位置，以至於牢騷滿腹：「自古至今，有過立太子四十年而不使其繼位的事嗎？」

太子越是迫不及待要繼位，康熙越不可能讓他得逞，雙方的關係重新趨於緊張。太子復立後，一部分把賭注投在他身上的官員迅速向其聚攏，形成了以步軍統領托和齊為首的「新太子黨」。剩下的大臣則被弄得無所適從，不知道究竟該站隊哪一方才能保住富貴和身家性命。康熙曾派大臣、侍衛等在太子門前蹲守，然而他們根本不敢向康熙報告實情，「俱似無目者然」，人明明站在那裡，卻都好像沒長眼睛一樣。

忍無可忍

康熙對太子忍無可忍，是在接到一份重要奏章之後。這份奏章系由安親王馮爾渾的弟弟景熙所寫，其中對托和齊結黨會飲，策劃「保奏」太子的事進行了揭發。

按照康熙的理解，所謂「保奏」太子，其實就是強迫他讓位給太子，這是他絕對不能容忍的，而結黨會飲又無疑與惑眾謀反同義。參與結黨會飲的其他人且不說，僅托和齊一人，就掌握著京城衛戍大權，其直接統轄下的八旗兵有兩萬多人，綠營兵四千多人，如果要發動政變，是完全具備條件的。

一七一一年十一月二十九日，康熙以托和齊有病為由，率先解除其步軍統領一職，之後將這一職務移交給隆科多，後者已洗清八爺黨嫌疑且取得了康熙的信任。

托和齊被解職七天後，康熙在暢春園召見滿漢文武大臣，直截了當地申斥諸王大臣中「有為皇太子而援結朋黨者」，並怒不可遏地說：「諸大臣都是朕擢用之人，受皇恩五十年。你們這些依附於皇太子的人，究竟想幹什麼？」經逐個審問，他當場下令將太子黨的幾個首要分子，包括刑部滿尚書齊世武、兵部滿尚書耿鄂、鑲白旗漢軍都統鄂繕等人予以鎖拿。

康熙下決心對「太子黨」施以重拳，在將托和齊也解職拘禁於宗人府後，他又賦予所有朝臣以上密折之權。此前只有各省督撫大員才有這一權力，其矛頭顯然直指「太子黨」及太子本人，康熙在諭旨中也說，朝廷雖設有言官，但大多猶豫緘默，所以才使得托和齊等人「常昂然張膽，拘集黨羽。」

經過半年時間的審訊調查，證實托和齊等人還犯有恃權不法，貪贓受賄的罪行，康熙接受以大學士為首的九卿所奏，判托和齊、齊世武、耿鄂秋後處決，其餘涉案人員一律革退。

康熙將結黨會飲案定性為一場尚未公然發難即被消弭的政變，對該案的處理自始至終都牽涉到太子。康熙在看過宗人府等衙門的審訊口供後，自太子復立起第一次斥責他「不仁不孝」，並且說結黨會飲案就是因太子胤礽而起，「胤礽行事，天下之人，無分貴賤，莫不盡知」，意指托和齊等太子的心腹黨羽正是受太子指使，才陰謀用「保奏」的辦法發動政變。

一發而不可收的皇儲之戰，終於把康熙逼到了懸崖邊上，毫不猶豫地格殺對方成了他能夠使用的最後手段。一七一二年十月二十九日，康熙巡視塞外回京，當隨行的義大利傳教士馬國賢等人走進暢春園時，他們驚恐地發現，有八到十個官員和兩個太監被摘帽反綁，正跪在正大光明殿前的花園裡。在離此不遠的地方，皇子們站成一排，也是被摘了帽，光著頭，雙手則被縛在胸前。

雖然諸皇子均被綁罰站，但實際只有太子才是要被處罰的對象，其他人都不過是陪綁。不久，康熙坐著敞篷轎從居室中出來，一來到諸皇子受罰的地方，便對太子進行了責罵，馬國賢形容為「暴怒如老虎般發作。」

當天，太子及部分家人、宮人（即被摘帽反綁的官員和太監）被拘禁於自己的宮中。次日，康熙以朱筆寫諭旨，以太子胤礽狂疾未除，大失人心，宣佈再次予以廢黜。

幾年前第一次廢黜太子時，康熙曾當眾痛哭流涕，這次總體則表現出一種可怕的冷靜，康熙自己形容為「毫不介意，談笑處之。」你可以說康熙的心態好了，但也可以說他變了。在太子問題爆發前，康熙稱得上是一個深具悲憫情懷和自省意識的君父，無論對皇子還是對大臣，都有著足夠的溫情，之後他突然發現，皇子大臣們回報他的卻並非同樣的情感，即便在他被父子反目、朝中黨爭和君臣博弈折磨到日漸消瘦的時候，周圍這些人也沒有一個真正關心他的健康和感受，「眾皆緘默，無一人勸解。」

康熙選擇不再把這種情感當一回事。他對諸王大臣說，我既然已經下定了廢黜太子的決心，那麼你們這次也就不要再多說什麼了，而且就算是安慰我也沒什麼用。他還警告說，此後若有奏請釋放胤礽者，「朕即誅之。」

沒人知道康熙在說這些話時的真實想法，更沒人知道，在那裡面又浸透著多少難以對人言說的絕望和悲涼。

老獵犬

一七一三年四月十一日，為康熙的六十壽辰，宮中稱為六旬萬壽。康熙離開暢春園回京，以往這個時候，其所過之處，都要進行清道，沿途所有門戶均會被勒令關上，每個巷口除禁止通行外，還要用厚布遮上，以免洩露皇帝的行蹤。這一天則破了例，不但房屋和商鋪可以敞開，巷口可以通行，而且允許百姓圍觀，於是大街小巷內立刻擠滿了人，誰都希望能夠通過這一機會一睹皇帝的聖容。

為了慶祝自己的大壽，康熙下恩詔，向全國七十以上至百歲的老人賞賜布絹、銀兩和糧米等物，惠及老民老婦一百多萬人。最轟動的還是組織千叟團，第一支千叟團由各省在京的六十五歲以上漢族官民組成，共四千多人，他們舉著代表各自省籍的橫幅，對稱地分列於道路兩側，以等待皇帝的接見。康熙到場後對此情景感到非常高興，他和藹可親地向很多老人詢問了年齡，接著便邀請全體老人參加他在御前舉行的宴會。宴席間，他命皇子皇孫給老人們斟酒，並下令賞賜每人十二兩銀子以及一件用御用黃色製成的絲綢長袍，千叟團中年齡最大者，據說已有一百多歲，康熙特賜他一整套官服，外加拐杖、硯臺以及其他一些禮品。

過了三天，由兩千多八旗官民組成的第二支千叟團得到賜宴，康熙傳諭：「這次朕派皇子皇孫代表朕給大家斟酒和分發食品，你們這些老人在入宴時不用起立，以示朕優待老人的一片誠意。」之後，康熙意猶未盡，也為了讓孝惠太后高興，又在暢春園孝惠太后的宮門前舉行宴會，專門對八旗年老婦人賜宴。

一個無可回避的事實是，和千叟團的老人一樣，康熙也老了，如同莎士比亞在喜劇《皆大歡喜》中所言，他步入了人生的第六階段：「精瘦的趿著拖鞋的龍鍾老叟……，他那朗朗的男子口音又變成孩子似的尖叫，像是吹著風笛和哨子。」

康熙說他少年時聽老者說過一句話，「人至高年，則不能耐暑」，他當時還不能理解，結果過了五十歲後，天氣稍微炎熱一些，就感覺心情煩悶，不能忍受，也因此他到了晚年，大部分時間都住在京外的暢春園內，為的就是乘涼躲避酷暑。除了怕熱，其他方面也處處驗證著「年歲不饒人」的老話，比如他的牙齒已不斷脫落，看到心儀的食物，無法大嚼，只能讓人烹爛或搗成醬，以利下飯。

康熙壯年時，不但體魄強健，而且擁有超強的記憶力。在法國傳教士白晉的印象裡，這位中國皇帝對於他見過一面的人的名字，似乎永遠都不會忘記，凡是由其親自處理過的事務，哪怕數量再多，內容再細，時間再長，一旦需要，都能娓娓道來，如數家珍。另一位傳教士南懷仁有一次陪康熙巡遊，康熙看到一隻鳥，問南懷仁用他們國家的話，這種鳥該叫什麼名字，南懷仁就跟他講了一下。好幾年後，康熙又與他說起這種鳥，當時南懷仁隨著居華日久，本國語言已經忘掉好多，加上此鳥名字頗為奇特，所以他已經完全想不起鳥的名字了，但是康熙卻脫口而出，這令南懷仁驚訝不已。

康熙曾對大學士馬齊說：「朕一生所賴，唯在記性。」可是隨著年歲日增，他的記憶力也在急劇衰退，凡事易忘，從前看過的書很多都不記得了，即便是隨手看過的書，隔了幾天，也僅記得一些片段內容，而不能如年輕時那樣幾乎過目不忘。

表面上康熙並不諱言老。他在五十七歲的時候，開始有了些許白鬍子，有人進貢了一種可以染黑鬍子的藥水，被他笑著拒絕了，他說：「古來白鬚皇帝能有幾個呢？朕若鬚鬢皓然，豈不也是件可傳諸萬世的美談？」

在睿智明君這一人設的背後，康熙對於年老以及隨之而來的死亡，其實同樣懷有畏懼心理，對別人的看法也非常在意。清代筆記中記載，康熙經常率嬪妃釣魚取樂，有一次他偶然釣到一隻甲魚，但這只甲魚又馬上脫鉤逃走了。北京話將逃走叫作「撓」，有個嬪妃喊：「亡八撓了！」皇后在旁邊說：「（甲魚）大概是沒有門牙了，所以銜不住鉤子。」那個嬪妃一聽此話，便斜視著康熙笑個不停。康熙大怒，但他不怪皇后，認為皇后只是言者無意，但嬪妃卻是笑者有心，因此終身不再寵幸該嬪妃。

如何抗衡肉體之軀的漸漸衰竭和滅亡？康熙從不相信什麼丹藥、闢穀、納氣、按摩、推拿之術，甚至連人參等補藥都拒絕服用，真正對其精神起到支撐作用的，是他現有的政治地位以及生前身後名。如果說辦千叟團和千叟宴屬於後者，前者就是在其生前緊抓權柄不放，他在初步嘗試「高宗模式」失敗後便再未對此涉足，既有廢太子胤礽屢教不改，讓他失望透頂的原因，也與年齡有著相當大的關係。他並不十分看重皇權，甚至想通過「高宗模式」退位時，尚年富力強，等到年紀越大，他對皇權誰屬便表現得愈加敏感和在意，直至後來老態龍鍾亦容不得別人稍有染指。

「舊日講筵剩幾人，徒傷老朽並君臣」，就這樣，康熙一邊感傷著自己連老臣都不如，老臣們尚能以年老糊塗為由推諉職責，而自己則不能因此卸下重擔，一邊卻像一條老獵犬一樣，一刻不停地瞪視著周圍任何可能侵入其領地的入侵者。

難道他不是一個大奸大惡之人嗎

胤礽二次被廢後，「太子黨」殘餘力量及支持者仍鍥而不捨，希望通過敦請康熙建儲，讓胤礽東山再起，他們被稱為復辟派。一七一三年初，漢左都御史趙申喬首先奏請冊立皇太子，雖然康熙也可以在胤礽之外再選其他皇子，但他認為此事不可為，發還了趙申喬的奏摺。就其顧慮，應該是擔心眾皇子年齡大了，且已經分封，如果再設立皇太子，其地位、待遇必然高於諸王，近於皇帝，到時就會像之前，一來容易使諸子結黨，二來儲權也必然侵犯皇權，導致無法控制，用他自己的話來說，「即使立之，能保將來無事乎？」

事實上，康熙不但不想再預立皇儲，而且還意欲削減諸子權勢，以防他們對自己的皇權產生威脅，而偏偏諸子及希圖攀龍附鳳者面對空缺的儲位又心癢難耐，仍然如同飛蛾撲火一般的爭著往上湧。

在這些皇子之中，康熙最為忌憚的莫過於八皇子胤禩。通過「保舉胤禩案」，八爺黨展現出了超越包括「太子黨」在內的所有諸子朋黨的驚人力量，其成員除馬齊、佟家兩派外，重臣還有不少，如六名領侍衛大臣裡面，就有包括阿靈阿、鄂倫岱在內的四人是胤禩的支持者，僅兩人與李光地一樣，在皇儲問題上持明顯的中立態度。另外，與阿靈阿等人共同提名胤禩的侍郎揆敘也是一個不容小覷的人物，他在翰林院任掌院學士達十四年之久，當時的漢族學子大多需要通過翰林院才能獲得顯職，他因此在漢官中人脈甚廣。

八爺黨聲勢浩大，即便康熙本人亦不能不懼。他自認在復立太子的問題上棋錯一著，為了掩飾自己的錯誤，甚至推託說就是因為諸臣串聯保舉胤禩的呼聲太大，他沒有辦法，才用嫡長子一途予以抵制，「諸大臣保舉八阿哥，朕甚無奈，將不可冊立之胤礽放出。」

如果康熙要對所有胤禩的支持者逐一處罰或免職，朝中局勢必然要發生動盪，康熙到了晚年，求穩之心甚於發展之意，他當然不願意看到這種情況的出現，因此只能重新對朝臣進行爭取和分化，而這又幾乎等同於在和兒子爭搶政治資源，其內心之鬱悶和憤慨可想而知。胤禩只被恢復貝勒爵位，沒有能夠按其資歷和聲望晉升為郡王乃至親王，同時又沒有被徹底解除拘禁，實際就代表了康熙對他的看法：「唯八阿哥乃獲大罪身攖縲絏之人，留其貝勒足矣。」

隨著對「保舉胤禩案」的處理，八爺黨中的一部分人包括隆科多在內，都已遠離朋黨，但阿靈阿、鄂倫岱等人依舊留於八爺黨內，阿靈阿甚至曾因胤礽被復立為太子，「有不願存活之意，嘆息不已。」胤礽再度被廢後，八爺黨人表現活躍，此前胤禩的嫡福晉郭絡羅氏迫於時勢，已允許丈夫納了兩個婢女作為小妾，胤禩也因此終於有了一兒一女。這些都可能影響到胤禩，使他以為新皇儲人選非己莫屬，一時難以自持，得意之情溢於言表，也因此令康熙對他很是不滿。

胤禩為人固然聰明，然而心思遠不夠細膩縝密，他對自己的真實處境以及皇父的心理都體察不夠，在他的所有言行和心理活動都難逃康熙掌握的情況下，他既不懂得康熙對他的爭儲欲望有多麼厭惡和痛恨，也不知道該如何收斂鋒芒、韜光養晦。有一天他不知道搭錯了哪根筋，居然跑去對康熙說：「我今如何行走，情願臥病不起。」——我現在該怎麼做事，要不要裝病臥床，以免大家不好對待我？

康熙一聽話頭不對，馬上斥責道：「你不過是一個貝勒而已，怎麼敢用這種超出本分的話來試探朕？」自此他對胤禩的印象更差了，他後來對大臣們說：「胤禩不過貝勒身份，卻心存如此超出本分之想，欲試探朕躬，妄行陳奏，難道他不是一個大奸大惡之人嗎？」

胤禩及其朋黨經常做這樣一些自以為耍了小聰明，其實耽誤大計的事。康熙去熱河巡遊，會帶胤禩同去，這對胤禩而言，本來是一個接近皇父，增進彼此感情的良機，但八爺黨內部卻認為會妨礙胤禩的自由行動，竭力避免隨駕，有一次胤禩還為此裝病，惹得康熙十分生氣。一七一四年底，康熙再次巡幸熱河，計畫帶上胤禩，胤禩又沒去，當然這次恰逢其母去世兩周年，他稱自己要去祭奠，理由本身無可指摘。問題是事畢後他就應該即赴熱河，可他未經請旨，便擅自決定不去，於是康熙很自然地便認為是胤禩藐視他，故意找機會要遠離自己。

這些都還不算是最糟的。一七一四年十二月二十九日，前往熱河途中的康熙一行駐蹕於京城北面的遙亭，胤禩遣太監、隨從各一員向康熙請安，以便轉告康熙，說他將在湯泉等候皇父一同回京，此二人還受命帶了兩隻鷹作為禮物進呈康熙，結果康熙不看鷹便罷，一看氣得差點心臟病發作死過去，因為他看出那是兩隻將死之鷹！

雷聲大雨點小

康熙出巡必定要狩獵，狩獵就要帶上鷹犬，作為皇子和臣下，也經常會購買和調教鷹犬進呈。當然捨得買何等規格的鷹犬，以及願意把調教到什麼程度的鷹犬進呈康熙，全看個人意願，能夠幾乎把康熙給氣壞，應該是這兩隻鷹確實很差勁，不然眾目睽睽之下，他絕不會睜著眼睛說瞎話，自己打自己嘴巴。

胤禩雖然不是皇子中最有錢的，但買幾隻上等鷹犬總還開銷得起，何況八爺黨中大的活動經費也從來不需他破費，九皇子胤禟自會承擔。至於他為什麼要這麼做，眾說紛紜，有人說是他試探康熙卻遭其斥責，心情不快所導致的意氣用事，也有人猜測他是被其他皇子及朋黨陷害，甚至有可能是康熙借此機會做文章，以期對他進行整肅。總之，當時當地的康熙對此事憤怒不已，認為胤禩之所以要進呈兩隻奄奄待斃的鷹，是在暗喻他已經老朽不堪。

在痛斥胤禩「不孝不義」後，康熙下令將胤禩所遣太監和隨從押至御幄前逐一審訊，並令隨行大臣和諸皇子環視。正是通過這次審訊，康熙瞭解到阿靈阿、鄂倫岱等人仍是八爺黨的主要成員，而且還在為胤禩積極奔走，這令他更加怒不可遏。

一七一五年一月一日，康熙在湯泉召見隨駕皇子，對胤禩進行數落，由於氣憤至極，他一時找不到合適的語言，堂堂大國之君，出語竟如同罵街的潑婦：「胤禩系辛者庫賤婦所生，自幼心高陰險！」

按照康熙的論斷，胤禩在太子第一次廢立前，曾聽信相面人張明德之言，欲找人謀殺太子，此後依舊「與亂臣賊子等結成黨羽，密行險奸。」他分析，胤禩敢於這麼做，乃至用將死之鷹來詛咒和侮辱他，就是料定他這個皇父「年已老邁，歲月無多」，而朝中又擁有眾多支持者，因而才有恃無恐。

「胤禩因不得立為皇太子，恨朕切骨，他的黨羽亦皆如此。」康熙把胤禩和廢太子胤礽做對比，說就連這個讓他傷透心的廢太子都比胤禩好上百倍不止，因為廢太子起碼沒有胤禩這麼陰險狡詐，「二阿哥悖逆屢失人心，胤禩則屢結人心，此人之險，實百倍於二阿哥也。」

你無情就休怪我無義，康熙最後宣佈斷絕和胤禩的父子關係：「自此朕與胤禩之恩絕矣！」他還假設了一種情景：「朕恐怕日後必有行同豬狗的阿哥，受了胤禩的恩惠，會興兵作難，逼朕遜位而立胤禩。」到那時候該怎麼辦呢？康熙倒似乎挺想得開：「若果如此，朕唯有含笑而歿！」話一出口，任誰都聽出了其中的譏諷之意。

第二天，驚慌失措的胤禩即上奏喊冤。康熙不屑一顧，他特地提到，先前胤禩受其乳母丈夫雅齊布的挑唆，擅自斥責御史雍泰，於是他決定將禍首雅齊布發配邊疆，但雅齊布卻違旨潛回京城，結果被予以正法。事後胤禩竟上奏為雅齊布喊冤，如今他又為自己喊冤，康熙認為兩人根本無冤可申，他冷冷地說：「試問胤禩所謂的冤枉究竟冤枉在哪裡？」又下結論：「此人黨羽甚惡，陰險已極，即朕亦畏之，將來必為雅齊布報仇也。」

經過這樣一番劈頭蓋臉，不留任何情面的整肅，胤禩大受打擊，自此到處潛行，不願見人，直至次年病倒。實際上，相對於以前的處置，此次康熙對胤禩和八爺黨人所做出的處罰尚屬於雷聲大雨點小，只是停發了胤禩作為貝勒及屬官的俸銀俸米，外出隨駕也暫時停止。除此之外，他並沒有革除胤禩的爵位，就連最讓他感到憤懣的八爺黨重要成員阿靈阿、鄂倫岱，也沒有得到嚴厲懲治，這說明康熙雖有借題發揮，對胤禩和八黨爺進行抑制，以維護自身皇權的考慮，但顯然並不願意在父子關係上真正趕盡殺絕以及影響自身政權的穩定。

一七一六年十月二十五日，康熙通過三皇子胤祉所上奏摺得知，胤禩於月初染患傷寒，且病勢日益加重，但他僅在奏摺上批了「勉力醫治」四字。後御醫奏報胤禩病情，他在相應奏摺上朱批道：「本人有生以來好信醫巫，被無賴小人哄騙，吃藥太多，積毒太甚，這次一併發作。若幸得痊癒，那是有造化，倘若在毒氣沒有清除乾淨的情況下又用補劑，便似乎難以調治了。」眾所周知，康熙從來不信醫巫，也不吃補藥，他這麼說無疑就是用話譏刺胤禩。

胤禩生病時仍處於拘禁之中，其被拘禁處位於暢春園路旁的自家別墅內，恰好是康熙回鑾時的必經之途。康熙覺得胤禩的病會妨礙到自己，便授意諸皇子將胤禩由別墅移至城內家中，九皇子胤禟對這種不近人情的做法表示堅決反對，說：「八阿哥現在的病情如此沉重，若移往家，萬一不測，誰承擔責任？」康熙聞訊後卻讓人傳話：「八阿哥病重，不省人事，如果你們要將他移回家中，絕不能推諉說是朕令其回家的！」

打雷聽聲，聽話聽音，見康熙已把話說到這個份上，眾人只得將胤禩移回城內。所幸一個月後，胤禩終於得以痊癒，自此起，他開始學得知情識趣，至少在康熙的視線範圍內，不敢再有任何非分言行，並通過一位資深太監魏珠在康熙面前為他說好話。

雖然康熙嚴禁太監干政，但作為皇帝身邊的人，只要善於抓住機會，其實同樣能起到一定的影響和作用。魏珠老練機敏，在康熙幼時便侍奉於其左右，康熙登基後又是他長期負責康熙與外界的聯繫，正是他使康熙對胤禩的看法有所改觀，加上康熙幾次刁難胤禩，胸中一口惡氣也已出了大半，遂決定正式解除對胤禩的拘禁，同時恢復停發的俸米俸銀，外出巡幸時也允許胤禩一起隨駕侍行。胤禩聞訊如釋重負，特地向魏珠行跪拜禮以示感謝。

追憶似水年華

這邊胤禩總算死了心，那邊胤礽和復辟派卻還在希圖東山再起，當然即便康熙不出手干預，那些與之有競爭關係的皇子及其朋黨也不會讓他們這麼輕易得逞。在八爺黨成員蘇努的竭力勸說下，他的侄子、輔國公阿布蘭向康熙檢舉了一條線索，即被拘禁於家中的胤礽以給福晉看病為名，買通醫生賀孟，通過賀孟向正紅旗都統普奇傳遞密信。

經查，胤礽寫密信給普奇，是想要普奇保舉他為大將軍，再循此途徑慢慢奪回失去的儲位。這種密信系用不顯痕跡的礬水寫成，故此案被稱為「礬書案」，案發後，康熙對胤礽本人未加以太多責難，但對其他涉案人員予以了嚴處，普奇、賀孟均被判秋後處斬。

一七一七年底，孝惠章皇太后因病去世，康熙在皇室中的最後一個長輩也離他而去，這令他悲不自勝，哀嘆從此「止有孝敬朕之人，並無愛恤朕之人」，在康熙親自為孝惠太后致祭時，還未開始讀祭文，他就已痛哭失聲，讀完後仍抽泣不止。

康熙在首廢太子時得病，其後雖然病癒，但已元氣大傷，身體狀況每況愈下，變得羸瘦多病，而且經常神情恍惚。太后病重期間，他又患上了足疾，腳背浮腫，周身沉重，想活動時，若無人攙扶，都難以走動，在實在無法支援的情況下，被迫臥床休養近兩個月之久。

得知皇帝生病臥床，諸王大臣群集請安，但他們往往都只說些不著邊際的空話，或連用稱頌套語，康熙深感「於朕躬並不裨益」，因此「惡之殊切，厭於聽聞。」可是若大臣們要跟他說些實際的，他又不高興。年初，大學士王掞曾密奏敦促冊立太子，被康熙指責舉措失當，其奏摺也被擱置於宮中，到康熙病重時，陳嘉猷等八位御史聯合條奏，懇請建儲「以分聖憂」，康熙仍然置之不理：「天下之事，豈可分理乎？」

不久，和碩恒親王、五皇子胤祺又奏請「一應事務，臣可代理」，胤祺素以善良淳厚著稱，但他的一片好意和孝心也遭遇了冷屁股，康熙毫不客氣地給他吃了一悶棍：「我在，你怎麼可以代理呢？」

當然，康熙也知道這些皇子大臣奏請立儲分理，未必一定就是懷有異心，主要還是怕他因病突然駕崩並導致一系列後果，他覺得有一個辦法可以解決，那就是提前寫遺詔！

康熙曾查閱過前朝皇帝所留下的遺詔，發現都有一個特點，即用的都不是皇帝本人的口氣，也根本不是他們實際想說的話。由此可知這些皇帝生前多忌諱談論死亡，直到油盡燈枯的最後一刻，才會找一些文臣來匆匆忙忙地寫下遺詔，甚至於有很多壓根兒就是在皇帝死後由人所代寫。由於臨時找來的執筆者不知皇帝本人真實想法，或不敢秉筆直書以及維護國家形象等原因，所謂遺詔完全成了可有可無的官樣文章。

康熙和他們都不一樣，只要朝中大權和天下仍舊掌握在自己手中，他就不怕死，也不忌諱任何關於死亡的話題，「死生常理，朕所不諱」，太后的病故更讓他觸景生情，體會到了自然規律之嚴酷和不可抗拒，「人之有生必有死」，所有生於這個世界的人最終都是要死的。

想到自己的生命力正在一天天耗去，精力也在不斷衰竭，康熙就有了他有朝一日突然病倒不起，以致一句話都不能說的擔心，到那時，他會不會像那些前代皇帝一樣，縱有萬千衷腸也傾吐不出呢？早在十年前，康熙就決定趁神志清醒的時候自己作個交代，以免留下遺憾，如今也正好針對群臣們的疑惑，給出一個明確答覆。

一七一七年十二月二十三日，康熙親自草擬並發佈了一篇長篇諭旨。在諭旨中，他首先用「追憶似水年華」式的方式，對自己的人生進行了回顧，他很誠懇地說道，他出生時其實並無任何祥瑞出現，及其長大，也沒有任何異乎尋常的事情發生，在位二十年時，他沒想到還能再延續至三十年，三十年時又沒想到能延續至四十年，如此一年一年下來，竟已在位五十七年了。

對於這五十七年的治國政績，康熙自己是滿意的，「天下粗安，四海承平」，除了歸功於天地祖宗的默佑外，他也坦陳自己為此付出了極大的努力，幾十年如一日，勤勤懇懇，殫精竭慮，從不敢有絲毫懈怠鬆弛，「此豈僅勞苦二字所能概括耶！」

由國事講到家事，康熙當年六十四歲，「人生七十古來稀」，這個歲數在古代已經算是高壽了，康熙相信，如果他能有時間頤養身體，恢復健康，說不定還能像宋高宗趙構那樣長壽（趙構活到了八十歲）。與此同時，他的皇子、皇孫、皇曾孫加起來達一百五十餘人，可謂子孫滿堂，人丁興旺。

儒家經典《尚書》中論述人生有五種幸福的境界，謂之五福，即「壽、富、康寧、好德、考終命（善終）」。康熙希望自己五福齊全，但能否「考終命」已經對他形成了嚴峻考驗。「遺詔」的漢文內容多達三千字，是康熙時期最長的諭旨，這其中相當大的篇幅都是康熙在闡述為君之難，也就是他對此所產生的隱憂、痛苦和思考。

頭一回見

康熙可以從前朝皇帝中找出很多「考終命」不果的例子。梁武帝蕭衍是一個，他開創了梁朝基業，晚年卻為大臣侯景所逼，被囚死於台城。隋文帝楊堅是另一個，同為開國皇帝，但他因看不穿其子楊廣的醜惡為人，最後也未得善終。其他還有很多，有服毒自殺的，有被毒殺的，更有類似宋太祖趙匡胤燭光斧影之類，永遠都查不清的千古疑案。

按照康熙的看法，之所以會發生這些事件，主要源於皇帝本身不能分辨好壞以及大權旁落之故。他以此進一步解釋了為什麼自兩廢太子後，一直不同意馬上立儲和讓人分理政務：立儲乃國家大事，「天下神器至重」，一旦選錯人，各種事情都會滑向邪路，自己前五十七年的辛勞將盡付東流；皇帝既舉大綱也要兼細務，若有一事處理不當，就將招致天下大禍，而一念不慎，亦可能殃及後代子孫。

依據歷史經驗，康熙也反對外戚和大臣繼續跟立儲一事有所牽連。他說漢高祖劉邦死時讓呂后輔佐兒子登基，結果大權落到了呂后手中，唐太宗李世民聽信大臣長孫無忌的話，立軟弱無主見的李治為太子，導致武則天專權。「朕每覽此，深以為恥」，這意味著他決不會重蹈劉邦、李世民的覆轍，他警示諸王大臣，立誰為儲，取自皇帝一個人的專斷，任何人不得干預和推薦，如果有誰想利用他生病之機，「擁戴一人以期後福」，則他決不會放過這些人，「朕一息尚存，豈肯容此輩乎？」

莎士比亞在劇作中將人生分成七個階段，他說最後一個階段是一個人「孩提時代的再現，全然的遺忘，沒有牙齒，沒有眼睛，沒有口味，沒有一切。」這是一種哲學化的描述，大致相當於孔子的「七十而從心所欲，不逾矩」，康熙在寫長篇諭旨時無論年齡還是思想境界，都與此相接近。他對自己的這篇諭旨也非常珍視，告訴群臣，他在寫諭旨時「披肝露膽，罄盡五內」，完全展示了他真實的內心世界，其間沒有故意隱瞞任何東西，自此也再沒有任何多餘的話需要補充了，他還囑咐說，以後如果真的需要發佈遺詔，就用這個內容，無須任何增刪。

康熙無疑將諭旨作為了他的內心獨白和政治交代，他希望人們能夠充分理解和尊重他的想法，可是朝中因爭儲而重新燃起的戰火卻並未能夠因此平息。一七一八年二月十九日，翰林院檢討朱天保不顧諭旨中所發出的明確警示，奏請復立胤礽為太子，他在奏摺中說胤礽「仁孝，聖而益聖，賢而益賢」，並指責康熙，認為他拒絕與胤礽見面，堪與漢武帝逼太子劉據自殺相提並論。

劉據系漢武帝皇后衛子夫之子，很早就被漢武帝立為儲君。奸臣江充與劉據結仇，怕劉據將來繼位後會誅殺他，便製造「巫蠱之亂」陷害太子。漢武帝不明真相，派兵圍捕劉據，劉據及其母衛子夫均被逼自殺，史稱「巫蠱之禍」。事後漢武帝才察覺到劉據系為奸人所害，為此後悔莫及，乃建「思子宮」，以志歉疚和思念。

康熙廢黜胤礽與漢武帝逼劉據自殺當然不是一碼事，但朱天保就硬把二者給聯繫上了：胤礽就是那個可憐而無辜的劉據；康熙是昏頭昏腦的漢武帝；將軍費揚古被朱天保認為是「當代的奸臣江充」，他說費揚古有故意陷害胤礽的意圖。

要求復立胤礽的奏摺不是沒有，然而敢如此膽大妄為，竟將康熙「比附於胤礽之乖戾」的奏摺，還是頭一回見，康熙對此事極為重視，他不顧自己仍在病中，親自在湯泉行宮對朱天保進行了訊問。朱天保交代是其父、原兵部侍郎朱都納與女婿戴保商議，讓他上奏的，目的是希望通過復立太子而得到「富貴」，康熙命鎖拿朱都納、戴保，將二人連同朱天保一齊交與諸皇子、大臣嚴審，於是又有副都統常賚、原任內閣學士金寶等人被捲入此案。

康熙認為朱氏父子罪無可赦，起初他打算以毒攻毒，做得狠一些，讓朱都納親眼看著朱天保被處斬後，再將朱都納本人淩遲處死。後來他心又軟了，轉判朱天保「不忠不孝」，立予正法，朱都納及其他一些人「從寬免死」，交與步軍統領「永遠枷示」。

就在康熙審訊朱天保的第二天，大學士會同九卿等以「皇太子系天下根本」為由，就立儲一事具奏。大臣們很聰明，不但覷準「法不責眾」這一空隙，來了個集體上奏，而且還把康熙在「遺詔」中的一建儲大事，朕豈忘之」一句摘出來，表示眾人的請求完全是為了替病中的皇帝分憂：「可命皇太子在皇上左右，秉承皇上指示贊襄辦理，俟聖躬大安，再親機務。」另外，他們沒有具體說立哪位皇子為儲，自然也不在「遺詔」所警示的範圍之內，更不能說是在搞朋黨。

康熙不但不能發怒，還得召見和安撫諸臣，以示自己身體已康復，讓諸臣不必多慮：「朕自幼頗能耐病，是以起居照常，仍辦理機務。今至湯泉，顏色稍復，精神亦增，特諭爾等知之。」他也同意為立皇太子做準備，只是鑒於原來的太子禮儀由索額圖所定，「服用儀仗等物，逾越禮制，竟與朕所用相等」，要求重新制定新的禮儀。二月二十八日，大學士、九卿等在遵旨查核漢、唐、宋直至明代的典禮後，報上新的禮儀方案，康熙認為「所議甚善」。

實際上，康熙所謂的準備立儲只是虛晃一槍，應付輿論而已。他固然一直在暗中醞釀皇位繼承人，但卻早已通過「遺詔」表明，生前絕不會再預立皇儲以分皇權，甚至在他召見諸臣時也重申了不預立太子的意向：「天無二日，民無二王，名不正則言不順。」

打啞謎

重制太子禮儀，讓志在奪儲的皇子都激動起來，尤其三皇子胤祉更是現出按捺不住之狀，據說他在那段時間內「居然以儲君自命」，而在大學士、九卿等參考前朝規矩，對原有太子儀仗、冠服以及應行禮儀予以裁減時，胤祉就好像是裁減了他的東西，還忍不住咒罵了這些大臣。

胤祉的心情並不難理解。若比年紀和地位，隨著胤禔、胤礽先後被淘汰，剩下的皇子之中，他是當仁不讓的老大，若是比才華和能力，雖然綜合起來不及也已被淘汰的胤禩，但他的文化修養較高，善於領導漢人學者，尤其是南方文人學士創辦文化事業，這可是康熙一向看重的地方。

不過胤祉的自我期許看起來多少有些一廂情願。在兩廢胤礽後，康熙已不可能完全按照嫡長子的方式挑選繼承人，創辦文化事業固然讓康熙高興，但它本身只是成為儲君的一種參考因素，而且還不是關鍵因素。按照康熙對胤禔、胤礽、胤禩的處理以及他談話中所透露出的資訊，其繼承人首先要有孝行。胤祉在康熙病重時，和胤礽一起為之竊喜，敏妃去世，服喪未滿百日便剃頭，在康熙看來，哪有一點孝的氣味？胤祉也因此曾被由郡王降為貝勒，直到後來才被晉升為親王，僅此一點，便可知胤祉實在與儲君無緣。

在當時朝臣的心目中，最有希望奪儲的已不是胤祉，而是十四皇子胤禵。噶爾丹敗亡後，其侄策妄阿拉布坦代之而起，開始吞併周圍各部並染指西藏，自此與中央政府處於交戰狀態。一七一八年底，清軍出兵西藏，「驅準保藏」，結果被打得大敗，幾乎全軍覆滅。康熙聞訊又急又氣，他本擬像三征噶爾丹那樣親自掛帥出征，但時年已經六十五歲的老皇帝早已不復當年之勇，雖然已經病癒，但大腿和膝蓋時常會感到疼痛，稍受風寒，即不停咳嗽，乃至咳到聲音嘶啞，他自己也嘆息：「如當朕少壯之時，早已成功矣。」

就在這種情況下，康熙決定任命年富力強且深具武略的胤禵為撫遠大將軍，派他率部西征。在胤禵離京時，康熙向其親授大將軍敕印，又命諸皇子和滿朝文武大臣相送，胤禵也由此被猜測為皇儲的熱門人選。

胤禵系八爺黨骨幹成員，胤禩此時仍為八爺黨領袖，在被拋出局後便退居幕後指揮胤禵參與競爭，而胤禟則充當了胤禩在京城的主要聯絡人並公開幫助他爭儲。

八爺黨對胤禵出線的信心很足，胤禟對其心腹、葡萄牙籍傳教士穆景遠說：「十四爺現今出兵，皇上看得也很重，將來這皇太子一定是他。」太監魏珠因在胤禩得到康熙寬大處理的過程中顯示出了作用，讓諸皇子對他都不敢有所忽視，明裡暗裡地紛紛對他進行拉攏，胤禟因有財力基礎更是當仁不讓，為了能夠與魏珠拉近關係，他甚至讓自己的兒子認魏珠為「伯叔」也就是乾爸爸。除此以外，他還厚結太監陳福、李坤，讓二人隨時伺察康熙的喜怒動靜，所有這些都為了讓胤禵能夠得以儘快上位。

胤禵自己也在為早日得到儲位奔忙，「保舉胤禩案」後，康熙對滿洲王公大臣的信任度驟降，身為漢臣的大學士李光地卻越來越受到寵幸，經常被康熙單獨召見討論問題。胤禵邀請李光地的弟子程萬策當他的文學幕賓，還尊稱程萬策為「先生」，其意圖顯然是想以程為媒介，與李光地建立交情。

胤禵出師告捷，西藏戰役大獲全勝，但就在八爺黨彈冠相慶，認為皇儲之位已非胤禵莫屬的時候，康熙卻突然把胤禵召回京城「磋商軍機」，而且這一「磋商」就「磋商」了六個月。八爺黨對此大感不妙，因為如果真的需要磋商緊急軍務，一般來說，絕不可能拖六個月之久。

六個月後，康熙又把胤禵重新派回前線，從始至終都未提及立胤禵為太子的事。這使得八爺黨更加不安，胤禟抱怨說：「皇父明是不要十四阿哥成功，恐怕成功之後，難於安頓。」

有人猜測胤禵雖有戰功，但他先前和胤禟一起為胤禩爭儲，康熙對此是清楚的，他曾經斥責說凡支持胤禩的皇子「行同豬狗」，並擔心這些皇子可能興兵作難，逼他遜位於胤禩，因而他絕無可能冊立胤禵為太子。

又一個本以為確鑿無疑的答案暫時被排除了。大家就像打啞謎一樣在進行競猜，可是不管怎麼猜來猜去，始終都猜不透老皇帝究竟會立誰為太子。一時間謠言紛飛，各種各樣的名單和說法都相繼出籠，其中最離譜的一種是這樣：康熙既不欲冊立一位皇子，也不想選擇一位漢裔，他認為這兩類人性格都偏軟弱，沒有能力治理帝國，因此傾向於從千名元代皇室後裔中挑選一位作為太子。

這種傳言的荒誕不經之處自然不言而喻，連一名在華的外國傳教士在聽到後也表示懷疑：「漢人喜歡這樣的選擇嗎？諸皇子會心甘情願地放棄與生俱來的繼承權嗎？」

隨著時光的飛速流逝，正確的答案很快就將揭曉，它雖然不如選蒙古人後裔為太子那樣有爆炸效應，卻也足以令幾乎所有入局者和觀察者目瞪口呆。

怎麼可能

只要健康稍一恢復，康熙就會利用餘暇出京狩獵，這是彰顯其個人生命力以及滿人尚武傳統的一種特有方式。一七二二年十一月二十九日，康熙前往南苑行圍，由於身體狀況大不如前，他早在多年前就已不能騎馬，只能盤膝坐在一頂四人抬的敞篷轎上，不過他照樣還是一個技術精湛、彈無虛發的老獵手，他的面前總是擺著一支火繩槍、一張闊邊弓和一束利箭，其中弓箭用來射殺野兔、野鹿，唯有遇到野豬、老虎一類最危險的猛獸時，他才會選擇使用火繩槍。

轉眼兩周時間過去了，十二月十四日，康熙突感身體不適，急忙讓隨從將他送回暢春園，當天即臥床不起。皇宮檔案中沒有記載康熙究竟得的是什麼病，懂得醫術的傳教士也意見不一，有的認為康熙是因「寒戰」而病倒，病因系血液凝結，義大利傳教士馬國賢則說康熙的病狀是「發高燒」，他結合當時北京「天氣在逐漸變冷」的情況，判斷康熙的病由天氣突變而引發，可能是重感冒及其併發症。

隨著病情的惡化，康熙已經連著臥床七天，由於他之前也有過臥床近兩個月，隨後又康復的經歷，所以很少有人能想到那其實是他生命中最後的七天。十二月二十日，康熙的病情忽然急劇惡化，大約在淩晨四時，他將等候在寢宮外的胤祉、胤祐、胤禩、胤禟、胤䄉、胤祹、胤祥等七位在京的年長皇子以及步軍統領隆科多召至御榻前，下達簡要諭旨：「皇四子人品貴重，深肖朕躬，必能克承大統。著繼朕登基，即皇帝位。」

此即史學家所稱的「末命」。相信在場的多數皇子都會深感震驚和失落，因為這不是他們有所預料或期待已久的答案，皇位繼承人居然是四皇子胤禛，怎麼可能？

但事實就是事實，康熙選中的正是胤禛。胤禛的優勢在於他有很強的自控能力，康熙曾評價胤禛「幼年時，微覺喜怒不定」，胤禛記在心裡，不斷加以改正，使得此後十餘年康熙再未提及此事，反觀康熙要胤禩練書法，胤禩卻連一天都不能堅持。

當然最重要的還是胤禛更有心計。他的生母德妃年輕時深受康熙寵愛，子憑母貴，在大部分皇子都被令人視養的情況下，只有胤禛和廢太子胤礽一樣，小時候是由康熙親自撫育長大的。相較於其他皇子，從小在康熙身邊長大的胤禛顯然更知道皇父喜歡什麼，討厭什麼，同時他又不像胤礽，後者很早就被封為太子，以至於什麼東西都覺得能夠輕而易舉得到，自然也想不到要刻意迎合皇父，胤禛沒有嫡長子的優勢，他明白自己要想獲得更好的境遇，唯一的辦法就是討皇父歡心。

胤禛的三個哥哥，無論胤禔、胤礽還是胤祉，都有惹惱康熙之處，唯有胤禛與康熙之間從未發生過任何裂痕。康熙對此非常滿意，稱讚胤禛：「至其能體朕意，愛朕之心殷勤懇切，可謂誠孝。」諸皇子之中，也只有胤禛得到過康熙這種「能體朕意」的讚語。康熙在處理索額圖案之前，為了在諸皇子中給太子胤礽樹立一個好的榜樣，特命胤禛籌備孝惠太后六十大壽的慶祝活動。這是康熙一向最為重視的盡孝活動，他選胤禛而不是他的三個哥哥作為籌備人，已足見胤禛在其心目中的地位。

此後胤禛仍然時時處處把對皇父盡孝放在第一位。康熙得病時，諸子多不靠前，是胤禛流著眼淚提議選醫調藥治療，並和胤祉等人一道日夜加以照料，讓康熙深為感動。到了康熙晚年，還是胤禛首先在熱河行宮恭請康熙到他的圓明園進宴，後來胤祉等其他皇子看到了，才亦步亦趨地加以效仿，競相恭請康熙到自己園中進宴。

可以說，在康熙兩廢太子後，胤禛與康熙的父子關係是最好最穩定的，與此同時，他還是宗室中的一個團結因素，起碼在表面上，他與包括廢太子在內的所有兄弟都能做到和睦相處，其他皇子也經常受其邀請到圓明園聚會。

在康熙第二次分封諸子時，胤禛就已被封為親王，父子和兄弟關係又處理得這麼好，為何在人們猜測的皇儲候選人名單中，從無其身影，他也不在公開的立儲話題中被提及呢？

康熙說過：「前拘禁胤礽時，並無一人為之陳奏，唯四阿哥性量過人，深知大義，屢在朕前為胤礽保奏。似此居心行事，洵是偉人。」這是指太子胤礽首次被廢後，康熙派胤禛協助看守胤礽，先前曾受胤礽慢待的胤禛，對胤礽既往不咎、寬宏大量，不僅積極替他傳話還為其爭取應有待遇。

然而胤禛也恰恰因此吃了苦頭，康熙剛剛表揚完，隨即卻又懷疑胤禛為胤礽陳奏，可能屬於「太子黨」，遂一度下令將他和胤礽等其他兄弟一道鎖拿，直到嫌疑解除才予以釋放。胤禛對此記憶深刻，自此以後，便謹奉皇父旨意，「弟兄之內，亦並無私相往來之處」，他邀請兄弟聚會全都是放在明面上，置於康熙看得見而且感到滿意之處，以此迎合康熙既要皇子們顧念骨肉之情，但又不希望他們走得太近甚而結黨的想法。

胤禛不僅私下裡較少與兄弟們來往，也從不公開交結大臣。要知道，胤祉被認為難以成為儲君的原因之一，就是他在皇子中基本屬於「單槍匹馬派」，在朝中又沒有什麼權力基礎。其實胤禛亦如是。眾兄弟雖然都尊重胤禛，但僅僅就是把他當成如五皇子胤祺那樣，一個老實憨厚、毫無野心的大哥而已，而因官員中追隨胤禛的人寥寥無幾（至少表面上是這樣），自然也沒有人在立儲時主動為他提名。

問題在於，讓誰當太子，不是由朝官和皇子們共同推薦決定的，他們忽視的人，反而可能是最為康熙所器重的人，這樣一想，胤禛能夠出線也就一點都不奇怪了。

倒數計時

康熙以守成而兼開創，勵精圖治、局度宏遠，是清代長治久安局面的主要締造者。西方觀察家認為，正是在康熙的統治下，中國比當時世界上其他國家都更快地擺脫了十七世紀蔓延於全球的經濟危機，在中國歷史上，它被稱為「康乾盛世」的起點。

這是康熙自己也深以為傲的一面，但他的另一面則是過於好名，受「仁政」光環的束縛太多。以整飭吏治而論，康熙雖然也很注意，但在多數情況下都僅以表彰清官，也就是提倡廉吏政治為主，對證據確鑿的貪官及其貪縱行為往往下不了狠手，甚至網開一面，加以庇護。別的不說，就說「蘇州案」，那個康熙因追蹤廢太子胤礽而讓人秘密調查的案件，所有參與非法買賣人口的貪官污吏事實俱在，可是均未受到處理，康熙僅僅下達了一個今後再敢拐賣人口者將嚴懲不貸的公文，就算是結案了。

至康熙晚年，受兩廢太子和諸子奪儲的困擾，加上身體日漸虛弱，康熙無法集中精力於政務，致使政務廢弛和吏治敗壞的現象更加嚴重，也由此造成了各省錢糧普遍虧空，國庫極為空虛的問題。康熙對此是清楚的，臨終前一個月，他做了兩次重要演說，一次是滿朝文武欲為他籌備七十大壽慶典，康熙說我看過你們群臣的奏章，上面對我的頌揚都太言過其實，我個人修養不夠，治國也就只能治到這種程度了，再者，如今西北邊疆正在用兵，物價飛漲，所以慶典無須再議，不准行。

在另一次談話中，康熙談為政用人之難，直接舉各省錢糧皆有虧空，陝西尤甚為例。他分析說，之所以造成虧空，一是官員們不認真負責，挪用國庫銀兩後當年不能清，甚至幾十年都不能清；二是地方上的州縣官往往藉端開銷，從中貪污受賄。

可見康熙完全知道問題所在，但他已無精力也無時間進行整治，只能把這一艱巨的任務交給自己選定的接班人，後者不一定需要再像他這樣追求做一個「寬仁皇帝」，但卻必須具有解決難題的足夠膽魄和能力。一七二二年十一月，康熙認為通倉、京倉在倉米發放的過程中弊病嚴重，命胤禛主持勘查，胤禛等人經過盤查，建議嚴格倉糧存儲出納、倉上監督人員獎懲等制度。事後來看，康熙既是讓胤禛協助處理棘手政務，同時也是在對他進行考察和培養。

僅僅一個月後，康熙即病重不治，進入了生命的倒數計時，他生病臥床的那七天也就成了最為關鍵的七天。在此期間，一度被外界認為是儲臣最熱門人選的十四皇子胤禵尚在西北前線，五皇子胤祺一個月前被派往孝陵祭奠孝惠章皇後，二人均未被康熙召回。

十二月十六日，即康熙臥床兩天后，他命胤禛前往南郊代他祭天。由祭天也可以看出胤禛在康熙心目中的地位：一年一度的冬至祭天，向為康熙所重視，過去除偶爾由廢太子胤礽代行外，一般都是他親力親為，後來因為老病虛弱，無法再行三跪九叩大禮，才轉由領侍衛大臣瑪律賽代行，不過自一七二一年起，這一神聖使命便移交到了胤禛手中。

按照祭天程度，正式祭天前，必須做一周的齋戒和禱告。次日，抵達南郊齋所的胤禛三次派遣護衛、太監等至暢春園恭請聖安，康熙讓他們帶話給胤禛：「朕體稍癒。」以後兩天，胤禛一再請安，得到的都是同樣答覆。

十二月二十日，康熙在病情急劇惡化，自知已難以轉圜的情況下，諭令胤禛速至暢春園。大約上午八點，胤禛趕回暢春園，十點左右進入寢宮，康熙此時尚神志清醒，還能說話，他向胤禛陳述了自己的病情，「告以病勢日臻之故」，但沒有向胤禛傳達剛剛宣佈不久的「末命」，也未讓兒子知道他已是儲君。

經過簡短談話，胤禛先退至寢宮外恭候，而後又曾三次進入寢宮向康熙問安，然而其間康熙都沒有一言提及「末命」。直至當天晚上八點左右，康熙駕崩，隆科多才當著諸皇子的面正式宣佈「末命」，告訴胤禛，他已經成為大清帝國的新一任皇帝。

這一幕情景康熙已經再也看不到了，但卻完全在他的預想之中。從幼時與疾病抗爭，登基之初與權臣搏殺，到平定三藩之亂，親征噶爾丹，這個人幾乎戰鬥了一輩子，到臨終前都未停止戰鬥。關於繼承人的戰鬥，乃是他一生中發起的最後的戰鬥，亦可以說是他所經歷的最艱難戰鬥之一，其勝負的關鍵在於，他能否把儲君的秘密守護到生命的終點，並且「倉促之間一言而定大計」，事實證明，他做到了。

附錄一：康熙生平大事簡明年表

順治十一年三月十八日（1654年5月4日），出生於北京紫禁城景仁宮，姓愛新覺羅，名玄燁。

順治十二年（1655年），因「避痘」遷出紫禁城，居住於北京西郊。

順治十五年（1658年），五歲，入書房讀書。

順治十八年（1661年），八歲，順治駕崩，玄燁即位，改年號為康熙，鰲拜等四大臣輔政。

康熙二年（1663年），十歲，生母佟佳氏去世。

康熙四年（1665年），十二歲，乙太皇太后懿旨，聘輔臣索尼孫女、內大臣葛布喇之女赫舍里氏為皇后。

康熙六年（1667年），十四歲，親政，實行御門聽政。

康熙八年（1669年），十六歲，智擒鰲拜，下詔永停圈地，當年已圈者給還。

康熙九年（1670年），十七歲，頒佈「聖諭十六條」，改內三院為內閣，復設中和殿、保和殿、文華殿大學士。諭禮部舉行經筵。

康熙十二年（1673年），二十歲，吳三桂在雲南舉兵反叛，「三藩之亂」爆發。
康熙十八年（1679年），二十六歲，清軍攻克岳州，平叛戰爭取得決定性勝利。
康熙二十年（1681年），二十八歲，清軍進軍雲南，「三藩之亂」完全平定。
康熙二十二年（1683年），三十歲，收復臺灣。
康熙二十三年（1684年），三十一歲，初次南巡。
康熙二十四年（1685年），三十二歲，第一次雅克薩之戰。
康熙二十六年（1687年），三十四歲，孝莊太皇太后病逝，享年七十五歲。
康熙二十八年（1689年），三十六歲，簽訂中俄《尼布楚條約》，確定中俄東段邊界。
康熙二十九年（1690年），三十七歲，清軍在烏蘭布通擊敗噶爾丹。
康熙三十年（1691年），三十八歲，多倫會盟，在蒙古實行盟旗制。
康熙三十五年（1696年），四十三歲，親征噶爾丹，指揮昭莫多之戰。
康熙四十二年（1703年），五十歲，宣佈內大臣索額圖為「天下第一罪人」，拘禁於宗人府。
康熙四十七年（1708年），五十五歲，廢皇太子胤礽，頒示天下。
康熙五十一年（1712年），五十九歲，宣佈「滋生人丁，永不加賦」。
康熙五十六年（1717年），六十四歲，發佈詔書，回顧一生，闡述為君之難。
康熙五十七年（1718年），六十五歲，命皇十四子胤禵為撫遠大將軍，進軍青海。
康熙五十九年（1720年），六十七歲，冊封六世達賴喇嘛，結束自五世達賴喇嘛之後西藏宗教領袖不定的局面。

康熙六十一年十一月十三日（1722年12月20日），病逝於暢春園寢宮，享年六十九歲。

（注：此表按年號紀年排定，括弧中為西元紀年）

附錄二：參考文獻

1. 蔣兆成、王日根，康熙傳〔M〕. 北京：人民出版社，1998.

2. 孟昭信，康熙傳〔M〕. 長春：吉林文史出版社，2004.

3. 孟昭信，中國思想家評傳叢書：康熙評傳〔M〕. 南京：南京大學出版社，1998.

4. 高陽，世界名人名家名傳：康熙傳〔M〕. 北京：中共中央黨校出版社，2000.

5. 史景遷，中國皇帝：康熙自畫像〔M〕. 吳根友譯，上海：上海遠東出版社，2001.

6. 史景遷，康熙：重構一位皇帝的內心世界〔M〕. 溫洽溢譯，桂林：廣西師範大學出版社，2011.

7. 史景遷，曹寅與康熙：一個皇帝寵臣的生涯揭秘〔M〕. 陳引馳、郭茜、趙穎之、丁旻譯，上海：上海遠東出版社，2005.

8. 史景遷，中國縱橫：一個漢學家的學術探索之旅〔M〕. 夏俊霞等譯，上海：上海遠東出版社，

2005.

9. 史景遷，追尋現代中國：1600—1912年的中國歷史〔M〕．黃純豔譯，上海：上海遠東出版社，2005.

10. 吳秀良，康熙朝儲位鬥爭記實〔M〕．張震久、吳伯婭譯，北京：中國社會科學出版社，1988.

11. 魏斐德，洪業：清朝開國史〔M〕．陳蘇鎮、薄小瑩等譯．南京：江蘇人民出版社，2003.

12. 白晉，一個老外眼中的康熙皇帝〔J〕．傳奇故事：百家講壇下旬，2009.

13. 國家清史編纂委員會編譯組，清史譯叢：第二輯〔M〕．北京：中國人民大學出版社，2005.

14. 春光，清代名人軼事輯覽〔M〕．北京：中國社會科學出版社，2004.

15. 商鴻逵，明清史論著合集〔M〕．北京：北京大學出版社，1988.

16. 商鴻逵，商鴻逵教授逝世十周年紀念文集〔M〕．北京：北京大學出版社，1995.

17. 王思治，中國人民大學名家文叢：王思治自選集〔M〕．北京：中國人民大學出版社，2007.

18. 戴逸，中國人民大學名家文叢：戴逸自選集〔M〕．北京：中國人民大學出版社，2007.

19. 孟森，孟森：在北大講清史〔M〕．楊佩昌，朱雲鳳，整理．北京：中國畫報出版社，2010.

20. 蕭一山，清代通史：第一卷〔M〕．上海：華東師範大學出版社，2005.

21. 王鐘翰，大家說歷史：王鐘翰說清朝〔M〕．上海：上海科學技術文獻出版社，2009.

22. 白新良，清史考辨：第一卷〔M〕. 北京：人民出版社，2006.
23. 中國社會科學院歷史研究所清史研究室，清史資料：第五輯〔M〕. 北京：中華書局，1984.
24. 中國人民大學清史研究所，清史研究集：第二輯〔M〕. 成都：四川人民出版社，1982.
25. 中國人民大學清史研究所，清史研究集：第三輯〔M〕. 成都：四川人民出版社，1984.
26. 中國人民大學清史研究所，清史研究集：第四輯〔M〕. 成都：四川人民出版社，1986.
27. 沙舟，故宮三百年內幕〔M〕. 濟南：山東人民出版社，2007.
28. 單士元，故宮史話〔M〕. 北京：新世界出版社，2004.
29. 謝正光，新君舊主與遺臣——讀木陳道忞《北遊集》〔J〕. 中國社會科學，2009（3）：186~203.
30. 李蘭琴，湯若望傳〔M〕. 北京：東方出版社，1995.
31. 胡奕軍，不朽的湯若望〔J〕. 炎黃世界，2013（1）：50~53.
32. 焦國標，湯若望的「玄」〔J〕. 世界宗教文化，2004（3）.
33. 王渝生，通玄教師」湯若望〔J〕. 自然辯證法通訊，1993，15（2）.
34. 徐海松，清初湯若望的「通天」角色與西學東漸〔J〕. 杭州師範學院學報，1998（1）.
35. 黃一農，耶穌會士湯若望在華恩榮考〔J〕. 中國文化，1992.

36. 盛德本，清初名將鰲拜〔J〕. 軍事歷史，1994（1）.
37. 佚名，滿洲第一勇士鰲拜之死〔J〕. 各界，2009.
38. 富育光，滿族說部的傳承與採錄——《鰲拜巴圖魯》、《傅恒大學士與竇爾敦》、《紮呼泰媽媽》〔J〕. 學問，2013（2）：36~41.
39. 商鴻逵，關於康熙捉鰲拜〔J〕. 歷史教學（下半月刊），1979.
40. 馬偉華，鰲拜被擒與康熙曆獄的徹底翻案〔J〕. 科學與管理，2015，35（4）：63~66.
41. 鄧中綿，論康熙捉鰲拜的歷史作用〔J〕. 北方論叢，1982.
42. 楊珍，輔政大臣遏必隆、鰲拜滿文奏疏研究〔J〕. 滿語研究，2016（1）：117~122.
43. 童鵬，「康熙擒鰲拜」與清初皇權專制制度的確立〔J〕. 卷宗，2013（11）：422~423.
44. 吳昊，燕青打擂和智擒鰲拜：歷史與傳說裡的中國跤〔J〕. 東方養生，2012（4）：116~119.
45. 楊珍，鰲拜罪案史料辯證——兼論清史研究中滿漢史料的運用〔J〕. 故宮博物院院刊，2015（6）：116~123.
46. 劉鳳雲，清代三藩研究〔M〕. 北京：中國人民大學出版社，1994.
47. 吳綺、羅天尺、李調元等，清代廣東筆記五種〔M〕. 林子雄，點校. 廣州：廣東人民出版社，2006.

48. 羅進，「三藩之亂」新論〔J〕. 遵義師範學院學報，2007（3）.

49. 王光宇，論康熙時期的三藩之亂〔J〕. 安徽師範大學學報（哲學社會科學版），1980（1）.

50. 李生占，芻議「三藩之亂」〔J〕. 華夏縱橫，2015（2）：42~44.

51. 趙梓淞，三藩之亂中尚之信立場研究〔D〕. 中央民族大學，2009.

52. 魏舶，「三藩之亂」期間朝鮮遣清使研究——以朝鮮使者歸國彙報的偏見為中心〔D〕. 吉林大學，2008.

53. 王桂東、達力紮布，清「三藩之亂」期間朝鮮對清朝情報的搜集〔J〕. 北華大學學報（社會科學版），2013（4）.

54. 胡福文，清康熙帝的軍事思想〔J〕. 軍事歷史研究，1989（2）：139~147.

55. 李苑苑，清朝皇室與三藩之亂〔D〕. 華中師範大學，2014.

56. 雷炳炎，清代八旗貴族世家與三藩之亂的平定〔J〕. 南通大學學報（社會科學版），2015（1）.

57. 陸保生，清兵戰時生活狀況研究——以「三藩之亂」與嘉慶白蓮教起義為個案〔D〕. 武漢大學，2004.

58. 雷炳炎，三藩之亂時西線清軍作戰的再思考〔J〕. 北華大學學報（社會科學版），2015，16（2）.

59. 曾壽，隨軍紀行譯注〔M〕. 季永海，譯注. 北京：中央民族學院出版社，1987.

60. 吳忠禮，朔方集〔M〕．銀川：寧夏人民出版社，2011.
61. 李鴻彬，鄭經與三藩之亂〔J〕．臺灣研究集刊，1984（4）．
62. 施偉青，臺灣民族研究文集〔M〕．北京：中央民族大學出版社，2006.
63. 施偉青，施琅評傳〔M〕．廈門：廈門大學出版社，1987.
64. 施偉青，再論施琅的幾個問題——與王鐸全同志商榷〔J〕．臺灣研究集刊，1984（4）：34~42.
65. 施偉青，關於施琅複出前夕的若干問題〔J〕．臺灣研究集刊，1997（3）：79~82.
66. 張家瑜，對施琅的幾點看法〔J〕．泉州師範學院學報，1983（1）：82~87.
67. 黃偉民，施琅研究的理性思考〔J〕．泉州師範學院學報，2005（2005）：34~37.
68. 鄧孔昭，施琅其人二三事〔J〕．臺灣歷史研究（第一輯），2013.
69. 施偉青、葉昌澄等，施琅研究〔M〕．廈門：廈門大學出版社，2000.
70. 胡滄澤，施琅與清政府統一臺灣的決策〔J〕．福建師範大學學報（哲學社會科學版），1998（4）．
71. 蘇雙碧，康熙和施琅〔J〕．中共福建省委黨校學報，2003（10）．
72. 王政堯，康熙帝與施琅〔J〕．北京文史，2010（2）．
73. 施能忠，李光地與施琅〔J〕．泉州師範學院學報，1992（3）：40~41.
74. 李宇思、施宣圓，李光地與施琅——兼論李光地在統一臺灣中的貢獻〔J〕．安徽史學，1998

（1）：27~29.

75. 孫煒、朱曉博，姚啟聖、施琅關係考辨——兼論二人在臺灣統一中的作用〔J〕. 信陽師範學院學報（哲學社會科學版），2017（4）.

76. 朱曉博，姚啟聖與施琅的恩恩怨怨〔J〕. 華夏文化，2017（4）：49~50.

77. 施偉青，康熙帝對施琅的評價探源〔J〕. 臺灣研究集刊，2000（1）：73~77.

78. 俞風流，康熙任用施琅的前前後後〔J〕. 台聲，2011（4）.

79. 饒國斌、于斌、趙長河，康熙籌謀二十二年，施琅八日收復臺灣〔J〕. 滄桑，2000（4）.

80. 鄧孔昭，李光地、施琅、姚啟聖與清初統一臺灣〔J〕. 臺灣研究集刊，1993（1）.

81. 張鐵牛、高曉星，中國古代海軍史〔M〕. 北京：八一出版社，1993.

82. 路亮，清鄭澎湖海戰研究〔D〕. 廈門大學，2009.

83. 顏家蔚，施琅征戰臺灣氣象條件考〔J〕. 氣象知識，2006（4）：56~58.

84. 施偉青，施琅進軍澎湖幾個問題的考訂〔J〕. 歷史研究，1997（6）.

85. 陳思，從軍事角度比較鄭成功與施琅的兩次征台之役〔J〕. 臺灣研究集刊，2014（5）：48~57.

86. 曾舒怡，《清威略將軍吳英事略》版本考〔J〕. 福建圖書館理論與實踐，2013（3）：53~55.

87. 陳在正，施琅以戰逼和統一臺灣的決策〔J〕. 臺灣研究集刊，1996（4）：60~66.

88. 楊彥傑，從外國資料看施琅統一臺灣〔J〕. 清史研究，1997（4）.

89. 潘文貴、聶德寧，施琅「挈棺入京，行獻俘禮」質疑——鄭成功墓真偽附考〔J〕. 臺灣研究集刊，1999（1）.

90. 張海瀛，論清代前期的獎勵墾荒與蠲免田賦〔J〕. 晉陽學刊，1980（1）：51~62.

91. 李燕光，清初的墾荒問題〔J〕. 社會科學輯刊，1985（1）.

92. 方裕謹，康熙初年有關屯墾荒地禦史奏章〔J〕. 歷史檔案，1990（1）：11~15.

93. 尼古拉・阿朵拉茨基，東正教在華兩百年史〔M〕. 閻國棟、肖玉，譯，陳開科、審校，廣州：廣東人民出版社，2003.

94. 尼古拉・斯帕塔魯・米列斯庫，中國漫記〔M〕. 蔣本良、柳鳳運譯，北京：中華書局，1990.

95. 馬國賢，清廷十三年——馬國賢在華回憶錄〔M〕. 李天綱譯，上海：上海古籍出版社，2004.

96. 王士禎，清代史料筆記叢刊：池北偶談〔M〕. 靳斯仁點校，北京：中華書局，1982.

97. 張丹卉，清初雅克薩戰役之始末〔J〕. 文化學刊，2008（1）.

98. 馬富英，雅克薩戰爭及清代東北邊疆防務〔J〕. 西南民族大學學報（人文社會科學版），2012（7）：204~207.

99. 黃錦明，雅克薩之戰歷史回顧及啟示〔J〕. 軍事歷史，2014（8）：41~46.

100. 黃一農，紅夷大炮與皇太極創立的八旗漢軍〔J〕. 歷史研究，2004（4）.
101. 李泳炎，中俄雅克薩戰爭雙方兵力考〔J〕. 北方論叢，1984（3）：89~91.
102. 秦漢，一場比戰敗還危險的勝利——中俄雅克薩之戰〔J〕.《大科技（百科新說）》，2012（7）.
103. 楊子忱，關東奇人〔M〕. 長春：長春出版社，1990.
104. 傅英仁，薩布素將軍傳〔M〕. 長春：吉林人民出版社，1990.
105. 富育光、於敏，薩大人傳〔M〕. 長春：吉林人民出版社，2007.
106. 何溥瀅，滿族愛國將領彭春〔J〕. 滿族研究，1985（2）：60~64.
107. 關大虹，「雅克薩之戰」中的抗俄將領郎坦〔J〕. 東北師大學報（哲學社會科學版），1994（1）：22~24.
108. 張富春，河南閩營人與雅克薩之戰〔J〕. 中州學刊，2014（5）：133~137.
109. 金鑫，雅克薩之戰前後的達斡爾五百官兵〔J〕. 中國邊疆史地研究，2011（2）：44~55.
110. 金鑫，索倫、達斡爾人在雅克薩之戰中的活動探微〔J〕. 東北史地，2016（2）：67~71.
111. 周喜峰，清初黑龍江各族與雅克薩保衛戰〔J〕. 明清論叢，2012（12）247~254.
112. 潘君祥，雅克薩之戰與福建臺灣的藤牌兵〔J〕. 社會科學，1984（6）：65~67.
113. 李碩，南北戰爭三百年：中國 4—6 世紀的軍事與政權〔M〕. 上海：上海人民出版社，2018.

114. 勒內·格魯塞，漢譯世界學術名著叢書：草原帝國〔M〕. 藍琪譯，項英傑校，北京：商務印書館，1999.

115. 內蒙古社科院歷史所《蒙古族通史》編寫組，蒙古族通史（中卷）〔M〕. 北京：民族出版社，2001.

116. 王文劍，弓與犁：草原與中原的和與戰〔M〕. 濟南：山東畫報出版社，2018.

117. 周喜峰，論清入關前對科爾沁蒙古的統一與管理〔J〕. 哈爾濱工業大學學報（社會科學版），2010（5）.

118. 孫祁祥，跬步集〔M〕. 北京：北京大學出版社，2011.

119. 李秀梅，清朝統一準噶爾史實研究——以高層決策為中心〔M〕. 北京：民族出版社，2007.

120. 張建，火器與清朝內陸亞洲邊疆之形成〔D〕. 南開大學，2012.

121. 袁森坡，烏蘭布通之戰考察〔J〕. 歷史研究，1983（4）：136~150.

122. 唐博，烏蘭布通之戰考釋——關於《中國近事報導》的討論〔J〕. 蘭州學刊，2008（9）.

123. 黑龍，烏蘭布通之戰再考〔J〕. 中央民族大學學報，2006（4）.

124. 李象斌，烏蘭布通古戰場遊記〔J〕. 統一論壇，1997（5）.

125. 洪用斌，試論烏蘭布通戰爭的結局〔J〕. 內蒙古社會科學，1984（6）.

126. 紀欣，烏蘭布通之戰的啟示〔J〕. 承德民族師專學報，2003（3）.
127. 橘玄雅，康熙帝與兔子〔J〕. 紫禁城，2014（1）：14~15.
128. 閻崇年，康熙皇帝與木蘭圍場〔J〕. 故宮博物院院刊，1994（2）：14~15.
129. 馮爾康，清人生活漫步〔M〕. 北京：中國社會出版社，1999.
130. 袁自強，康熙三征噶爾丹〔J〕. 檔案時空，2011（1）：4~7.
131. 袁森坡，康熙與昭莫多之戰〔J〕. 歷史研究，1990（1）：41~49.
132. 王思治，康熙的決策與昭莫多之戰〔J〕. 史學月刊，1991（1）：56~64.
133. 黑龍，康熙帝首次親征噶爾丹與昭莫多之戰〔J〕. 滿語研究，2009（2）：129~136.
134. 洪用斌，昭莫多之戰〔J〕. 內蒙古社會科學，1980（2）.
135. 範軍，康熙：光榮與惆悵〔J〕. 傳奇故事：百家講壇下旬，2009.
136. 杜赫德，耶穌會士中國書簡集——中國回憶錄〔M〕. 鄭德弟、朱靜譯，鄭州：大象出版社，2001.

康熙大傳

作　　者	關河五十州
發 行 人	林敬彬
主　　編	楊安瑜
編　　輯	鄒宜庭
封面設計	林子揚
編輯協力	陳于雯、高家宏
出　　版	大旗出版社
發　　行	大都會文化事業有限公司 11051 台北市信義區基隆路一段 432 號 4 樓之 9 讀者服務專線：（02）27235216 讀者服務傳真：（02）27235220 電子郵件信箱：metro@ms21.hinet.net 網　　　址：www.metrobook.com.tw
郵政劃撥	14050529 大都會文化事業有限公司
出版日期	2020 年 03 月初版一刷・2022 年 09 月初版五刷
定　　價	480 元
I S B N	978-986-98603-4-5
書　　號	History-111

Metropolitan Culture Enterprise Co., Ltd.
4F-9, Double Hero Bldg., 432, Keelung Rd., Sec. 1,
Taipei 11051, Taiwan
Tel:+886-2-2723-5216　Fax:+886-2-2723-5220
E-mail:metro@ms21.hinet.net
Web-site:www.metrobook.com.tw

國家圖書館出版品預行編目（CIP）資料

康熙大傳 / 關河五十州著 . -- 初版 -- 臺北市 : 大旗出版 : 大都會文化發行 ,2020.03
480 面 ; 17×23 公分 . -- (History-111)
ISBN 978-986-98603-4-5(平裝)

1. 清聖祖 2. 傳記

627.2　　109001644

大都會文化　讀者服務卡

書名：康熙大傳

謝謝您選擇了這本書！期待您的支持與建議，讓我們能有更多聯繫與互動的機會。

A. 您在何時購得本書：　　年　　月　　日

B. 您在何處購得本書：　　　　書店，位於　　　　（市、縣）

C. 您從哪裡得知本書的消息：

1. □書店　2. □報章雜誌　3. □電臺活動　4. □網路資訊
5. □書籤宣傳品等　6. □親友介紹　7. □書評　8. □其他

D. 您購買本書的動機：（可複選）

1. □對主題或內容感興趣　2. □工作需要　3. □生活需要
4. □自我進修　5. □內容為流行熱門話題　6. □其他

E. 您最喜歡本書的：（可複選）

1. □內容題材　2. □字體大小　3. □翻譯文筆　4. □封面　5. □編排方式　6. □其他

F. 您認為本書的封面：1. □非常出色　2. □普通　3. □毫不起眼　4. □其他

G. 您認為本書的編排：1. □非常出色　2. □普通　3. □毫不起眼　4. □其他

H. 您通常以哪些方式購書：（可複選）

1. □逛書店　2. □書展　3. □劃撥郵購　4. □團體訂購　5. □網路購書　6. □其他

I. 您希望我們出版哪類書籍：（可複選）

1. □旅遊　2. □流行文化　3. □生活休閒　4. □美容保養　5. □散文小品
6. □科學新知　7. □藝術音樂　8. □致富理財　9. □工商企管　10. □科幻推理
11. □史地類　12. □勵志傳記　13. □電影小說　14. □語言學習（____語）
15. □幽默諧趣　16. □其他

J. 您對本書（系）的建議：

____

K. 您對本出版社的建議：

____

讀者小檔案

姓名：______________ 性別：□男 □女　生日：____年____月____日

年齡：□20歲以下 □21～30歲 □31～40歲 □41～50歲 □51歲以上

職業：1.□學生 2.□軍公教 3.□大眾傳播 4.□服務業 5.□金融業 6.□製造業
7.□資訊業 8.□自由業 9.□家管 10.□退休 11.□其他

學歷：□國小或以下 □國中 □高中／高職 □大學／大專 □研究所以上

通訊地址：______________________________

電話：（H）______________（O）______________ 傳真：______________

行動電話：______________ E-Mail：______________

◎謝謝您購買本書，歡迎您上大都會文化網站（www.metrobook.com.tw）登錄會員，或至 Facebook（www.facebook.com/metrobook2）為我們按個讚，您將不定期收到最新的圖書訊息與電子報。

康熙大傳

北區郵政管理局
登記證北臺字第9125號
免貼郵票

大都會文化事業有限公司
讀者服務部 收
11051臺北市信義區基隆路一段432號4樓之9

寄回這張服務卡〔免貼郵票〕
您可以：
◎不定期收到最新出版訊息
◎參加各項回饋優惠活動